Gottes Gerechtigkeit und Evangelium im Römerbrief

EDIS

Edition Israelogie

Herausgegeben von Helge Stadelmann
und Berthold Schwarz

BAND 8

Zu Qualitätssicherung und Peer Review der vorliegenden Publikation

Die Qualität der in dieser Reihe erscheinenden Arbeiten wird vor der Publikation durch einen Herausgeber der Reihe geprüft.

Notes on the quality assurance and peer review of this publication

Prior to publication, the quality of the work published in this series is reviewed by one of the editors of the series.

Jacob Thiessen

Gottes Gerechtigkeit und Evangelium im Römerbrief

Die Rechtfertigungslehre des Paulus im Vergleich zu antiken jüdischen Auffassungen und zur Neuen Paulusperspektive

PETER LANG
EDITION

Bibliografische Information der Deutschen Nationalbibliothek
Die Deutsche Nationalbibliothek verzeichnet diese Publikation in der Deutschen Nationalbibliografie; detaillierte bibliografische Daten sind im Internet über http://dnb.d-nb.de abrufbar.

ISSN 1866-427X
ISBN 978-3-631-65083-7 (Print)
E-ISBN 978-3-653-04260-3 (E-Book)
DOI 10.3726/978-3-653-04260-3

Peter Lang Edition ist ein Imprint der Peter Lang GmbH.

Peter Lang – Frankfurt am Main · Bern · Bruxelles · New York · Oxford · Warszawa · Wien

Dieses Buch erscheint in der Peter Lang Edition und wurde vor Erscheinen peer reviewed.

www.peterlang.com

Vorwort zur Reihe „Edition Israelogie“

Die Reihe „Edition Israelogie“ will Beiträge zu einer erneuerten Israellehre liefern. Sie adressiert dabei allerdings nicht Forschungsbereiche, wie die klassische Judaistik, die Judentumskunde oder die Orientalistik. Solche zuletzt genannten Forschungszweige beschäftigen sich primär mit der wissenschaftlichen Erforschung des Judentums in der Vielfalt seiner Erscheinungsformen, wie sie in der Geschichte, in der Kultur, in der Religiösität, in der Philosophie und in jeweils unterschiedlichen Literaturgattungen erfasst werden können. Dabei wird von einem eher neutralen Standpunkt aus versucht, das Judentum zu verstehen. Ähnliches wäre im Blick auf die Orientalistik auszusagen.

„Israelogie“ demgegenüber verfolgt eine andere Zielsetzung. Als Forschungsbereich wird die Israelogie dankbar auf die Forschungsergebnisse der Judaistik, der Wissenschaft vom Judentum, der Orientalistik und ähnlicher, sich mit Israel oder dem Judentum bzw. mit der Semitistik im Allgemeinen beschäftigende Forschungsbereiche zurückgreifen, auch die Ergebnisse der alt- und neutestamentlichen Forschung wird sie berücksichtigen und auswerten. Doch im Rahmen dieser Verlagsreihe soll „Israelogie“ grundsätzlich und dezidiert als ein Teilbereich der christlichen Dogmatik verortet werden. Dabei ist u. a. die Frage relevant, wie die christliche Lehrbildung durch dogmatische Aussagen zum theologischen Verhältnis von Israel bzw. Judentum und christlicher Gemeinde bereichert und qualitativ modifiziert werden kann (bzw. teilweise modifiziert werden muss). Wir befinden uns also bewusst auf christlich-dogmatischem Terrain. Eine Abgrenzung zu und gegenenfalls eine Überschneidung mit anderen Forschungsbereichen überdenkt der Dogmatiker stets im Bereich der Prolegomena, um die Aufgaben der Dogmatik zu konkretisieren. Dort wäre eine Diskussion der Judaistik oder gegenenfalls der Orientalistik bzw. der Semitistik zu führen, ähnlich wie beispielsweise hinsichtlich der Philosophie, der Religionswissenschaften, der Geschichtswissenschaften, tangierender Geisteswissenschaften, der Ethik oder der Sprachwissenschaften.

„Israelogie“ will einen Aspekt des christlichen Glaubens beschreiben, der die Bedeutung Israels und des Judentums nicht auf marginale Randaspekte für ekklesiologische Aussagen reduziert (z. B. auf die Typologie), um schließlich doch bei der einen oder anderen Art der Substitutions- oder Enterbungslehre anzukommen. „Israelogie“ will vielmehr die biblischen Lehraussagen über Israel und das Judentum identifizieren und systematisieren und damit einen Beitrag dazu leisten, eine in sich konsistente, erneuerte christliche Dogmatik zu entwerfen, die eine christlich relevante Israellehre auch – von der klassischen Abfolge der *loci theologici* her gesehen – *vor* und *außer-*

halb der Ekklesiologie definiert. Israels Vergangenheit, Gegenwart und Zukunft, sowie die Verknüpfungen mit anderen Lehrenaussagen sollen dabei eigenständig, wenn auch nicht unabhängig von den zentralen Aussagen des christlichen Glaubens ausformuliert und theologisch reflektiert werden.

Die Herausgeber

Inhaltsverzeichnis

Vorwort des Verfassers

Der Römerbrief gehört nach wie vor zu den neutestamentlichen Schriften, über die intensive kontroverse wissenschaftliche Diskussionen geführt werden. Solche Diskussionen um den Römerbrief fangen u. a. bei der Frage nach Zweck und Ziel des Römerbriefs an und berühren in den letzten Jahrzehnten besonders das zentrale Thema „Gottes Gerechtigkeit" bzw. „Rechtfertigung" im Römerbrief. Sie wurden durch die „Neue Paulusperspektive" noch wesentlich verstärkt. An diesen Diskussionen wird sichtbar, wie komplex der Inhalt des Römerbriefs zumindest für den Forscher, der in einer ganz anderen Zeit als Paulus und seine Leser lebt und denkt, ist. Aber gerade das macht das Studium des Römerbriefs so interessant und spannend.

Anlässlich meiner Forschung- und Lehrtätigkeit beschäftige ich mich seit vielen Jahren intensiv mit der Auslegung des Römerbriefs. Ziel der vorliegenden Veröffentlichung ist es, das Thema der Rechtfertigung im Römerbrief besonders angesichts seines jüdischen „Kontextes" exegetisch zu erläutern. Das geschieht in kritischer Beschäftigung mit der Neuen Paulusperspektive, welche die Exegese des Römerbriefs in den letzten Jahrzehnten besonders im angelsächsischen Raum stark geprägt hat. Der Überblick zur Entwicklung hin zur Neuen Paulusperspektive hilft, das von ihren Befürwortern vertretene Gedankengut besser zu verstehen und einzuordnen.

Vielen Personen, die mich in den Jahren bei der Entstehung der vorliegenden Ausführungen über den Römerbrief unterstützt, korrigiert und ergänzt haben, haben an dieser Stelle ein herzliches Dankeschön verdient. Dazu gehört Prof. Dr. Erich Mauerhofer, bei dem ich während des Theologiestudiums auch eine exegetische Vorlesung über den Römerbrief besuchte, wodurch meine Liebe zum Inhalt des besonderen paulinischen Schreibens befestigt wurde. Mein Dank gilt auch den Studierenden der Staatsunabhänigen Theologischen Hochschule Basel (STH Basel), mit denen in meinen exegetischen Vorlesungen über den Römerbrief immer wieder interessante Diskussionen entstanden. Dankbar bin ich zudem u. a. Prof. Dr. Otfried Hofius (Tübingen), der einen Teil der Arbeit kritisch gelesen hat. Seine konstruktiven Rückmeldungen waren für das Weiterarbeiten sehr wertvoll und haben dieses wesentlich mitgeprägt.

Mein Dank gilt ebenfalls Dr. Berthold Schwarz (Gießen) für Hinweise und Vorschläge bei der Überarbeitung. Für die Aufnahme in die Reihe „Edition Israelogie" danke ich den Herausgebern Prof. Dr. Helge Stadelmann und Dr. Berthold Schwarz und den verantwortlichen Personen beim Peter Lang Verlag. Frau Ute Winkelkötter vom Peter Lang Verlag (Frankfurt am Main) gebührt ein herzliches Dankeschön für die freundliche und kompetente Betreuung.

Gerade im Römerbrief hängt die Frage nach der Verwirklichung der „Gerechtigkeit Gottes" durch Jesus Christus eng mit der Israel-Frage zusammen. Das zeigt auch das Beispiel von N. T. Wright – als einem Vertreter der „Neuen Paulusperspektive" –, der z. B. von einer „Neudefinition Israels" in Röm 2,28f. und 3,29f. ausgeht. Von „Israel“ ist im Römerbrief allerdings erst in Röm 9–11 die Rede, während in Röm 2,17ff. „der Jude“ angesprochen wird. Exegetisch sollten die Begriffe im Kontext des Römerbriefs sorgfältig getrennt werden.

Mit der Frage nach einer „Neudefinition Israels“ im Römerbrief habe ich mich in der Monografie „Gott hat Israel nicht verstoßen“ (Edition Israelogie 3) auseinandergesetzt. In der vorliegenden Studie wird u. a. die Frage nach „dem Juden“ und seiner Rechtfertigung Gott gegenüber aus der Sicht des Paulus im Römerbrief nachgegangen. Grundsätzlich wird untersucht, wie Paulus das Thema „Gerechtigkeit Gottes“, wie sie im Alten Testament verheißen wurde und durch Jesus Christus für Juden und Nichtjuden „im Evangelium“ verwirklicht wird (vgl. Röm 1,16f.), im Römerbrief versteht und welche Auswirkungen sie in Bezug auf den Menschen „vor Gott“ hat.

Riehen/Basel, im Dezember 2013 Jacob Thiessen

1. Allgemeine Einführung

Das Thema der Rechtfertigung bei Paulus ist in den letzten Jahren sehr kontrovers behandelt worden, und zwar vor allem auf Grund der so genannten „Neuen Paulusperspektive" („New Perspective on Paul"). Dabei geht es zentral um die Frage, ob das reformatorische Verständnis der Rechtfertigungelehre dem entspricht, was Paulus tatsächlich lehrte, und um die Stellung der Rechtfertigungslehre innerhalb der paulinischen Theologie. McGrath bemerkt zum Verständnis und zur Bedeutung der Rechtfertigungslehre seit der Reformationszeit:

> „The *doctrine* of justification has come to develop a meaning quite independent of its biblical origins, and concerns *the means by which man's relationship to God is established.* The church has chosen to subsume its discussion of the reconciliation of man to God under the aegis of justification, thereby giving the concept an emphasis quite absent from the New Testament. The ‚doctrine of justification' has come to bear a meaning within dogmatic theology which is quite independent of its Pauline origins …"[1]

Sollte diese Anmerkung zutreffen, so stellt sich die Frage, wie wir die Rechtfertigungslehre im Neuen Testament zu verstehen haben. Im Folgenden soll dieser Frage anhand der paulinischen Ausführungen im Römerbrief in kritischer Auseinandersetzung mit den Thesen der Neuen Paulusperspektive, aber auch im Vergleich zu antiken jüdischen Aussagen über die Rechtfertigung nachgegangen werden.

Zuerst wird eine Übersicht über die Entwicklung im 20. Jahrhundert hin zur „neuen Perpektive" dargelegt. Sodann wird auf das Entstehungsumfeld des Römerbriefs eingegangen, weil das Verständnis des Inhalts damit verbunden ist. Damit hängt z. B. eng die Frage zusammen, ob die Rechtferfertigungslehre lediglich ein „Nebenkrater" der paulinischen Lehre sei (so Albert Schweitzer). Aber auch die Frage nach dem Judentum als (möglichen) Hintergrund der paulinischen Ausführungen spielt eine wichtige Rolle und wird deshalb ebenfalls gestellt, bevor zentrale Abschnitte und Aussagen zur Rechtfertigung im Römerbrief exegetisch entfaltet werden.

Die Themen aus dem Römerbrief, welche exegetisch entfaltet werden, werden insgesamt einander thematisch zugeordnet. Dabei entspricht der Aufbau nicht immer dem des Römerbriefs, was aber nicht bedeutet, dass der jeweilige Kontext im Römerbrief nicht beachtet wird. Wenn z. B. Röm 3,27ff. im Kontext von Röm 2,17ff. behandelt wird, so ist das thematisch bedingt, ohne dabei zu übersehen, dass der jeweilige engere Kontext im Römerbrief unterschiedliche Schwerpunkte behandelt.

Vom Hintergrund antiker jüdischer Ausführungen zu Themen wie Judentum, Gesetz, Werke, Beschneidung usw. wird in exegetischer Arbeit zum Römerbrief untersucht, welche Positionen Paulus einnimmt und was ihn von jüdischen Überzeugungen unterscheidet. Auch wenn Paulus sich nie vom Judentum abgewandt hat, so hat doch

1 McGrath, *Iustitia Dei* 1, S. 2–3; zur Geschichte der Interpretation der „Gerechtigkeit Gottes" im Neuen Testament vgl. u. a. Stuhlmacher, Gerechtigkeit Gottes, S. 11–73.

seine Erkenntnis, dass die Rechtfertigung allein durch Jesus Christus vermittelt wird, seine Haltung in mancher Hinsicht entscheidend verändert (vgl. z. B. Gal 2,15f.). Rechtfertigung wird dabei nicht allein als „Erklärung", dass auch die „Heiden" durch den Glauben an Jesus Christus zum Volk Gottes gehören, verstanden (so z. B. N. T. Wright), wie in der vorliegenden Arbeit aufgezeigt wird. Ebenso wird dargelegt, dass mit dem Ausdruck „Werke des Gesetzes" z. B. in Röm 3,20 sehr wohl auf die ganze Tora Bezug genommen wird, wobei die jeweilige Auslegung der Tora mitgedacht ist. Es geht Paulus im Römerbrief wesentlich darum, dass sowohl die Juden als auch die „Heiden" nur durch Jesus Christus Anteilhaber der göttlichen Heilsverheißungen, wie sie durch die alttestamentlichen Propheten vorher verkündigt wurden (vgl. Röm 1,2), werden können. Diese Sicht wird im Folgenden ausführlich exegetisch begründet.

Der letzte Punkt der vorliegenden Studie fasst nicht nur das Ergebnis zusammen, sondern setzt sich zudem auch u. a. mit den Auffassungen von N. T. Wright zum „Programm" Jesu und seiner Sicht der Wiederherstellung Israels auseinander. Wrights Deutung der Verkündigung Jesu wirkt sich offensichtlich wesentlich auf sein Verständnis in Bezug auf die „Rechtfertigung" bei Paulus und damit auch auf seine Deutung des Römerbriefs aus. Zudem hat dieses Verständnis eine Auswirkung auf die Frage, wie die Ausführungen des Paulus im Römerbrief über „die Juden" und über Israel gedeutet werden. Es geht schlussendlich auch um die Frage, ob die bleibende Erwählung Israels sich in der „Bestätigung", dass auch die Nichtjuden zum Volk Gottes gehören, auflöst, oder ob sie für das ethnische Israel bestehen bleibt (vgl. z. B. Röm 11,1f.). Eng damit verbunden ist die Frage, wie Juden und Nichtjuden nach der Überzeugung des Apostels Paulus das göttliche Heil erfahren können. Die abschließende Auseinandersetzung damit ist deshalb für das Gesamtverständnis wesentlich.

Baltes mahnt vor einer einseitigen Lektüre des Alten Testaments „durch die [vermeintliche] Brille des Neuen Testaments", da sich nach ihm dabei die Frage stellen muss, welche Brille überhaupt gemeint ist.[2] Wer eine solche Brille aufsetze, „der wird aus dem Alten Testament nur solche Aussagen für wichtig halten, die im Neuen Testament ausdrücklich aufgegriffen und bestätigt werden".[3] Und Baltes ergänzt: „Wir verstehen das Neue Testament nur dann richtig, wenn wir es aus der Perspektive des Alten Testaments heraus betrachten."[4] Das gilt sicher auch in Bezug auf die Ausführungen des Römerbriefs über die Verwirklichung der „Gerechtigkeit Gottes" durch Jesus Christus für Juden und Nichtjuden. Dabei ist zu beachten, dass Paulus die Begriffe „Jude" und „Israel" nicht einfach gleichwertig verwendet und dass Paulus zwischen dem „Alten Testament" und dem Judentum seiner Zeit unterscheidet. Beide Aspekte werden z. B. bei N. T. Wright m. E. zu wenig berücksichtigt. Die Unterscheidung wird in der vorliegenden Arbeit begrün,det und die Bedeutung für das Verständnis der Texte wird erläutert.

2 Vgl. Baltes, Jesus, der Jude, S. 167ff.
3 Ebd., S. 172.
4 Ebd.

2. Die Herausforderung durch die Neue Paulusperspektive

2.1. Einführung

Die Rede von einer „Neuen Paulusperspektive“ in Bezug auf die Paulusforschung kann seit einigen Jahren kaum mehr überhört werden.[1] Wie im Folgenden dargelegt wird, ging es zuerst jedoch nicht um eine neue Sicht des Paulus, sondern um eine neue Sicht des Judentums seiner Zeit.[2] Weil man offensichtlich nicht stehen lassen wollte, dass Paulus das Judentum seiner Zeit missverstanden habe, wie z. B. vom jüdischen Theologen Claude G. Montefiore behauptet wurde, führte das zu einer „neuen“ Paulusauslegung, welche sich von der reformatorischen Rechtfertigungslehre zumindest zum Teil distanzierte. Auf Grund von dieser Sachlage scheint nicht immer klar zu sein, wer schlussendlich wen falsch verstanden haben soll und wer „neu“ verstanden wird. Im Folgenden soll die Entstehung dieser „neuen Perspektive“ in einem kurzen Überblick dargelegt werden.

Bereits im Jahr 1897 hatte Paul Wernle die These aufgestellt, dass Paulus „zur Aufstellung der Rechtfertigungslehre genötigt worden“ sei, und zwar „durch die Schwierigkeiten, welche seinem theokratischen Bewusstsein aus seinem Missionsruf erwuchsen“. Nach Wernle dient die Rechtfertigung „lediglich der Heidenmission“.[3] Im 20. Jahrhundert wurde diese Sicht weiterentwickelt bis hin zur „Neuen Paulusperspekte“, nach welcher es bei der Rechtfertigung, wie Paulus sie darstellt, nicht um Soteriologie, sondern um Ekklesiologie, bzw. nicht um die Frage, wie der Mensch gerettet wird, sondern um die Frage, wie er nicht vom Volk Gottes ausgeschlossen werden darf, geht.

2.2. Einzelne Wegbereiter der „neuen Perspektive“

2.2.1. Claude G. Montefiore

In einer Publikation des jüdischen Theologen Claude G. Montefiore von 1914 mit dem Titel „Judaism and St. Paul“[4] geht es um eine Untersuchung des Judentums zur

---

1 Vgl. dazu u. a. Haacker, Verdienste und Grenzen, S. 1–15; Strecker, Paulus aus einer „neuen Perspektive“, S. 3–18; Wolter, Eine neue paulinische Perspektive, S. 2–9; Niebuhr, Die paulinische R,echrfertigungslehre, S. 116–130; Bachmann, Dunn, S. 24–43; Wedderburn, Eine neuere Paulusperspektive, S. 46–64. Zur Forschungsgeschichte vgl. u. a. Maschmeier, Rechtfertigung, S. 21–103.

2 Vgl. dazu auch z. B. Hagner, Paul & Judaism, S. 76.

3 Wernle, Christ, S. 83f.; vgl. dazu auch Wolter, Paulus, S. 341f.

4 Montefiore, Judaism and St. Paul, 1914.

Zeit des Neuen Testaments und dessen Darstellung durch Paulus. Sein Ziel ist, einerseits die religiöse Entwicklungen und Überzeugung des Apostels Paulus vor seiner Bekehrung zu erhellen und andererseits die Beziehung des Paulus zum Judentum seiner Zeit zu erklären.[5] Bei dem Versuch, das rabbinische Judentum zur Zeit des 1. Jahrhunderts n. Chr. darzustellen, steht er allerdings vor dem Problem, dass die rabbinische Literatur praktisch ausnahmslos aus späteren Jahrhunderten stammt.[6] Er orientiert sich deshalb am rabbinischen Judentum von 300 und 500 n. Chr. In Bezug auf Paulus fragt er: „How far was his religion, before the event at Damascus, the same as, or different from, that of any ordinary and average representative of Rabbinic Judaism?"[7]

Montefiore betont, dass für das rabbinische Judentum das Gesetz die Gabe eines liebenden Gottes für sein Volk gewesen sei[8], um es sowohl in diesem irdischen Leben als auch im kommenden Leben glücklich und gerecht zu machen[9]. Die Menge der Gesetzesvorschriften wirke für Juden nicht erdrückend, da es für sie ein Privileg Gottes sei, das Gesetz halten zu dürfen, und weil die Zahl der Vorschriften für den Einzelnen gar nicht so groß sei.[10] Auch wenn niemand das ganze Gesetz halten könne, hätten die Juden nicht in Angst vor dem Gericht Gottes gelebt, da Gottes Barmherzigkeit größer sei als sein Zorn und Gott keine Vollkommenheit erwarte und bereitwillig vergebe.[11] Sünde werde ernst genommen, doch sei Gott immer bereit, diese zu vergeben.[12] Gott gebe seine Vergebung so bereitwillig, dass es für jeden „anständigen" Israeliten einen Platz in der „kommenden Welt" gebe.[13]

Ein göttliches Eingreifen im Sinn des Kreuzestodes als Opfertod ist nach Montefiore für das rabbinische Judentum unnötig, da der einzelne Jude durch Gesetz und Buße ständigen Zugang zu Gott habe.[14] Er anerkenne die menschliche Anstrengung, das Gesetz zu halten. „Man could receive salvation, and get the better of sin, (for God was always helping and forgiving) even without so strange and wonderful a device."[15]

Nach Montefiore stimmt eine solche Sicht des Judentums nicht mit dem Bild überein, das die Paulusbriefe und die Lebensgeschichte von Paulus selbst zeichnen. Für Paulus bringe das Gesetz keineswegs nur Gutes hervor. Für ihn sei das Gesetz ein Fluch und verursache die Sünde, sodass niemand durch die Gesetzeswerke Gottes Gunst und Rechtfertigung erlangen könne.[16] Montefiore geht davon aus, dass die Religion des Paulus vor seiner Bekehrung auf jeden Fall ärmer, düsterer und hoffnungslo-

5 Vgl. ebd., S. 13.
6 Vgl. ebd., S. 15.
7 Ebd., S. 16.
8 Ebd., S. 26.
9 Ebd., S. 28–30.
10 Ebd., S. 32f.
11 Ebd., S. 36f.
12 Vgl. ebd., S. 42: „... greater that God's anger at failure to fulfil the Law was his compassion ..."
13 Ebd., S. 44.
14 Ebd. S. 74ff.
15 Ebd.
16 Ebd. S. 70.

ser als das rabbinische Judentum war.[17] Paulus sei kein reiner rabbinischer Jude gewesen.[18] Montefiore identifiziert das Judentum des Paulus viel eher mit dem Diaspora-Judentum. Von diesem Hintergrund her könne man viele Besonderheiten der Theologie des Paulus erklären, die im Vergleich mit rabbinischem Judentum eigenartig, ja unverständlich erschienen.[19]

2.2.2. George Foot Moore

Auch für den christlichen Theologen George Foot Moore steht das Judentum, das Paulus in seinen Briefen beschreibe, im Widerspruch zum rabbinischen Judentum. Nach ihm wird im Judentum die Gnade Gottes betont, welche Grundlage der Sündenvergebung sei.[20] In Bezug auf die Beschaffenheit des Menschen betont er die Gottesebenbildlichkeit.[21] Deshalb solle sich jeder Mensch so verantwortlich fühlen, als würde die ganze Menschheit („the whole human race") von seinem Verhalten abhängen.[22] Gott habe den Menschen mit vier Eigenschaften der „oberen Schöpfungen" („creatures above") ausgestattet, und wenn er den Willen des himmlischen Vaters erfülle, sei er wie diese „oberen Schöpfungen".[23] Der Mensch sei fähig, zwischen Richtigem und Falschem zu entscheiden – das Problem mit dem „freien Willen" und der Lehre von der göttlichen Vorsehung sei erst im 10. Jahrhundert entstanden.[24] In diesem Zusammenhang zitiert Moore PsSal 9,4, wonach es in der menschlichen Entscheidung und „in der Vollmacht unserer Seele" liegt, die Gerechtigkeit oder die Ungerechtigkeit zu tun.[25]

Wenn der Mensch sündigt, so bestehe im Judentum die Möglichkeit zur Wiedergutmachung („expiation"), und zwar durch das Erleiden der Folgen der Sünde[26], durch den Tod und durch das Opfer, dessen Grundlage die Buße („repentance") sei.[27] In bestimmten Fällen bleibe nach der Buße eine Wiedergutmachung zu tun.[28] Dabei hätten das Leiden und der Tod des Gerechten auch für andere versöhnenden Charakter.[29] In diesem Zusammenhang erwähnt er die Haggada, welche Jes 53,12 auf Pinhas (vgl.

17 Ebd., S. 81.
18 Ebd., S. 68.
19 Ebd., S. 97.
20 Vgl. Moore, Judaism in the First Centuries I, S. 535ff.
21 Vgl. ebd., S. 445ff.
22 Ebd., S. 445.
23 Ebd., S. 451.
24 Ebd., S. 454.
25 Ebd., S. 455.
26 Vgl. dazu ebd., S. 547: „Sufferings propitiate God as much as sacrifices; nay, more than sacrifices, for sacrifices are offered of a man's property, while suffering is borne in his person."
27 Ebd., S. 534.
28 Ebd., S. 546.
29 Ebd., S. 547.

Num 25,13) bezieht, indem betont wird, dass gesagt werde, dass Paulus die Sühne für Israel in der Gegenwart bewirke und dass er dieses auch dann werde, wenn die Toten zum Leben kommen würden.[30] Ob dieses Leiden in den jüdischen Quellen auch auf den Messias bezogen wurde, lässt Moore offen. Er bemerkt lediglich:

> „In view of such utterances as have been quoted above about the fathers and the prophets, it would be neither strange nor especially significant, of among the many and diverse homiletical applications of scripture to the Messiah, something of a similar king should have said about him."[31]

In Bezug auf Paulus bemerkt Moore:

> „How a Jew of Paul's antecedents could ignore, and by implication deny, the great prophetic doctrine of repentance, which, individualized and interiorized, was a cardinal doctrine of Judaism, namely, that God, out of love, freely forgives the sincerely penitent sinner and restores him to his favor – that seems from the Jewish point of view inexplicable."[32]

Die Äußerungen des Paulus bleiben für ihn aus jüdischer Sicht also unbegreiflich. Man könne sie nur dadurch erklären, dass für Paulus das Heil allein durch Christus komme. Paulus hat nach ihm das Judentum auf diese Weise dargestellt, um die Heiden von seiner Botschaft zu überzeugen. Dabei habe er es bewusst polemisch und sogar falsch beurteilt.

Die Forschungsgeschichte des Judentums ist nach Moore zu stark von christlicher Polemik beeinflusst.[33] Man solle bei der Untersuchung des Judentums bewusst auf die neutestamentlichen Texte verzichten, da das von ihnen dargelegte Bild vom Judentum nicht zutreffend sei. Erst mit den Erkenntnissen, die aus den jüdischen Quellen gezogen werden, soll nach Moore ein neues Licht auf die Paulusbriefe geworfen werden.

2.2.3. Albert Schweitzer

Weitere Kritik an der Rechtfertigungslehre in der Theologie des Paulus, welche ihr in der protestantischen Theologie eingeräumt wurde, kam von Albert Schweitzer. In den Werken „Die Geschichte der Paulinischen Forschung von der Reformation bis auf die Gegenwart" (1911) und „Die Mystik des Apostel Paulus" (1930) finden sich Gedanken, welche Jahrzehnte später von Vertretern der Neuen Paulusperspektive aufgenommen wurden.[34]

---

30 Ebd., S. 549.

31 Ebd., S. 551.

32 Moore, Judaism in the First Centuries, S. 151.

33 Moore, Christian Writers, S. 197–254.

34 Vgl. dazu auch Bendik, Paulus, S. 61: „Schweitzer hat mit der *konsequenten Eschatologie* Neuland betreten und eine mutige Interpretation der paulinischen Theologie vorgelegt, die Paulus vom theologischen Identitätskurs freihält. Die in dieser Arbeit zu untersuchende Forschungsrichtung *New Perspective* wird Jahrzehnte später seinen Ansatz weiterentwickeln."

Nach Schweitzer wollte Paulus keine neue Religion gründen.

> „Für ihn gab es nur eine Religion: die jüdische ... Das ‚Christentum' ist für Paulus keine neue Religion, sondern die jüdische, mit dem der Zeit entsprechend verlegten Schwerpunkt. Sein eigenes System gilt ihm vollends nicht als neue Religion. Es ist der adäquat erkannte und in seinen Konsequenzen dargestellte Glaube, und will nichts anderes sein als die wahre zeit- und schriftgemässe jüdische Religion."[35]

Schweitzer stellt sich entschieden gegen die damalige Forschung, die bestrebt war aufzuzeigen, wie stark der hellenistische Einfluss auf das Denken des Apostels gewesen sei.[36]

Für Schweitzer ist die „Mystik", das Sein in Christus, das Zentrum der Theologie des Paulus.

> „Mystik liegt überall da vor, wo ein Menschenwesen die Trennung zwischen irdisch und überirdisch, zeitlich und ewig als überwunden ansieht und sich selber, noch in dem Irdischen und Zeitlichen stehend, als zum Überirdischen und Ewigen eingegangen erlebt."[37]

Die Mystik des Paulus zeige sich in der Betonung, dass der Gläubige in Christus gestorben und auferstanden sei und nun in ihm lebe und somit zum neuen messianischen Äon gehöre. Diese Verbundenheit vom Ewigen mit dem Zeitlichen, das mystische Sein in Christus, das mit der Taufe beginne, sei bereits jetzt Realität und könne vom Denken nur noch erfasst werden. Das Gesetz sei damit aufgehoben[38], und die Ethik werde bei Paulus nicht aus dem Gesetz, sondern aus dem Sein in Christus begründet[39].

Nach Schweitzer ist es von grundlegender Bedeutung für das Verständnis der Theologie des Paulus zu beachten, dass dieser das baldige Ende der Welt erwartet habe.[40] Schweitzer spricht von der „Zwischenzeit" nach dem Tod und der Auferstehung des Messias und vor dem endgültigen Durchbruch „des Unendlichen im Endlichen", was er als „eschatologische Mystik" bezeichnet.[41]

Weil diese mystische Einheit mit Christus durch die Sakramente zustande komme, erscheint die Rechtfertigungslehre[42], wonach der Mensch sich die Erlösung im Glauben aneignen könne, für Schweitzer – wie Bendig bemerkt – „wie ein Fremdkörper im kosmisch-naturhaften Denken des Paulus".[43] Schweitzer betrachtet die Rechtfertigungslehre auch nicht als das Zentrum der paulinischen Theologie. „Indem man die Lehre von der Gerechtigkeit aus dem Glauben zum Ausgangspunkt nahm, machte man sich das Verständnis der paulinischen Gedankenwelt unmöglich."[44] Man habe

35 Schweitzer, Geschichte, S. 177.
36 Vgl. Schweitzer, Mystik, S. 27–37; vgl. auch Gräßer, Albert Schweitzer, S. 175f.
37 Schweitzer, Mystik, S. 1.
38 Vgl. Schweitzer, Mystik, S. 183ff.
39 Vgl. dazu ebd., S. 286ff.
40 Vgl. ebd., S. 37–41 und 54ff.
41 Vgl. dazu ebd., S. 12ff. und 98ff.
42 Vgl. dazu ebd., S. 201ff.
43 Bendik, Paulus, S. 56; vgl. Schweitzer, Mystik, S. 220.
44 Schweitzer, Mystik, S. 215.

Paulus unbewusst „modernisiert" und dabei übersehen, „daß seiner Lehre der Gerechtigkeit aus dem Glauben … eine nicht zu behebende Fremdheit anhaftet".[45] „Die fortlaufend sich erneuernde Vergebung der Sünden, die die reformatorische und die moderne Frömmigkeit in ihr finden wollen, ist ihr unbekannt und unerschwinglich."[46] Die Lehre des Paulus „von der Gerechtigkeit aus dem Glauben" ist für ihn „nichts anderes, als eine besondere Formulierung der urchristlichen Vorstellung der durch den Tod Jesu geschaffenen Möglichkeit der Buße".[47]

Paulus spricht nach Schweitzer von der Rechtfertigung aus Glauben nur bei Auseinandersetzungen über die Bedeutung des Gesetzes.[48] Darüber hinaus habe die Rechtfertigungslehre bei Paulus keine größere Bedeutung. Sie wird nicht als zeitlos gültige Wahrheit, sondern als „Fragment einer Erlösungslehre"[49] und als ein „Nebenkrater"[50] der Theologie des Paulus verstanden, wodurch Paulus sich in seiner „Lehre von der Gesetzesfreiheit"[51] den „Weg zur Ethik" abschneide[52].[53]

2.2.4. Hans Joachim Schoeps

Im Jahr 1959 veröffentlichte der jüdische Religionswissenschaftler Hans Joachim Schoeps ein Werk mit dem Titel „Paulus – Die Theologie des Apostels im Lichte der jüdischen Religionsgeschichte". Er vergleicht die Theologie des Apostels mit den

45 Ebd.

46 Ebd.

47 Ebd.

48 Vgl. Schweitzer, Mystik, S. 216; vgl. dazu auch Westerholm, Perspectives, S. 113–116.

49 Vgl. dazu Schweitzer, Mystik, S. 214ff. Vgl. ebd., S. 216: „Daß die Lehre von der Gerechtigkeit aus dem Glauben nur ein Fragment einer Erlösungslehre ist, erhellt insbesondere noch daraus, daß Paulus die anderen Güter der Erlösung, den Geistbesitz und die Auferstehung, nicht mit ihr zusammenbringt." Und doch ist nach Schweitzer „dieses Fragment einer Erlösungslehre" das, „was an der Lehre Pauli das Wirksamste wurde. Durch die in ihm niedergelegte Formel ist er der Vorkämpfer für die Hoheit Gottes geworden, wo immer sie im Christentum bedroht wurde" (ebd., S. 221).

50 Vgl. dazu auch Bendik, Paulus, S. 56f.; Wechsler, Geschichtsbild, S. 247.

51 Vgl. dazu Schweitzer, Mystik, S. 184–186.

52 Vgl. ebd., S. 220.

53 Vgl. ebd.: „Die Lehre von der Gerechtigkeit aus dem Glauben ist also ein Nebenkrater, der sich im Hauptkrater der Erlösungslehre der Mystik des Seins in Christo bildet. Daß es sich um ein unnatürliches Gedankenerzeugnis handelt, tritt darin zutage, daß Paulus bei der Vorstellung eines Glaubens anlangt, der die Werke des Gesetzes und damit Werke überhaupt ablehnt. Er schneidet sich also den Weg zur Ethik ab … Daß er von der Gerechtigkeit aus dem Glauben logischerweise nicht zu einer Ethik gelangen kann, spielt für Paulus aber gar keine Rolle. In seiner Mystik ist die Ethik ja in natürlicher Weise mit der Vorstellung von der Sündenvergebung und der Erlösung überhaupt verbunden." Schweitzer hat offenbar übersehen, wie eng die paulinische „Mystik" mit seiner Rechtfertigungslehre verbunden ist, welche ihrerseits nicht von der paulinischen Ethik zu trennen ist (vgl. z. B. Röm 6,12ff.; 1. Kor 6,9-11).

Grundsätzen des Judentums. Dabei schließt er die These, dass der Hellenismus die Theologie des Apostels stark beeinflusst habe, aus. Er erinnert daran, dass Paulus in Jerusalem durch Gamaliel (Apg 22,3) ausgebildet wurde und damit klar ein rabbinischer Jude war. Allerdings geht er davon aus, dass Paulus durchaus auch vom hellenistischen Judentum beeinflusst wurde.

Gegen Montefiore betont er, dass das rabbinische Judentum nicht so einheitlich gewesen sei. Die starke Trennung zwischen dem hellenistischem und dem rabbinischem Judentum kann er nicht nachvollziehen. Vielmehr finde man viele Punkte, welche Montefiore als Gegensätze zum rabbinischen Judentum betrachtet, auch in palästinischen Schulrichtungen. Nach Schoeps will Paulus etwas ganz Neues ausdrücken, nämlich dass durch die Erscheinung des Messias das erwartete neue Zeitalter, der neue Äon, eingetreten sei.[54] Deshalb müsse man sich davor hüten, die Theologie des Paulus nur als Summe von Fragmenten aus verschiedenen Denkrichtungen zu verstehen.

Obwohl Schoeps im Verständnis des Gesetzes einige Parallelen zwischen Paulus und dem rabbinischen Judentum sieht, erkennt er auch große Unterschiede. Während das Gesetz für die Juden gut sei und immer zum Leben führe, führe es nach Paulus letztendlich unvermeidbar zum Tod. Nach jüdischem Verständnis müsse man das Gesetz nicht vollkommen einhalten. Allein schon der Wille, das Gesetz zu halten, führe dazu, dass Gott auf der Seite des Menschen sei und ihm helfe, die Sünde zu überwinden. Die Beziehung Israels zu Gott sei durch den Bund bestimmt, dessen Grundlage die göttliche Gnade sei, sodass das Halten des Gesetzes die Bekräftigung des Bundes und nicht dessen Grundlage sei. Glaube und Werke gehörten deshalb untrennbar zusammen.[55]

Paulus hat nach Schoeps das Gesetz an einem grundlegenden Punkt missverstanden. Nach dem Alten Testament werde dieses eng mit dem Bund Gottes verknüpft und binde Israel an seinen Gott, während Paulus es als Summe von Vorschriften betrachte, welche man einhalten müsse, um nicht dem Zorn Gottes ausgesetzt zu sein. Paulus habe die Funktion des Gesetzes im Judentum völlig missverstanden. Schoeps bemerkt:

> „Weil für Paulus die Einsicht in den Charakter des hebräischen *berith* als eines Gegenseitigkeitsvertrages nicht mehr gegeben ist, hat er auch den innersten Sinn des jüdischen Gesetzes nicht mehr erkennen können, das sich in seiner Befolgung des Bundes realisiert. Deshalb beginnt die paulinische Gesetzes- und Rechtfertigungstheologie mit dem verhängnisvollen Missverständnis, dass er Bund und Gesetz auseinanderreißt und Christus als des Gesetzes Ende an dessen Stelle treten lässt."[56]

Schoeps mahnt besonders die protestantischen Exegeten, zwischen der Rechtfertigungslehre bei Paulus und ihrem Ort in der Theologie Luthers zu unterscheiden.[57] Lu-

---

54 Vgl. Westerholm, Perspectives, S. 124.
55 Vgl. dazu auch Meißner, Heimholung, S. 81f.
56 Schoeps, Paulus, S. 230.
57 Schoeps, Paulus, S. 206.

ther habe nicht richtig gesehen, was die Rechtfertigungslehre bei Paulus wirklich bedeutete.[58] Mit dieser Forderung der Befreiung der Paulusexegese von der lutherischen Deutung nimmt Schoeps einen nicht unwesentlichen Punkt der Neuen Paulusperspektive vorweg, wie Bendik richtig feststellt.[59]

2.2.5. Johannes Munck

Johannes Munck strebte in seinem Werk „Paulus und die Heilsgeschichte" (1954) das Ziel an, die Paulusexegese von den Fesseln der Tübinger Schule zu befreien.[60] Er wirft dieser Entmythologisierung und Säkularisierung vor.

> „Löst man Paulus' Briefe auf diese Weise aus der traditionellen Auslegung heraus, die auf die Tübinger Schule zurückgeht, so wird man nicht nur ein besser zusammenhängendes Bild von Paulus erhalten, sondern man wird einen größeren Reichtum und größere Vielfalt im Urchristentum entdecken, als die Tradition es ermöglichte."[61]

Munck möchte die konkreten Bedingungen, unter denen die paulinischen Briefe entstanden sind, besonders beachten. Diesen „Weg" bezeichnet er als „ein Zurückwenden zu gesunder historischer Methode."[62] „Von Paulus' Briefen gehen wir aus, die mitten in dem Geschehen entstanden, von dem sie berichten."[63] Von diesem Standpunkt aus versucht er anschließend die einzelnen Briefe auszulegen und zu verstehen. Durch die Beachtung der konkreten Situationen, in denen die einzelnen Briefe des Paulus entstanden, verspricht er sich also die Befreiung der Paulusbriefe aus der traditionellen Sichtweise der Forschung.[64] Das bedeutet für ihn auch, dass die Möglichkeit besteht, dass die „historische Situation, ... die der Hintergrund eines einzelnen Paulusbriefes ist, ... nicht immer Ausdruck einer klaren systematisch-theologischen Position" ist.[65]

---

58 Vgl. dazu auch Meißner, Heimholung, S. 82.

59 Bendik, Paulus, S. 57.

60 Vgl. Munck, Paulus, S. 58: „Einer der Gründe für die verkehrte Auffassung von Paulus, die man seit den Tagen der Tübinger Schule gehabt hat, ist ja eben diese einseitige Betrachtung von Paulus als Theologen. Man macht ihn zu einem christlichen Denker, der aus seinem Studienzimmer in den Tummel und die Debatte des Tages tritt, als der scharfe konsequente Vertreter seiner besonderen Ideen (des Paulinismus) und gleichzeitig als der gechmeidige (sic!) und geschickte Kirchenpolitiker, der leider nicht immer moralisch unangreifbar ist."

61 Ebd., S. 78.

62 Vgl. ebd., S. 77.

63 Ebd. „Wenn irgendwo, dann muss es hier möglich sein, über das Urchristentum Bescheid zu erhalten. Paulus' eventuelle Fehler, auf die die traditionelle Exegese den Finger legt bei ihrem Bemühen, seine Briefe mit der Apostelgeschichte, die man als die reine Wahrheit voraussetzte, in Übereinstimmung zu bringen, sind von untergeordneter Bedeutung, gemessen an der Tatsache, dass seine Briefe primäre Quellen sind und die Apostelgeschichte eine sekundäre Quelle ist."

64 Vgl. dazu auch Bendik, Paulus, S. 80f.

65 Munck, Paulus, S. 78.

Nach Munck verstand Paulus sich nach dem Damaskuserlebnis als prophetischen Sendboten mit einem klaren Auftrag im göttlichen Heilsplan, was für Munck zentral ist, um die Paulusbriefe zu verstehen. Paulus sei „der Berufene, der eine entscheidende Aufgabe in dem letzten grossen Heilsdrama auszuführen hat".[66] Bendik bemerkt dazu: „Die Kategorie der *Zwischenzeit*, auf die Schweitzer aufmerksam gemacht und die ihn zu einem neuen Verständnis der paulinischen Eschatologie geführt hat, wird in Muncks Konzept auf die Person des *Heidenapostels* übertragen."[67] Nach Munck ist Paulus jedoch „kein Albert Schweitzer, der seine theologische Arbeit während seiner Tätigkeit als Missionar fortsetzt. Nein, Paulus' ganze Arbeit als Denker ist seinem Wirken als Missionar entsprungen und hat ihr Ziel in der Missionsarbeit".[68] Das habe dazu geführt, dass er das Verhältnis zwischen Juden- und Heidenchristen neu bestimmt habe. Paulus habe sich als eschatologische Figur verstanden, von deren Verkündigung die Wiederkunft des Messias abhängig sei.[69]

Munck scheint nach Bendik „die klassische Interpretation der Rechtfertigungslehre vorauszusetzen", und zwar deshalb, weil er gelegentlich betont, dass sowohl Jesus als auch das älteste Judenchristentum sich vom Judentum unterschieden, weil sie ihr Heil nicht mehr abhängig von den „Werken des Gesetzes" verstehen.[70] Allerdings zeigt das Werk von Krister Stendahl später, wie dieses neue Verständnis des Paulus die traditionelle Darstellung des Judentums in Frage stellen konnte.[71]

2.2.6. William David Davies

Im Jahr 1948 erschien die erste Auflage des Werkes von William David Davies, Lehrer von E. P. Sanders, mit dem Titel „Paul and Rabbinic Judaism", das später die Bezeichnung von Sanders' Werk „Paul and Palestinian Judaism" mitgeprägt hat. In dem Werk will Davies nicht den hellenistischen Einfluss auf Paulus leugnen, aber er will darlegen, dass Paulus zum Hauptstrom des Judentums des 1. Jahrhunderts gehörte und dass Teile seines Denkens, welche oft als hellenistisch betrachtet werden, sehr wohl vom Judentum herkommen konnten.[72] Dabei setzt er sich kritisch mit den Ausführungen von Montefiore über das Judentum auseinander.[73] Es geht ihm u. a. darum, die Darlegung von Montefiore, dass Paulus die eher pessimistische Sicht des Diaspora-

66 Ebd., S. 59.
67 Bendik, Paulus, S. 88.
68 Munck, Paulus, S. 59.
69 Schoeps, Paulus, S. 28ff.
70 Bendik, Paulus, S. 84.
71 Vgl. dazu ebd., S. 88.
72 Davies, Paul and Rabbinic Judaism, 3. Aufl. 1965, S. 1.
73 Vgl. ebd., S. 1ff.

Judentums vom Gesetz geteilt habe, während das palästinische Judentum eine viel positivere Sicht vom Gesetz gehabt habe, zu hinterfragen.[74]

Im Gegensatz zu Montefiore hält Davies die Aussage in Apg 22,3, dass Paulus „zu den Füßen Gamaliels unterwiesen" worden sei, für glaubwürdig.[75] Zudem meint er, dass Montefiore sein Bild vom Judentum nur deshalb so darstellen konnte, weil er fälschlicherweise angenommen habe, dass das Judentum des 1. Jahrhunderts das gleiche gewesen sei wie das Judentum des 5. Jahrhunderts.[76] Nach Davies kann man die rabbinischen Quellen nicht ohne „extremer Vorsicht" („extreme caution") als Belege für das Judentum des 1. Jahrhunderts verwenden. „In any case we cannot accept the convenient identification of first-century Judaism with the normative Judaism of later centuries which Montefiore assumes."[77]

Einen Hinweis der Hellenisierung des Judentums in Palästina sieht Davies in der Feststellung, dass im Talmud mehr als 1100 griechische Begriffe verwendet werden, aber auch auf Grund der politischen Lage des Landes im 2. und 1. vorchristlichen Jahrhundert.[78] Zudem bemerkt er: „The fact that after A.D. 70 it was necessary to forbid the teaching of Greek to one's son shows that previous to that date this was customary."[79] Aus diesen und anderen Gründen ist es für Davies nicht gerechtfertigt, eine strikte Trennung zwischen dem Diaspora-Judentum und dem palästinischen Judentum zu machen, „and particularly is this true in the case of a man like Paul whose home war, most probably, a bit of Jerusalem outside Palestine".[80] Zudem bemerkt Davies, dass nicht alle Diaspora-Juden ein Philo gewesen seien und man nicht wisse, inwiefern hellenistische philosophische Ideale alle Griechisch sprechenden Juden beeinflusst hätten.[81] Was Montefiore als „Paul's pre-Christian pessimism" bezeichnet, ist nach Davies auch im rabbinischen Judentum bekannt.[82] Gleiches gilt auch für den „Mystizismus" des Paulus, wie Davies im Einklang mit Schweitzer feststellt.[83]

Paulus war nach Davies ein jüdischer Rabbi, der allerdings davon ausging, dass der verheißene Messias gekommen und die Zeit angebrochen sei[84], in welcher das Gesetz

---

74 Vgl. ebd., S. 4f.
75 Vgl. ebd., S. 2.
76 Ebd., S. 3.
77 Ebd., S. 4.
78 Ebd., S. 5f.
79 Ebd., S. 6.
80 Ebd., S. 8.
81 Ebd., S. 12.
82 Ebd., S. 13.
83 Ebd., S. 13–15.
84 Vgl. ebd., S. 16: „It will not be our purpose to give a complete statement of Pauline theology but, beginning with his conception of sin, we shall endeavour to show that in the central points of his interpretation of the Christian dispensation Paul is grounded in an essentially Rabbinic world of thought, that the Apostle was, in short, a Rabbi become Christian and was therefore primarily governed both in life and thought by Pharisaic concepts, which he had baptized ‚into Christ'." Diese These versucht Davies im Folgenden anhand von paulinischen Themen wie „Fleisch und

durch den Messias verändert werden sollte[85]. Für Davies besteht „little doubt that for him the Torah was an expression of divine Grace".[86] Er spricht diesbezüglich von einer „Christisierung" („Christifying") und „Spiritualisierung" der Tora durch Paulus.[87] Dabei sieht er einen Einfluss der jüdischen Apokalyptik, welchen er allerdings als „typisch rabbinisch" beschreibt.[88]

> „We cannot therefore vaguely assume that such discontent with the Law as we find in Paul, often indeed by the application of a subjective psychology and not by fidelity to the sources, was due to his experience in the Diaspora, for discontent was not unknown in Palestine."[89]

Paulus sei zeitlebens ein praktizierender Jude gewesen, „who never ceased to insist that the gospel was first to the Jews, who also expected Jewish Christians to persist in their loyalty no less than in the pre-Christian dispensation a place of peculiar importance".[90] Das Evangelium sei für Paulus nicht die Aufhebung des Judentums, sondern deren Vollendung gewesen, „and as such it took up into itself the essential genius of Judaism".[91] Davies bringt sein Verständnis von Paulus auf den Punkt, indem er schreibt:

> „The source of Pauline Christianity lies in the fact of Christ, but in wrestling to interpret the full meaning and implications of that fact Paul constantly drew upon concepts derived from Rabbinic Judaism; it was these that formed the warp and woof if not the material of his thought."[92]

Das führt nach Davies zu einer Relativierung der Rechtfertigungslehre. Denn in einigen Kontexten werde die Rechtfertigung lediglich als eine Metapher unter anderen gebraucht, welche Paulus verwende, um die Erlösung durch Christus zu beschreiben, und wir seien nicht berechtigt, diese Metapher der Rechtfertigungslehre zu einem

---

Sünde", „altes und neues Israel", „alter und neuer Mensch", „alte und neue Tora", „alter und neuer Gehorsam" sowie „Auferstehung" darzulegen.

85 Vgl. dazu ebd., S. 147–176; Davies, Jewish and Pauline Studies, S. 25f..

86 Davies, Jewish and Pauline Studies, S. 118.

87 Vgl. auch Davies, Paul and Rabbinic Judaism, S. 323. Vgl. auch ders., Jewish and Pauline Studies, S. 121: „Paul was no antinomian, but he demands that the Law, even messianic Law, be interpreted in the interests of Persons."

88 Vgl. Davies, Paul and Rabbinic Judaism, S. 11.

89 Ebd.

90 Ebd., S. 321. Vgl. auch ebd., S. 321–322: „A Paul who when he became a Christian had ceased to be a ‚Jew' would not be the Paul that we know …"

91 Ebd., S. 323. Vgl. auch ebd., S. 324: „Both in his life and thought, therefore, Paul's close relation to Rabbinic Judaism has become clear, and we cannot too strongly insist again that for him the acceptance of the Gospel was not so much the rejection of the old Judaism and the discovery of a new religion wholly antithetical to it, as his polemics might sometimes pardonably lead us to assume, but the recognition of the advent of the true and final form of Judaism, in other words, the advent of the Messianic Age of Jewish expectation. It is in this light that we are to understand the conversion of Paul."

92 Ebd., S. 323.

Dogma zu erheben.[93] „Moreover, in those contexts where the idea of Justification by Faith is central, we find that this is so only because of certain polemical necessities."[94] Selbst wenn man das rabbinische Judentum als Ganzes als Werkereligion charakterisieren könnte – was für Davies fraglich ist –, warnt Davies davor, eine Antithese zwischen dem paulinischen Christentum als Religion des Glaubens und des Geistes und dem rabbinischen Judentum als Religion des Gehorsams und der Tora hochzuspielen, wodurch die Lehre von der Rechtfertigung durch Glauben an die oberste Stelle des paulinischen Denkens erhoben worden sei.[95]

Davies ging dabei davon aus, dass sowohl der Holocaust als auch die Gründung des Staates Israel die Christen dazu auffordere, wieder zu den Füßen des Paulus zu sitzen und eine größere gegenseitige Toleranz und gegenseitigen Respekt zwischen Christen und Juden zu pflegen.[96] Diese Aspekte scheinen bei der ganzen Diskussion um die „neue Perspektive" bewusst oder unbewusst eine wichtige Rolle zu spielen.[97]

2.2.7. Krister Stendahl

Der schwedische Theologe Krister Stendahl wird zum Teil als Vater der Neuen Paulusperspektive bezeichnet.[98] Seine Publikation mit dem Titel „The Apostle Paul and the Introspective Conscience of the West" (1963; deutsch: „Paulus und das ‚introspektive' Gewissen des Westens", 1996) wurde für die Entwicklung der Neuen Paulusperspektive programmatisch.

Stendahl bekennt, dass Munck ihm den Zugang zur Welt des Paulus eröffnet habe. Auch er möchte von den konkreten Entstehungssituationen der Paulusbriefe ausgehen. Dabei geht er davon aus, dass für Paulus die Beziehung zwischen Juden und Heiden ein zentrales Anliegen gewesen sei. Es gehe Paulus weder um die Frage nach der Rechtfertigung noch sonst um ein abstraktes theologisches Thema.[99] Stendahl meint, die protestantische Theologie sei in Jahrhunderten am Hauptthema des paulinischen Denkens vorbeigegangen. Seit Augustinus sei die Paulusauslegung zu stark durch die

93 Vgl. ebd., S. 221f.

94 Ebd., S. 222. Vgl. auch ebd.: „Since Christ had replaced the Torah as the centre of his religious life, Paul in his controversy with those who insisted an the centrality of the old Torah and the necessity of obedience to it for all, had to find scriptural support for his position, the only kind of support that would carry conviction to this opponents."

95 Ebd., S. 221.

96 Vgl. Davies, Paul und the People of Israel, S. 4–39.

97 Vgl. auch z. B. Wright, What St. Paul Really Said, S. 158: „The doctrine of justification is not merely a doctrine which Catholic and Protestant might just be able to agree on, as a result of hard ecumenical endeavor: It is itself the ecumenical doctrine, the doctrine that rebukes all our petty and often culture-bound church groupings, and which declares that all who believe in Jesus belong together in the one family."

98 Vgl. z. B. Schoeps, Paulus, S. 89.

99 Vgl. dazu auch Bendik, Paulus, S. 89.

Gewissens- und Schuldproblematik geprägt worden. Stendahl möchte Paulus wieder unmittelbar auslegen.[100] Nach ihm hat Paulus nie unter einem geplagten Gewissen gelitten.[101] Das Damaskuserlebnis betrachtet er nicht als „Bekehrung“ des Paulus, sondern als Berufung zur Mission, wodurch der Apostel ein neues Gesetzesverständnis entwickelt habe. Dabei gehe es darum, dass die Heiden ohne Hindernisse zum Heil gerufen werden könnten.[102]

Dementsprechend betrachtet Stendahl die Rechtfertigungslehre nicht als Zentrum der paulinischen Theologie. Er bemerkt dazu, dass Paulus die Lehre vom Glauben mit dem spezifischen Ziel herausgearbeitet habe, das Recht der Heiden auf das volle Erbe der Verheißung Gottes an Israel zu verteidigen.[103] Die Rechtfertigungslehre sei nur für die Heiden gedacht und richte sich weder gegen das Judentum noch gegen dessen Gesetzlichkeit.[104] Im Römerbrief sei „das Prinzip der Rechtfertigung aus Glauben ein Missionsprinzip – ein Prinzip, um zu verstehen, wie es für Menschen aus den Völkern möglich ist, Teil von Gottes Programm, Plan und Volk zu werden“.[105]

> „My simple answer to this problem is that Paul's doctrine of justification by faith has its theological context in his reflection on the relation between Jews and Gentiles, and not within the problem of how *man* is to be saved, or how man’s deeds are to be accounted …“[106]

In Röm 3 gehe es Paulus nicht darum, „eine spezifische Sühne, Versöhnungs oder Erlösungsdoktrin zu lehren“.[107] Die „Kernaussage“ finde sich in Vers 27, wo das „Prah-

100 Vgl. dazu auch Horn, Juden und Heiden, S. 17f.

101 „Paulus ging nicht durch die Tiefe von Sünde und Schuld, er ging von Herrlichkeit zu Herrlichkeit! Es könnte also sein, dass die Achse von Sünde und Schuld nicht die einzige ist, um die sich das Christentum dreht“ (Stendahl, Der Jude Paulus, S. 56).

102 Vgl. ebd., S. 27. Vgl. auch Stendahl, Vermächtnis, S. 19: „Paulus selbst sah sich nicht als Konvertiten, als jemanden, der sich von der einen Religion zu einer anderen bekehrt hat.“

103 Stendahl, Paul Among Jews and Gentiles, S. 2.

104 Vgl. dazu auch Bendik, Paulus, S. 94–96. Stendahl betont, dass für Paulus weder die Sünde, noch das Gewissen, noch das Gesetz („weder im Sinn von Torah noch im Sinn von *nomos*“) das Problem gewesen sei (Stendahl, Vermächtnis, S. 17). „Und doch gab es zwei Dinge, die Paulus sowohl theologisch als auch existenziell Sorge bereitet haben. Das erste Problem war Paulus selbst … Das zweite Problem des Paulus war die große Sorge um Israel … Das Hinzukommen der Völker, ausgelöst durch die Mission des Paulus, schien Israel nicht als deutliches Zeichen für das *Eschaton*, die Wiederherstellung in der kommenden Welt, zu beeindrucken, wie Paulus das in der Synagoge gelernt hatte. Das beunruhigte ihn“ (ebd.). Es gibt nach Stendahl keinen Grund zu glauben, dass Paulus „Schwierigkeiten hatte mit der jüdischen Tradition oder der Torah“ (ebd., S. 20).

105 Stendahl, Vermächtnis, S. 36.

106 Stendahl, Among Jews and Gentiles, S. 26. Vgl. auch Stendahl, Vermächtnis, S. 22: „Paulus erwähnt das Syntagma Rechtfertigung aus Glauben’ nur, wenn er den Status seiner Konvertiten aus den Völkern diskutiert. Seine Rede von der Rechtfertigung aus Glauben war seine Art, das Recht der Nichtjuden zu verteidigen, in die jetzt in Gang befindliche Vollendung und Erlösung eingeschlossen zu sein – durch Glauben.“

107 Stendahl, Vermächtnis, S. 52.

len“ im Sinn von „sich dem anderen überlegen fühlen“ verstanden wird.[108] Im Römerbrief geht es darum nach Stendahl *„um Missiologie, nicht um* Soteriologie“.[109]

Nach Stendahl wird die protestantische Paulusauslegung viel zu stark von Luther geprägt, wodurch sie zu individualistisch sei und die Frage nach dem Heil fälschlicherweise im Zentrum stehe. Dadurch, dass er die Rechtfertigungslehre nicht soteriologisch, sondern ekklesiologisch versteht, legt er einen entscheidenden Grundstein für die Neue Paulusperspektive.

2.3. Drei wegweisende Vertreter der „neuen Perspektive“

2.3.1. Ed Parish Sanders

Im Jahr 1977 erschien Ed Parish Sanders’ Monografie mit dem Titel „Paul and Palestinian Judaism. A Comparison of Patterns of Religion“[110], welche er vorher in einem Aufsatz[111] angekündigt hatte. Im Jahr 1985 erschien das Werk auch in deutscher Sprache, und zwar unter dem Titel „Paulus und das palästinische Judentum. Ein Vergleich zweier Religionsstrukturen“. Das Ziel des Werkes definiert Sanders so: „Das Ziel der vorliegenden Arbeit war ausschließlich, die Frage des ‚Hineingelangens und Darinverbleibens’ [im Judentum] zu erörtern.“[112]

Im ersten Hauptteil[113] untersucht Sanders die Religionsstruktur des palästinischen Judentums zwischen 200 v. Chr. und 200 n. Chr. Neben den Apokryphen, den Pseudepigrafien des Alten Testaments, der Weisheitsliteratur und weiteren Schriften greift er dabei vor allem auf die Qumran-Schriftrollen zurück.[114] Die „Religionsstruktur“ beschreibt er so:

> „Eine Religionsstruktur, positiv definiert, ist die Beschreibung, wie eine Religion von ihren Anhängern in ihrer Funktion verstanden wird. ‚In ihrer Funktion verstanden‘ meint nicht das, was ein Gläubiger Tag für Tag tut, sondern wie das Hineingelangen und Darinverbleiben verstanden werden.“[115]

---

108 Ebd.

109 Ebd., S. 79.

110 Der Titel ist in Anlehnung an W. D. Davies’ Werk „Paul and Rabbinic Judaism“ (vgl. dazu oben die Ausführungen über Davies) formuliert worden.

111 Sanders, Pattern of Religion, S. 199–215.

112 Sanders, Paulus und das palästinische Judentum, S. XIII.

113 Sanders, Paul and Palestinian Judaism, S. 33–428.

114 Vgl. dazu Sanders, Paul and Palestinian Judaism, S. 557–563.

115 Sanders, Paulus und das palästinische Judentum, S. 18. Englisch: „A pattern of Religion, defined positively, is the description of how a religion is perceived by its adherents to *function*. ‚Perceived to function’ has the sense not of what an adherent does on a day-to-day basis, but of *how getting in and staying in are understood*: the way in which a religion is understood to admit and retain members is considered to be the way it ‚functions’“ (Sanders, Paul and Palestinian Juda-

Sanders kritisiert die Tradition neutestamentlicher Wissenschaft, welche nach seiner Ansicht das antike Judentum auf Grund der Paulusbriefe rekonstruiert. Er möchte dagegen das Wesen des Judentums aus den jüdischen Quellen heraus verstehen.[116] Dabei fasst er die „Religionsstruktur" des palästinischen Judentums mit dem Begriff „coventantal nomism" bzw. „Bundesnomismus" zusammen[117], wobei er den Zusammenhang zwischen Bund und Gesetz hervorhebt[118]. Den „Bundesnomismus" beschreibt er mit folgenden Worten:

> „Die ‚Struktur' (das ‚Pattern') dieses Bundesnomismus besteht in Folgendem: 1) Gott hat Israel erwählt und 2) das Gesetz gegeben. Das Gesetz beinhaltet zweierlei: 3) Gottes Verheißung, an der Erwählung festzuhalten, und 4) die Forderung, gehorsam zu sein. 5) Gott belohnt Gehorsam und bestraft Übertretungen. 6) Das Gesetz sieht Sühnemittel vor, und die Sühnung führt 7) zur Aufrechterhaltung bzw. Wiederherstellung des Bundesverhältnisses. 8) All jene, die durch Gehorsam, Sühnung und Gottes Barmherzigkeit innerhalb des Bundes gehalten werden, gehören zur Gruppe derer, die gerettet werden. Eine wichtige Interpretation des ersten und des letzten Punktes besteht darin, dass Erwählung und letztliche Errettung nicht als menschliches Werk, sondern als Taten der Barmherzigkeit Gottes verstanden werden."[119]

Zusammengefasst besteht der „Bundesnomismus" mit den Worten von Sanders „in der Vorstellung, dass der Platz eines jeden Menschen im Plane Gottes durch den Bund begründet wird und dass der Bund als geziemende Antwort des Menschen dessen Befolgung der Gebote verlangt, während er bei Übertretung Sühnemittel bereitstellt".[120]

---

ism, S. 17).

116 Vgl. Sanders, Paul and Palestinian Judaism, S. 12–24.

117 Vgl. ebd., S. 422.

118 Vgl. ebd., S. 420: „The relation between covenant and law we found to be almost universal in the material surveyed." Deutsch: „Diese Beziehung zwischen Bund und Gesetz erwiesen sich in der untersuchten Literatur nahezu als Allgemeingut" (Sanders, Paulus und das palästinische Judentum, S. 397–398). In diesem Sinn spricht Sanders vom „Common Judaism", dessen wichtiges Element die gemeinsame Theologie des „Bundesnomismus" sei (vgl. Sanders, Judaism, S. 457). Auch wenn er von verschiedenen Gruppierungen innerhalb des Judentums ausgeht, so scheinen nach ihm „aber mehr Gemeinsamkeiten bestanden zu haben als nur der Namen ‚Jude'" (Sanders, Paulus und das palästinische Judentum, S. 401).

119 Sanders, Paulus und das palästinische Judentum, S. 400. Englisch: „The ‚pattern' or ‚structure' of covenantal nomism is his: (1) God has chosen Israel and (2) given the law. The lay implies both (3) God's promise to maintain the election and (4) the requirement to obey. (5) God rewards obedience and punishes transgression. (6) The law provides for means of atonement, and atonement results in (7) maintenance or re-establishment of the covenant by obedience, atonement and God's mercy belong to the group which will be saved. An important interpretation of the first and last point is the election and ultimately salvation are considered to be by God's mercy rather than human achievement" (Sanders, Paul and Palestinian Judaism, S. 422). Vgl. dazu auch u. a. Rieger, Eine Religion der Gnade, S. 129–161; Hengel/Deines, E. P. Sanders' „Common Judaism", S. 392–479.

120 Sanders, Paulus und das palästinische Judentum, S. 70. Englisch: „Briefly put, covenantal nomism is the view that one's place in God's plan is established on the basis of the covenant and

Zentral geht es Sanders darum zu belegen, dass das Judentum keine „Gesetzesreligion", sondern eine „Gnadenreligion" sei.[121] Das Tun des Gesetzes werde nicht als Mittel betrachtet, um in den Bund hineinzugelangen, sondern um darin zu bleiben.[122] Israels Erwählung und eschatologische Errettung seien unabhängig davon verstanden worden.

Die „Gerechten" sind gemäß der tannaitischen Literatur, wie Sanders zusammenfassend feststellt, einerseits die Erretteten, und zwar diejenigen, die ihre Belohnung in der „kommenden Welt" erhalten[123] und im Garten Eden mit Gott wandeln werden, und andererseits diejenigen, welche der Tora gehorchten und bei Übertretungen Buße tun.[124] Manche hätten das als „Werkgerechtigkeit" gedeutet, doch aus rabbinischer Sicht sei das nicht so verstanden worden.

> „The universally held view was rather this: those who accept the covenant, which carries with it God's promise of salvation, accept also the obligation to obey the commandments given by God in connection with the covenant. One who accept the covenant and remains within it is ‚righteous'."[125]

„Gerecht" sei am Schluss also nicht jemand, dessen „gute Werke" überwiegten, sondern derjenige, der dem Bund gegenüber Treue bewahrt habe. „To repeat what was said before, the term applies to one who is in the covenant and loyal to it."[126] „Gerechtigkeit" sei im Judentum ein Begriff, „der die *Beibehaltung* des Status innerhalb der Gruppe der Erwählten zum Ausdruck bringt".[127] Wer gegen den Bund rebelliere, schließe sich selbst von Gottes Bundesverheißungen aus.[128]

---

that the covenant requires as the proper response of man his obedience to its commandments, while providing means of atonement for transgression" (Sanders, Paul and Palestinian Judaism, S. 75).

121 Vgl. Sanders, Paulus und das palästinische Judentum, S. 405: „Es stellt sich heraus, dass das Judentum in der Zeit vor 70 Gnade und Werke im rechten Verhältnis zueinander gesehen, die Gebote Gottes nicht herabgemindert und sich nicht in besonderer Weise durch Heuchelei ausgezeichnet hat."

122 Vgl. z. B. Sanders, Paul and Palestinian Judaism, S. 205:„Being righteous in the sense of obeying the law to the best of one's ability and repenting and atoning for transgression *preserves* one's place in the covenant (it is the opposite of rebelling), but it does not *earn* it." Vgl. dazu auch Maschmeier, Rechtfertigung, S. 28; Carson, Introduction, S. 2.

123 Sanders geht besonders auf Grund vom Mischna-Traktat Sanhedrin 10,1ff. davon aus, dass alle Israeliten an der „kommenden Welt" Anteil haben werden, außer wenn sie sich von Gott und seinem Bund lossagen (vgl. Sanders, Paulus und das palästinische Judentum, S. 138; so auch bereits Montefiore, Judaism and St. Paul, S. 44). Zu der Mischna-Aussage im Vergleich zu Röm 11,26f. vgl. auch Thiessen, Gott hat Israel nicht verstoßen, S. 98ff.

124 Sanders, Paul and Palestinian Judaism, S. 204. Vgl. Sanders, Paulus und das palästinische Judentum, S. 484: „… der wahrhaft religiös ist, das Gesetz hält und bei Übertretungen Buße tut."

125 Sanders, Paul and Palestinian Judaism, S. 204.

126 Ebd., S. 205.

127 Sanders, Paulus und das palästinische Judentum, S. 504.

128 Sanders, Paul and Palestinian Judaism, S. 205.

Andererseits beschreibt Sanders die Struktur der paulinischen „Religion“ als „participationist eschatology“.[129] Die Kirche sei Teil des „eschatologischen Tages“.

„The heart of Paul’s thought is not that one ratifies and agrees to a covenant offered by God, becoming a member of a group with a covenant relation with God and remaining in it on the condition of proper behaviour; but that one dies with Christ, obtaining new life and the initial transformation which leads to the resurrection and ultimate transformation, that one is a member of the body of Christ and one Spirit with him, and that one remains so unless one breaks the participatory union by forming another.“[130]

Sanders betont in Abgrenzung zu Bultmann, dass Paulus nicht von einem Problem aus denke und dann zur Lösung komme, sondern dass Paulus von der Lösung zum „Problem“ komme.[131] Da Paulus erkannt habe, dass Gott das Heil in Tod und Auferstehung Jesu Christi dargeboten habe, sei er zu der Schlussfolgerung gekommen, dass dieses Heil nur in Jesus Christus zu finden sei.[132] Damit steht nach Sanders die Zugehörigkeit zu Christus und nicht das Selbstverständnis des Menschen im Zentrum der Kritik des Paulus am Judentum.[133] Der wirklich Gerechte werde nach Paulus durch Christus und den Glauben allein gerettet.[134] Dementsprechend sei nicht das Tun des Gesetzes als solches falsch. „Rather, such a means leads to the wrong end (righteousness based on

---

129 Vgl. ebd., S. 549. Es geht dabei um einen „kosmischen und kollektiven bzw. ‚partizipatorischen Charakter’“ (Sanders, Paulus und das palästinische Judentum, S. 487). Vgl. dazu auch Bendik, Paulus, S. 120–122.

130 Sanders, Paul and Palestinian Judaism, S. 514.

131 Vgl. ebd., S. 442ff. Vgl. Sanders, Paulus und das palästinische Judentum, S. 450: „Pauli Logik scheint folgendermaßen auszusehen: Gott hat in Christus gehandelt, um die Welt zu retten; die Welt ist daher des Heils bedürftig; Gott hat aber auch das Gesetz gegeben; ist Christus zum Heil gegeben worden, so folgt daraus, dass für das Gesetz nicht dasselbe gelten kann; läuft also das Gesetz der Absicht Gottes zuwider, die in Christus offenbar geworden ist? Nein, denn es hat die Aufgabe, einen jeden der Sünde auszuliefern, damit ein jeder durch Gottes Gnade in Christus gerettet werden kann. Es ist meines Erachtens völlig ausgeschlossen, dass man die Argumentation auch umdrehen könnte.”

132 Vgl. Sanders, Paulus und das palästinische Judentum, S. 415: „Es scheint mir zwei ohne weiteres bestimmbare und ursprüngliche Überzeugungen zu geben, die die christl. Existenz des Paulus beherrschten: 1. Jesus Christus ist Herr; in ihm hat Gott das Heil für alle bereitet, die glauben; … er wird in Bälde zurückkehren und alles vollenden. 2. Er, Paulus, war zum Apostel für die Heiden berufen … Aufgrund dieser beiden Überzeugungen können wir die Theologie des Paulus, seine schwierigen und oft dunklen Überlegungen zur Bedeutung der Heilsereignisse und die Rolle, die er selbst darin spielt, erklären.“

133 Vgl. Sanders, Paul and Palestinian Judaism, S. 482. „Stets geht es um Gottes Handeln in Christus“ (Sanders, Paulus und das palästinische Judentum, S. 418). Vgl. auch ebd., S. 457: „Nicht die Analyse der Natur der Sünde bestimmt die Anschauung des Paulus, sondern seine Analyse des Heilsweges – nicht seine Anthropologie, sondern seine Christologie und Soteriologie.“

134 Vgl. Sanders, Paul and Palestinian Judaism, S. 551. Der Begriff „Glaube“ wird dabei als der am häufigsten benutzte „Transfer-Terminus“ des Paulus verstanden. Diese „Transfer-Termini“ bezeichnen nach Sanders den Übergang zur Teilnahme an der Heilstat Gottes in Christus (vgl. Sanders, Paulus und das palästinische Judentum, S. 438).

the law); and the end itself is wrong, since it is not salvation in Christ."[135] Die Begründung des Paulus „für den Satz, dass der Mensch nicht aus Gesetzeswerken ‚gerechtfertigt' werde, ist nicht die, dass der Mensch nicht daran denken dürfe, sein eigenes Heil zu erlangen, sondern die, dass Christus umsonst gestorben wäre, wenn das Gesetz errettet (Gal 2,21)".[136]

Auch das paulinische Verständnis des Gesetzes ist nach Sanders von der Lösung hin zum Problem zu verstehen. Wenn das Heil allein durch Christus komme, müsse das Gesetz in Bezug auf das Heil nutzlos sein. Wozu wurde aber dann nach dem Verständnis des Paulus das Gesetz gegeben? „Die Antwort lautet: zur Verurteilung. Da die ganze Welt allein durch Christus gerettet werden kann, muss die ganze Welt verurteilt gewesen sein, und die Aufgabe des Gesetzes bestand darin zu verurteilen."[137] Die Verheißung könne nicht durch das Halten des Gesetzes ererbt werden, „da sonst die Heiden ausgeschlossen würden. Doch die Heiden können nicht ausgeschlossen werden, denn Gott hat Christus zum Herrn über die ganze Welt und zum Heiland aller Gläubigen eingesetzt und hat insbesondere auch Paulus berufen und zum Heidenapostel bestimmt".[138] Erst unter dieser Voraussetzung lehne Paulus die „Fundamente des Judentums" wie Erwählung, Bund und Gesetz ab.[139]

Für Sanders bedeutet das, dass die „Gerechtigkeit aus Glauben" als Schlüssel zum paulinischen Denken aufzugeben ist, da das Zentrum der paulinischen Theologie nicht die Einzelnen betreffe, während der Ausdruck „Gerechtigkeit aus Glauben" vor allem auf die Einzelnen Bezug nehme.[140] In Wahrheit sei das Judentum gar nicht so stark vom Christentum zu unterscheiden. Paulus habe es auf seine Art dargestellt, um die Notwendigkeit von Christus umso klarer herausheben zu können. Der entscheidende Unterschied zwischen Judentum und Christentum sei für Paulus also nicht die „Werkgerechtigkeit" einerseits und die Gerechtigkeit aus Glauben andererseits. „Was Paulus am Judentum für falsch hält, ist, auf eine Kurzformel gebracht, dass es kein Christentum ist."[141] Gegen Stendahl betont Sanders, dass die „Rechtfertigung aus Glauben" bei Paulus nicht nur als Erlösungsweg für die „Heiden" gedacht sei.[142]

Später wandten Dunn und Wright die Erkenntnisse von Sanders über das Judentum auf die Paulusexegese an. Wright spricht von einer „Sanders-Revolution" und be-

---

135 Sanders, Paul and Palestinian Judaism, S. 551.

136 Sanders, Paulus und das palästinische Judentum, S. 457.

137 Ebd., S. 474.

138 Ebd., S. 465.

139 Ebd., S. 513.

140 Sanders, Paul and Palestinian Judaism, S. 438. „What this means is that the catch-word ‚righteousness by faith' must be given up as the clue to Paul's thought" (ebd.). Andererseits laufen „Gerechtigkeit aus Glauben und Teilnahme an Christus letztlich auf dasselbe hinaus" (Sanders, Paulus und das palästinische Judentum, S. 485).

141 Sanders, Paulus und das palästinische Judentum, S. 513.

142 Vgl. Sanders, Paul's Attitude, S. 181: „If justification or righteousness is a soteriological term, Paul has said repeatedly that the only way to be saved is by faith in Jesus Christ, and he has said that that applies to both Jews and gentiles."

merkt, dass viele Bücher, die vor Sanders oder von einem „Vor-Sanders-Standpunkt" aus („from a pre-Sanders standpoint") geschrieben worden seien, „now look extremely dated and actually feel very boring".[143]

2.3.2. James D. G. Dunn

Dunn hat als erster den Ausdruck „New Perspective on Paul" geprägt. Er sprach in einer Vorlesung in Manchester am 4. November 1982 erstmals von der „New Perspective". Sein Bestreben ist, im Licht dieser „neuen Perspektive" die Theologie des Paulus neu zu überdenken.[144] Der Vortrag wurde 1983 unter dem Titel „The New Perspective on Paul" veröffentlicht.[145] Anstoß in diese neue Richtung gab ihm u. a. die Lektüre des Qumrantextes 1QS 11,11-15[146], doch erst durch das gründliche Studium von Sanders' Buch „Paul and Palestinian Judaism" sei das entstandene „Puzzle" eine Frage geworden, „which I could no longer push to one side".[147]

Gemäß Dunn hat Sanders gezeigt, wie sehr viele Ansichten über die Theologie des Paulus durch die Suche Luthers nach einem „gnädigen Gott" und die Zeit des 16. Jahrhunderts geprägt seien. Sanders habe den Weg freigesetzt, damit Paulus wieder in seinem ursprünglichen Kontext verstanden werde könne.[148] Allerdings wirft er Sanders vor, diese von ihm selbst geschaffene Möglichkeit nicht genutzt zu haben[149], und er teilt nicht dessen Gegenüberstellung von Bundesnomismus[150] und partizipatorischer Eschatologie[151]. Der von Sanders dargelegte Paulus sei „only a little more convincing (and much less attractive) than the Lutheran Paul"[152].

„There remains something very odd in Paul's attitude to his ancestral faith. The Lutheran Paul has been replaced by an idiosyncratic Paul who in arbitrary and irrational manner

---

143 Wright, Saint Paul, S. 18.

144 Vgl. dazu auch Bendik, Paulus, S. 128; Westerholm, Perspectives, S. 183.

145 Vgl. dazu das Literaturverzeichnis. Im Folgenden wird die Veröffentlichung des Aufsatzes in Dunn, New Perspective, 2008, S. 99–120 zitiert, wie auch andere Aufsätze aus diesem Werk von 2008 zitiert werden).

146 Vgl. Dunn, New Perspective, S. 3.

147 Ebd., S. 5.

148 Vgl. Dunn, New Perspective, S. 101f.

149 Vgl. ebd., S. 103: „The most surprising feature of Sanders' writing, however, is that he himself has failed to take the opportunity his own mould breaking work offered."

150 Vgl. dazu aber Kim, Paul and the New Perspective, S. 57, Anm. 193: „Apparently Dunn has elevated Sander's notion of Judaism as ‚covenantal nomism' to the status of a dogma, so much so that even in his more recent writings … he simply repeats his assumption of it, paying no attention to the criticisms of that notion or the attempt to modify it." Vgl. dazu auch u. a. Dunn, New Perspective, S. 173–191 (The Theology of Galatians: The Issue of Covenantal Nomism, 1991).

151 Vgl. dazu auch Maschmeier, Rechtfertigung, S. 33f.

152 Dunn, New Perspective, S. 105.

turns his face against the glory and greatness of Judaism's covenant theology and abandons Judaism simply because it is not Christianity."[153]

Dunn ist nicht davon überzeugt, „that we have yet been given the proper reading of Paul from the new perspective of first-century Palestinian Judaism opened up so helpfully by Sanders himself".[154] Er möchte diese Aufgabe nachholen. Dabei pflichtet er Sanders bei, dass das Judentum keineswegs eine Religion der „Werkgerechtigkeit" gewesen sei. Der Gehorsam der Gläubigen sei immer eine Antwort der göttlichen Gnade gewesen. Doch sieht er in Sanders' Sicht vom Judentum eine erstaunliche Ähnlichkeit mit der klassischen reformatorischen Theologie.

„The Judaism of what Sanders christened as ‚covenantal nomism' can now be seen to preach good Protestant doctrine; that grace is always prior; that human effort is ever the response to divine initiative; that good works are the fruit and not the root of salvation."[155]

Auch Dunn kritisiert die protestantische Darstellung des Judentums als Religion der „Werkgerechtigkeit" und die durch Luther's Verständnis der Bekehrung des Paulus entstandende Ansicht, dass die Bekehrung des Paulus eine Bekehrung weg vom Judentum gewesen sei.[156] Die Rechtfertigung aus Glauben sei ebenso jüdisch wie christlich.[157] Somit gebe es keinen großen Unterschied zwischen dem Judentum und dem Christentum. Doch warum spricht Paulus in seinen Briefen trotzdem von einem solchen Widerspruch? Dunn sieht die Lösung im Gegensatz zu Sanders darin, dass Paulus zwischen den „Werken des Gesetzes" und dem Gesetz selbst unterscheide.[158]

---

153 Ebd., S. 103.

154 Ebd., S. 105.

155 Ebd., S. 199.

156 Vgl. ebd., S. 194–197. Vgl. auch ebd., S. 205: „In short, a major weakness of the classic Protestant understanding of justification, seen as the mirror reflection of Luther's own discovery of it, is that it has missed or downplayed what was probably the most important aspect of the doctrine for Paul himself. It has missed, in other words, the fundamental critique of Israel's tendency to nationalist presumption, not so by racial pride … For Paul justification means that God accepts persons without reference to whether they have been born into a particular race, or not (Rom 9:6-8) …" Dabei möchte Dunn die reformatorische Sicht von der Rechtfertigung allein durch den Glauben keineswegs verwerfen. „I affirm as a central point of Christian faith that God's acceptance of any and every person is by his grace alone and through faith alone" (Dunn, New Pespective, S. 22–23). Vielmehr möchte er aufzeigen, dass im Protestantismus wichtige Aspekte von Paulus ursprünglichen Formulierungen falsch verstanden wurden: „The point I am trying to make is simply that there is another dimension (or other dimensions) of the biblical doctrine of God's justice and of Pauls's teaching on justification which have been overlooked and neglected" (ebd., S. 23). Luther hat nach Dunn zu sehr zwischen Gesetz und Evangelium unterschieden, was schlussendlich zu einem Gegensatz von Judentum und Christentum geführt habe (vgl. ebd., S. 21f.). Vgl. dagegen Hagner, Paul & Judaism, S. 104–105: „My impression, however, is that the [Dunn] emphasis on boundary markers or national righteousness, in fact, pushes justification by faith very to the periphery, making it pertinent only to the Gentiles."

157 Vgl. Dunn, New Perspective, S. 211.

158 Ebd., S. 144ff. und 199ff.

Die Wendung „Werke des Gesetzes“ untersucht Dunn anhand von Gal 2,16, da er davon ausgeht, dass es in historischer Hinsicht das erste Mal ist, dass Paulus seine Rechtfertigungslehre entfaltet.[159] Da der Abschnitt einerseits vom Apostelkonzil in Jerusalem und dem Beschneidungsgebot und andererseits die Frage nach den Speisegeboten und der kultischen Reinheit behandle, meint Dunn, dass es bei den „Werken des Gesetzes“ um das Beschneidungsgebot und die Speisegebote gehe. Paulus setze den Glauben nur denjenigen Torageboten entgegen, welche die Zugehörigkeit zum Judentum als Voraussetzung machten, um zum Bund zu gehören. Aufgrund von Gal 4,10 nimmt Dunn zudem an, dass auch das Einhalten von Festtagen, und zwar besonders des Sabbatgebotes gemeint sei.[160] Die Befolgung dieser Gebote sei für das Judentum charakteristisch gewesen.

Paulus habe also die Wendung „Werke des Gesetzes“ als Identitäts- und Abgrenzungsmarkierungen[161] („identity and boundary markers“) verstanden.[162] Damit seien also keine Werke gemeint, wodurch der Mensch versuche, das göttliche Heil zu erreichen. Mit den „Werken des Gesetzes“ sei aber auch nicht einfach das Gesetz gemeint, und sie könnten nicht mit dem „Tun des Gesetzes“ gleichgesetzt werden.[163] Vielmehr greife Paulus das jüdische Selbstverständnis an, wodurch die Erscheinung des Messias überflüssig würde.[164] Der Glaube an den Messias Jesu werde aber nicht antithetisch zu den „Identitätsmarkierungen“ verstanden, sondern als die entscheidende „Identitätsmarkierung“ („primarly identity marker“), und so mache er die Beschneidung, die Speisegebote und das Sabbatgebot als Identitätsmarkierung überflüssig.[165] Für die Juden wäre es nach Dunn unvorstellbar gewesen, sich als Mitglieder des Bundes zu verstehen, ohne diese drei Gebote einzuhalten. Da der Glaube jedoch an sonst keine Bedingung als das Vertrauen geknüpft sei, können nach Dunn grundsätzlich alle Gebote als „Werke des Gesetzes“ bedeutet werden, und zwar immer dann, wenn sie zusätzlich und ergänzend zum Glauben gefordert würden.[166]

---

159 Vgl. dazu u. a. ebd., S. 108–111, 116–119, 121–140, 213–226, 228–238, 375–380, 381–394, 461–466 (verschiedene Beiträge aus verschiedenen Zeiten).

160 Vgl. ebd., S. 238–241.

161 Ich finde diese Übersetzung passender als die Wiedergabe mit „Identitäts- und Abgrenzungsmerkmale“.

162 Vgl. dazu u. a. Dunn, New Perspective, S. 146–149, 182–184 und 376ff.

163 Vgl. Dunn, Theology, S. 365.

164 Vgl. Dunn, New Perspective, S. 113f. und 139.

165 Vgl. Dunn, New Pespective, S. 113: „From being *one* identity marker for the Jewish Christian alongside the other identity markers (circumcision, food laws, Sabbath), faith in Jesus as Christ becomes the primary identity marker which renders the others superfluous.“ Vgl. auch Dunn, Theology, S. 372f. und 515f.

166 Vgl. Dunn, Theology, S. 379. Vgl. auch ebd., S. 511: „The implication [d.h. in Röm 9,6-13] is plain: if Israel's identity as Israel is determined by call, promise, and election, the physical descent (ethnic identity) and covenant fidelity add nothing to that basic identity and should not be counted as integral of indispensable to that identity.“

Der Segen für die Nationen ist nach Dunn von Anfang an das Ziel des Bundes gewesen (vgl. Gen 12,3), und durch die Erfüllung durch Jesus sei der mit Israel geschlossene Bund auf die Nationen ausgeweitet worden.[167] Israel wirft er vor, die sekundäre Gerechtigkeit aus dem Gesetz, die dem Glauben folge, an die erste Stelle zu setzen und aus einer falsch verstandenen Bundestreue die Beschneidung von den christusgläubigen Heiden zu verlangen.[168]

Die Rechtfertigung ist nach Dunn Ausdruck der Beziehung[169], und zwar der Beziehung durch den Bund, in welchen Gott mit Israel getreten sei, als er es zu seinem Volk gewählt habe[170]. Gott bewahre auf Grund der Erwählung sein Volk aus Gnaden durch die Rechtfertigung. Somit bestehe zwischen Paulus und den jüdischen Geschwistern eine Einigkeit darüber, dass die Rechtfertigung allein aus Glauben komme. Die Gnade in der Rechtfertigungslehre werde von Paulus nicht im Gegensatz zum Judentum hervorgehoben, sondern als eine „restatement of the first principles of his own ancestral faith".[171] Doch in der Zeit der Erfüllung sollte der Bund nicht länger „be conceived in nationalistic or racial terms. No longer is it an exclusively Jewish *qua* Jewish privilege".[172] Jesus habe den Fluch des Gesetzes auf sich genommen und die Verheißungen auf die Nationen ausgeweitet. „The curse which was removed therefore by Christ's death was the curse which had previously prevented that blessing from reaching the Gentiles, the curse of a wrong understanding of the law."[173]

In seinem Werk über die Theologie des Galaterbriefs geht Dunn später auf die Frage ein, welche Funktion das Gesetz in der Theologie des Paulus hat.[174] Er geht von vier Funktionen des Gesetzes aus, welche nicht alle von gleicher Bedeutung seien.[175] Die erste und wichtigste Funktion[176] ist demnach, Sünde zu benennen und Übertretungen zu verurteilen. Diese Funktion werde weder von Juden noch von Christen in Frage gestellt. Als zweite Funktion[177] wird die soziale Aufgabe des Gesetzes als Schutz Israels gesehen, um das Volk unter allen Völkern auszuzeichnen und abzugrenzen. Diese Aufgabe haben nach Dunn auch die „Werke des Gesetzes". Diese Funktion ist nun aufgehoben, da mit dem Kommen Jesu die Nichtjuden den gleichen Zugang zu Gott haben können wie Juden. Die dritte Funktion[178] sei, Israel Orientierung und Regulierung des Lebens innerhalb des Bundes zu geben. In Bezug auf den Glauben habe das Gesetz keinerlei Bedeutung, aber es solle das Leben der von Gott Erwählten regulie-

167 Vgl. ebd., S. 499ff.
168 Vgl. ebd., S. 516.
169 Vgl. Dunn, New Perspective, S. 206f.
170 Ebd., S. 207.
171 Dunn, Theology, S. 345.
172 Dunn, New Perspective, S. 114.
173 Dunn, New Pespective, S. 137.
174 Vgl. dazu auch ebd., S. 447–467 (Paul and the Torah, 2004).
175 Vgl. dazu auch Bendik, Paulus, S. 134–136.
176 Vgl. dazu Dunn, Paul's Letter to the Galatians, S. 134ff.
177 Vgl. dazu ebd., S. 138ff.
178 Vgl. ebd., S. 154ff.

ren. Dunn meint, dass Paulus diese Funktion modifiziere, indem er mit den Wendungen „Gesetz des Glaubens“ (Röm 3,27), „Gesetz des Geistes“ (Röm 8,2) und „Gesetz Christi“ (Gal 6,2) eine Neugewichtung des Gesetzes als Regulierung des Lebens der Gerechtfertigten vornehme.[179] Gemäß einer vierten Funktion, welche nach Dunn die kontroverseste ist, dient das Gesetz wegen der Schwachheit des Fleisches der Sünde und wird eine Kraft zum Tod.[180] Für Paulus sei das Festhalten Israels an seiner privilegierten Position ein Beispiel dafür, „how sin abuses the law and uses the weakness of the flesh to tie humankind into the nexus of sin and death“.[181]

2.3.3. N. T. Wright

Durch N. T. Wright sind die Thesen der Neuen Paulusperspektive in den letzten Jahrzehnten einer breiten auch nicht-akademischen Öffentlichkeit bekannt geworden.[182] Wright ist unter „Laien“ sicher der einflussreichste Vertreter der „neuen Perspektive“.

Mit Sanders (und Dunn) betont Wright, dass das Judentum des 1. Jahrhunderts n. Chr. keine „Werkgerechtigkeit“ kenne, sondern dass ihr Gerechtigkeitsverständnis auf einem tiefen Verständnis der Gnade Gottes gründe.[183] Auch er ist überzeugt, dass das Judentum durch die Reformation im Licht ihrer eigenen Gegner gedeutet wurde[184], wobei man das Evangelium zu individualistisch und ahistorisch ausgelegt habe[185].

Wright geht davon aus, dass Gott mit dem Bund für Israel die Sünde Adams überwinden wollte, womit Israel ein Licht für die Völker sein sollte.[186] Doch mit dem Ungehorsam habe Israel die Sünde Adams wiederholt.[187] Als Folge davon sei Israel seinem Auftrag, Licht für die Völker zu sein, nicht mehr gerecht geworden.[188] Israel habe sich noch zusätzlich schuldig gemacht, indem es die Merkmale seiner Aussonderung wie Sabbatgebot, Beschneidung und Speisegebote[189] zum Zeichen der Überlegenheit

179 Vgl. u. a. ebd., S. 631ff.
180 Vgl. ebd. S. 135ff. und 642ff.
181 Ebd., S. 160–161.
182 Vgl. dazu z. B. Wright, Saint Paul, S. 8–9: „Scholarly colleagues will realize that the present work is not attempting to be a learned monograph.“
183 Vgl. z. B. Wright, Paul of History, S. 79f.; ders., Paul and the Faithfulness of God; S. 80ff.; vgl. auch ders., Jesus, S. 324: „Warum erhob man also Einspruch gegen Jesu Praxis [der Sündenvergebung]? Wiederum nicht, weil er Liebe und Barmherzigkeit predigte, während das gewöhnliche Judentum, nicht zuletzt das Phariräertum, solchen Vorstellungen gegenüber feindlich gesinnt blieb. Das ist der starke Punkt der oft wiederholten Polemik von Sanders gegen verschiedene deutsche Gelehrte.”
184 Wright, History, S. 78.
185 Wright, Saint Paul, S. 60.
186 Vgl. z. B. Wright, Paul and the Faithfulness of God, S. 804–815.
187 Wright, Climax, S. 197.
188 Vgl. Wright, Saint Paul, S. 130.
189 Vgl. dazu Wright, Climax, S. 240: „The Torah really is the νόμον δικαιοσύνης [vgl. Röm 9,31],

gemacht habe, was Wright als „Meta-Sünde“ bezeichnet.[190] Die Verwerfung des Messias durch Israel sei schlicht „the logical outworking of her misuse of the Torah, her attempt to treat it as a charter of automatic national privilege“.[191]

Mit der „nationalen Gerechtigkeit“[192] habe Israel den Fluch des Bundes[193] gemäß Deut 27–28 auf sich gezogen, was zum Babylonischen Exil geführt habe. Wright geht davon aus, dass die Juden zur Zeit Jesu zumindest zum Teil davon ausgingen, dass dieses Exil immer noch anhalte, und zwar unter der römischen Besitznahme des Landes.[194] Auch Paulus habe sich bereits vor dem Damaskuserlebnis nach Erlösung aus diesem Exil gesehnt.[195] Doch der Fluch des Exils sei durch den stellvertretenden Tod des Messias, welcher nach Wright den Höhepunkt des Fluches des Exils darstellt[196], erfüllt worden[197], wodurch Israel gemäß Wright von Sünde und Tod erlöst wurde[198].[199]

Mit der Erfüllung des Bundes-Fluches durch den Tod des Messias ist nach Wright auch die Ausweitung des Bundes-Segens auf die Nationen Wirklichkeit geworden. Dieser Segen erfüllt sich also für die Nationen nicht durch die Werke der Tora, wobei es nach Wright nicht um eine Lebensweise der israelitischen Nation als Ganzes geht, aber auch nicht um die Frage nach der individuellen Übertretung.[200] Damit werde die Tora keineswegs als „schlecht“ dargestellt, Paulus gehe es auch nicht darum, menschliche „Leistungen“ zu kritisieren.[201] Paulus spreche (in Gal 3) vielmehr vom „Tun“, das am besten im Sinn von „Tun der Dinge, die Israel ausgrenzen“ zu verstehen sei, und das bedeute, dass die „Grenzmarkierungen“ die dem Abraham verheißene Familie, welche durch den Glauben charakterisiert werde und das Gegenteil vom Gericht darstelle, begründen könnten.[202] Paulus betreibe somit Bundestheologie, und zwar von Abraham über Deuteronomium und Levitikus sowie Habakuk (Hab 2,4) hin zum

---

the boundary marker of covenant membership; but it is so in a paradoxical fashion, since it can only be fulfilled by faith, not by the ‚works of the law’, the badges of Jewish membership (Sabbath, dietary laws, circumcision) which kept Jews separate from Gentiles.“

190 Vgl. ebd., S. 240–243. „The ‚meta-level’ of Israels problem with the Torah is ‚national righteousness’ …“ (ebd., S. 243).

191 Ebd., S. 240.

192 Vgl. ebd., S. 242.

193 Vgl. dazu ebd., S. 137ff.

194 Vgl. ebd., S. 141. Vgl. auch Wright, Justification, S. 42: „Many first century Jews thought of the period they were living in as the continuation of a great scriptural narrative, and of the movement they themselves were in as late on within the ‚continuing exile’ of Daniel 9.”

195 Vgl. Wright, Climax, S. 260–262.

196 Vgl. ebd., S. 151: The crucifixion of the Messiah is, one might say, the quintessence of the curse of exile, and its climatic act.“ Nach Wright ist Jesus als Messias „Israel’s representative, Israel-in-person if you will” (Wright, Paul and the Faithfulness of God, S. 839).

197 Wright, Climax, S. 151.

198 Wright, Saint Paul, S. 151–153.

199 Vgl. dazu auch u. a. Wright, Paul and the Faithfulness of God, S. 815ff.

200 Vgl. Wright, Climax, S. 142.

201 Vgl. ebd., S. 150.

202 Ebd.

Messias Jesus, womit für Paulus der verheißene Segen ohne Werke der Tora zu den Nationen kommen könne.[203] Dabei verstehe er unter den „Werken der Tora“ nicht etwas, das der Mensch tun müsse, um Mitglied des Volkes Gottes zu werden, „but the works you have to perform to *demonstrate that you are* a member of God's people“.[204] Paulus lehne damit ab, dass dieser „Bundesstatus“ durch die Tora bestimmt werde.[205]

Das zentrale Anliegen des Apostels Paulus ist gemäß Wright folgendes:

> „His theology and his place within the history of religions are characterized by his central belief that the creator god was also the covenant god, that the covenant with Israel was always intended as the means of setting the entire cosmos to rights, and that this intention had now in principle come true in Jesus and was being implemented by the Spirit.“[206]

Die Rechtfertigung bezeichnet nach Wright nicht die paulinische Antwort auf die Frage, wie ein einzelner Mensch gerettet werden kann[207], wobei er stark den forensischen Aspekt der Rechtfertigung hervorhebt[208]. Diese sei auch nicht das zentrale Anliegen des Apostels gewesen und werde nicht soteriologisch, sondern ekklesiologisch verstanden.[209] Israel habe auf den Tag gewartet, an dem Gott seine Gerechtigkeit offenbaren und seine Bundestreue demonstrieren würde, indem er das Volk von seinen Unterdrückern befreien würde.[210] Somit beschreibe „Rechtfertigung“ das kommende gro-

---

203 Vgl. ebd.; vgl. auch Wright, New Testament, S. 256ff.

204 Wright, Fresh Perspective, S. 112.

205 Ebd., S. 113. Vgl. dazu auch Wright, Romans, S. 480–481, wo der Ausdruck „Gesetz der Werke“ folgendermaßen definiert wird: „Torah ... as that which defines Israel over against the nations, witnessed by the performance of the works that Torah precribes – not only sabbath, food-laws and circumcision, though these are the obvious things that, sociologically speaking, give substance to the theologically based separation“.

206 Wright, Romans, S. 66.

207 Vgl. dazu u. a. Wright, Justification, S. 59ff.; ders., Justification II, S. 49ff. Auch das „Rühmen“ der Juden, das Paulus in Röm 3,27ff. anspricht, wird in diesem Sinn verstanden. „The point here is that Paul is now ruling out the ‚boast' of ‚the Jew' maintained a status above that of the Gentiles“ (Wright, Romans, S. 480). Es gehe um einen „ethnic pride of Israel according to the flesh“, „supported as it was by the possession of the Torah and the performance of those ‚works' that set Israel apart from the pagans“ (ebd.; vgl. dazu auch Wright, New Testament, S. 224–241).

208 Vgl. dazu Wright, Paul and the Faithfullnes of God, S. 956ff.

209 Vgl. Wright, Fresh Perspective, S. 121–122: „*Justification, for Paul, is a subset of election*, that is, it belongs as part of his doctrine of the people of God ... That is what the covenant was designed to do, and that is why ‚belonging to the covenant' means, among other things, forgiven sinner. The point is that the word ‚justification' does not itself *denote* the process whereby, or the event in which, a person is brought by grace from unbelief, idolatry and sin into faith, true worship and renewal of life. Paul, clearly and unambiguously, uses a different word for that, the word ‚call'. The word ‚justification', despite centuries of Christian misuse, is used by Paul to denote that which happens immediately after the ‚call' ... In other words, those who hear the gospel and respond to it in faith are then declared by God to be his people, his elect, ‚the circumcision', ‚the Jews', ‚the Israel of God'. The are given the status *dikaios*, ‚righteous', ‚within the covenant'.“

210 Vgl. Wright, Saint Paul, S. 33f. und 98f. Weder Paulus noch das damalige Judentum hätten angenommen, dass „Gottes Gerechtigkeit“ etwas anderes sei als seine Bundestreue zu Israel und

ße Ereignis der Erlösung und Errettung aus dem Gesichtspunkt des Bundes einerseits und des Gerichts andererseits.[211] Den Begriff „Errettung" (Salvation) definiert Wright nach seinem Verständnis des historischen Kontextes zum Neuen Testament:

> „When ancient Jews spoke of salvation, however, they were usually referring to the salvation of the world, or of Israel: of a world, or at least a people, over which evil no longer had any power. Neither the average ancient pagan, nor the average ancient Jew, was walking around worrying about how their soul might get to a disembodied heaven after they had died."[212]

Die Gerechtigkeit Gottes sei von Paulus als Bundestreue verstanden worden, durch welche Gott mittels des Todes und der Auferstehung Jesu die Auswirkungen der Sünde überwinde.[213] Rechtfertigung bedeutet für Paulus nach Wright nicht eine Erklärung („statement") darüber, „how someone becomes a Christian", sondern darüber, „*who belongs to the people of God, and how you can tell that in the present*".[214] Sie werde immer eschatologisch verstanden, doch könne sie bereits in dieser Zeit „vorweggenommen" werden.[215] Kennzeichnen der Zugehörigkeit zu diesem eschatologischen Gottesvolk sind nach Wright nicht mehr die „Werke der Tora", sondern der Glaube.[216]

---

damit zur gesamten Schöpfung. „It would have been taken for granted that ‚God's righteousness' referred to the great, deep plans which the God of the Old Testament ad always cherished, the through-Israel-for-the-World plans, plans to rescue and restore his wonderful creation itself, and, more especially, to God's faithfulness to those great plans" (Wright, Justification, S. 154).

211 Vgl. u. a. Wright, Saint Paul, S. 33; ders., Redemption, S. 91ff.

212 Wright, Paul and the Faithfullness of God, S. 742; vgl. auch u. a. ders., Redemption, S. 80–99.

213 Vgl. z. B. Wright, Romans, S. 33f.; ders. Paul's Gospel, S. 170–173. Nach Wright macht der „üdische Kontext" des Ausdrucks „Gerechtigkeit Gottes" im Römerbrief es „absolut sicher" („absolutely certrain"), „that he here refers not to a status that God imputes, imparts, or otherwise bestows upon humans, but to God's own rightousness, meaning God's faithfulness to the covenant with Israel, the Arbahamic covenant reaffirmed in Deuternonomy and elsewhere" (ders. Paul's Gospel, S. 170).

214 Wright, Fresh Perspective, S. 112; vgl. auch z. B. ders., Paul and Caesar, S. 188–191; ders., 4QMMT, S. 112–130; ders., Redemption, S. 94 („When we listen to its OT echoes, the word is *covenantal*: it refers to the declaration that these people are members of God's true people"). Nach Wright „redet" Rechtfertigung im jüdischen Umfeld, zu dem er auch Paulus rechnet, „nicht davon, wie jemand der Gemeinschaft des wahren Gottes beitritt, sondern davon, wie man unterscheiden kann, wer zu jener Gemeinschaft gehört, nicht zuletzt in dem Zeitabschnitt vor dem eschatologischen Ereignis selbst, das ja die Sache öffentlich machen wird" (Wright, Paulus, S. 148; vgl. auch ders., Justification, S. 59ff.). „Es geht bei der Rechtfertigung weniger darum, ‚wie man Christ wird', als darum, ‚woran man erkennen kann, wer ein Mitglied der Bundesfamilie ist'" (Wright, Paulus, S. 132; vgl. dazu auch ders., Justification, S. 65ff.). Rechtfertigung ist für Wright somit „die Deklaration, dass die Betreffenden Christ geworden sind" (Wright, Paulus, S. 157; vgl. dazu auch ders., Romans, S. 468) bzw. „God's declaration that certain persons are members of the covenant people, that their sins have been dealt with" (Wright, Romans, S. 481).

215 Wright, Saint Paul, S. 131f.

216 Dazu bemerkt Wright: „Wenn das Bekenntnis ‚Jesus ist Herr' abgelegt wird, erklärt Gott, dass diese Person, die (vielleicht zu ihrer eigenen Überraschung) das Evangelium glaubt, dadurch als jemand gekennzeichnet ist, der sich innerhalb der wahren Bundesfamilie befindet (Wright, Pau-

Wright folgert, dass die Erfüllung des Bundes durch den Messias Jesus die „Neudefinition Israels" mit einschließt[217], indem Israel vom „ethnischen Volk" zu einer „weltweiten Familie" werde und die „Werke des Gesetzes" nicht mehr charakterisierend seien.[218] Nach ihm erreicht die „redefinition of God's people around the Messiah" mit dem Römerbrief „its full height".[219] So werde z. B. das Wort „Jude" in Röm 2,28f. gebraucht, um eine andere Gruppe („different group") zu bezeichnen, „no longer defined ethnically of by the possession of Torah, not marked out by things which are *en tō phanerō*, ‚in the open' or on the surface'"[220], was er auch in Röm 3,27-31 bestätigt findet („Paul is once more redefining, around the Messiah, what it means to be the people of God"[221]).[222] In diesem Sinn versteht Wright auch die Aussage in Röm 11,26, dass „ganz Israel gerettet werden wird", d.h. im Sinn einer „Neudenitition Israels".[223] Wright ist „gezwungen", den Ausdruck „ganz Israel" in Röm 11,26 im Sinn von „das Israel Gottes" in Gal 6,16 zu verstehen, „that is, as the full company of God's believing poeple, Abraham's complete family, Jews and gentiles alike".[224] Paulus wolle in Röm 9–11 zeigen, wie Gottes Bundestreue zu Israel auf eine geeignete und gerechte Ausgewogenheit in der Beziehung zur „weiteren Gesellschaft" bezogen werden könnte, und zwar besonders in der Beziehung der Christen zu ihren nichtchristlichen jüdischen Nachbarn.[225] Wenn Paulus in Röm 9,6 erwähnt, dass nicht „nicht alle aus Israel" auch tatsächlich „Israel" sind, so sieht auch Wright im zweiten „Israel" an die-

lus, S. 157). Später stellt Wright fest: „Das Erkennungszeichen der Mitgliedschaft, die Sache, aufgrund der man *in der Gegenwart* erkennen konnte, wer zum *eschatologischen* Bundesvolk gehört, war natürlich der Glaube, das Bekenntnis, dass Jesus der Herr ist, und der Glaube, dass Gott ihn von den Toten auferweckt hat (vgl. Röm 10,9). ‚Glaube' ist für Paulus daher kein *‚Ersatzwerk'* im moralischen Sinne. Es ist nicht etwas, das man tut, um Aufnahme in das Volk Gottes zu finden" (ebd., S. 166).

217 Andererseits bemerkt Wright: „Je jüdischer wir uns das paulinische ‚Evangelium' denken, umso stärker konfrontiert es die Anmaßungen des imperialen Kultes, ja aller anderen heidnischen Kulte, seien sie ‚religiös' oder säkular'" (Wright, Paulus, S. 52).

218 Vgl. Wright, Climax, S. 137ff., 242ff. und 250f.; ders., Fresh Perspective, S. 108ff.; ders., Romans, S. 691–693; ders., Paul and the Faithfulness of God, S. 1231–1252; ders., Romans 9–11, S. 37–54.

219 Wright, Fresh Perspective, S. 117.

220 Ebd., S. 118.

221 Ebd., S. 119.

222 Auch in dem neuen umfangreichen Werk mit dem Titel „Paul and the Faithfulness of God" vermitscht Wright kontinuierlich die Begriffe „Jude" und „Israel" (vgl. z. B. S. 1231ff.), obwohl Paulus im Römerbrief die zwei Begriffe nicht einfach als Synonyme verwendet (vgl. dazu unten die Punkte 4.1.2.1.).

223 Vgl. z. B. Wright, Climax, S. 250f. Wright spricht von einer „polemischen Neudefinition" (vgl. z. B. ebd., S. 1242ff.). Zur Frage nach der „Neudefinition Israels" in Röm 9–11 vgl. Thiessen, Gott hat Israel nicht verstoßen, S. 17ff.

224 Wright, Romans 9–11, S. 51; vgl. auch u. a. ebd., S. 52f. (vgl. dazu auch unten zu Punkt 5).

225 Wright, Paul's Gospel, S. 172.

ser Stelle einen Teil des ersteren[226], doch ändere das mit Röm 9,24: „God is now ‚calling' not only Jews but also gentiles, and this ‚calling' (9,24) echoes the ‚call' of 9,7."[227] Auch Röm 10,6-13 bestätige, dass die „deuteronomistische Mitgliedschaft im Neuen Bund" nun für alle, Juden und Heiden gleichermaßen, offen sei.[228]

2.4. Zusammenfassung und kurze Bestandsaufnahme

Wie die Übersicht gezeigt hat, handelt es sich jedoch nicht nur um ein „Wiederaufleben", sondern mehr oder weniger um eine kontinuierliche Entwicklung. Und bereits im Jahr 1987 hatte Paul Wernle der Rechtfertigungslehre des Paulus relativiert, indem er behauptete, dass diese „lediglich der Heidenmission" diene.[229] Diese These ist später von verschiedenen christlichen Theologen in ähnlicher Form wiederholt worden. Die Rechtfertigung wird nicht als Kritik an der „Selbstgerechtigkeit" der Juden verstanden, sondern als Bestätigung, dass auch die Nichtjuden zum Volk Gottes gehören, auch wenn sie die „Werke des Gesetzes" im Sinn von „Grenzmarkierungen" wie z. B. die Beschneidung und das Einhalten von jüdischen Essensvorschriften nicht erfüllen. Dementsprechend wird die Rechtfertigung nicht als eine soteriologische, sondern als ekkesiologische Aussage verstanden.

Damit verbunden wird zum Teil die Kritik an Paulus, er habe das Judentum seiner Zeit nicht richtig verstanden, da er dieses als „Gesetzesreligion" darstelle, während es in Wirklichkeit wie das Christentum eine „Gnadenreligion" sei. Diese Kritik ging vor allem von dem jüdischen Theologen Claude G. Montefiore aus und wurde von verschiedenen christlichen Theologen wiederholt, wenn auch nicht immer in solchem Ausmaß wie bei Montefiore. Andere christliche Theologen haben betont, dass nicht Paulus das Judentum, sondern dass die Reformatoren Paulus einseitig verstanden hätten.[230] Der reformatorischen Theologie wird vorgeworfen, sie rekonstruiere das antike Judentum zu einseitig aus den Quellen des Neuen Testaments, statt aus seinen eigenen Quellen. Es war ein besonderes Anliegen von E. P. Sanders, das zu „korrigieren".[231]

---

226 Vgl. dazu auch Thiessen, Gott hat Israel nicht verstoßen, S. 36ff.

227 Wright, Romans 9–11, S. 51.

228 Ebd. Wright scheint in Röm 9–11 nur eine Linie zu sehen. Die Ausführungen in Röm 9–11 sind jedoch vielschichtiger (vgl. dazu Thiessen, Gott hat Israel nicht verstoßen, S. 31ff.). Paulus definiert dabei keineswegs den Begriff „Israel" neu, sondern vielmehr im Sinn der prophetischen Verheißungen des Alten Testaments wie z. B. des Jesaja (vgl. auch z. B. Röm 15,9ff.19ff.), wobei bereits diese Verheißungen einerseits zwischen Israel und den „Heiden" unterscheiden, anderseits aber auch darlegen, wie die „Heiden" an dem Segen Israels teilnehmen (vgl. z. B. Röm 15,16 mit Jes 49,6; 60,5; 61,6; 66,20f. und Röm 15,27.29 mit Jes 19,24f.; 61,9; 66,10f. 18f.).

229 Wernle, Christ, S. 83f.; vgl. dazu auch Wolter, Paulus, S. 341f.

230 Vgl. z. B. Schweitzer, Mystik, S. 215.

231 Vgl. z. B. Sanders, Paul and Palestinian Judaism, S. 12–24.

Was Paulus am Judentum kritisiere, sei, „auf eine Kurzformel gebracht, dass es kein Christentum ist".[232]

J. D. G. Dunn hat im Jahr 1982 erstmals den Ausdruck „the New Perspective on Paul" geprägt. Paulus geht es nach Dunn darum zu betonen, dass der Bund in der Zeit der Erfüllung durch Jesus Christus nicht länger als jüdisches Sonderrecht betrachtet werde.[233] Die Funktion des Gesetzes als Schutz Israels durch die „Werke des Gesetzes" als „Grenz- und Identitätsmarkierungen" seien in Jesus Christus angesichts der Nichtjuden aufgehoben.[234] Auch für N. T. Wright bezeichnet die Rechtfertigung nicht die paulinische Antwort auf die Frage, wie ein einzelner Mensch gerettet werden kann[235], und sie wird nicht soteriologisch, sondern ekklesiologisch verstanden[236]. Israel sei vom „ethnischen Volk" zu einer „weltweiten Familie" geworden, in der die „Werke des Gesetzes" nicht mehr charakterisierend seien.[237]

Der Berg an Veröffentlichungen zur Thematik der Neuen Paulusperspektive ist sowohl aus (eher) zustimmender Sicht als auch aus (eher) kritischer Sicht im letzten Jahrzehnt rapide angewachsen. Nach Haacker ist die vorübergehende Hochstimmung eines Paradigmenwechsels allerdings am Abklingen.[238] Bendik weist darauf hin, dass die „*New Perspective* … in der Zwischenzeit zu einer verzweigten Forschungsrichtung herangewachsen" ist.[239] Konsens bestehe in der Einsicht, „dass es sich bei der neuen Perspektive nicht um eine einheitliche Forschungsrichtung handelt".[240] Inzwischen wird von einer Paulusexegese „nach der Neuen Paulusperspektive" gesprochen.[241] Und es gibt neue Rückbesinnungen auf die „alte Paulusperspektive".[242]

Dass man (nach wie vor) trotz Haackers Bemerkung von einem gewissen „Paradigmenwechsel"[243] sprechen kann, zeigen viele (auch deutschsprachige) neuere Aufsätze und Monografien zur Theologie des Paulus, auch wenn diese manchmal in eine andere Richtung gehen.[244] So erscheint z. B. seit ein paar Jahren eine Kommentar-

---

232 Sanders, Paulus und das palästinische Judentum, S. 513.

233 Vgl. z. B. Dunn, New Perspective, S. 114.

234 Vgl. z. B. Dunn, Paul's Letter to the Galatians, S. 138ff.

235 Vgl. z. B. Wright, Justification, S. 59ff.

236 Vgl. z. B. Wright, Fresh Perspective, S. 121–122.

237 Vgl. z. B. Wright, Climax, S. 137ff., 242ff. und 250f.; ders., Fresh Perspective, S. 108ff.

238 Haacker, Verdienste, S. 5.

239 Bendik, Paulus, S. 167.

240 Ebd.

241 Vgl. z. B. Byrne, Post-„New-Perspective" Perspective, S. 227–241; Watson, Beyond, 2007.

242 Vgl. z. B. Nicklas/Merkt/Verheyden, Ancient Perspectives, 2013.

243 Vgl. dazu auch z. B. Strecker, Paulus aus einer „neuen Perspektive", S. 3–18.

244 Vgl. dazu auch Gathercole, Deutsche Erwiderungen, S. 115–153. Nach Gathercole werden einige „extreme Ansichten wie etwa der Gedanke, dass der Begriff ‚Gesetzeswerke' sich ausschließlich auf Beschneidung, Sabbatobservanz und Speisegesetze bezöge, … heute nicht mehr aufrechterhalten. Andere Elemente wie etwa die Betonung der universalistischen Weltsicht des Paulus oder auch die Notwendigkeit, belastete Begriffe wie ‚Werkgerechtigkeit' zu verabschieden, sind mittlerweise selbstverständlich und müssen nicht mehr eigens begründet werden" (ebd.,

Reihe von N. Baumert (Echter-Verlag) unter der Bezeichnung „Paulus neu gelesen“[245], wobei mir nicht ganz klar ist, inwiefern Einflüsse der „neuen Perspektive“ dabei mitprägten[246]. Klar ist, dass Paulus in Bezug auf Fragen um die „Rechtfertigungslehre“ in verschiedener Hinsicht „neu gelesen“ wird.

Auch wenn einseitige Verengungen der Rechtfertigungslehre (was bei Luther m. E. nicht der Fall war) zu Recht hinterfragt werden, so sollte trotz aller Ansichten über den „jüdischen Hintergrund“ wieder vermehrt der biblische Text selbst in seinem biblischen Kontext sorgfältiger untersucht werden. Andererseits geht Haacker zu Recht „von dem Verdacht aus, dass berechtigte Anfragen an die Rezeptionsgeschichte der Theologie des Paulus Rückwirkungen auf die Literarkritik zu den Paulusbriefen haben müssten“, auch wenn er „keineswegs die ‚new perspective' in ihren verschiedenen Ausprägungen kritiklos als verlässliche Basis voraussetzen, sondern nur das von ihr ausgelöste Problembewusstsein auf die Literarkritik übertragen“ will.[247]

S. 115). In Bezug auf den deutschen Sprachraum hält Gathercole zusammenfassend fest: „Für die einen liegt das Gravitationszentrum mehr in der traditionellen Sicht (so vielleicht bei Frey), während es für die anderen eher am ‚neuen' Ende des Spektrums verorten (so Schröter, Wolter)“ (ebd., S. 152). Gathercole kritisiert, „dass deutsche Exegeten Teile der anglo-amerikanischen Diskussion außer Acht lassen“ (ebd., S. 153). Es verwundere z. B., „wie stark die Debatte um Dunns Sichtweise kreist, während Wright fast völlig ignoriert wird“ (ebd.).

245 Als erster Band ist 2007 ein Kommentar zum 1. Korintherbrief unter dem Titel „Sorgen des Seelsorgers“ erschienen. Besonders interessant für die hier besprochene Thematik ist sicher der Band über den Galater- und den Philipperbrief (Baumert, Weg, 2009; noch in Planung ist u. a. die Auslegung des Römerbriefes – geplant wird übrigens offensichtlich eine Auslegung aller 13 Paulusbriefe!). Vgl. auch Baumert, NOMOS, 2010.

246 Für Baumert und Meißner sind Dunns Schlussfolgerungen aus dem Text 4Q397–399 „über mögliche Berührungspunkte mit Paulus“ „nicht stichhaltig“ (Baumert/Meißner, Nomos bei Paulus, S. 65; vgl. auch ebd., S. 71: „Und wenn der Jakobusbrief in irgendeiner Weise eine Auseinandersetzung mit Paulus ist, dann wird in diesem Spiegel deutlich, daß dessen Verfasser Paulus sicher nicht im Sinn von typisch jüdischen ‚identity markers' [Dunn] verstanden hat …“). Im Vorwort des 1. Bandes der Reihe „Paulus neu gelesen“ wird nicht auf die Neue Paulusperspektive hingewiesen. Baumert bemerkt lediglich: „Bereits im Jahre 1973 schrieb ich in der Einleitung zu meiner Dissertation (Täglich sterben und auferstehen): ‚Im Laufe von Jahren hat sich mein Verständnis der Paulusbriefe an einigen Stellen entscheidend verändert. Zunächst ging ich nur zögernd diesem Neuen nach, da jeder Schritt weitere Probleme mit sich brachte. Allmählich aber lösten sich die Schwierigkeiten, und die Ergebnisse fügten sich zu einem einheitlichen Bild zusammen.' Was ich damals … wenigstens so weit abklären konnte, daß sich für mich selbst Konturen einer neuen Gesamtschau der Paulusbriefe abzeichneten, die stimmig schienen, das hat nun inzwischen so weit Gestalt gewonnen (vgl. im Literaturverzeichnis ‚Frankfurter Pauluskreis'), daß ich jetzt daran gehen kann, diese Sicht als ganze vorzulegen“ (Baumert, Sorgen, S. 5).

247 Haacker, Rezeptionsgeschichte, S. 210.

3. Abfassungumstände, Hintergrund und Thema des Römerbriefs

3.1. Zur Frage nach „dem Judentum" im Kontext des Römerbriefs

Während es im Galaterbrief vor allem um eine Auseinandersetzung mit judaisierenden Christen handelt, welche von den Heidenchristen verlangten, sich beschneiden zu lassen, scheint Paulus im Römerbrief „den Juden schlechthin" (indirekt) anzusprechen (vgl. z. B. Röm 2,17ff.; 3,27ff.; 4,1). Die Frage nach einem (möglichen) Hintergrund „des Judentums" stellt sich z. B. in Bezug auf das „Rühmen" (vgl. Röm 2,17.23; 3,27; 4,2) oder die „Werke des Gesetzes" (vgl. Röm 3,20), welche der Apostel im Römerbrief als möglichen Heilsweg ablehnt. Welches aber ist „das Judentum", das dabei angesprochen wird? Gibt es dieses Judentum überhaupt?[1] Und welche Bedeutung hat es für die neutestamentliche Wissenschaft?[2]

Damit verbunden ist auch die Frage nach dem Alter der jüdischen Quellen[3] und der Kontinuität zwischen dem Frühen und dem rabbinischen Judentum. Zur letzteren Frage bemerkt Stemberger:

> „Die Frage der Kontinuität zwischen der Zeit des Tempels vor 70 und der rabbinischen Periode ist wohl gravierender. Wenn etwa hundert Jahre nach den letzten Schriften, die noch der Tradition des Zweiten Tempels zuzuschreiben sind, mit der Mischna das Absiswerk des rabbinischen Judentums abgeschlossen wird, hat sich doch Gravierendes verändert, als dass wir es noch mit der Formel vom ‚pharisäisch-rabbinischen Judentum' so ohne weiteres vereinheitlichen dürfen. Hier die Linien von Kontinuität und radikalem Umbruch genauer herauszuarbeiten, ist eine nach wie vor dringende Aufgabe."[4]

Das Neue Testament setzt sich offensichtlich vor allem mit dem Pharisäertum auseinander (vgl. z. B. Mt 15,1ff.; Mk 7,1ff., vgl. auch Phil 3,5).[5] Doch wer waren die Pha-

---

1 Vgl. dazu u. a. Stemberger, Frage, S. 101–118; Tiwald, Hebräer, S. 35ff. („Die vielen Gesichter des Frühjudentums").

2 Vgl. dazu u. a. Stemberger, Judaistik, S. 15–31; Müller, Neutestamentliche Wissenschaft, S. 32–60; Schaller, Billerbecks Kommentar, S. 61–84 (Würdigung und Kritik des „Kommentars" von Strack und Billerbeck; vgl. dazu auch Stemberger, Hermann L. Stracks Beitrag, S. 706–720).

3 Vgl. dazu u. a. Stemberger, Dating, S. 76–96; Müller, Datierung, S. 551–587; Deines, Pharisäer, S. 538–540; eine gute Übersicht bietet auch Stettler, Gericht, S. 119–127.

4 Stemberger, Mainstream Judaism, S. 117–118; vgl. auch Schiffman, Early Judaism and Rabbinic Judaism, S. 279–290. Müller stellt die Frage: „Inwieweit lässt sich die an sich ja durchaus nahe liegende Annahme eines – wie immer auch gearteten – traditionsgeschlichen Kontinuums methodisch überhaupt festmachen, ohne, wie das lange üblich war, den frühen Pharisäismus und den späteren Rabbinismus nivellierend einfach gleich zu setzen und ohne der darauf aufbauenden, lange herrschenden und noch heute in jüdischen wie christlichen Kreisen verbreiteten Theorie eines ‚normativen Judentums' pharisäischer Prägung, einem ‚Panpharisäismus' zu verfallen?" (Müller, Neutestamentliche Wissenschaft, S. 78–79).

5 Vgl. dazu u. a. Wilk, Die synoptischen Evangelien, S. 85–107.

risäer und in welcher Beziehung stehen die rabbinischen Überlieferungen zu ihnen? Das Pharisäertum scheint das Judentum zur Zeit Jesu und der Apostel sowie auch bzw. besonders nach der Zerstörung Jerusalems 70 n. Chr. weitgehend geprägt zu haben.[6] Nach Deines sollte „nicht vergessen werden, dass es die Pharisäer sind, die die deutlich erkennbare Brücke zwischen dem Judentum vor und nach 70 bilden, und dass es die rabbinische Literatur ist, die sie uns zeigt".[7] Gewisse Rückschlüsse auf „das Judentum" als Hintergrund der neutestamenentlichen Auseinandersetzungen scheinen auf jeden Fall berechtigt zu sein, zumal die Mischnajot, welche im 2. Jahrhundert aufgeschrieben wurden, auf ältere Traditionen zurückgreifen, wobei jedoch beachtet werden muss, dass die Tradition(en) im Laufe der Zeit auch angepasst wurde(n) und dass es im Judentum des 1. Jahrhunderts n. Chr. durchaus auch unterschiedliche Strömungen gab.[8]

Anderseits bemerkt Stemberger, dass man, statt „die pharisäische Richtung als die nahezu ausschließliche Basis des rabbinischen Judentums zu sehen, … viel eher daran denken" könnte, „einen ‚mainstream Judaism' in all seiner Vielfalt, die natürlich auch viel einschließt, was weithin als ‚pharisäisch' angesehen wird, als Grundlage der rab-

---

6 Vgl. dazu u. a. Deines, Pharisäer, S. 534ff.; Frankenmölle, Frühjudentum, S. 268ff.; Waubke, Die talmudische *Ḥaberim*-Halacha und die Pharisäer, S. 108–132; Schiffman, Early Judaism and Rabbinic Judaism, S. 279–290; Wright, Das Neue Testament, S. 236–262; ders., Paul and the Faithfulness of God, S. 80–90. Nach Deines lässt die „grundsätzlich zutreffende Dreiteilung des Judentums (Pharisäer, Sadduzäer und Essener), die von den Qumrantexten bestätigt ist, … die Pharisäer in einer neuen Weise als *die grundlegende und prägende religiöse Strömung innerhalb des palästinischen Judentums zwischen 150 v. und 70 n.Chr.* verstehen" (Deines, Pharisäer, S. 554). H. Stegemann bezeichnet dagegen die Essener als „the Main Jewish Union in Late Second Temple Times" (vgl. den Titel in Stegemann, Qumran Essener, S. 83–166).

7 Deines, Pharisäer, S. 539–540. Gemäß Wright bilden Auseinandersetzungen zwischen unterschiedlichen pharisäischen Schulen „das Holz, aus dem die Mischna geschnitzt ist" (Wright, Das Neue Testament, S. 260). Sowohl Hillel als auch Schammai hätten sich „mit der Befreiung Israels und der Erhaltung der Reinheit derjenigen, die sich dieser Sache verschrieben hatten", befasst. „Aber Hillel überließ die Sache lieber Israels Gott, während Schammai darauf brannte, der eifernde Agent des göttlichen Handelns zu werden" (ebd.). Paulus spiegelt nach Wright den „Eifer" der Schule Schammais wider, „trotz der Versuche, ihn in einen Anhänger Hillels zu verwandeln; dass er sich nach seiner Bekehrung in verschiedener bemerkenswerter Hinsicht veränderte und sich in gewisser Weise scheinbar Hillel annäherte, ist wenig überraschend" (ebd., S. 261).

8 Vgl. auch Müller, Neutestamentliche Wissenschaft, S. 39: „Den rabbinischen Redaktoren geht es nirgends um den verbürgten Wortlaut eines einzelnen Rabbi zu einer bestimmten Zeit, sondern einzig und allein um die Konsistenz der rabbinischen Tradition. Deshalb sind Zuwächse und Korrekturen – ob genannt oder anonym – stets und grundsätzlich willkommen." Müller wirft Sanders vor, dass für ihn „alle frühjüdischen Richtungen letztlich auf demselben Standpunkt" stünden, „dass sich nämlich Gott durch die Stiftung eines Bundes ein und für allemal als Retter und Wohltäter seines Volkes erwiesen hat. Und da er die Profile der Gruppierungen des Frühjudentums so lange und so tief absenkt, bis dieser ‚kleinste gemeinsame Nenner' sichtbar wird, versteht sich das große Zutrauen beinahe von selbst, das E. P. Sanders schließlich in jeden ‚Bundesnomismus' setzt …" (ebd., S. 36).

binischen Entstehung zu betrachten".[9] Schäfer betont seinerseits, dass die Rabbinen sich als die „wahren und einzigen Nachfolger Moses, der Propheten und der Pharisäer" verstanden hätten. Die von ihnen vermittelte, d.h. verbindlich ausgelegte „mündliche Tora" sei identisch mit der Tora des Mose.[10]

Deines spricht sich für eine „offene Pharisäismus-Definition" aus[11], da der Begriff „nicht scharf abgrenzbar" sei, „weil er in den Quellen nicht definiert ist"[12]. Er kommt in seiner Untersuchung zu dem Schluss, dass für die jüdische Forschung der Pharisäismus „mehr oder weniger identisch mit der schriftgelehrten Bewegung" ist, „die ihren Ausdruck in der *rabbinischen* Literatur fand", während die christliche Forschung „von einer stärkeren Differenzierung geprägt" ist, „indem sie die Schriftgelehrten und die Pharisäer voneinander abrückt, und die Pharisäer lediglich als Parteigänger oder Praktiker der Schriftgelehrsamkeit darstellt".[13] Diese Unterscheidung spiegelt nach Deines

> „den grundsätzlichen *Gegensatz des Zuganges zum Phänomen des Pharisäismus* als einer an ein Gesetz gebundenen Religion wieder. Für die christliche Forschung ist das Einhalten eines Gesetzes eine zu leistende Anstrengung, die darum nur vor einem besonders aktiven Kreis betrieben werden kann (eben den Pharisäern oder *Chaberim*). Im Hintergrund steht die Vorstellung vom Gesetz als einer ‚Last'. Dagegen schreiben die jüdischen Wissenschaftler (und die von ihnen in der Beurteilung der Gesetzesfrömmigkeit abhängigen christlichen wie Herford und Moore) in der Überzeugung, dass das Tun des Gesetzes, sofern man es kennt und so erklärt bekommt, dass es anwendbar ist, in gewisser Weise eine Selbstverständlichkeit darstellt, die zwar vernachlässigt, aber doch nur in Ausnahmen grundsätzlich in Frage gestellt wird. Dahinter steht, wenn auch nur

---

9 Stemberger, Frage, S. 105. Vgl. dazu auch u. a. Stemberger, Qumran, die Pharisäer und das Rabbinat, S. 366–379.

10 Schäfer, Geschichte, S. 162. Auch Oegema betont, dass die „Tora" in der rabbinischen Tradition sowohl die schriftlichen Mosesbücher als auch die mündliche Auslegung beinhalte. „Sie ist der von Gott seinem Volk geoffenbarte, von der Schrift (מִיקְרָא) ausgehende, von der lebendigen Tradition bewahrte, nach vorne offene Weg und der als Weisung zum Leben konzipierte Ausdruck des Bundes zwischen Gott und seinem Volk" (Oegema, Versöhnung ohne Vollendung?, S. 251). Die „mündliche Tradition" (vgl. Mt 15,2.3.6; Mk 7,3.5.8.9.13: „die Überlieferung der Ältesten"; „eure Überlieferung", „die Überlieferung der Menschen") spielte offenbar in der pharisäischen und rabbinischen Lehre eine wichtige Rolle (vgl. dazu u. a. Hengel/Deines, Sandor's „Common Judaism", S. 411–423; Stemberger, Tora, S. 1–14; ders., Mündliche Tora, S. 246–260; ders., Moses received Torah, S. 347–359; Jaffee, Torah in the Mouth, passim). Hengel und Schwemer weisen darauf hin, dass sowohl Paulus als auch Josephus zu erkennen geben, „daß für die Bezeichnung ‚Pharisäer' in erster Linie eine intensive Bindung an das Gesetz kennzeichnend ist, das nach der mündlichen Tradition der Väter ausgelegt wird. Diese ‚väterliche Überlieferung' macht es möglich, die Auslegung der Gesetzesvorschriften den jeweiligen Umständen und Erfordernissen der Zeit anzupassen" (Hengel/Schwemer, Jesus, S. 130). In der Qumran-Gemeinde war es offenbar der autoritative Lehrer, der einen ähnlichen Platz einnahm.

11 Vgl. Deines, Pharisäer, S. 549. Vgl. dazu auch Deines, Pharisees, S. 443–504.

12 Deines, Pharisäer, S. 540.

13 Ebd., S. 533.

selten ausdrücklich genannt, das Wissen um die Freude an der Tora und am Tun des Gebotenen, das für pharisäisches Denken immer zugleich das Gerechte ist".[14]

Nach Van der Woude war das „palästinenische Judentum der Jahrhunderte vor unserer Zeitrechnung alles andere als eine mehr oder weniger uniforme Größe", denn es habe „nicht geringe Gegensätze zwischen den … Religionsparteien … gegeben", die sich „vornehmlich auf die Auslegung des mosaischen Gesetzes" gezogen hätten.[15] Stemberger bemerkt dazu, dass das, was „manchmal von den christlichen Konfessionen gesagt wird, … ebenso für das damalige (und heutige) Judentum" gelte: „Was die einzelnen Richtungen am meisten trennte, war die gemeinsame Bibel".[16]

Diese trennenden Elemente in der Tora-Auslegung führten ja auch zur Bildung von „Sekten" wie die Qumrangemeinschaft.[17] Allerdings wird darauf hingewiesen, dass der Begriff „Sekte" damals nicht eine „aus dem Rahmen fallende Splittergruppe" bezeichnete.[18] Das hat für Tiwald

„gravierende Konsequenzen für die Beurteilung der frühjüdischen Texte selbst. Bisweilen werden die Texte von Qumran als Ausfluss eines ‚sectarian Judaism' bezeichnet, um damit zum Ausdruck zu bringen, dass diese Texte nicht dem ‚mainstream Judaism' konform seien. Diese Abqualifizierung aber ist dadurch nicht zu rechtfertigen".[19]

---

14 Ebd., S. 533–534.

15 Van der Woude, Fakten, S. 263. Es sei an dieser Stelle auch auf das umfangreiche Werk von Jacob Neusner hingewiesen, der „immer wieder die Uneinheitlichkeit des damaligen Judentums betont" (so Stemberger, Frage, S. 105).

16 Stemberger, Frage, S. 114. Vgl. dazu auch Hengel/Deines, Sandor's „Common Judaism", S. 400–401: „Im Innern wurde dagegen gerade um die konkrete Halakha z.T. erbittert gekämpft. Das zeigt der Brief 4QMMT, der zugleich beweist, daß manche mischnischen Kontroversen bereits in der Mitte des 2. Jh.s v. Chr. virulent waren. Am Ende dieser Epoche steht der blutige Streit um die 18 Halakhot zwischen den beiden rivalisierenden pharisäischen Schulen von Hillel und Schammai im Jahre 66 …, und es ist nicht anzunehmen, daß in den dazwischen liegenden Jahrhunderten weniger erbittert um die rechte Auslegung der Tora gestritten wurde."

17 Damit ist noch nicht die Frage beantwortet, inwiefern die Qumran-Schriften in Kirbet Qumran selbst geschrieben wurden. Darüber werden lebfafte Diskussionen geführt. Hirschfeld z. B. bemerkt dazu: „Immer mehr Forscher sind davon überzeugt, dass eine kleine Sekte wie die Essener nicht allein verantwortlich sein kann für diese gewaltige literarische und theologische Weite der in den Höhlen bei Qumran entdeckten Schriftrollen und dass die Anlage selbst nicht der Ort gewesen sein kann, an dem so zahlreiche und so verschiedenartige Texte verfasst oder abgeschrieben wurden" (Hirschfeld, Qumran, S. 83). Und Bockmuehl fasst die Bedeutung dieses Perspektivenwechsels mit folgenden Worten zusammen: „Much of what was found at Qumran turns out to be far more widely indicative of the diversity of Palestinian Judaism in the later Second Temple period" (Bockmuehl, 1QS and Salvation at Qumran, 412).

18 Vgl. u. a. Tiwald, Hebräer, S. 38f. Vgl. dagegen aber Hengel/Deines, Sandor's „Common Judaism", S. 443: „Zustimmen würden wir ihm [d.h. Sanders] gegen Neusner in seiner Meinung, daß es nicht gerechtfertigt ist, die Pharisäer als ‚Sekte' zu definieren, da, wie Sanders zu Recht betont: ‚Sectarianism in the Judaism of the second temple period usually implies soteriological exclusivism' (Law 242)."

19 Ebd., S. 38–39. Dementsprechend sind nach Stegemann die Qumran-Texte nicht für das Neue

Trotz der „vielen Gesichter“ des Judentums war nach Tiwald „das Verbindende noch stärker als das Trennende“.[20] Auch Stemberger kann die „Hervorhebung der weithin gemeinsamen Elemente in der jüdischen Religiösität der Spätzeit des Zweiten Tempels nur unterstreichen“.[21] Man dürfe nicht vergessen, „dass die überwiegende Mehrheit der Positionen in religiöser Lehre und Praxis allen religiös Interessierten gemeinsame waren. Von daher ist es dann wohl auch nicht ganz richtig zu fragen, welche der ‚Parteien‘ die eigentliche Repräsentantin des damaligen Judentums war“.[22]

Es ist sicher richtig, dass es trotz mancher äußerlichen Unterschiede im Kern viele Gemeinsamkeiten gab und dass vieles, was den Pharisäern zugeschrieben wird, nicht „Sondergut“ der Pharisäer war. Trotzdem deuten sowohl Josephus als auch das Neue Testament an, dass es zur Zeit der Abfassung der neutestamentlichen Schriften vor allem die Pharisäer waren, welche im Volk besonders stark vertreten waren.[23]

Nach dem jüdischen Geschichtsschreiber Josephus überlieferten die Pharisäer für das Volk Gesetze, welche von den Vätern stammten (νόμιμά τινα ... ἐκ πατέρων διαδοχῆς), aber in den Gesetzen des Mose (ἐν τοῖς Μωυσέος νόμοις) nicht aufgeschrieben worden seien, und welche von den Sadduzäern verworfen worden seien. Wenn es diesbezüglich zu Streitereien gekommen sei, hätten die Sadduzäer nur die Reichen überzeugt, „das einfache Volk gewannen sie dagegen nicht als Anhänger, vielmehr hatten die Pharisäer die Volksmenge als Bundesgenossen“.[24] Damit bezieht Josephus sich auf die Zeit vor 70 n. Chr.[25] Nach Josephus stellen die Pharisäer die „erste [d.h. bedeutendste] Partei [d.h. Religionsrichtung/-schule]“ dar (τήν πρώτην ἀπάγοντες αἵρεσιν)[26], und betreffend Gebete und Darbringung von Opfern sei alles nach ihrer Auslegung ausgeführt worden[27].

Testament, sondern für das bisherige Bild des antiken Judentums „umwälzend“ (Stegemann, Essener, S. 361).

20 Tiwald, Hebräer, S. 37.

21 Stemberger, Frage, S. 117.

22 Ebd.

23 Der Begriff Φαρισαῖος („Pharisäer“) erscheint im Neuen Testament 98-mal und bei Josephus an 39 Stellen insgesamt 44-mal (31-mal in den *Antiquitates Judaicae* – 20-mal allein im „Buch“ 13 –, siebenmal im *Bellum Judaicae* und sechsmal in der *Vita*). In den Schriften des Philo von Alexandria erscheint der Begriff nicht.

24 Josephus, Ant. 23,297–298.

25 Vgl. auch Hengel/Deines, Sandor's „Common Judaism“, S. 426: „Josephus gibt damit nicht die Situation zur Zeit der Entstehung der Antiquitates nach 90 n. Chr. wieder, denn nach 70 hörten die Sadduzäer als Religionspartei auf zu existieren, sondern er schildert den Grundkonflikt zwischen den beiden wichtigsten religiös-politischen Parteien des palästinischen Judentums zwischen der Hasmonäerzeit und der Zerstörung Jerusalems.“ Vgl. auch Hengel/Schwemer, Jesus, S. 127.

26 Josephus, Bell. 2,162. Vgl. dazu Mt 22,38: αὕτη ἐστὶν ἡ μεγάλη καὶ πρώτη ἐντολή („das ist das größte und erste Gebot“).

27 Josephus, Ant. 18,15.

Die Pharisäer werden von Josephus durch die „Genauigkeit" (ἀκριβεία) in der Gesetzesauslegung charakterisiert.[28] Der „minutiöse Scharfsinn der Pharisäer in der Interpretation der Tora", den Josephus mehrfach erwähnt[29], war offensichtlich bekannt. Aber auch der Hinweis auf den großen Einfluss der Pharisäer auf das Volk wird von Josephus mehrfach wiederholt[30], und es besteht nach Hengel und Deines „keinerlei Grund …, diese Angaben zu bezweifeln"[31]. In der Lehre unterschieden die Pharisäer sich von den Essenern nach Josephus dadurch, dass die Essener „dem Schicksal und Gott alles zuschreiben" und dass es nach ihrer Ansicht vor allem vom Menschen selbst abhänge, die rechten Dinge (τὰ δίκαια) zu tun, dass das Schicksal ihnen aber auch zu jedem Handeln mithelfe.[32] Alle Seelen seien zwar nach Ansicht der Pharisäer unsterblich, doch nur „die Seelen der Guten" würden in einen anderen Leib (εἰς ἕτερον σῶμα) hinübergehen.[33] Nach Josephus war das Ziel der Pharisäer, gerecht zu sein[34] und so Gott zu gefallen[35], und zwar durch das Einhalten der väterlichen Überlieferung[36].

Auch wenn das Judentum des 1. Jahrhunderts „viele Gesichter" hat[37], so lässt sich nicht nur in den rabbinischen Quellen, sondern auch in frühen jüdischen Texten wie den „alttestamentlichen Apokryphen" bzw. „deuterokanonischen Schriften" und den Qumran-Texten[38] eine klare Tendenz zur „Toragerechtigkeit" feststellen[39], welche

28 Vgl. z. B. Josephus, Bell. 2,162; ders., Ant. 17,41; 19,332. Vgl. dazu auch Hengel/Schwemer, Jesus, S. 124.

29 Vgl. dazu Hengel/Deines, Sandor's „Common Judaism", S. 427.

30 So z. B. in Josephus, Ant. 13,288.401f.; 17,41; 18,15; vgl. auch Josephus, Bell. 2,162.

31 Hengel/Deines, Sandor's „Common Judaism", S. 431. Vgl. dazu auch ebd., S. 475: „Josephus gibt so die Situation in den Pharisäerreferaten und in der Vita völlig sachgemäß wieder, und sein Bild entspricht auch dem Neuen Testament und der frührabbinischen Litertur. Das Argument, daß Josephus über weite Strecken seines Werkes die Pharisäer nicht erwähnt, besagt gar nichts: Sie erscheinen an den entscheidenden Stellen unter Hyrkan, Jannai und Salome, mehrfach bei Herodes und zu Beginn der Prokuratorenherrschaft und dann wieder am Ausbruch des jüdischen Krieges, insgesamt 44mal, die Sadduzäer dagegen nur 13mal, die Essener 20mal."

32 Josephus, Bell. 2,162f.

33 Josephus, Bell. 2,163; vgl. auch ders., Ant. 18,14.

34 Josephus, Ant. 13,289–291.

35 Josephus, Ant. 13,298.

36 Vgl. Josephus, Ant. 13,296–298.

37 Stettler weist darauf hin, dass das Judentum der Diaspora in frühjüdischer Zeit nur teilweise von den Pharisäern bestimmt war und eine viel größere theologische Brandbreise aufweist als das Judentum Palästinas (Stettler, Gericht, S. 117).

38 Vgl. dazu auch z. B. Betz, Rechtfertigung in Qumran, S. 39–58.

39 Vgl. z. B. 1QS 5,8.21; 6,18; mAv. 3,16-18; 6,1ff.; vgl. auch u. a. Urbach, Sages, S. 420–523; Avemarie, Tora und Leben, S. 291–375; ders., Bund, S. 163–216; Schönemann, Bund und Tora, S. 197ff.; Gathercole, Where ist Boasting, S. 37ff. In Bezug auf das tannaitische Judentum bemerkt Alexander: „Tannaitic Judaism can be seen as fundamentally a religion of works-righteousness, and it is none the worse for that. The superiority of grace over law is not self-evident and should not simply be assumed. There is little hint in Tannaitic sources that God can

man auch als „Werkgerechtigkeit“ bezeichnen kann.[40] Trotz gegenteiliger Behauptung z. B. von Sanders[41] ist das offensichtlich zumindest im Kern als Hintergrund der Problematik im Galaterbrief zu sehen und scheint auch zum Teil zumindest die Formulierungen des Römerbriefs mitgeprägt zu haben, auch wenn die Ausführungen des Apostels in Bezug auf die Rechtfertigung besonders im Römerbrief nicht in erster Linie als Polemik gegen „das“ bzw. ein jüdisches Rechtfertigungsverständnis zu sehen sind.[42] Das soll im Folgenden kurz ausgeführt werden.

Im Judentum wurde die Einheit zwischen Bund und Tora betont.[43] Das bedeutet aber nicht, dass der „Gnadenbund“[44] als Voraussetzung für das Halten des „Gesetzes“ jegliches „Werkgerechtigkeitsdenken“ automatisch ausschließt.[45] So gibt es z. B. nach

---

simply forgive the sinner without any action whatsoever on the sinner's part“ (Alexander, Torah and Salvation, S. 300).

40 Dabei sollte man sicher nicht zu stark zwischen dem palästinischen und dem Diaspora-Judentum unterscheiden. Zum Problem der „Hellenisierung“ des Judentums vgl. u. a. Hengel, Juden, S. 73ff.; ders., Begegnung, S. 151–170; Hengel/Markschies, Problem, S. 1–90; Frankemölle, Frühjudentum, S. 56ff. (Ägypten) und 85ff. (Judäa). Hengel und Lichtenberger sehen in der „Hellenisierung“ des Judentums eine *Praeparatio Evangelica* (vgl. Hengel/Lichtenberger, Hellenisierung, S. 295–313).

41 Vgl. dazu Barrett, Paul, S. 78: „He is a bold man who supposes that he understands first-century Judaism better than Paul did.“

42 Nach Wright bestand das Hauptanliegen des Paulus „in der Zulassung von Heiden zu dem einen Bundesvolk des Gottes Israels, und seine These bestand nicht darin, dass das Heidentum nun doch anerkannt werden sollte, sondern dass Heiden, die sich zum Christentum bekehren, nicht länger Heiden waren“ (Wright, Das Neue Testament, S. 261). Wie sowohl die Paulusbriefe und die Apostelgeschichte des Lukas zeigen, ging es Paulus jedoch darum, dass Juden und „Heiden“ zum Glauben an Jesus Christus gelangen und durch diesen Glauben gerettet werden.

43 Vgl. dazu u. a. Avemarie, Bund, S. 187ff.

44 Die Wendung ברית חסד („Bund [der] Gnade“) erscheint in 1QS 1,8. Zudem erscheinen Ausdrücke wie (ה)ברית ו(ה)חסד („[der] Bund und [die] Gnade“; so in CD 19,1; 4Q393 3,2; 4Q463 1,3) oder auch חסד לבריתו („[die] Gnade seines Bundes“; so in 1QM 14,4; wohl auch in 4Q491 8-10,1,2). Der Begriff „Bund“ (ברית) erscheint in den Qumran-Schriften möglicherweise insgesamt 325-mal, davon 41-mal in CD, 33-mal in 1QS, 29-mal in 1QH, 13-mal in 1QM und zehnmal in 1QSa. Die Mitglieder der Gemeinschaft werden als „Männer des Bundes“ (אנשי ברית; u. a. in 1QS 5,9; 6,19; 1QSa 1,2; 1QH 22,27), „Söhne des Bundes“ (בני ברית; u. a. in 1QM 17,8; 4Q284 4,2; 4Q501 1,2.7), „Volk der Heiligen des Bundes“ (עם קדושי ברית; 1QM 10,10; vgl. auch 4Q495 1,2), „Gemeinschaft des Bundes“ (יחד ברית; 1QS 5,5; 8,16) und als „Partner des Bundes in Ewigkeit“ (בעלי ברית לעולם; CD 3,4; vgl. auch 4Q266 2,2,23) bezeichnet. Zum Gebrauch des Begriffs in den Qumrantexten vgl. u. a. Strawn, ברית, Sp. 508–521; Van der Kam, Covenant, S. 151–155.

45 So zeigt 1QS z. B., dass die Voraussetzung, um in den „Gnadenbund“ (vgl. 1QS 1,8) einzutreten, die Erkenntnis und das Tun der „Rechtsordnungen der Gerechtigkeit“ (משפטי צדק) ist (vgl. 1QS 3,1), wobei man sich „vor allem Ordnungen Gottes (חוקי אל)“ – welche die „Ordnungen des Bundes“ (חוקי ברית) sind (vgl. CD 5,12; 1QH 8,33) – demütigen muss, da man nur so gereinigt werden und „Teil des Bundes der ewigen *Jachad*/Gemeinschaft“ werden kann (vgl. 1QS 3,8-12), und „durch den Geist der wahre Gesellschaft Gottes wird es Sühne für die Wege eines Mannes geben in Bezug auf alle seine Lasterhaftigkeiten …“ (1QS 3,6-7). In den „Gnadenbund“ einzu-

dem Midrasch Mekilta des Rabbi Simeon ben Jochai keinen Bund (בְּרִית) außer der Tora (mEx 12,6). ShemR 47,2 betrachtet die Bundesstiftung Gottes mit Israel als Folge davon, dass Israel die Tora Gottes angenommen habe.

Gräßer weist darauf hin, dass man im rabbinischen Judentum auf Grund von Gen 17,10 unter בְּרִית („Bund") meist „prägnant die *Beschneidung*" versteht.[46] Die Erwählung Israels wird also vor allem auf den Abrahambund in Verbindung mit der Beschneidung zurückgeführt.[47] Nach mAv. 3,11 (bzw. 3,12)[48] hat R. Eleasar (im 2. Jahrhundert n. Chr.) gesagt, dass derjenige, der „den Bund unseres Vaters Abraham zerstört" – gemeint ist wohl, dass er sich eine künstliche Vorhaut anbringen lässt[49] (vgl. dazu auch 1. Macc 1,15; 1. Kor 7,18) – „keinen Anteil am kommenden Zeitalter hat" (אֵין לוֹ חֵלֶק לָעוֹלָם הַבָּא)[50], auch wenn „in seiner Hand die Tora und gute Taten sind".[51]

---

treten bedeutet somit, in den Bund der Qumran-Gemeinschaft mit allen ihren Regeln einzutreten (vgl. auch u. a. 1QS 1,1.5.16.18.20.24; 2.10.12).

46 Gräßer, Alte Bund, S. 5; vgl. dazu auch Avemarie, Bund, S. 191–196. Es wird nicht vom „Gebot der Beschneidung", sondern vom „Bund der Beschneidung" oder auch vom „Bund des Fleisches" gesprochen (vgl. z. B. ShemR 1,8; vgl. dazu auch Avemarie, Bund, S. 191; Thiessen, Stephanusreise I, S. 69). Der Ausdruck „Bund der Beschneidung" (διαθήκη περιτομῆς) erscheint auch in Apg 7,8 (vgl. dazu Thiessen, Stephanusreise I, S. 68–73).

47 Vgl. dazu auch Avemarie, Bund, S. 174ff.; Thiessen, Contesting Conversion, S. 142ff.

48 Nach Stemberger gilt der Traktat Avot traditionell „in seinem Kern als pharisäische Schrift und vorrabbinisches Erbe, das die Rabbinen der Mischna nur noch ergänzt hätten" (Stemberger, Mischna Avot, S. 317) Stemberger hält dann abschließend fest: „Der Traktat, wie er uns in heutigen Druckausgaben … vorliegt, ist spät. Viele seiner Aussagen sind schon mehr oder weniger früh belegt …. Wie aus diesen Einheiten und anderem Spruchmaterial im Lauf der Jahrhunderte der Traktat Avot redigiert wurde, liegt noch weithin im Dunkeln" (ebd., S. 330). Vgl. dazu auch u. a. Neusner, Rabbinic Literature, S. 571ff.

49 Vgl. zur Praxis u. a. Blaschke, Beschneidung, S. 138ff.

50 Der Ausdruck (הָ)עוֹלָם הַבָּא („das kommende Zeitalter") erscheint in der Mischna 16-mal (vgl. z. B. mSan 10,1.2.3; mAv. 2,7; 3,11; 4,16.17). Nach mAv. 3,7 hatte Hillel (ca. 10 v. Chr.; vgl. mAv. 3,4) gesagt: „Viel Tora, viel Leben … wer sich die Worte der Tora erworben hat, hat sich das Leben der kommenden Welt angeeignet". Doch R. Jochanan ben Sakkai hat nach mAv. 3,8 von Hillel und Schammai Folgendes empfangen: „Hast du viel Tora gelernt, so tue dir darauf nichts Gutes, denn dazu [d.h. zum Tun der Tora] bist du gebildet worden." Und nach mAv. 4,16-17 hat R. Jakob gesagt: „Diese Welt (הָעוֹלָם הַזֶּה) ist einem Vorzimmer zu der kommenden Welt (bzw. das kommende Zeitalter) gleich; rüste dich im Vorzimmer, damit du in den Speisesaal eintreten kannst … Besser ist eine Stunde in Buße und in guten Werken (וּבְמַעֲשִׂים טוֹבִים) in dieser Welt, als das ganze Leben in der kommenden Welt, doch [noch] besser ist eine Stunde der Seligkeit des Geistes in der kommenden Welt, als alles Leben in dieser Welt."

51 Nach Jub 15,25 ist das Beschneidungsgebot als „ewige Ordnung" auf den „Tafeln des Himmels" aufgeschrieben. Alle „Engel des Angesichts" und alle „Engel der Heiligkeit" hätten eine beschnittene Natur „vom Tag ihrer Schöpfung", da Gott nur beschnittene Wesen in seiner Gegenwart haben wolle (vgl. Jub 15,26f.). Wer deshalb in Israel nicht bis zum achten Tag seines Lebens beschnitten werde, gehöre nicht „zu den Kindern des Bundes, den Gott mit Abraham geschlossen hat …, und an ihm ist nicht das Zeichen, dass er Gott gehört" (Jub 15,26). Nach Blaschke hat diese Ansicht, welche sich „in unserer Literatur nur hier findet" (Blaschke, Be-

Auch mNed 3,11 zeigt, dass der „Bund" vor allem im Zusammenhang mit dem Abrahambund der Beschneidung gesehen wurde.[52] R. Jischma'el sagt nach dem Mischna-Traktat: „Groß ist die Beschneidung, denn dreizehnmal gedenkt man des Bundes [d.h. in Gen 17]". Und R. Jose ergänzt: „Groß ist die Beschneidung, denn sie verdrängt selbst den strengen Sabbat" (mNed 3,11). In der Mischna des Jerusalemer Talmuds wird das „Blut des Bundes" (דם הַבְּרִית) aus Ex 24,8 an dieser Stelle (mNed 3,11) auf die Beschneidung bezogen. Wenn vom „Bund" die Rede ist, bedeutet das also, dass man durch die Beschneidung dem Abrahambund gehorsam ist[53], was aber augenscheinlich mit einschließt, dass man wie Abraham der schriftlichen und mündlichen Tora[54] insgesamt folgt.[55]

4. Esra 5,27 geht davon aus, dass die Gabe des Gesetzes die ausschließliche Weise der Erwählung Israels ist. Es wird darauf hingewiesen, dass Gott bei der Erschaffung des Menschen diesem erklärt habe, was er tun sollte, um das Leben zu erwerben, und was er halten sollte, um nicht der Strafe zu verfallen (4. Esra 7,21).[56] Und gemäß CD 6,10f. führten die Mitglieder der Gemeinschaft ein streng gesetzesgemäßes Leben nach den Satzungen des Bundes, „in ihnen zu wandeln in der ganzen Zeit des Frevels, und außer diesen sollen sie nichts sinnen, bis der Lehrer der Gerechtigkeit am Ende der Tage auftritt".[57] Und nach 1QS 5,8 muss jeder, der in die Gemeinschaft eintritt,

---

schneidung, S. 136), ihren Grund u. a. in der gesteigerten „Bedeutung der Beschneidung seit deren Verbot durch Antiochus IV. Epiphanes 167 n.Chr." (ebd.).

52 Obwohl „Vater Abraham" alle Gebote gehalten habe, sei er doch erst durch die Beschneidung vollkommen geworden, und ohne die Beschneidung hätte Gott nicht die Welt erschaffen, da er nach Jer 33,25 sagt: „Wenn nicht mein Bund Tag und Nacht bestünde, hätte ich die Ordnungen des Himmels und der Erde nicht gemacht" (so die Übersetzung von Correns, Mischna, S. 357; ähnlich die Übersetzung in Mischnajot III, S. 199 – den hebräischen Text kann man auch anders übersetzen und verstehen).

53 Vgl. dazu auch Seifried, Righteousness Language, S. 438.

54 Vgl. dazu auch Alexander, Torah and Salvation, S. 299: „Torah is central to Tannaitic theology. However, in sharp contrast to elements of Diaspora Judaism sources stress the totality of Torah. Torah embraces not only what the Pentateuch stipulates, but also the tradition which extends and clarifies the Pentateuchal laws. It includes the ‚laws pertaining to the Land' and the laws of sacrifice."

55 Zur Bedeutung von Abrahams „guten Werken" und der Bedeutung derselben für seinen eigenen Lohn und den Lohn Israels im „kommenden Zeitalter" im Midrasch vgl. u. a. Midr. Ber. Rab. XLIV zu Gen 15,1.

56 Vgl. dazu Müller, Geschichte, S. 103.

57 Vgl. dazu ebd., S. 4. Zum Rechtfertigungsverständnis in Qumran vgl. auch u. a. Merklein, Studien, S. 39–58. Nach Merklein gibt es in Qumran nicht eine „Rechtfertigung des Sünders *contra legem* …, aber auch keine eigene Gerechtigkeit durch Gesetzeswerke. Das zeigt schon die Tatsache, daß der Begriff ‚Verdienst' (*zakût*) völlig fehlt und mit ihm der Lohngedanke (*sakar*). Statt dessen schenkt Gottes Gerechtigkeit die Gewißheit des Heils, die sich freilich nicht auf ein endgeschichtliches Ereignis wie das Kreuz des Messias berufen kann, sondern aus der Zugehörigkeit zur Heilsgemeinde das Erwähltsein erschließt" (ebd., S. 58). Stellt sich allerdings die Frage, ob man den Schluss aus dem Fehlen der Begriffe ziehen kann (vgl. dazu auch unten zum Punkt 4.2.

sich durch einen Eid verpflichten, „zur Tora des Mose umzukehren „gemäß allem, was er befohlen hat“ (לשוב אל תורת מושה ככול אשר צוה), und wer in der Gemeinschaft lebt, muss nach 1QS 5,21 die „Taten in der Tora“ (מעשיו בתורה) aufweisen. Der Bundesgedanke ist an diese Verpflichtung zum Tun der Tora gebunden.[58] Die Gemeinschaft versteht sich als „Gemeinschaft in der Tora“ (יחד בתורה), wobei die Söhne des Zadok als „Priester und Bewahrer des Bundes“ auftreten (1QS 5,2).

Im Mischna-Traktat Avot, wo der Begriff תּוֹרָה („Tora“) insgesamt 41-mal erscheint[59], wird betont, dass die Tora so grundlegend sei, dass die ganze Welt auf ihr stehe (mAv. 1,2). Die Israeliten seien deshalb Lieblinge Gottes, weil Gott ihnen das kostbare Gerät, mit dem er die Welt geschaffen habe, gegeben habe (mAv. 3,15). Das Studium der Tora wird als ganz zentral betrachtet[60], weil sie von der Sünde fernhält und Lohn für das irdische Leben und für das kommende Zeitalter bedeutet[61]. Allerdings genügen Torakenntnis und „gute Werke“ nicht, um Anteil am „kommenden Zeitalter“ zu haben; man darf z. B. nicht „den Bund unseres Vaters Abraham“ zerstören und der Halacha widersprechende Auslegung der Tora vertreten[62], und zu den „guten Werken“ gehört auch die „Umkehr“; zusammen bewirken sie die Befreiung von der Strafe und sind offenbar die Voraussetzung, um im „kommenden Zeitalter“ dabei zu sein.[63]

Die „Soteriologie“, wie sie mit unterschiedlichen Nuancen im Rabbinentum vertreten wurde, scheint somit nicht so weit von jüdischen Traditionen, wie wir sie aus der Zeit des 1. Jahrhunderts n. Chr. oder früher kennen, entfernt zu sein. Sie stellt im Neuen Testament – trotz der vorhandenen Datierungsfragen der jüdischen Überlieferung und trotz der schwierigen Frage, inwiefern die rabbinische Tradition z. B. auf das Pharisäertum zurückgeht[64] – zumindest im Kern einen wesentlichen Hintergrund der Auseinandersetzungen um die Frage nach der Rechtfertigung dar, und zwar nicht nur bei

„Nicht aus Werken des Gesetzes“). In Wirklichkeit gibt es in Bezug auf die „Soteriologie“ offenbar „widersprüchliche“ Äußerungen in den Qumranschriften (vgl. dazu auch Bockmuehl, 1QS und Salvation, S. 381–414). Bockmuehl bemerkt dazu: „As it stands, salvation is on the one hand ‚legalistic' both in its individualistic voluntarism and in its closely regimented corporate life; and yet it is the gift of divine grace alone, both objectively in regard to predestination and subjectively in the experience of the believer“ (ebd., S. 413).

58 Vgl. auch Hoffmann, Gesetz, S. 329.

59 Der Begriff erscheint in der gesamten Mischna 167-mal, und zwar außerhalb von Traktat Avot am häufigsten im Traktat Megilla und im Traktat Sota mit jeweils 12 Erscheinungen.

60 Vgl. z. B. mAv. 1,5.15; 2,2.8.12.14; 4,10.

61 Vgl. z. B. mAv. 2,16; 3,12; 4,10; 6,13. Wer sich nach mAv. 1,5 zu viel mit einer Frau beschäftigt, bringt sich einerseits in Probleme, vergeudet zweitens die kostbare Zeit, die er besser für das Studium der Tora aufbringen sollte, und endet drittens in der Gehenna. Vgl. dazu auch u. a. Stemberger, Verdienst und Lohn, S. 434–452

62 Vgl. mAv. 3,11 (12).

63 Vgl. mAv. 4,11.17.

64 Vgl. dazu auch u. a. Stemberger, Rabbinic Sources, S. 216–230; ders., Qumran, die Pharisäer und das Rabbinat, S. 366–379.

Paulus, sondern offensichtlich bereits bei Jesus (vgl. z. B. Mt 5,20[65]; Lk 16,15; 18,9-14).[66] Dabei geht es nicht darum, dass diese „Werke“, die gelehrt wurden, grundsätzlich an und für sich nicht richtig seien (vgl. z. B. Mt 23,23; Lk 11,42), sondern vielmehr um die Überzeugung, dass der Mensch sie nicht wirklich tut (vgl. Mt 23,2-5) und auch gar nicht imstande ist, das „Gesetz“ (als Offenbarung des Gotteswillens) in seiner Tiefe zu erfüllen (vgl. z. B. Röm 8,6-8), und dass er deshalb zuerst die innere Erneuerung durch das Wirken des Geistes Gottes braucht.

Dieser Aspekt führt aus der Sicht Jesu und der Apostel schlussendlich dazu, dass man sich dem Messias Jesus und seinem Erlösungswerk zuwendet.[67] Diese „Gerechtigkeit der Königsherrschaft Gottes“ in Jesus Christus äußert sich u. a. dadurch, dass die „Königsherrschaft“ den „Armen im Geist“[68] gehört (Mt 5,3; vgl. auch Mt 8,11f.)[69], die nicht auf die eigene „Gerechtigkeit“ vertrauen (vgl. Lk 18,10-14). Nach Mt 23,13 besteht das Problem der Schriftgelehrten und Pharisäer nicht nur darin, dass sie die „Königsherrschaft der Himmel“ vor den Menschen verschließen, sondern auch darin, dass sie selbst nicht hineingehen und diejenigen, die hineingehen wollen, nicht hineingehen lassen. Offenbar ist Jesus der Überzeugung, dass erst dieses „Hineingehen“ (vgl. Mt 7,13; Joh 3,5; vgl. auch Mt 15,13; 23,26) die Erfüllung der „neuen Gerechtigkeit“ und damit des ursprünglichen Willens Gottes[70] ermöglicht.

---

65 Vgl. dazu Deines, Gerechtigkeit der Tora, S. 413ff. Nach Deines geht es in Mt 5,20 um eine „eschatologische Qualifizierung“ der Gerechtigkeit (vgl. ebd., S. 425ff.), welche er in den „Antithesen“ konkretisiert sieht (vgl. ebd., S. 429ff.).

66 Vgl. auch Baltes, Hebräisches Evangelium, S. 231: „Wo jedoch gemeinsame Entwicklungslinien, Denkmuster, exegetische Traditionen, theologische Motive oder halachische Diskussionen erkennbar sind, die sich sowohl in frühen rabbinischen Traditionen als auch im Neuen Testament niederschlagen, kann davon ausgegangen werden, dass diese in ihrem Kern in die Zeit des zweiten Tempels zurückreichen. Auch spätere Überlieferungen können dann im Einzelfall dabei helfen, die Rekonstruktion solcher Entwicklungslinien zu vervollständigen und das Bild abzurunden, ohne dass eine Gleichzeitigkeit mit dem Neuen Testament behauptet werden muss“

67 Gemäß Wright haben sowohl die (neutestamentlichen) Evangelien als auch die rabbinische Literatur in Bezug auf die Beurteilung der Pharisäer „jeweils eine Schieflage“. „Die Evangelien lesen die Debatten zwischen Jesus und den Pharisäern als Vorschattungen sowohl des ‚Prozesses‘ Jesu als auch der missionarischen Anliegen der frühen Kirche … Die Rabbis der Mischna und in späterer Zeit verstanden die Pharisäer als Vorkämpfer ihrer eigenen Sorge um Reinheit, eine Sorge, die sich auf sich selbst konzentrierte und nach den verheerenden Niederlagen der Jahre 70 und 135 ihre eigene verschlossene Welt erzeugte“ (Wright, Das Neue Testament, S. 261–262). Es gibt m. E. keine Grundlage für die Annahme, dass die Evangelisten die Debatten Jesu mit den Pharisäern „verfälscht“ haben. Und wir wissen zu wenig aus außerbiblischen Quellen des 1. Jahrhunderts, um so genau Bescheid zu wissen, dass das Pharisäer-Bild der Evangelien nicht mit der damaligen Wirklichkeit zur Zeit Jesu im Einklang steht, wie Wright annimmt.

68 In den Qumran-Schriften erscheint der Ausdruck עניי רוח („Arme des Geistes“; so in 1QM 14,7; 1QH 6,14).

69 Vgl. dazu Hoffmann, Basileia-Verkündigung, S. 47–52.

70 Vgl. dazu u. a. Hengel, Jesus, S. 152–172; Hengel/Schwemer, Jesus, S. 431–451; Schrage, Ethik, S. 21–119.

Paulus spricht m. E. im Römerbrief besonders die vom schriftgelehrten Judentum und damit wohl auch besonders die von der pharisäischen Schirftauslegung geprägten Juden an (vgl. z. B. Röm 2,17ff.; vgl. auch Röm 7,1), ohne sich allerdings darauf zu beschränken. Zentral geht es dem Apostel dabei darum aufzuzeigen, dass selbst der „fromme" Mensch grundsätzlich nicht so gut ist, wie er meinen könnte (vgl. z. B. Röm 2,1ff.; 7,14). Dabei ist nicht das Gesetz das Problem, sondern eben der Mensch selbst, der nicht imstande ist, den im Gesetz offenbarten Willen Gottes zu erfüllen (vgl. z. B. Röm 3,9-20; 7,7ff.; 8,7f.).

Paulus spricht Menschen an, die sich „Juden" nennen (Röm 2,17) und einen „Andersartigen" (ἕτερον) lehren, sich selbst dabei aber ausschließen (Röm 2,21a: „der du nun einen anderen lehrst, du lehrst dich selbst nicht?"). Sie haben die „Form der Erkenntnis und der Wahrheit im Gesetz" (Röm 2,20b) und rühmen sich „im Gesetz", aber verunehren „durch die Übertretung des Gesetzes Gott" (Röm 2,23). Es sind Menschen, die nach der Darstellung des Apostels nicht erkennen, dass Gottes Güte sie zur Umkehr führen will (Röm 2,4) und sich deshalb auf Grund ihrer „Härtigkeit" und ihres „unbußfertigen Herzens" das Zorngericht Gottes auferlegen (Röm 2,5). Sie zeigen somit, dass ihr Herz unbeschnitten ist (vgl. Röm 2,25-29). Vor Gott gibt es nach Paulus „kein Ansehen der Person" (Röm 2,11), und er wird „das Verborgene der Menschen nach meinem Evangelium durch Christus Jesus" richten (Röm 2,16). Dabei gilt sein Gericht wie auch sein Heil „sowohl [dem] Juden zuerst wie auch [dem] Griechen" (vgl. Röm 2,9f.). Und da Paulus „vorher sowohl Juden als auch Griechen beschuldigt hat, unter [der] Sünde zu sein" (Röm 3,9) und alle ohne Unterschied gesündigt haben (Röm 3,22f.), kann nach Überzeugung des Apostels „kein Fleisch" – also auch kein Jude – „aus Werken [des] Gesetzes vor Gott gerechtfertigt werden" (Röm 3,20a), weil „durch das Gesetz die Erkenntnis [der] Sünde" kommt (Röm 3,20b)[71]. Dabei bezieht Paulus sich (besonders) auf diejenigen „im Gesetz [sind], damit jeder Mund verstopft werde und die ganze Welt dem Gericht Gottes verfallen sei" (Röm 3,19). Paulus geht es im Römerbrief also wesentlich auch darum, den Juden den Heilsweg allein durch den Messias Jesus aufzuzeigen.

3.2. Die Umstände bei der Abfassung des Römerbriefs und der Abfassungszweck

Der Römerbrief behandelt ein ähnliches Thema wie der Galaterbrief. Denn dort wie hier geht es um die „Gerechtigkeit Gottes" und ihre Bedeutung für das Heil der Menschen. Doch während der Apostel im Galaterbrief auf konkrete existenzielle Gefahren für die von Paulus gegründeten Gemeinden reagiert[72], sind die Umstände bei der Ab-

71 Vgl. dazu u. a. Hahn, Theologie 1, S. 238–241; ders., Hahn, Theologie 2, S. 350–355.

72 Sänger bringt in Bezug auf die Frage nach der Empfängerschaft des Galaterbrief neuerdings sehr gute Gründe für die Südgalatische Theorie bzw. Provinzhypothese und entkräftet die Gegenar-

fassung des Römerbriefs völlig verschieden. Die dritte Missionsreise ist nun mehr oder weniger abgeschlossen. Paulus wird demnächst nach Jerusalem reisen, von wo aus er nach Rom reisen möchte. In Rom war er noch nie gewesen. Nun will der Apostel auch dort das Evangelium verkündigen (vgl. Röm 1,15: οὕτως τὸ κατ᾽ ἐμὲ πρόθυμον [εἰμὶ] καὶ ὑμῖν τοῖς ἐν Ῥώμῃ εὐαγγελίσασθαι)[73], ja, allen Menschen, sowohl Griechen als auch Nichtgriechen, sowohl Weisen als auch Unverständigen ist er ein Schuldner des Evangeliums (Röm 1,14). Deswegen will Paulus nach Rom kommen.

Es ist naheliegend, den Inhalt des Römerbriefs mit diesem Anliegen der Evangeliumsverkündigung zu verbinden, sodass Paulus in diesem Brief lehrmäßig begründet, was er praktisch umsetzt und umsetzen will.[74] Bei der Absicht, auch in Rom das Evangelium zu verkünden, denkt Paulus nach der Begründung in Röm 1,14f. im Kontext von Röm 1,16f. kaum nur an die Befestigung und Korrektur der römischen Gemeinde[75], sondern auch und wohl primär an die Verkündigung des Evangeliums an Nicht-Christen.[76] Zum anscheinenden Widerspruch dieser Auslegung von Röm 1,15

---

gumente (Sänger, Adresse, S. 1–56). Der Galaterbrief richtet sich also an Gemeinden, die Paulus auf der ersten Missionsreise gegründet hat und welche schon bald in der Gefahr waren, sich durch judaisierende Christen „zu einem anderen Evangelium" abzuwenden (vgl. Gal 1,6).

73 Zum Teil wird in Röm 1,15 statt der Präsenzform εἰμί eine Vergangenheitsform (wie ἤμην oder ἐγενόμην) eingefügt (so z. B. Stuhlmacher, Abfassungszweck, S. 186f.; Kettunen, Abfassungszweck, S. 124f.; Käsemann, Römer, S. 18; vgl. dazu auch Gaventa, Preach, S. 182ff.). Das würde bedeuten, dass Paulus in der Vergangenheit bereit gewesen sei, in Rom das Evangelium zu verkünden. Er würde sich somit auf Röm 1,13 beziehen, wonach er sich oft vorgenommen hatte, nach Rom zu kommen (ὅτι πολλάκις προεθέμην ἐλθεῖν πρὸς ὑμᾶς). Mit dem οὕτως am Anfang des Satzes knüpft der Apostel jedoch direkt an ὀφειλέτης εἰμί (Röm 1,14) an, und auch die anschließende Begründung, dass er sich des Evangeliums nicht schämt, deutet auf die gegenwärtige Bereitschaft der Verkündigung des Evangeliums in Rom hin (vgl. auch z. B. Lohse, Römer, S. 76; Wilckens, Römer 1, S. 81f.), auch wenn das nicht das Hauptziel des Besuchs war.

74 Nach Starnitzke ist es schwierig, „einen inhaltlichen oder formalen roten Faden anzugeben, der sich durch den gesamten Brief zieht und von dem aus man die einzelnen Teile und ihr Arrangement verstehen könnte. So wirkt etwa der Zusammenhang von Briefrahmen und Briefkorpus inhaltlich wenig homogen, weil die im Rahmen angesprochene persönliche Situation des Paulus und sein Verhältnis zu den Adressaten in der umfangreichen Argumentation des Briefkorpus überhaupt nicht aufgenommen werden" (Starnitzke, Struktur, S. 1). Wenn man jedoch die Umstände und den Zweck des Briefes (vgl. dazu weiter unten) beachtet, so erkennt man sehr wohl und sehr zentral den Zusammenhang zwischen der Einleitung (1,1-17) und dem Hauptteil (1,18–11,36) des Briefes. Vgl. dazu auch Edwards, Romans, S. 7ff.

75 So z. B. Gielen, Römerbrief, S. 129. Gielen bemerkt u. a.: „Im Unterschied freilich zu den von ihm selbst gegründeten Gemeinden hatte Paulus der römischen Gemeinde bisher noch nicht seine spezifische theologische Begründung für die auflagenfreie Heidenmission präsentierten können. Deshalb ist es ihm ein Herzensanliegen, ‚auch euch in Rom das Evangelium zu verkünden' (1,15). Wie nämlich die unmittelbar sich anschließenden Verse 1,16-17 zeigen, hat Paulus damit exakt die auflagenfreie Evangeliumsverkündigung im Blick, deren Alternativlosigkeit er anschließend ausführlich begründet (1,18–8,39)" (ebd.).

76 Vgl. zur Problematik auch u. a. Gaventa, Preach, S. 185ff. Gaventa bemerkt u. a.: „In a number of passges, εὐαγγελίζεσθαι refers to Paul's initial proclamation of the gospel (Rom 15,20; 1 Cor

zu Röm 15,20 bemerkt Wengst, dass Paulus auch in Ephesus „intensiv und lange gewirkt" hat, „obwohl nicht er die dortige Gemeinde gegründet hatte".[77] Auch wenn aus dem Bericht der Apostelgeschichte nicht deutlich wird, inwiefern tatsächlich in Ephesus bereits eine „Gemeinde" bestand, als Paulus seine dreijährige Tätigkeit dort begann, kann man dieser Aussage von Wengst sicher grundsätzlich zustimmen. Auf jeden Fall trifft es nicht zu, dass „Christus dort noch nicht genannt" worden war (vgl. Röm 15,20).

Wenn Paulus in dem Brief versucht, klar zu machen, dass sowohl die Juden als auch die Heiden gesündigt haben (vgl. z. B. Röm 3,9.22b-23) und der „Gerechtigkeit Gottes" durch Jesus Christus bedürfen (vgl. z. B. Röm 1,14-17; 3,23-24; 10,12), zeigt er damit die Notwendigkeit der bzw. seiner Missionstätigkeit auf. Der Apostel zeigt im Römerbrief die Verwirklichung der „Gerechtigkeit Gottes" in seinem Heilshandeln durch Jesus Christus sowohl unter den Juden als auch unter den „Heiden" auf.[78] Das tut er, indem er nach einer längeren Einleitung (1,1-17), in der er am Schluss (1,16-17) das Hauptthema des Römerbriefs andeutet, das erste und eigentliche Hauptthema in dem Abschnitt Röm 1,18–11,36 ausführlich behandelt.[79] Es geht dabei nicht nur um die „Gerechtigkeit Gottes" als „Anrechnung" bei der Sündenvergebung, sondern auch ausführlich um die Folgen der Rechtfertigung im Leben der Gläubigen und um die

---

15,1-2; 2 Cor 11,7; Gal 1,8.9.11.16; Gal 4,13), but nowhere does it clearly refer to Paul's ongoing labor with his congregations, unless Rom 1,15 is the exception. John Dickson ha staken this point further, arguing that the verb εὐαγγελίζεσθαι consistently referes to felivering the news, not to teaching or persuasion, not only in the Pauline corpus but elsewhere" (ebd., S. 186; vgl. Dickson, Gopsel, S. 212–230). Allerdings bezieht Dickson den Wunsch des Paulus, „unter euch" in Rom das Evangelium zu verkünden, auf eine frühere Zeit (vgl. Dickson, Gopsel, S. 226–228). Dieser Punkt ist nach Gaventa jedoch nicht so überzeugend wie die Studie zum Begriff εὐαγγελ- (Gaventa, Preach, S. 186f.). Gaventa seinerseits stimmt denen zu, die davon ausgehen, dass Paulus mit dem Brief das mache, was er früher persönlich machen wollte, nämlich die Heidenchristen in Rom neu zu evangelisieren (re-evangelize; so z. B. Byrne, Romans, S. 51), „but I would press them still further, asking why it is that the Romans need to be ‚re-evangelized', what is it that they have not yet heard or have not heard in full" (Gaventa, Preach, S. 188; vgl. dazu auch ebd., S. 194f.). Schlussfolgernd bemerkt Gaventa u. a.: „What Paul undertakes in the letter includes a careful exposition of God's faithfulness to Israel and an attempt to adjudicate conflicting interpretations of the food laws. Yet the gospel he declares concerns a cosmos enslaved by sin and death and threatened by a host of anti-God powers" (ebd., S. 195).

77 Wengst Freut euch, S. 149, Anm. 43.

78 Deshalb verwundert es nicht, dass Mußner das „Heil für alle" als „Grundgedanke des Römerbriefs" bezeichnet (Mußner, Heil für alle, S. 207–214).

79 Nach Starnitzke finden wir den Hauptabschnitt im Römerbrief in 1,16–15,13 (Starnitzke, Struktur, S. 21; vgl. auch ebd., S. 2f.). Es ist allerdings zu beachten, dass Paulus im Briefeingang die Thematik gezielt zum Hauptthema des Römerbriefs hinführt (vgl. Röm 1,5-17), was Starnitzke nicht sieht, weil er die Einleitung mit Röm 1,15 enden und den Hauptteil mit Röm 1,16 beginnen lässt (vgl. auch ebd., S. 1f.). Dass der Hauptabschnitt begründend mit γάρ („denn, nämlich") beginnt bzw. die Einleitung fortsetzt, zeigt die innere Verbundenheit der Einleitung mit dem Hauptabschnitt.

Folgen des Heilsplans Gottes in Jesus Christus für die Zukunft von Juden und Nichtjuden. Nach dem eigentlichen Hauptteil folgt der „ermahnende" Teil (12,1–15,12), der seinerseits nicht vom Hauptteil zu trennen ist, wie u. a. das folgende οὖν („nun, also") und der Hinweis auf den „logischen Gottesdienst" (τὴν λογικὴν λατρείαν ὑμῶν)[80] in Röm 12,1 zeigt.

Zu den drei bisherigen Missionsreisen war Paulus von Antiochia aus ausgesandt worden. In der Zwischenzeit hat er nach eigener Aussage das Evangelium in der ganzen Umgebung von Jerusalem aus bis nach Illyrien verkündet (Röm 15,19). Jetzt aber hat der Apostel seine Arbeit in diesen Gegenden „vollendet" (Röm 15,23), und deshalb sucht er sich ein neues „Missionsgebiet". Er möchte nämlich nach Spanien reisen, um dort das Evangelium zu verkünden (Röm 15,24).[81]

Nach Röm 15,24 hofft Paulus, auf seiner Spanienreise durch Rom durchzureisen und die Gläubigen dort zu treffen (διαπορευόμενος θεάσασθαι ὑμᾶς), um dann von ihnen „weitergeleitet zu werden" (προπεμφθῆναι). An dieser Stelle gebraucht er das Verb προπέμπω, das u. a. „durch Lebensmittel oder Geld zur Reise ausstatten" bedeutet.[82] Bis jetzt hat der Apostel die östlichen Gemeinden in seine Missionsarbeit miteinbezogen (vgl. Phil 1,5; 4,15-18; vgl. auch 2. Kor 11,9; Röm 15,26). Jetzt möchte er bei der Missionierung des Westens auch die römischen Christen mitwirken lassen.[83] Auch

---

80 Das griechische Adjektiv λογικός kommt im Neuen Testament nur noch in 1. Petr 2,2 („seid begierig nach der vernünftigen lauteren Milch") vor, und zwar offenbar im Sinn von „geistlich" (vgl. 1. Petr 2,5). Im Alten Testament wurden die Leiber von Tieren zum Opfer verwendet; da Jesus Christus seinen Leib hingegeben hat, soll der menschliche Leib nun ein lebendiges, geistliches „Opfer" sein, d.h. er soll Gott zum Dienst hingegeben werden (vgl. Hebr 9,13f.). „Vernünftig" wird in Röm 12,1 dementsprechend im Sinn von „geistlich" im Gegensatz zu den „leiblichen" Opfern des Alten Testaments gebraucht. Aber Paulus wollte damit wohl auch zum Ausdruck bringen, dass die Gläubigen angesichts all dessen, was Gott in Jesus Christus ihnen getan hat, die logische Schlussfolgerung ziehen und ihr ganzes Leben demzufolge Gott weihen sollen (vgl. Röm 6,11), und dazu gehören auch die Glieder des Leibes (vgl. Röm 6,12-14).

81 Zu den historischen Hintergründen in Spanien vgl. u. a. Koch, Spanien, S. 701–709. Nach Koch lässt sich die These, dass Spanien damals als *finis terrae* („Ende der Welt"), betrachtet worden sei, nicht erhärten. „Das ethnographische Wissen der Zeit lässt anderes vermuten. Und das ethnographische Wissen dieser Zeit spricht Bände" (ebd., S. 701). Jedenfalls für informierte Kreise habe hier nicht das Ende der Welt gewartet, „sondern eine neue Welt geradezu" begonnen (ebd., S. 702).

82 Vgl. Passow, Handwörterbuch II/1, S. 1148.

83 Vgl. dazu auch u. a. Schrenk, Römerbrief als Missionsdokument, S. 81–106; Kettunen, Abfassungszweck, S. 167–169. Nach Kettunen zeigt Röm 15,14, dass die materielle Unterstützung „das eigentliche Ziel des Heidenapostels" bei der Abfassung des Römerbriefes ist (ebd., S. 168). „Falls der apologetische Römerbrief seinen erhofften Erfolg gehabt hat, so dass die Römer den böswilligen anti-paulinischen Unterstellungen keinen Glauben schenken, sondern hinter Paulus stehen, dann hofft der Apostel von den Römern auch nach Spanien geleitet zu werden" (ebd.), was für ihn allerdings „in Wirklichkeit viel mehr als blosses Geleit bedeutet" (ebd., S. 167). M. E. ist es aber nicht angebracht, von einem „apologetischen Römerbrief" zu sprechen.

sie sollen an der Missionierung der Welt Anteil haben.[84] Man muss wohl davon ausgehen, dass Paulus die Absicht hatte, von der Gemeinde in Rom zur Spanienmission ausgesandt zu werden, um so von Rom aus auch dem Westen das Evangelium von Jesus Christus zu verkünden.

Die beabsichtigte Unterstützung der missionarischen Tätigkeit des Paulus durch die Gläubigen von Rom setzt natürlich voraus, dass sie seine Botschaft bejahen. Bevor der Apostel die Gemeinde besucht, gibt er ihnen einen umfassenden und systematischen Überblick über das Herzstück des Christentums und damit auch über die von ihm verkündigte Botschaft. Es ist also davon auszugehen, dass diese Situation bei der Abfassung den Inhalt des Römerbriefs wesentlich mitgeprägt hat.[85] Weil die Botschaft des Paulus unter den damaligen Christen nicht nur Befürworter hatte, musste sie sicher umso sorgfältiger dargelegt werden.[86] Dabei fällt auf, dass der Apostel seine Missionstätigkeit vor allem mit dem Alten Testament begründet. Er belegt seine „Missionstheologie“[87] mit vielen Zitaten und Anspielungen aus dem Alten Testament.

Wie u. a. die Beachtung der direkten und indirekten „Empfänger“ des Römerbriefs gezeigt hat, ist jedoch mit der konkreten Situation des Apostels zur Zeit der Abfassung des Römerbriefs in Bezug auf die gewählte Thematik wohl noch nicht alles erklärt.[88] Der Grund der gewählten Thematik des Römerbriefs findet m. E. nicht nur darin ihre Erklärung.[89] Es geht Paulus offenbar auch darum, den „ganzen Ratschluss Gottes“, wie er ihn nach Apg 20,27 in Ephesus drei Jahre lang verkündet hatte (vgl. Apg 20,31), zumindest in zentralen Punkten kompakt darzulegen.

---

84 Jewett geht sogar davon aus, dass die geplante Spanienreise für die Interpretation des ganzen Briefes von entscheidender Bedeutung sei (vgl. Jewett, Romans, S. 80–94).

85 In diesem Sinn schrieb Otfried Hofius (Tübingen) mir am 25.05.2011: „Weil diese Unterstützung das Ja der römischen Gemeinde zu ihm selbst und zu seiner Verkündigung voraussetzt, deshalb legt der Apostel in seinem Brief so ausführlich und in höchst gewichtigen Erörterungen dar, was der zentrale Inhalt seiner Evangeliumspredigt ist und welche Konsequenzen sich aus ihr ergeben.“

86 Vgl. dazu auch z. B. Longenecker, Introducing Romans, S. 148ff.

87 Vgl. dazu u. a. Schrenk, Römerbrief als Missionsdokument, S. 81–106.

88 Longenecker unterschiedet zwischen den Positionen, die den Abfassungszweck von der Situation des Paulus abhängig machen, und denen, die ihn von der Situation der Adressaten ableiten (Longenecker, Introducing Romans, S. 94ff.). Beide Seiten haben sicher ihre Berechtigung, dürfen jedoch nicht absolut gesetzt werden.

89 Vgl. auch Hultgren, Paul's Letter to the Romans, 14ff. Jervell betont, dass Paulus im Römerbrief seinen Besuch in Rom nur beiläufig in Röm 15,24 erwähne (Jervell, Brief, S. 64ff.). Das ist sicher grundsätzlich richtig, wobei der Apostel allerdings bereits im Briefeingang seine wiederholte Absicht, die Gemeinde in Rom zu besuchen, erwähnt hatte (vgl. Röm 1,11-13) und dabei betont hatte, dass auch sie zu den „Heiden“ gehören, zu denen er gesandt sei, um den „Gehorsam des Glaubens“ aufzurichten (vgl. Röm 1,5f.).

3.3. Das Ziel der paulinischen Verkündigung

3.3.1. Den Glaubensgehorsam unter allen Nationen aufrichten

In Bezug auf die Frage nach dem Abfassungszweck des Römerbriefs und in Bezug auf die Thematik des Schreibens scheint mir nicht nur die Beachtung der Ausführungen des Apostels in Röm 15,20ff. über seine weiteren Pläne von Bedeutung zu sein. M. E. zeigt der Briefeingang (Röm 1,1-17)[90], dass die Thematik des Römerbriefs nicht nur aus der konkreten Situation der Gemeinde in Rom und der Zukunftspläne des Apostels heraus zu verstehen ist. Diese Tatsache wird an zentralen Bemerkungen in Röm 1,5-15 sichtbar, zeigt sich aber auch deutlich im „Herzstück" des Briefeingangs, nämlich Röm 1,16-17, wo der Apostel die Hauptthematik des Briefs „vorstellt". Auf einzelne Aussagen dieser zwei Verse möchte ich später ausführlicher eingehen. Im Folgenden soll anhand einer exegetischen Untersuchung von diesbezüglichen Aussagen in Röm 1,5-15 dargelegt werden, wie Paulus seine Mission verstanden hat. Dieses Verständnis hilft zweifelsohne, seine Botschaft, welche untrennbar mit seiner Mission verbunden ist, besser zu verstehen.

Paulus hat durch Jesus Christus das Apostolat empfangen „zum Gehorsam [des] Glaubens" (Röm 1,5). Der Dienst des Paulus soll die Nationen „zum Gehorsam des Glaubens" (εἰς ὑπακοὴν πίστεως) führen, was ein zentrales Thema des Römerbriefs ist. Nach Röm 15,15-16 ist Paulus „durch die Gnade, die mir von Gott gegeben worden ist, ein Diener Christi Jesu … für die Nationen, der priesterlich am Evangelium Gottes dient, damit das Opfer der Nationen [Gott] angenehm werde, geheiligt durch den Heiligen Geist". Für Paulus ist der „Glaubensgehorsam" unter den Nationen offenbar ein entscheidendes Ziel seiner missionarischen Tätigkeit (vgl. Röm 15,18: εἰς ὑπακοὴν ἐθνῶν). Dabei heißt für ihn „gläubig werden" gleichzeitig auch „gehorsam werden", wie auf der anderen Seite „Unglaube" mit „Ungehorsam" in Verbindung gebracht wird (vgl. z. B. Röm 11,30-32; vgl. auch Röm 6,16).

Nach Hofius ist der „Begriff des ‚Gehorsams'" in diesem Zusammenhang „selbstverständlich nicht ethisch gemeint".[91]

> „Von der ὑπακοὴ πίστεως ist vielmehr deshalb die Rede, weil zum einen der Glaube auf das vernommene Wort bezogen und Antwort auf dieses Wort ist, zum andern aber der Glaubende im Bekenntnis des Glaubens – d. h. in der Anrufung des Kyrios – gehorsam den Anspruch Christi anerkennt, der im verkündigten Evangelium zur Geltung kommt."[92]

Es ist sicher richtig, dass es primär um die Anerkennung des „Anspruchs Christi" geht. Doch diese Anerkennung schließt für Paulus den „ethischen" Gehorsam mit ein (vgl. auch Röm 15,16.18). Dabei konnte der Apostel von den Stellen u. a. im Jesajabuch

---

90 Vgl. dazu die Ausführungen oben zur Gliederung des Römerbriefs unter Punkt 3.2.

91 Hofius, Wort Gottes, S. 156.

92 Ebd.,S. 156–157.

ausgehen, welche verheißen, dass der „Knecht Jahwes“ das Recht und die Gerechtigkeit Gottes zu den Nationen bringen werde (vgl. z. B. Jes 42,1; 51,4; 56,1), sodass sogar Könige und Oberste vor ihm niederfallen würden (Jes 49,7) und Gottes Heil „bis an die Enden der Erde“ reichen werde (Jes 49,6). Auf jeden Fall zeigt der Römerbrief, dass der „Gehorsam des Glaubens“ mit einschließt, dass die „Gerechtigkeit“ Gottes auch im ethischen Sinn Auswirkungen auf den Gerechtfertigten hat (vgl. z. B. Röm 2,6ff.; 6,12ff.). Die Anerkennung der Autorität Jesu als „Herrn“ bedeutet nach Röm 6,16, dass man sich ihm als „Knecht/Sklave des Gehorsams zur Gerechtigkeit“ zur Verfügung stellt.

Der Glaube ist für den Römerbrief in Bezug auf die Rechtfertigung von zentraler Bedeutung (vgl. z. B. Röm 1,16f.; 3,22.25.26-28.30;10,4).[93] Im paulinischen Kontext der Beschreibung des „Glaubens“ spielt Hab 2,4b eine wichtige Rolle (vgl. das Zitat in Röm 1,17 und Gal 3,11).[94] Im hebräischen Text erscheint dort das Nomen אֱמוּנָה, das vom Verb אָמַן („tragen; sich als zuverlässig erweisen; Bestand haben, bleiben, andauern; glauben, vertauen“[95]) abgeleitet ist, welches im Hifilstamm mit „glauben“ wiedergegeben wird und wörtlich etwa „sich festmachen (in Gottes Treue und Zuverlässigkeit)“ bedeutet.[96] Weil Gott ein Gott der Treue ist (vgl. Deut 32,4; 1. Sam 26,23; Ps 36,6; 40,10) und seine Werke (Ps 33,4) und seine Worte (Ps 119,86.160; 143,1) Wahrheit und deshalb zuverlässig sind, soll die entsprechende Antwort des Menschen Vertrauen bzw. Treue sein, indem er an den Zeugnissen Jahwes festhält, die ihn nicht beschämen (Ps 119,30-31). Der Glaube des Menschen beruht also auf der Treue und Zuverlässigkeit Gottes und seines Wortes. Gott hat sein Wort im Bund durch einen Schwur besiegelt (vgl. z. B. Deut 4,31; 32,40; Hes 16,8)[97], dass er sein Volk retten und die Feinde schlagen werde (vgl. Deut 32,36-43), und der Gerechte wird im Vertrauen auf dieses Verheißungswort und damit in dem Glauben, der im Bund Gottes begründet ist, leben (Hab 2,4b). Gott lässt ihn durch seine (d.h. durch Gottes) Gerechtigkeit am

93 Das Nomen πίστις („Glaube, Treue“) erscheint in den Paulusbriefen im Neuen Testament insgesamt 142-mal (davon allein im Römerbrief 40-mal und im Galaterbrief 22-mal) und das Verb πιστεύω („glauben“) 54-mal (im Römerbrief 21-mal). Vgl. dazu u. a. Schumacher, πίστις, S. 487–501; Wolter, Paulus, S. 72ff.

94 Vgl. dazu auch 1QpHab 7,17–8,3. Demnach bezieht sich Hab 2,4b „auf alle Täter des Gesetzes (עושי התורה) im Haus Juda, die Gott aus dem Haus des Gerichts um ihrer Mühsal und ihrer Treue zum Lehrer der Gerechtigkeit willen retten wird“.

95 Vgl. Koehler/Baumgartner, Lexikon, S. 61f.

96 Ein Wortspiel finden wir in Jes 7,9: אִם לֹא תַאֲמִינוּ כִּי לֹא תֵאָמֵנוּ („Macht ihr euch nicht [in Gott und seinem Wort] fest, so seid ihr nicht fest!“ – Luther: „Glaubt ihr nicht, so bleibt ihr nicht!“). In Bezug auf das Verb אָמַן schreibt Scott: „In the Hiphil (causative), it basically means to cause to be certain, sure or to be certain about, to be assured. In this sense the word in the Hiphil conjugation is the biblical word for ‚to believe‘ and shows that biblical faith is an assurance, a certainty, in contrast with modern concepts of faith as something possible, hopefully true, but not certain“ (Scott, אָמַן, S. 51).

97 Zum Verhältnis von Bund und Schwur vgl. z. B. Gen 26,28; Deut 4,31; 7,12; 8,18; 31,20; Jos 9,15; Ri 2,1; 1. Sam 22,8; 2. Kön 11,4; Ps 89,4; Hes 16,8.

Leben (Ps 119,40). Grundlage dafür sind nach Deut 7,12 Gottes „Bund und Gnade/Bundesgüte“ (אֶת־הַבְּרִית וְאֶת־הַחֶסֶד), „die er deinen Vätern geschworen hat“ und die Gott Israel bewahren wird, wenn das Volk seinen „Rechtsbestimmungen“ (הַמִּשְׁפָּטִים) gehorchen wird. Der „Glaube“ ist somit eng mit dem Bund und der Bundestreue/-güte Gottes einerseits und mit dem Gehorsam des Volkes diesem Bund gegenüber andererseits verbunden.

Nach Wilckens besteht der Glaube in rabbinischer Terminologie „geradezu im Rezitieren dieser zentralen Stelle der Tora“, nämlich des „Höre Israel“ (Deut 6,4), „wenn dem auch natürlich das Halten der Gebote entsprechen muss“.[98] Für Paulus ist der „rettende“ Glaube dagegen der Glaube an Jesus Christus (vgl. z. B. Röm 3,22.26; Gal 2,16). Inhalt des Glaubens ist das verkündigte Evangelium von Jesus Christus (vgl. z. B. Röm 10,8.14-17; 1. Kor 1,21; 15,2.11; Gal 3,2.5)[99], sodass der Glaube die „verpflichtende Annahme“ des Evangeliums von Jesus Christus, das verkündigt wird, und damit auch die „Erkenntnis und Anerkenntnis der ‚Wahrheit des Evangeliums‘ ist“[100]. Er schließt das „Gestorbensein“ mit Jesus Christus mit ein und beschreibt die ganze Existenz derer, die dadurch mit Gott versöhnt sind (vgl. Gal 2,19f.).[101]

---

98 Wilckens, Römer 1, S. 85.

99 Vgl. dazu auch Hofius, Wort Gottes, S. 154ff.

100 So Hofius, ebd., S. 157. Nach Hofius ist der Glaube „der Modus des Heilsempfangs und der Heilsteilhabe“ (ebd., S. 172). Der „Unglaube“ ist nach ihm dementsprechend „der Modus der Heilsverschlossenheit“ (ebd., S. 173). Dabei mache nicht der Mensch „sich in freier Entscheidung zu eigen, was ihm bloß als heilsame Möglichkeit vor Augen gestellt wird, sondern Gott selbst eignet ihm durch sein heilbringendes Wort und seinen befreienden Geist zu, was ihm in Christus schon ‚geschenkt‘ ist“ (ebd., S. 171). Allerdings fordert Paulus z. B. auch auf, im Glauben zu „stehen“ (1. Kor 16,13) und das Evangelium in der Weise, wie sie es empfangen haben, „festzuhalten“, weil sie sonst „vergeblich zum Glauben gekommen sind“ (1. Kor 15,2; vgl. auch z. B. Apg 14,22). Sein Gebet ist es, die Gläubigen in Thessalonich zu sehen „und die Mängel eures Glaubens in Ordnung zu bringen“ (1. Thess 3,10). Es ist klar, dass der Glaube „allein Gottes Werk und Gabe“ ist (so auch Stuhlmacher, Gerechtigkeit Gottes, S. 82: „Der Glaube ist die Einkehr in die sich im Wort der Predigt öffnende Welt des Kyrios … Der Glaube ist in seinem Vollzug also Gottes Gabe, weil er die von Gott machtvoll eröffnete Wirklichkeit ist. Der Glaube ist seit seinem Kommen heilsgeschichtlich und seit der Taufe für den Einzelnen auch in seiner soteriologischen Individuation allein Gottes Werk und Gabe“). Das bedeutet für Paulus jedoch offensichtlich nicht, dass Gott ohne die Möglichkeit einer menschlichen Antwort und Verantwortung für den Glauben des Menschen allein „zuständig“ ist. Übrigens betont Hofius richtig, dass die Taufe „in der Kraft des Heiligen Geistes“ geschieht, aber „keineswegs allererst den Geist“ gibt (Hofius, Wort Gottes, S. 170). Die Taufe setzt somit für Paulus den Empfang des Geistes und damit auch den Glauben voraus (vgl. dazu auch ebd., S. 169f.).

101 Glaube kann damit kaum ein unbewusstes Handeln bezeichnen, wofür Wright offensichtlich die Möglichkeit einräumt, wenn er bemerkt: „Wenn das Bekenntnis ‚Jesus ist Herr‘ abgelegt wird, erklärt Gott, dass diese Person, die (vielleicht zu ihrer eigenen Überraschung) das Evangelium glaubt, dadurch als jemand bekennzeichnet ist, der sich innerhalb der wahren Bundesfamilie befindet (Wright, Paulus, S. 157). Später stellt Wright fest: „Das Erkennungszeichen der Mitgliedschaft, die Sache, aufgrund der man *in der Gegenwart* erkennen konnte, wer zum *eschatologischen* Bundesvolk gehört, war natürlich der Glaube, das Bekenntnis, das Jesus der Herr ist, und

Das Ziel ist, den Glaubensgehorsam unter allen Nationen aufzurichten (Röm 1,5bγ). Nach Gen 49,10 verheißt der Erzvater Jakob seinem Sohn Juda, dass das „Zepter“ nicht von ihm weichen werde, „bis dass der Schilo kommt“, dem der „Gehorsam der Völker“ (יִקְּהַת עַמִּים; LXX: αὐτὸς προσδοκία ἐθνῶν) gehören werde.[102] Auch wenn der hebräische Begriff יִקָּהָה („Gehorsam“) im Alten Testament nur noch in Prov 30,17 erscheint und auch wenn der griechische Begriff ὑπακοή („Gehorsam“) in der LXX nur in 2. Sam 22,36 vorkommt, so ist der Gehorsam der „Heiden“ in der erwarteten „messianischen“ Zeit in den prophetischen Verheißungen ein zentrales Thema, wie u. a. der Gebrauch des Verbs ὑπακούω („gehorchen“) in der LXX (58-mal) zeigt. Während Israel damals nicht der „Stimme Gottes“ gehorchte (vgl. z. B. Jer 3,25; 13,10), wird nach Jes 11 der „Spross aus dem Stumpf Isaïs“ (vgl. Jes 11,1) „ein Feldzeichen unter den Nationen aufrichten“ und „die Vertriebenen Israels zusammenbringen“ sowie „die Verstreuten Judas von den vier Enden der Erde sammeln“ (Jes 11,12).[103] Dann werden die Söhne Ammons „Ephraim“ und „Juda“ (vgl. Jes 11,13) „gehörig sein“ (Jes 11,14).

Nach Am 9,11-12 will Gott die „verfallene Hütte Davids wieder aufrichten“, wodurch auch „der Überrest Edoms und alle Nationen, über die mein Name ausgerufen ist“, in Besitz genommen werden. Es geht bei dieser „In-Besitz-Nahme“ nicht um eine Unterdrückung, sondern darum, dass Gottes „Name“ unter ihnen bekannt und ausgebreitet wird und sie somit Gottes Heil erfahren. Gott selbst will sie in diesem Sinn „in Besitz nehmen“ (vgl. z. B. Hes 35,19; Sach 9,4; Mi 1,15; Ps 82,8), und zwar bei der „Wiederherstellung Israels“ durch die Herrschaft des verheißenen Erlösers (vgl. z. B. Jes 54,3), welcher gleichzeitig das Recht und das Heil Gottes zu allen Nationen bringen wird (vgl. z. B. Jes 42,1-4; 51,4). Gottes Recht wird durch die Herrschaft des „Knechtes Jahwes“ zum „Licht der Nationen“ (Jes 51,4).

Da Paulus überzeugt war, dass der verheißene „Welterlöser“ gekommen ist, galt es nun, auch unter den „Heiden“ den „Glaubensgehorsam“ aufzurichten. Darin sieht er eine Erfüllung der „Verheißung der Väter“, indem die Nationen Gott verherrlichen

---

der Glaube, dass Gott ihn von den Toten auferweckt hat (vgl. Röm 10,9). ‚Glaube' ist für Paulus daher kein *‚Ersatzwerk'* im moralischen Sinne. Es ist nicht etwas, das man tut, um Aufnahme in das Volk Gotes zu finden“ (ebd., S. 166). Doch für Paulus hat der Glaube eine durch und durch „aktive“ Komponente und ist nicht ein reines „Lippenbekenntnis“ (vgl. dazu auch Mt 7,21-23). Das Bekenntnis mit dem Mund wird in Röm 9,9f. sogar ausdrücklich von dem Glauben im Herzen differenziert, auch wenn die zwei Aspekte zusammengehören.

102 Gen 49,10-12 wird im Targum Onkelos messianisch gedeutet, wobei der Messias als kriegerischer Richter gesehen wird (vgl. dazu McNamara, Some Targum Themes, S. 346f.).

103 Vgl. dazu auch Stettler, Gericht, S. 139: „Dass der Messias das *göttliche* Gericht durchführt, wird in manchen [frühjüdischen] Texten im Anschluss an Jes 11,1–5 … dadurch verdeutlicht, dass er mit dem Wort seines Mundes, nicht mit militärischer Gewalt herrscht und richtet: Nach 1Q28b Frg. 27f.; 4Q285 Frg. 5 und 4Q161, Frg. 8–10 (vgl. 2. Baruch 40) hält der ‚Spross Davids', der ‚Fürst der Gemeinde', Gericht, indem er seinen Erzrivalen, den König der Kittim, ‚mit der Kraft (s)eines Mundes und … durch Hauch (s)einer Lippe schlägt'. Auch nach 4Esr 12,31–34; 13,9–11.37f. richtet der Messias-Menschensohn ohne militärische Gewalt.“

und seinem Namen lobsingen (Röm 15,8-9). In diesem Zusammenhang zitiert Paulus in Röm 15,12 sogar ausdrücklich Jes 11,10, wonach die „Wurzel Isaïs“, auf den die Nationen hoffen, sich aufrichten wird, „um über die Nationen zu herrschen“.

Bei dem Ausdruck ἐν πᾶσιν τοῖς ἔθνεσιν („unter allen Nationen“) mag Paulus an die Psalmen gedacht haben, die betonen, dass „alle Nationen“ Gott loben/dienen/anbeten werden usw. (vgl. Ps 47,2; 72,11.17; 86,9; 113,4; 117,1; 118,10; vgl. auch Röm 15,8ff.). Aber auch die prophetischen Gerichts- und Heilsankündigungen über „alle Nationen“ (vgl. z. B. Jes 2,2; 25,6-8; 43,9; 52,10; 56,7; 6111; 66,18; Am 9,12; Joel 4,2; Ob 15f.; Hag 2,7; Sach 14,2.16) spielen wohl eine Rolle. Nach Sach 14,16 werden „alle Übriggebliebenen aus allen Nationen“ Jahr für Jahr nach Jerusalem kommen, „um den König, Jahwe der Heerscharen, anzubeten und das Laubhüttenfest zu feiern“. Und Jeremia spricht von einer Zeit, in der „alle Nationen“ sich nach Jerusalem versammeln werden „wegen des Namens Jahwes in Jerusalem“, wenn die Menschen nicht mehr „der Verstocktheit ihres bösen Herzens folgen“ werden (Jer 3,17). Zudem wurden Texte wie Ps 2 messianisch gedeutet (vgl. z. B. Ag 4,25f.; 13,33; Hebr 1,5; 5,5; Offb 2,27), und nach Ps 2,8 sagt Gott zu dem „Gesalbten“ (d.h. zu einem König) – der als Sohn Gottes angesprochen wird, weil Gott ihn „heute gezeugt“ (d.h. als König eingesetzt) hat (vgl. Ps 2,7) –: „Fordere von mir, und ich will dir die Nationen zum Erbteil geben, zu deinem Besitz die Enden der Erde.“ Ja, die Nationen sollen den Sohn küssen, „dass er nicht zürne und ihr auf dem Weg umkommt“ (Ps 2,12a).

In Röm 1,5 geht es Paulus jedoch wohl nicht so sehr darum, die „Heiden“ von den Juden zu unterscheiden, auch wenn der Schwerpunkt seines Verkündigungsdienstes die „Heiden“ sind (vgl. Röm 1,14f.; 15,8ff.), wobei er allerdings nie die leiblichen Nachkommen Abrahams aus dem Auge verliert (vgl. z. B. Röm 1,16; 9,1-3; 10,1; 11,1f.12-15). Wenn Gottes Ziel mit dem Heil in Jesus Christus der „Glaubensgehorsam“ aller Nationen ist, dann schließt das für Paulus offensichtlich die Juden mit ein. Interessant ist, dass Paulus später zwar betont, dass er von dem reden will, was Christus durch ihn in Wort und Werk gewirkt hat „zum Gehorsam der Heiden“, dabei aber auch hervorhebt, dass er „von Jerusalem an bis nach Illyrien das Evangelium von Christus voll ausgerichtet“ hat (Röm 15,18-19). In Jerusalem waren es wohl nicht in erster Linie „Heiden“, denen er das Evangelium verkündigte. Dabei ist für Paulus offenbar der Glaube die Grundlage für den Gehorsam der Nationen, und zwar der Glaube an Jesus Christus, den Sohn Gottes. Tod und Auferstehung Jesu sind deshalb die Grundlage und das „Mittel“ der Herrschaft Jesu und damit für den Gehorsam der Menschen.

Der Glaubensgehorsam soll unter allen Nationen aufrichtet werden „zugunsten seines Namens“ (Röm 1,5bδ). Gemäß Wilckens wird der Ausdruck ὑπὲρ τοῦ ὀνόματος αὐτοῦ (vgl. dazu auch Apg 5,41; 9,16; 15,26; 21,13; 3. Joh 7) an dieser Stelle im Sinn von „um seinem Namen Raum zu verschaffen“ gebraucht[104], während Lohse den Satz

104 Wilckens, Römer 1, S. 67. Gemäß Käsemann kann der Ausdruck nicht „den Sinn haben: um seinen Namen zu verbreiten. Der Name ist vielmehr wie auch sonst in der Antike das manifest

mit „zur Ehre seines Namens“ wiedergibt und ergänzt, dass die „vollklingende Wendung“ an den Schluss gesetzt wird, „um jeden Gedanken auszuschließen, als könnte es in irgendeiner Weise um persönliche Interessen oder eigenen Ruhm gehen. Allein die Ehre des Herrn soll bezeugt werden, dem Paulus als sein Knecht zu dienen hat“.[105] Paulus will mit dem Ausdruck parallel zu Röm 15,16 offenbar betonen, dass der Glaubensgehorsam der Nationen zur Verherrlichung des Sohnes Gottes führt, und zwar nicht nur und nicht in erster Linie „durch Erweiterung seines Wirkungskreises und durch die Vermehrung der Zahl derer, welche ihn als ihren Herrn anrufen“[106], sondern vor allem durch das veränderte Leben der „Heiden“, sodass „das Opfer der Nationen [Gott] angenehm werde, geheiligt durch den Heiligen Geist“ (Röm 15,16). Paulus selbst ist nach Apg 21,13 bereit, in Jerusalem nicht nur gebunden zu werden, sondern auch „zugunsten des Namens des Herrn Jesus“ (ὑπὲρ τοῦ ὀνόματος τοῦ κυρίου Ἰησοῦ) zu sterben (vgl. auch Apg 15,26: „… die ihre Seelen hingaben zugunsten des Namens unseres Herrn Jesus Christus“).

Bereits in Deut 29,23ff. wird betont, dass „alle Nationen/Heiden“ (כָּל־הַגּוֹיִם) darin, dass Gott Israel ins Exil führen wird, wenn das Volk von seinem Bund abweichen wird, Gottes majestätisches Handeln und sein Zorngericht erkennen werden (vgl. auch z. B. Hes 5,15f.). Andererseits werden „alle Völker der Erde“ (כָּל־עַמֵּי הָאָרֶץ) dadurch, dass Gott die Israeliten segnet, wenn sie in seinem Bund leben, „sehen, dass über dir der Name Jahwes genannt ist, und werden sich vor dir fürchten“ (Deut 28,10). Dementsprechend diente nicht nur Gottes Gericht an Pharao und Ägypten, sondern auch sein Gericht an Israel dazu, *dass sein „Name“ und somit sein Heilswille nicht nur in Israel, sondern auch unter den „Heiden“ bekannt werde* (vgl. auch Mt 28,19: πάντα τὰ ἔθνη[107]).[108] Und nach Mi 4,1-8 kündigt Gott eine kommende Heilszeit für Israel und die Nationen an, und zwar für das „Ende der Tage“ (vgl. Mi 4,1), wenn „zur Tochter Zion … die frühere Herrschaft, das Königtum der Tochter Jerusalem“, gelangen wird (Mi 4,8). Dann werden „wir im Namen Jahwes, unseres Gottes, für immer und ewig“ leben (Mi 4,5). Dieser „Herrscher“ soll in Bethlehem Efrata geboren werden (Mi 5,1). „Und er wird auftreten und weiden in der Kraft Jahwes, *in der Hoheit des Namens Jahwes, seines Gottes*. Und sie werden [in Sicherheit] wohnen. Ja, jetzt wird er groß sein bis an die Enden der Erde. Und dieser wird Friede sein …“ (Mi 5,3-4a).

Wenn Paulus in Röm 1,5 betont, dass der „Glaubensgehorsam“ unter allen Nationen „zugunsten seines Namens“ geschehen soll, so wird damit offensichtlich voraus-

---

werdende Wesen seines Trägers und infolgedessen personifizierbar“ (Käsemann, Römer, S. 12).

105 Lohse, Römer, S. 68.

106 So Godet, Römer I, S. 96.

107 Es ist richtig, dass Israel damit „keineswegs vom Heil ausgeschlossen“ wird, sondern vielmehr darin „mit enthalten“ ist (so Hengel/Schwemer, Jesus, S. 26). Betont wird an dieser Stelle jedoch im Gegensatz zu Mt 10,5f., dass jetzt auch Nichtjuden das Evangelium von Jesus Christus hören sollen (vgl. auch Mk 16,15f.).

108 Vgl. dazu auch Thiessen, Gott hat Israel nicht verstoßen, S. 65ff.

gesetzt, was er später in seinem Brief an die Philipper zum Ausdruck bringen wird, nämlich dass der Name „unseres Herrn Jesus Christus", um welchen es sich handelt, „über jeden Namen" (ὑπὲρ πᾶν ὄνομα) gesetzt ist und dass sich „jedes Knie" in diesem Namen beugen und bekennen wird: „Herr [ist] Jesus Christus, zur Verherrlichung Gottes, des Vaters" (Phil 2,9-11; vgl. dazu Jes 45,23; 49,6f.). Der Gehorsam bedeutet somit im Grunde genommen die Unterordnung unter den „Namen" Jesu, durch den allein es Heil und Vergebung der Sünden für die Menschen gibt[109] (vgl. Apg 4,12; 10,43; Röm 10,13) und der deshalb unter den Nationen bzw. „Heiden" verkündigt werden soll, „damit die Nationen Gott verherrlichen" (Röm 15,9; vgl. 2. Sam 22,50; Ps 18,50).[110] Doch wusste Paulus, dass der Name Gottes – der mit dem Namen Jesu eine Einheit bildet und deshalb von diesem nicht zu trennen ist[111] – „wegen euch [d.h. den Juden] gelästert wird unter den Nationen" (Röm 2,24). Das prophetische Ziel, dem Paulus sich verpflichtet weiß, ist jedoch, dass „alle Nationen" und „alle Völker" den „Herrn" (τὸν κύριον) loben (Röm 15,11; vgl. Ps 117,1), was dadurch geschieht, dass der „Wurzel[pross] Isaïs", auf den die Nationen hoffen, „aufsteht, um über die Nationen zu herrschen" (Röm 15,12; vgl. Jes 11,10). Deshalb besteht der Dienst des Apostels nach Kol 1,15ff. darin, „das Wort Gottes euch [den ‚Heiden'] gegenüber zu erfüllen", da Gott ihnen kundtun wollte, „was der Reichtum der Herrlichkeit dieses Geheimnis Gottes unter den Nationen ist, das ist Christus in euch, die Hoffnung der Herrlichkeit" (Kol 1,25.27). Das Ziel wird erreicht, indem „jeder Mensch vollkommen in Christus" dargestellt wird (Kol 1,28; Röm 6,13ff.; 12,1), und zwar „erfüllt mit jedem Willen Gottes" (Kol 4,12). Das ist augenscheinlich ein wesentliches Anliegen im Römerbrief.

Zu diesen „Nationen", unter denen der Glaubensgehorsam aufgerichtet werden sind, sind auch die Römer (vgl. Röm 1,6a). Der Ausdruck ἐν οἷς („unter welchen"; vgl. dazu auch 2. Kor 4,4; Eph 2,3; Phil 2,15; Kol 3,7) bezieht sich an dieser Stelle auf ἐν πᾶσιν τοῖς ἔθνεσιν („unter allen Nationen") in Röm 1,5.[112] Wenn Paulus nun betont, dass auch die römischen Christen zu den „Nationen" gehören, die zum „Gehorsam des Glaubens" gekommen sind, so ist damit kaum gesagt, dass alle Mitglieder der

109 Überhaupt ist der „Name" Gottes eng mit dem Heil der Menschen verbunden. Vgl. dazu u. a. Betz, Name als Offenbarung, S. 396–406; Feldmeier/Spieckermann, Der Gott der Lebendigen, S. 31f. Weil es nur im Namen Jesu Heil gibt, werden Menschen in seinem Namen getauft (vgl. Apg 2,38; 10,48; 19,5), und diese rufen seinen Namen an (vgl. Apg 9,14.21). Wer ihn anruft, gehört zu denen, die an ihn bzw. an seinen „Namen" glauben (vgl. Joh 1,12; 2,23; 3,18; Apg 3,16; 1. Joh 3,23; 5,13) und diesen „festhalten" (vgl. Offb 2,13). So hat Hananias nach dem Bekenntnis des Paulus in Damaskus zu ihm gesagt: „Und nun, was zögerst du? Steh auf, lass dich taufen und deine Sünden abwaschen, indem du seinen Namen anrufst" (Apg 22,16).

110 Vgl. dazu auch Thiessen, Gott hat Israel nicht verstoßen, S. 74.

111 So soll z. B. nach Mt 28,19 die Taufe „auf den Namen des Vaters, des Sohnes und des Heiligen Geistes" durchgeführt werden. Es ist also nicht von dem „Namen des Vaters", dem „Namen des Sohnes" und dem „Namen des Heiligen Geistes" die Rede, wodurch offensichtlich die Einheit und Einheitlichkeit des „Namens" des trinitarischen Gottes zum Ausdruck kommt.

112 Vgl. zur Diskussion darüber u. a. Reichert, Römerbrief, S. 101ff.

Gemeinde in Rom heidnischer Herkunft waren. In einem gewissen Sinn mag damit aber bereits zum Ausdruck gebracht werden, dass Paulus sich vor allem zu den „Heiden“ gesandt wusste, wie der Ausdruck „unter allen Nationen“ in Vers 5 zeigt, von denen die Römer ein Teil sind (vgl. Röm 1,13: „… damit ich auch unter euch Frucht habe, wie auch unter den übrigen Nationen“). Aber offenbar wird dabei der Ausdruck „alle Nationen“ (vgl. dazu auch z. B. Röm 15,11; 16,26) in Röm 1,5f. nicht in einem ausschließenden Sinn gebraucht, sondern schließt die Juden mit ein, wobei der Schwerpunkt des Apostels allerdings die „Heidenmission“ ist (vgl. z. B. Röm 1,13-15; 15,8ff.), auch wenn dabei das Prinzip „den Juden zuerst“ gilt (vgl. dazu Röm 1,16). Nach diesem Prinzip ist Paulus gemäß Apg 28,18–31 auch nach seiner Ankunft in Rom vorgegangen.

3.3.2. Paulus und die Gläubigen in Rom

Paulus wird nach Rom kommen, „damit ich euch etwas geistliche Gnadengabe mitteile“ (Röm 1,11b). Das griechische Wort χάρισμα („Gnadengabe“) ist ein *Nomen rei actae*[113], abgeleitet vom Wort χάρις („Gnade, das erfreuliche Wesen, Anmut, Lieblichkeit, Wohlgefälligkeit, Zierlichkeit etc.“[114]), das eigentlich die Wirkung oder das Resultat der Gnade bezeichnet.[115] Grundsätzlich bezeichnet das Wort in der Bibel eine unverdiente Zuneigung und Beschenkung Gottes dem Menschen gegenüber, so z. B. in der Rechtfertigung (Röm 5,16) und in der Gabe des ewigen Lebens (Röm 6,23). Meistens bezieht der Ausdruck sich auf von Gott geschenkte Dienstfähigkeiten (vgl. Röm 12,3ff.), die der Geist Gottes den Gläubigen mitteilt (vgl. 1. Kor 12,1ff.). An unserer Stelle ist mit der „geistlichen Gnadengabe“ etwas anderes gemeint, nämlich die geistlichen Segnungen, die durch den Verkündigungsdienst des Apostels verbreitet werden.[116] Die „Gnadengabe“ ist dabei das, was aus der anvertrauten „Gnade“ resultiert (vgl. z. B. Röm 12,6 sowie Röm 12,3 und 15,15 mit Röm 1,11). Paulus ist die „Gnade“ des Apostelamtes anvertraut, die Nationen nicht nur zum Glauben, sondern auch zum „Gehorsam des Glaubens … zugunsten seines Namens“ zu führen (Röm 1,5).

---

113 Vgl. dazu Bornemann/Risch, Griechische Grammatik, § 303.

114 Vgl. Passow, Handwörterbuch II/2, S. 2414–2418.

115 Der Begriff χάρισμα („Gnadengabe“) ist vor dem Neuen Testament selten bezeugt (vgl. Berger, χάρισμα, Sp. 1102). Gemäß Philo, Leg 3,78 ist die Welt und alles in ihr χάρισμα Gottes (χάρισμα θεοῦ τὰ πάντα ὅσα ἐν κόσμῳ καὶ αὐτὸς ὁ κόσμος ἐστί; der Begriff erscheint bei Philo nur an dieser Stelle zweimal).

116 Kettunen entnimmt der Aussage in Röm 1,11, dass Paulus mit dem geplanten Besuch in Rom den gleichen Zweck verfolgt wie mit der Abfassung des Briefes (vgl. Kettunen, Abfassungszweck, S. 146f.). Allerdings betont Wedderburn zu Recht, dass diese Stelle nur indirekt – wenn überhaupt – etwas über den Anlass des Schreibens aussagt (Wedderburn, Reasons, S. 97).

Dabei betont Paulus den „gemeinsamen (ἐν ἀλλήλοις) Glauben, sowohl euren als auch meinen“ (Röm 1,12b; vgl. Eph 4,5; Jud 3). Der Ausdruck ἐν ἀλλήλοις wird sonst im Neuen Testament im Sinn von „untereinander“ verwendet (vgl. Mk 9,50; Joh 13,35; Röm 15,5), ist an unserer Stelle jedoch schwer „wörtlich“ wiederzugeben. Damit wird an dieser Stelle die Glaubensbeziehung derer, welche das Evangelium von Jesus Christus angenommen haben, zum Ausdruck gebracht. Diese innere Beziehung durch den Glauben wird mit ὑμῶν τε καὶ ἐμοῦ („euren und auch meinen“; zu τε καί vgl. auch z. B. Röm 1,14; 3,9) sogar noch verstärkt.[117] Der Glaube, von dem Paulus spricht, kommt nach Röm 10,14-17 aus dem Hören auf das Wort Gottes.[118] Wie Paulus in 1. Kor 1,2 den gemeinsamen Herrn betont, so betont er an unserer Stelle den gemeinsamen Glauben, wobei mit dem Glauben nicht ein subjektives Empfinden gemeint ist, sondern eine Vertrauensbeziehung zu diesem „Herrn“, die auf dem durch die Apostel überlieferten Inhalt des Evangeliums gründet (vgl. 1. Kor 15,1-4). Auch Eph 4,5 geht davon aus, dass der „eine Herr“ und der „eine Glaube“ zusammengehören. Weil die Gläubigen „einen Herrn“ haben, haben sie auch einen Glauben, den dieser „eine Herr“ durch sein Wort bewirkt. Der Judasbrief fordert seine Empfänger auf, sich auf ihren „allerheiligsten Glauben“ aufzuerbauen (Jud 20), der „ein für allemal den Heiligen überliefert ist“ (Jud 3).

Diese Betonung der Gemeinsamkeit des Glaubens und der Gegenseitigkeit des Trostes ist nicht, wie Wilckens es tut[119], auf eine Verunsicherung des Paulus „im Blick auf die Ankündigung seines Kommens“ zurückzuführen und steht auch nicht im Widerspruch zur Betonung seines apostolischen Auftrags in 1,5-6.9 und 1,14ff.[120] Vielmehr weiß der Apostel sich gerade in seinem apostolischen Dienst mit dem Gläubigen verbunden.

Der Apostel verschweigt nicht, „dass ich mir oft vorgenommen habe, zu euch zu kommen, aber ich wurde bis jetzt verhindert“ (Röm 1,13b). Warum Paulus bis jetzt verhindert wurde, die Gläubigen in Rom zu besuchen, schreibt er nicht. Offenbar wurde er wegen der großen Arbeit verhindert, nach Rom zu kommen (vgl. Röm 15,19.22f.; vgl. auch Apg 16,6; 2. Thess 2,18). Doch nun hat er den Osten „von Jeru-

---

117 Vgl. zur Formulierung auch z. B. 1. Kor 1,2: … τὸ ὄνομα τοῦ κυρίου ἡμῶν Ἰησοῦ Χριστοῦ …, αὐτῶν καὶ ἡμῶν („den Namen unseres Herrn Jesus Christus, ihrer und unserer [gemeinsamer Herr]“). Schrage spricht an dieser Stelle von einem „katholisierenden“ Gebrauch (Schrage, Korinther I, S. 104f.), während andere den Ausdruck auf τόπος beziehen (vgl. dazu z. B. Schnabel, Korinther, S. 63).

118 Das schließt natürlich mit ein, dass die Verkündigung des Evangeliums diesen Glauben „ermöglicht“, wie Wright betont (vgl. Wright, Justification, S. 184f.). Gott ruft durch die Verkündigung des Evangeliums die Menschen in die Nachfolge Jesu und damit zum Glauben an Jesus Christus. Aber die Verkündigung des Evangeliums zwingt den Menschen nicht zum Glauben. Gerade der Kontext von Röm 10,14-17 (vgl. Röm 10,18ff.) zeigt, dass das Hören allein nicht genügt bzw. noch nicht die Antwort des Menschen im Glauben garantiert (vgl. auch Mt 22,1-14). Wright scheint diesen Aspekt zu übersehen.

119 Wilckens, Römer 1, S. 80.

120 Ebd., S. 79.

salem bis nach Illyrien“ mit dem Evangelium „gefüllt“. Es geht Paulus also offensichtlich nicht nur darum, endlich auch die Christen in Rom zu besuchen, und schon gar nicht darum, in Rom Tourismus zu betreiben. Vielmehr geht es ihm um ein neues „Arbeitsfeld“ im Westen des Römischen Reiches (vgl. Röm 15,20ff.).

Das Ziel seines Besuchs in Rom ist, „damit ich gewisse Frucht habe, auch unter euch wie auch unter den übrigen Nationen/Heiden“ (Röm 1,13c).[121] Ob Paulus sich mit dieser Aussage primär auf die „Bekehrung“ weiterer Heiden in Rom oder auf die Vertiefung des Glaubens der Christen bezieht, ist sicher nicht entscheidend. Offenbar sind beide Aspekte mit eingeschlossen. Denn wie in Röm 1,5-6 betont er auch in unserem Zusammenhang, dass die römischen Christen ein Teil der Menschen aus den Nationen sind, die „zugunsten seines Namens“ (vgl. Röm 1,5) zum Glaubensgehorsam geführt werden/wurden, und nach Röm 15,15-16 hat Gott dem Paulus die Gabe verliehen, „ein Diener Christi Jesu zu sein für die Nationen, der priesterlich am Evangelium Gottes dient, damit das Opfer der Nationen [Gott] angenehm werde, geheiligt durch den Heiligen Geist“.

Der Ausdruck ἐν ὑμῖν („in/unter euch“) beschränkt sich an dieser Stelle wohl nicht – wie in Röm 1,12 – auf die Christen in Rom. Wenn Paulus betont, dass er „gewisse Frucht … auch unter euch“ haben möchte, so ist damit dem Kontext nach (vgl. Röm 1,14-17) auch seine missionarische Absicht verbunden. Bis jetzt hat er weiter nach Osten hin Gemeinden gegründet und im Glaubensleben gestärkt, aber jetzt möchte er seine Arbeit zum Westen hin ausdehnen (vgl. Röm 15,19ff.).

Wenn Paulus in Röm 1,13 von den „übrigen Nationen“ spricht, so könnte damit auf seine bisherige Tätigkeit hingewiesen werden. Da Paulus aber in Röm 1,5 seine Berufung als Apostel „zum Gehorsam des Glaubens unter allen Nationen“ betont hatte, wonach gemäß Röm 1,6f. auch die „Berufenen“ in Rom gehören, ist es durchaus wahrscheinlich, dass mit den „übrigen Nationen“ gleichzeitig auch an die beabsichtigte missionarische Arbeit im Westen gedacht ist.[122] Der Bericht des Lukas in Apg 28,17ff. deutet auf jeden Fall an, dass Paulus in Rom vor allem außerhalb der christlichen Gemeinde das Evangelium von Jesus Christus bezeugt hat, und zwar „sowohl den Juden als auch den Griechen“ (vgl. dazu auch u. a. Apg 20,21) bzw. „den Juden zuerst und auch den Griechen“ (vgl. Röm 1,16).

121 Zum Gebrauch von καρπός („Frucht“) im Römerbrief vgl. auch Röm 6,21.22; 15,28.

122 Ich denke, dass Kettunen grundsätzlich Recht hat, wenn er betont, dass die Aussage in Röm 1,5 nicht nur beinhalte, dass Paulus dafür verantwortlich sei, die Nationen zum Glauben zu führen, sondern auch dafür, sie im Glauben zu halten und zu befestigen (Kettunen, Abfassungszweck, S. 138). Wie der ganze Abschnitt Röm 1,5-15 zeigt, gehören die zwei Aspekte der Aufgabe des Paulus eng zusammen und bilden im Grunde eine Einheit. Diese Einheit wird auch durch den Inhalt des ganzen Römerbriefes bestätigt.

3.3.3. Paulus als Apostel für alle Menschen ohne Unterschied

„Sowohl Griechen als auch Barbaren, sowohl Weisen als auch Unverständigen bin ich ein Schuldner“ (Röm 1,14), betont Paulus, indem er sein Besuch in Rom begründet. Indem Paulus die gegensätzlichen Bezeichnungen mit τε καί („sowohl ... als auch“) verbindet, betont er die Gleichheit aller Menschen ohne Unterschied der Rasse und Klasse dem Evangelium gegenüber. Später betont er, dass er „vorher alle, sowohl die Juden als auch die Griechen (Ἰουδαίους τε καὶ Ἕλληνας), beschuldigt hat, unter [der] Sünde zu sein“ (Röm 3,9). Auffallend ist, dass der Apostel weiter im Römerbrief nur die „Juden“ und die „Griechen“ erwähnt (so in Röm 1,16; 2,9.10; 3,9; 10,12; vgl. auch z. B. 1. Kor 1,22.24; 10,32; 12,13; Gal 3,28; Kol 3,11) und diese gegenüberstellt, indem er betont, dass beide Seiten sowohl in Bezug auf die Sünde als auch in Bezug auf die Errettung vor Gott gleichgestellt sind. Bei dieser Gegenüberstellung spielt wohl die sehr unterschiedliche Vorstellung von Erlösung, wie sie in 1. Kor 1,22 in gewisser Hinsicht zum Ausdruck kommt, eine Rolle.[123] Im Römerbrief geht es dabei jedoch offenbar vor allem um die Gegenüberstellung von der „Beschneidung“ und der „Vorhaut“ bzw. „Unbeschnittenheit“ (vgl. z. B. Röm 4,10ff.; vgl. auch Kol 3,11: „... nicht mehr Grieche noch Jude, Beschneidung noch Vorhaut ...“). Andererseits geht es in Röm 1,14 nicht um eine solche Gegenüberstellung, sondern um die verschiedenen Menschengruppen innerhalb der „Nationen“.[124]

Mit dem Begriff βάρβαρος („Barbar“; vgl. dazu auch Apg 28,2.4; 1. Kor 14,11; Kol 3,11) sind Menschen gemeint, die weder von Griechen noch von Römern abstammten[125], die nicht Griechisch sprachen (man kann sie nicht verstehen; vgl. 1. Kor 14,11) und die von der Herrschaft ausgeschlossen waren.[126] Sie werden an unserer

123 Wengst bemerkt dazu lediglich: „Die Griechen stehen hier [d.h. in Röm 1,16] *pars pro tot* für alle Nichtjuden“ (Wengst, Freut euch, S. 151). Das ist grundsätzlich sicher richtig. Trotzdem ist es beim sprachbegabten Paulus sicher kaum ein Zufall, dass an diesen Stellen im Römerbrief nicht von den „Heiden“, sondern von den „Griechen“ die Rede ist.

124 Vgl. auch Wilckens, Römer 1, S. 81: „Paulus benutzt hier noch nicht (wie dann von 1, 16 an durchweg) die Kategorie der heilsgeschichtlichen Differenzierung von Juden und Heiden, sondern die in der griechisch-römischen Elite gängigen Kategorien einer kulturellen Klassifizierung nach dem Bildungsstand, nach denen Völker und Einzelmenschen in Hochwertige und Minderwertige ... eingeteilt und damit auf die gesellschaftliche Rolle festgelegt wurden.“

125 Der Begriff erscheint bei Josephus insgesamt 45-mal, wobei an 14 Stellen im Zusammenhang damit auch „Griechen“ erwähnt werden (so in Ant. 1,107; 4,12; 8,284; 11,299; 15,136; 16,176; 18,20; Bell. 5,17; 6,199; Ap. 1,58.116.161.201; 2,282). Philo verwendet den Begriff βάρβαρος insgesamt 41-mal, welche an 19 Stellen neben den „Griechen“ erwähnt werden.

126 Vgl. Pape, Handwörterbuch I, S. 432. Das Wort βάρβαρος wurde bereits bei Aristophanes als Synonym mit ἀμαθής („ungelernt“) gebraucht (vgl. Nub. 490: ἄνθρωπος ἀμαθὴς καί βάρβαρος). Nach Plato ist die ganze Erde zwischen zwei „Hälften“ aufgeteilt, und zwar die kleine „Hälfte“ der Griechen und die größere „Hälfte“ der Barbaren (Plato, Pol. 262). Josephus geht davon aus, dass sein Werk vor allem in die Hände der „Griechen“ gelangen wird (Ant 16,174), wobei es ihm u. a. ein Anliegen ist, „die bei Unverständigen (τοῖς ἀλογίστοις) noch herrschende Abneigung“ den jüdischen Gebräuchen gegenüber zu beseitigen (Ant 16,175). Er betont dabei,

Stelle den (gebildeten) „Griechen“ gegenübergestellt. Weiter werden die „Weisen“ (σοφοί) und die „Unverständigen“ (ἀνόητοι) gegenübergestellt. Dabei bezieht sich die Bezeichnung als „Weise“ offensichtlich besonders auf die „Griechen“ (vgl. 1. Kor 1,22: „... Griechen suchen Weisheit“)[127] und die Bezeichnung als „Unverständige“ besonders auf die „Barbaren“. Es werden also nicht weitere Volksgruppen angesprochen, sondern es wird lediglich eine weitere Klassifizierung gemacht. Dabei wird mit dem Begriff „Weise“ die weltliche Bildung angesprochen (vgl. auch z. B. 1. Kor 1,19.20.25-27), derweil mit dem Begriff „Unverständige“ (vgl. dazu auch Lk 24,25; Gal 3,1.3; 1. Tim 6,9; Tit 3,3) Menschen gemeint sind, welche diese Bildung nicht haben. Mit dieser Einschätzung als „ungebildet“ ist jedoch keine Geringschätzung verbunden (vgl. auch z. B. 1. Kor 1,27), aber auch die Bezeichnung als „Weise“ scheint an dieser Stelle (noch) nicht die negative Konnotation zu haben, wie z. B. in 1. Kor 1,19ff. Allerdings weist Paulus etwas später darauf hin, dass diejenigen, die behaupten, weise zu sein, „dumm geworden sind“ (Röm 1,22), während die Schlussdoxologie des Römerbriefs betont, dass Gott allein weise ist (Röm 16,27).

Paulus weiß sich „verpflichtet“ bzw. als „Schuldner“ (zum Begriff ὀφειλέτης vgl. auch u. a. Röm 8,12; 15,27; Gal 5,3), allen diesen Menschen ohne Unterschied von Bildung und Rasse die Frohe Botschaft von der einzigen Erlösung in Jesus Christus zu verkünden.[128] In 1. Kor 9,16 betont der Apostel: „Denn wenn ich das Evangelium verkündige, so habe ich keinen Ruhm, denn ein Zwang liegt auf mir; denn wehe mir, wenn ich das Evangelium nicht verkündigte!“ Es ist also nicht nur Gnade, dass er zum Heidenapostel berufen wurde, sondern auch seine göttliche Pflicht, allen Menschen ohne Unterschied die Frohe Botschaft vom Heil in Jesus Christus zu verkünden.

In Röm 1,15 bemerkt Paulus: „Dementsprechend/darum (οὕτως), soviel/was an mir [liegt], [bin ich] willens, auch euch, die [ihr] in Rom [seid], das Evangelium zu verkündigen.“ Das Adverb οὕτως („so, auf dieser Weise“) leitet an dieser Stelle offensichtlich eine Folgerung ein (vgl. auch Röm 6,11).[129] Weil Paulus ein „Schuldner“ allen Klassen und Sorten von Menschen gegenüber ist, will er auch in die Reichshauptstadt reisen (und von dort weiter in den Westen). Dabei ist bei dem Ausdruck καὶ ὑμῖν τοῖς ἐν Ῥώμῃ („auch euch, denen in Rom“) dem Kontext nach wohl nicht nur und nicht in erster Linie an die Christen in Rom zu denken, denen Paulus das Evangelium verkünden möchte.[130] Offensichtlich ist gemeint, dass der Apostel auch

---

dass die Gebräuche eines Volkes zwar von Stadt zu Stadt verschieden seien, aber das Recht/Gerechte „allen Menschen, sowohl den Griechen als auch den Barbaren (Ἕλλησίν τε καὶ βαρβάροις)“, als sehr nützliche Einrichtung gemeinsam sei (Ant. 16,176).

127 Vgl. auch z. B. Philo, Leg. 2,15; Josephus, Ap. 2,168.

128 Vgl. dazu auch Wilckens, Römer 1, S. 81.

129 Vgl. auch Bauer/Aland, Wörterbuch, Sp. 1209.

130 Gemäß Kettunen bezieht Paulus sich auf die Zeit, als es in Rom noch keine Gemeinde gab. Paulus habe dort also zuerst das Evangelium verkündigen und eine Gemeinde gründen wollen (vgl. Kettunen, Abfassungszweck, S. 118 und 125ff.). Das ist aus meiner Sicht reine Vermutung und lässt sich mit dem Text nicht begründen.

„unter euch“ (d.h. „in eurer Mitte“) in Rom allen Menschen, welche das Evangelium noch nicht gehört haben, dieses verkündigen möchte (vgl. auch Röm 1,13). Dieser Aspekt wird dadurch unterstützt, dass der Apostel sowohl die Themenformulierung anschließend in Röm 1,16f. als auch die daran anschließenden Ausführungen über das Offenbarwerden des Zornes Gottes über alle Gottlosigkeit (Röm 1,18ff.) durch ein begründenes γάρ („denn“) mit den vorangehenden Aussagen verbindet. Allerdings zeigt der Abschnitt in Röm 1,8-17, dass die zwei Aspekte – zum Glauben führen und im Glauben stärken – eine Einheit bilden und eng zusammengehören. Diese Tatsache wird später in Röm 15,14-16 bestätigt, wenn der Apostel schreibt:

> „Ich bin aber, meine Geschwister, auch selbst im Blick auf euch überzeugt, dass auch ihr selbst voll Güte seid, erfüllt mit aller Erkenntnis, fähig, auch einander zu ermahnen. Ich habe aber zum Teil euch etwas kühn geschrieben, indem ich euch erinnerte wegen der mir von Gott gegebenen Gnade, ein Diener (leitourgo/n) Christi Jesu zu sein für die Nationen, der priesterlich am Evangelium Gottes dient, damit das Opfer der Nationen angenehm werde, geheiligt durch den Heiligen Geist.“

Der Ausdruck τὸ κατ᾽ ἐμέ („soviel/was an mir [liegt]“[131]) zeigt, dass Paulus bereit ist, nicht seinen Willen durchzusetzen, sondern im Einklang mit dem Willen Gottes zu wirken (vgl. Apg 21,14b). Die Römer sind ein Teil von „allen Nationen“, zu denen der Apostel gesandt worden ist (vgl. Röm 1,5f.13). Interessant ist, dass das Adverb προθύμως („bereitwillig“), das mit dem Adjektiv πρόθυμος („geneigt, bereitwillig“[132]) verwandt ist, in 1. Petr 5,2 zu dem Adverb ἑκουσίως („freiwillig“) gebraucht wird, womit das Gegenteil vom „Zwang“ zum Ausdruck gebracht wird (vgl. 1. Kor 9,16f.; Phlm 14). Während Paulus sich im Einklang mit 1. Kor 9,16f. (1. Kor 9,16: „ein Zwang liegt auf mir“) „verpflichtet“ weiß, das Evangelium allen Menschen zu verkünden (vgl. auch 1. Kor 9,19ff.), betont er in Röm 1,14 gleichzeitig, dass dieses „freiwillig“ geschieht, während er das in 1. Kor 9,16f. offen lässt.

3.4. Das von Paulus verkündigte Evangelium im Kontext des Römerbriefs

Es wurde oben erörtert, dass es sich im Römerbrief in einem gewissen Sinn um eine Darlegung des „ganzes Ratschlusses Gottes“ handelt und dass dieser „Ratschluss Gottes“ mit dem „Evangelium vom Reich/von der Königsherrschaft Gottes“ zusammenhängt. Nun soll auf den Gebrauch des Begriffs εὐαγγέλιον („Evangelium“) im Römerbrief eingegangen werden. Dieser Begriff erscheint im Römerbrief insgesamt

131 Dreimal erscheint in den Paulusbriefen die Pluralwendung τὰ κατ᾽ ἐμέ (Eph 6,21; Phil 1,12; Kol 4,7).

132 Das Adjektiv πρόθυμος („geneigt, bereitwillig“) erscheint sonst im Neuen Testament nur in Mt 26,41 und Mk 14,38. Vgl. aber auch den Gebrauch von προθυμία („Bereitschaft“) in Apg 17,11; 2. Kor 8,11.12.19; 9,2.

neunmal (Röm 1,1.9.16; 2,16; 10,16; 11,28; 15,16.19; 16,25). Nach Röm 1,9 handelt es sich um „das Evangelium seines Sohnes". Und wie Röm 1,3f. zeigt, liegt die Betonung bei der Bezeichnung Jesu Christi als „Sohn (Gottes)" darauf, dass er als „Same Davids" die (königlichen) Verheißungen erfüllt.[133] Das von Paulus dargelegte „Evangelium" im Römerbrief, das zentral zur Thematik der „Gerechtigkeit Gottes" gehört (vgl. Röm 1,16f.), ist also das Evangelium von der Verwirklichung der „Königsherrschaft Gottes" in Jesus Christus.

Das Nomen εὐαγγέλιον („Evangelium") bezeichnet zwar den Inhalt der „guten Botschaft" vom Erlösungswerk Jesu Christi, schließt jedoch z. B. in Röm 1,1 (ἀφωρισμένος εἰς εὐαγγέλιον θεοῦ = „ausgesondert für [das]/zu [der Verkündigung des] Evangelium[s] Gottes") die Verkündigung des Inhalts mit ein. Das Heil Gottes in Jesus Christus ist der Inhalt des Evangeliums, das Paulus unter den Nationen verkündet. Anderswo spricht der Apostel von „meinem Evangelium" (vgl. Röm 2,16; 16,25; 2. Tim 2,8) bzw. von „unserem Evangelium" (vgl. 2. Kor 4,3; 1. Thess 1,5; 2. Thess 2,14) und meint damit das Evangelium von Jesus Christus, das er verkündigt (vgl. auch z. B. 1. Kor 15,1: „das Evangelium, das ich euch als Frohe Botschaft verkündigt habe"; Gal 1,1: „das Evangelium, das von mir als Frohe Botschaft verkündigt wurde"; Gal 2,2: „das Evangelium, das ich unter den Nationen verkündige").

Das mit dem Begriff εὐαγγέλιον („Evangelium")[134] verwandte Verb εὐαγγελίζομαι („eine gute Botschaft bringen, eine freudige Nachricht, Gutes verkündigen"[135]) bezeichnete den ehrenvollen Auftrag, eine Siegesbotschaft in die Heimat zu bringen.[136] Der Begriff „Evangelium" bezeichnete einerseits den Lohn oder das Geschenk für die gute Botschaft[137], dann aber die gute Botschaft bzw. die Freudenbotschaft selbst[138]. Im Alten Testament erscheint das hebräische Wort בְּשֹׂרָה (auch בְּשׂוֹרָה) sechsmal (2. Sam 4,10; 18,20.22. 25.27; 2. Kön 7,9) im Sinn von „Freudenbotschaft" oder „Lohn eines Freudenboten"; 24-mal wird das Verb בָּשַׂר gebraucht (23-mal im Piel), und zwar im Sinn von „eine Freudenbotschaft bringen"[139]. Es handelt sich dabei u. a. um die Botschaft vom Heil durch den kommenden Erlöser (vgl. z. B. Jes 40,9; 41,27; 52,7; 60,6; 61,1).[140] Die alttestamentliche Verkündigung der kommenden Heilszeit ist der Hintergrund der Evangeliumsverkündigung im Neuen Testament.[141]

---

133 Vgl. dazu oben die Ausführungen unter Punkt 3,7.

134 Vgl. dazu auch u. a. Wolter, Paulus, S. 52ff.; Stuhlmacher, Das paulinische Evangelium I, S. 56–63; Merklein, Studien, S. 1ff. und 279ff.

135 Bauer/Aland, Wörterbuch, Sp. 643.

136 Vgl. z. B. Plutarch, Mor. 266b; Theophrast, Char. 17,7.

137 Vgl. z. B. Homer, Od. 14,152.166; Plutarch, Ages. 33,5 (vgl. Pape, Handwörterbuch I, S. 1054).

138 Vgl. Bauer/Aland, Wörterbuch, Sp. 643.

139 Anders in 1. Sam 4,17, wo das Partizip den Boten bezeichnet, der dieses Mal schlechte Nachricht brachte.

140 Die LXX gebraucht nur einmal den Begriff εὐαγγέλιον, und zwar in der Pluralform (2. Sam 4,10); 23-mal kommt dagegen das Verb εὐαγγελίζω vor.

141 Vgl. dazu z. B. Stuhlmacher, Zum Thema, S. 20f.; Betz, Jesu Evangelium, S. 55–77.

Nach der Überzeugung des Paulus bringt Jesus Christus die Erfüllung dieser Verheißungen (vgl. Röm 1,1f.; 3,21). Deshalb beinhaltet das ihm verkündigte „Evangelium“ vor allem auch die „Rede/Verkündigung vom Kreuz“ (ὁ λόγος γὰρ ὁ τοῦ σταυροῦ), das zwar „denen, die verlorengehen, Torheit, uns aber, die wir errettet werden, Gottes Kraft“ ist (1. Kor 1,18), aber auch das „Wort von der Versöhnung“ (τὸν λόγον τῆς καταλλαγῆς; 2. Kor 5,19), welches mit dem „Evangelium von der Herrlichkeit des Christus“ (vgl. 2. Kor 4,3-4) identisch ist[142], das in den Herzen der Gläubigen „aufgeleuchtet ist zur Erkenntnis der Herrlichkeit Gottes im Angesicht Jesu Christi“ (2. Kor 4,6).

Paulus ist nach Röm 1,1 „ausgesondert für [das] Evangelium Gottes“ (ἀφωρισμένος[143] εἰς εὐαγγέλιον θεοῦ), d.h. er ist von Jesus Christus dazu auserwählt, ein Werkzeug zur Verkündigung der Frohen Botschaft zu sein, dessen Urheber Gott ist (vgl. dazu auch Gal 1,12-16). Das schließt mit ein, dass Paulus als „Knecht Jesu Christi“ und „berufener Apostel“ selbst diesem Evangelium, dem er in seinem Geist dient (Röm 1,9) und dessen er sich nicht schämt (Röm 1,16), völlig verpflichtet ist (vgl. auch 1. Kor 9,12-23).

Der Begriff εὐαγγέλιον („Evangelium“) erscheint im Neuen Testament insgesamt 76-mal. Achtmal wird der Ausdruck „(das) Evangelium Gottes“ (τὸ εὐαγγέλιον τοῦ θεοῦ bzw. τὸ τοῦ θεοῦ εὐαγγέλιον oder εὐαγγέλιον θεοῦ) gebraucht (Mk 1,14; 15,16; 2. Kor 15,16; 1. Thess 2,2.8.9; 1. Petr 4,17), aber nur in Röm 1,1 erscheint der Ausdruck ohne Artikel. Achtmal spricht Paulus von dem „Evangelium des Christus“ (Röm 15,19; 1. Kor 9,12; 2. Kor 2,12; 9,13; 10,14; Gal 1,1; Phil 1,27; 1. Thess 3,2), wie er dreimal von „meinem Evangelium“ (Röm 2,16; 16,25; 2. Tim 2,8) und dreimal von „unserem Evangelium“ (2. Kor 4,3; 1. Thess 1,5; 2,14) spricht.

Der Form nach handelt es sich beim Begriff εὐαγγέλιον um ein *Nomen rei actae* (im Sinn von „die verkündigte Frohe Botschaft“) doch wird der Begriff in den Paulusbriefen zum Teil im Sinn eines *Nomen actionis* mit der Bedeutung „Evangeliumsverkündigung“ verstanden. Stegemann stellt die Bedeutung allerdings in Frage.[144] In Bezug auf Röm 1,1 bemerkt er:

> „Wenn εὐαγγέλιον nämlich die Tätigkeit der Verkündigung meinen sollte, müsste man, wie bei *nomina actionis* üblich, den folgenden Genitiv θεοῦ als Angabe des Objekts der Tätigkeit, hier also der Verkündigung der frohen Botschaft *über* Gott, auffassen. Dann müsste auch der folgende Relativsatz so verstanden werden, dass das Ausgesondertsein des *Paulus* zur Evangeliumsverkündigung über Gott von Gott in der Schrift vorher angekündigt wurde.“[145]

142 Vgl. dazu Hofius, Erwägungen, S. 6f.; ders., Gott hat unter uns aufgerichtet, S. 26f.

143 Das Kompositum ἀφωρίζω erscheint bei Paulus sonst noch in 2. Kor 6,17; Gal 1,15; 2,12 (vgl. auch Mt 13,49; 25,32; Lk 6,22; Apg 13,2; 19,9), während das einfache Verb ὁρίζω („be-/abgrenzen, festsetzen, für sich bestimmen“) in den Paulusbriefen nur in Röm 1,4 erscheint.

144 Stegemann, εὐαγγέλιον, S. 1–24.

145 Ebd., S. 17.

Der Genitiv θεοῦ („Gottes") kann an dieser Stelle jedoch – wie auch sonst bei ähnlichen Wendungen – nur als *Genitivus auctoris* verstanden werden.[146] Es geht also um die Heilsbotschaft („gute Mitteilung"), die von Gott stammt bzw. dessen Urheber Gott ist. Doch wenn Paulus den Begriff „Evangelium" gebraucht, so schließt er damit offenbar an einigen Stellen gleichzeitig zumindest die Verkündigung dieser Heilsbotschaft mit ein.[147]

Die Botschaft des Apostels ist also keine menschliche, sondern eine göttliche Botschaft (vgl. 1. Thess 2,13). Gott hat Paulus „von meiner Mutter Leib an ausgesondert und durch seine Gnade berufen, dass er seinen Sohn in mir offenbarte, damit ich ihn durch das Evangelium unter den Heiden verkündigen sollte" (Gal 2,15-16). Paulus verkündigt den Sieg Jesu Christi über die Sünde und die vergebende „Gerechtigkeit Gottes" auf Grund des Todes „seines Sohnes" (vgl. Röm 5,10; 8,29.32).

Der Begriff „Evangelium" erscheint weiter in Röm 1,9, wonach Paulus Gott „in dem Evangelium von seinem Sohn" (ἐν τῷ εὐαγγελίῳ τοῦ υἱοῦ αὐτοῦ) dient. Der Genitiv τοῦ υἱοῦ („des Sohnes") ist an dieser Stelle als *Genitivus obiectivus* im Sinn von „vom/über den Sohn" zu verstehen (vgl. auch den Ausdruck „das Evangelium des Christus", der in den Paulusbriefen achtmal erscheint; in Röm 15,19; 1. Kor 9,12; 2. Kor 2,12; 9,13; 10,14; Gal 1,7; Phil 1,27; 1. Thess 3,2[148]). Vom „Evangelium des Sohnes Gottes" ist im Neuen Testament nur noch in Mk 1,1[149] die Rede – zumindest dann, wenn der Genitiv „[des] Sohnes Gottes" (υἱοῦ θεοῦ) an dieser Stelle ursprünglich ist, was wahrscheinlich ist[150] –. Mit dem Satz wird in Röm 1,9 im Kontext von Röm 1,3f. die Frohe Botschaft von der befreienden Herrschaft Gottes durch seinen Sohn Jesus Christus zum Ausdruck gebracht. Die befreiende Botschaft vom Erlö-

146 Vgl. ebd.: „genitivus subjectivus oder auctoris". Vgl. auch Hofius, Wort Gottes, S. 151.

147 Hofius betont, dass dieses „Evangelium" nicht mit der „apostolischen Predigt" bzw. mit der „apostolischen Verkündigung" identisch sei (Hofius, Erwägungen, S. 7; ders., Gott hat unter uns aufgerichtet, S. 27; ders., Wort Gottes, S. 150ff.). „Das Evangelium ist für Paulus mit der apostolischen Predigt nicht identisch, sondern ist ihr als *Gottes eigenes Wort* prinzipiell vorgegeben" (Hofius, Erwägungen, S. 7). Die Unterscheidung ist sicher angebracht, doch die Betonung des Paulus, dass er „zum Evangelium Gottes ausgesondert" worden sei (Röm 1,1), zeigt, dass er „Vorgabe" und Auftrag nicht voneinander trennt. So bemerkt Hofius auch in Bezug auf Ps 78 (Ps 77 LXX) treffend, dass mit „dem Ereignis der Gesetzesproklamation durch Gott … die Beauftragung des Mose mit der Gesetzesverkündigung unlöslich verbunden" ist (Hofius, Gott hat unter uns aufgerichtet, S. 27–28).

148 Vgl, auch 2. Thess 1,8: … τοῖς μὴ εἰδόσιν θεὸν καὶ τοῖς μὴ ὑπακούουσιν τῷ εὐαγγελίῳ τοῦ κυρίου ἡμῶν Ἰησοῦ („… denen, die Gott nicht kennen, und denen, die dem Evangelium unseres Herrn Jesus nicht gehorchen"). In 2. Kor 2,12 und 9,13 erscheint der Ausdruck εἰς τὸ εὐαγγέλιον τοῦ Χριστοῦ im Sinn von „zur Verkündigung des Evangeliums vom Christus".

149 „Anfang des Evangeliums Jesu Christi, [des] Sohnes Gottes."

150 So mit den Textzeugen $\aleph^{1}$ B D L W 2427 *pc* latt sy co; Ir^{lat}. Andere Textzeugen lassen den Genitiv weg (so ℵ* Θ 28. ℓ 2211 *pc* sa^{ms}; Or) oder „ersetzen" ihn mit dem Genitiv τοῦ θεοῦ (so A $f^{1.13}$ 33 𝔐) – abgesehen von „unbedeutendenen" weiteren Varianten.

sungswerk Jesu Christi, welche „Kraft Gottes“ ist (vgl. Röm 1,16), befähigt die Menschen, sich durch Jesus Christus dem heilsamen Willen Gottes zu unterordnen.

3.5. Fazit

Es ist sicher richtig, bei der Frage nach dem Abfassungszweck des Römerbriefs die konkrete Situation des Apostels Paulus am Ende der dritten Missionsreise und seine Zukunftspläne nach Rom und darüber hinaus in den Westen zu beachten.[151] Doch allein mit der Absicht, Unterstützung für die „Spanienmission“ zu erhalten, kann der Inhalt des Briefs als Ganzes m. E. nicht erklärt werden. Dabei würde sich auch die Frage stellen, warum diese Pläne erst im vorletzten Kapitel vorgestellt werden. Dass Paulus die Verkündigung des Evangeliums von Jesus Christus wichtig war und dass diese Mission auch den Inhalt des Briefs entscheidend mitgeprägt hat, legt m. E. bereits der längere Briefeingang nahe (vgl. Röm 1,5–15 mit 1,16-17).

Wenn Paulus sich einleitend als „Knecht [des] Messias Jesus“ (δοῦλος Χριστοῦ Ἰησοῦ) bezeichnet (Röm 1,1), bringt er damit zum Ausdruck, dass sein ganzes Leben und seine ganze Arbeit unter der Autorität des Messias Jesus[152] stehen. Dabei wird der „Messias Jesus“ augenscheinlich mit dem „Knecht Jahwes“ (עֶבֶד־יְהוָה) aus dem Jesajabuch identifiziert (vgl. z. B. Jes 45,23 und Jes 49,6-7 mit Phil 2,9-11 sowie Röm 14,11 im Kontext). Der „Knecht Jahwes“, der im Jesajabuch auch mit dem Volk Israel identifiziert wird (vgl. Jes 42,19; 49,6; 52,13; 53,11), wird Gottes Heil und Recht „bis

151 Schmithals bemerkt sicher mit Recht, dass die neutestamentlichen Briefe „stets auf die besondere Situation der einzelnen Adressaten bezogene Schreiben“ sind (Schmithals, Methodische Erwägungen, S. 109–110). Das gilt grundsätzlich auch für den Römerbrief. Allerdings bedeutet das nicht, dass diese Situation allein den ganzen Inhalt erklärt.

152 An dieser Stelle wird mit dem Ausdruck Χριστός Ἰησοῦς offensichtlich betont, dass Jesus der im Alten Testament verheißene und von Gott „gesalbte“ Erlöser ist (vgl. auch z. B. Röm 3,24; 6,3.11.23; 8,1.2). Interessant ist in diesem Zusammenhang, dass Paulus vom „Evangelium des Christus“ (τὸ εὐαγγέλιον τοῦ Χριστοῦ; Röm 15,19; vgl. dazu auch 1. Kor 9,12; 2. Kor 2,12; 9,13; 10,14; Gal 1,7; Phil 1,27; 1. Thess 3,2) wie vom „Evangelium seines Sohnes“ (ἐν τῷ εὐ-'αγγελίῳ τοῦ υἱοῦ αὐτοῦ; Röm 1,9) spricht. Auch der Gebrauch der Wendung Ἰησοῦς Χριστός setzt augenscheinlich das Bewusstsein der „Messianität“ Jesu in diesem Sinn voraus (vgl. zur Diskussion Novenson, Can the Messiahship?, S. 396–412; zu den Messiaserwartungen vgl. u. a. Stettler, Christologie, S. 213–216). Vor allem die Bezeichnung (ὁ) Χριστός ohne die Verbindung zum Namen „Jesus“ zeigt, dass der Begriff von Paulus bewusst als „messianischer Titel“ verwendet wurde (vgl. dazu u. a. Röm 7,4; 8,35; 9,3.5). Das wird auch dadurch bestätigt, dass bei Paulus immer dann, wenn in Bezug auf das Sterben Jesu die Aoristform ἀπέθανεν („er ist gestorben“) steht, Χριστός (ohne Artikel) Subjekt ist (so in Röm 5,6.8; 6,9-10; 14,9.15; 1. Kor 8,11; 15,3; Gal 2,21; vgl. auch 2. Kor 5,14-15, wo εἷς Subjekt ist, welches sich auf τοῦ Χριστοῦ bezieht) – mit einer Ausnahme, wo es nicht primär um den Opfertod des Messias, sondern auf die Auferstehung Jesu geht, nämlich 1. Thess 4,14, wonach „Jesus gestorben und auferstanden ist“.

an die Enden der Erde“ hinaustragen (vgl. z. B. Jes 42,6; 49,6). Israel ist offensichtlich Teil des „Programms“ des „Knechtes Jahwes“, indem Israel Gottes Zeuge für die Welt sein soll (vgl. Jes 41,8.9; 42,1; 43,10; 44,1.2.21; 49,3). So ist es durchaus wahrscheinlich, dass Paulus die Formulierung „Knecht Gottes“ in Bezug auf seinen Dienst wählt, um zum Ausdruck zu bringen, dass er diesen Dienst im Auftrag dieses „Knechtes Jahwes“, Jesus Christus, sieht. Die erwähnten prophetischen Verheißungen (vgl. dazu Röm 1,2) spielen für den Inhalt des Römerbriefs auf jeden Fall eine zentrale Rolle. Nach der Überzeugung des Paulus erfüllt Jesus die Heilsverheißungen Gottes, und nun gilt es, seinen Namen unter allen Nationen zu verkünden (vgl. Röm 1,5; 15,9.16-18; vgl. auch Röm 9,17), damit diese ihn anrufen und so Gottes Heil erleben (vgl. Röm 10,13). Andererseits betont der Apostel, dass der „Jude“ (vgl. Röm 2,17) Gott verunehrt und dass Gottes Name „wegen euch unter den Nationen“ gelästert wird (Röm 2,23-24).

Geht man davon aus, dass die Miletrede des Paulus an die Ältesten von Ephesus in Apg 20,18ff. historisch ist, so ergeben sich daraus interessante Aspekte für das Verständnis des Abfassungszwecks und der Thematik des Römerbriefs. Es spricht m. E. sehr viel dafür, dass dieser Verkündigungsinhalt den Inhalt des Briefs entscheidend mitgeprägt hat.[153] Den Römerbrief kann man somit auch als eine kompakte Darlegung des „ganzen Ratschlusses Gottes“ verstehen, wie Paulus ihn auch sonst verkündigt hat.

Interessant ist in diesem Zusammenhang zudem, dass Paulus sich gemäß dem Bericht der Apostelgeschichte nach seiner Ankunft in Rom (als Gefangener) zuerst mit den führenden Juden in Verbindung setzte (vgl. Apg 28,17). Sein Anliegen war demnach, ihnen die „Hoffnung Israels“ (vgl. Apg 28,20) und die damit verbundene (verheißene) „Königsherrschaft Gottes“ zu verkünden (vgl. Apg 28,23; vgl. auch Apg 28,31). Nachdem aber nur „einige überzeugt wurden“ (Apg 28,24), sah der Apostel sich nach dem lukanischen Bericht genötigt, das „Heil Gottes“ den „Heiden“ zu verkündigen (vgl. Apg 28,28). Erst als viele Juden sich nicht überzeugen ließen (vgl. Apg 28,24f.), begründete der Apostel mit Jes 6,9f., dass von nun an „dieses Heil Gottes“ den „Heiden“ gesandt sei, welche es hören würden (Apg 28,26-28). Diese Berufung auf Jesaja erinnert an den Römerbrief (vgl. z. B. Röm 9,27.29; 10,16.20; 15,12). Da Paulus im Römerbrief zumindest indirekt auch die Juden allgemein anspricht (vgl. z. B. Röm 2,1.17), ist es möglich, dass er bei der Abfassung des Briefs u. a. solche missionarische Situationen vor Augen hatte, wobei wohl nicht entscheidend ist, ob er dabei an Juden in Rom oder – auf Grund von Jes 66,18-21 – (auch) an Juden in Spanien[154] dachte.

---

153 Dafür spricht schon allein die Betonung, dass er „sowohl Juden als auch Griechen … die Umkehr/Buße zu Gott und den Glauben an Jesus Christus“ bezeugt hat (Apg 20,21; vgl. Röm 1,16; 2,9f.; 3,9; 10,12).

154 Vgl. dazu u. a. Riesner, Romans 15, S. 103f.; ders., Frühzeit, S. 216ff.

4. Die Rechtfertigung im Römerbrief angesichts jüdischer Auffassungen und der Neuen Paulusperspektive

4.1. Kritik am jüdischen Selbstruhm

4.1.1. Vorbemerkungen zu Röm 1,18-32 und 2,1-29

In Röm 2,17ff. spricht Paulus ausdrücklich „den Juden" an. Es ist umstritten, ob er im ganzen Kapitel vor allem Juden anspricht. Bruce sieht in Röm 2,1-16 insbesondere den allgemeinen „Sittenlehrer" angesprochen.[1] Offensichtlich ist, dass Paulus im ganzen Kapitel Menschen anspricht, die mit dem, was er in Röm 1,18-32 ausgeführt hat[2], grundsätzlich einverstanden sind[3] und sich auf ihre „gute Moral" verlassen[4], aber im Herzen genauso unbußfertig sind wie die anderen (vgl. Röm 2,5)[5], ja im Grunde genommen sogar das Gleiche tun (vgl. Röm 2,1). Paulus stellt diejenigen, die das alttes-

---

1 Bruce, Römer, S. 89ff.

2 Die längere Einleitung des Römerbrief (1,1-17) führt gezielt zum Hauptabschnitt des Briefs (Röm 1,18ff.), wobei Paulus mit der Begründungs- oder Erläuterungspartikel γάρ („denn, nämlich") in 1,18 direkt an 1,17 ansetzt und nun zur Begründung kommt, warum der Mensch nur auf Grund der Gerechtigkeit Gottes durch den Glauben an Jesus Christus Gottes Heil und ewiges Leben haben kann. Richtig betont Michel: „So dient auch die ganze negative Gedankenführung von 1,18–3,20 als Unterbau für die positive Darlegung des eigentlichen Themas, der Gerechtigkeit Gottes (1,17; 3,21-31). Ohne den Aufweis des Zornes Gottes ist die Darstellung des Evangeliums nicht möglich" (Michel, Römer, S. 97).

3 Vgl. auch Nygren, Römer, S. 87; Wright, Paul and the Faithfulness, S. 768–771.

4 Eine Beschreibung der Sündhaftigkeit Israels finden wir z. B. in PsSal 8–9. Dabei geht es offenbar um das Verhalten der Anführer in Jerusalem bei der Einnahme der Stadt durch Pompejus (vgl. PsSal 8,15ff.). „Sie taten gemäß ihrer Unreinheit wie ihre Väter, befleckten Jerusalem und die Dinge, die dem Namen Gottes heilig waren" (8,22). Aus Mitleid und Güte soll Gott die „Zertreuung Israels" (τὴν διασπορὰν Ισραηλ) wieder zusammenbringen, „denn deine Treue ist mit uns" (8,28). Doch liegen „unsere Werke in der Wahl und der Vollmacht unserer Seele, zu tun die Gerechtigkeit und Unrecht mit den Werken unserer Hände" (9,4). Derjenige, der „Gerechtigkeit tut, erwirbt sich Leben beim Herrn, wer aber Unrecht tut, verwirkt sein Leben in Verderben" (9,5). Gott segnet die Gerechten und rügt nicht diejenigen, die gesündigt haben, wenn sie in Reue bekennen (9,6-7). Weil Gott „den Samen Abrahams vor allen Völkern" erwählt hat und „deinen Namen auf uns gelegt", wird er „uns nicht ewig verstoßen" (9,8). Auch wenn die Erlösung Israels (von den Feinden) an dieser Stelle auf Gottes Güte zurückgeführt wird (vgl. auch Campbell, Deliverance, S. 665f.), so wird doch ganz zentral auch die menschliche „Voraussetzung" dafür betont. Zudem geht es lediglich um die Erlösung Israels, und zwar aus der Hand der „Heiden" (vgl. dazu auch z. B. PsSal 17–18).

5 Vgl. dazu auch Wright, Paul and the Faithfulness, S. 769f. Richtig betont Wright auch: „What Paul says in 1.18–2.16 is picked up in 5.12-21 (focused here an 5.20, where the law merely intensifies the plight of the Adamic humanity to whom it is given (i.e. Israel))" (ebd., S. 769; vgl. auch Röm 3,1-20).

tamentliche Gesetz nicht haben, denen gegenüber, die es haben (Röm 2,12-15). Diese Gegenüberstellung macht deutlich, dass im gesamten Kapitel primär Juden angesprochen werden[6], die in Röm 2,17 ausdrücklich erwähnt werden. „Der Jude" rühmt sich auf Grund der Tora (vgl. Röm 2,17ff.) und der Beschneidung (vgl. Röm 2,25ff.), was Paulus nicht grundsätzlich kritisiert.[7] Aber er betont, dass es schlussendlich darauf ankommt, dass der im „Gesetz" offenbarte Gotteswillen getan wird, wobei er diesbezüglich auch bei „den Juden" mangelhafte Erfüllung feststellt. Es geht Paulus im Grunde darum zu zeigen, dass sowohl der „fromme Jude" als auch der „ungerechte Heide" ohne die offenbarte Gottesgerechtigkeit in Christus Jesus verloren ist.[8]

Dass Paulus im gesamten Abschnitt in Röm 2,1-29, also auch in Röm 2,1-16, Juden im Gegensatz zu den Heiden anspricht, erkennt man m. E. an folgenden Tatsachen[9]:

1. Paulus spricht in Röm 2,1ff. diejenigen an, die mit seinem Urteil in Röm 1,18-32 einverstanden sind. Sie wissen mit Paulus, dass „diejenigen, die solches tun, des Todes würdig sind" (vgl. Röm 1,32). Nun zeigt Paulus ihnen die logische Schlussfolgerung davon (beachte das Verb λογίζῃ in Röm 2,3): Wenn du nicht nur einverstanden bist, dass diejenigen, „die solches tun", „des Todes würdig sind", sondern sie auch noch richtest, und tust doch dasselbe, richtest du dich damit selbst und bestätigst, dass auch du „des Todes würdig bist" (vgl. Röm 2,1-3).

2. Paulus schreibt in Röm 2,9-11: „Bedrängnis und enger Raum über die Seele jedes Menschen, der das Böse vollbringt, sowohl des Juden zuerst als auch des Griechen; Herrlichkeit aber und Ehre und Frieden jedem, der das Gute wirkt, sowohl dem Juden zuerst als auch dem Griechen. Denn es ist kein Ansehen der Person bei Gott." Damit wird m. E. bestätigt, dass in der Unterscheidung am Anfang des Kapitels Juden und „Griechen" (sie werden in Röm 2,14 als „Heiden" bezeichnet) gemeint sind, dass also dementsprechend in diesem Abschnitt die Juden angesprochen werden.

---

6 Vgl. Schreiner, Romans, S. 102ff. Schreiner bezieht allerdings Röm 2,1–3,8 auf die Juden. M. E. stellt Röm 3,1-20 jedoch die allgemeine „Vertiefung" von Röm 1,18–2,29 dar, wobei sichtbar wird, dass Paulus vor allem den Juden zeigen will, dass sie genauso wie die „Heiden" „unter [der] Sünde sind" bzw. „gesündigt haben" und die Rechtfertigung aus Gnaden durch Jesus Christus brauchen (vgl. z. B. Röm 3,9.20).

7 Vgl. Schreiner, Romans, S. 105: „In this chapter Paul bemolishes the claim that the possession of the law or circumcision constitute a covenantal advantage for the Jews."

8 Das ist vor allem auch für das Verständnis von Röm 2,14-15 zu bedenken. Denn es geht in diesem Abschnitt nicht darum, dass jemand allein auf Grund von seinem Gewissen das Gute tut und so ohne die Vergebung durch Jesus Christus vor Gott gerecht sein kann. Vielmehr will Paulus einfach klar machen, dass vor Gott nicht entscheidend ist, ob jemand das geschriebene Gesetz hat, sondern dass er den darin offenbarten Willen Gottes tut. Darin haben aber sowohl die Juden als auch die Heiden versagt. Vgl. Hofius, Werke des Gesetzes, S. 68 (mit Bezug auf Röm 2,13b): „Einzig und allein derjenige, der in ganzheitlicher und ungeteilter Bezogenheit auf Gott ein ‚Täter der Tora' ist, wird des eschatologischen Heils teilhaftig werden."

9 Vgl. dazu auch u. a. Dunn, Romans 1–8, S. 81f.; Gathercole, Where is Boasting, S. 198f.

3. Wenn Paulus in Röm 2,12 diejenigen anspricht, die „im Gesetz“ gesündigt haben, und in Röm 2,13 betont, dass nicht die „Hörer des Gesetzes“ gerechtfertigt werden, sondern die Täter, so wird nochmals bestätigt, dass in diesem Abschnitt zwischen denen, die das (alttestamentliche) „Gesetz“ haben, und denen, die es nicht haben, unterschieden wird. Das zeigt auch Röm 2,14, wo der Apostel von den „Heiden“ spricht, „die das Gesetz nicht haben“.

Für Nygren spricht „auch und vor allem die Verbindung dieser Stelle mit dem Buch der Weisheit, Kap 11–15“ für die Tatsache, dass Paulus im ganzen Kapitel 2 die Juden anspricht. „Das letztgenannte Argument ist unbedingt entscheidend. Diese Kapitel im Buch der Weisheit enthalten geradezu den Schlüssel zum zweiten Kapitel des Römerbriefes“.[10] Nygren geht jedoch nicht davon aus, dass Paulus direkt auf dieses Kapitel im Buch Weisheit „Rücksicht genommen“ hat. „Ähnliche Stellen trifft man nämlich an vielen Stellen in der jüdischen Propagandaliteratur. Daß die Darstellung des Paulus in einer ganz besonderen Beziehung zum Buch der Weisheit steht, wird offenbar erst im Anfang des zweiten Kapitels, wo Paulus sich gegen die Juden wendet.“[11] Im Unterschied zum Weisheitsbuch, das eine klare Unterscheidung zwischen den Gerechten im Volk Israel und den Ungerechten unter den Heiden macht, betont Paulus, dass es diesen Unterschied vor Gott so gar nicht gibt.[12]

Nach Sap 13,1 sind „alle Menschen nichtig (μάταιοι μὲν γὰρ πάντες ἄνθρωποι φύσει), in denen keine Gotteserkenntnis vorhanden ist (οἷς παρῆν θεοῦ ἀγνωσία), und sie konnten nicht aus den sichtbaren Gütern den Seienden erkennen (εἰδέναι τὸν ὄντα), auch erkannten sie nicht den Schöpfer (οὔτε ... ἐπέγνωσαν τὸν τεχνίτην), obwohl sie sich zu den Werken hielten“. Stattdessen hielten sie die Geschöpfe (wie Wind, Luft, Sterne, Wasser, Lichter am Himmel) für Göttes, wobei doch dadurch an der Größe und Schönheit der Geschöpfe deren Schöpfer gesehen wird (ἐκ γὰρ μεγέθους καὶ καλλονῆς κτισμάτων ἀναλόγως ὁ γενεσιουργὸς αὐτῶν θεωρεῖται;

10 Nygren, Römer, S. 87.

11 Ebd., S. 87–88. Nygren sieht „vier Züge“ in der „Anwendung“, die das Buch der Weisheit in Bezug auf die Juden macht, die es verdienen, besonders hervorgehoben zu werden: „1. Der Zorn Gottes gilt den Heiden, aber nicht den Juden; 2. was die Juden vor dem Zorn bewahrt, ist ihre Kenntnis von Gott und seinen Willen; 2. auch in seinem Zorn ist Gott schonend, um seinen Fienden Gelegenheit zur Besserung zu geben; 4. wenn der Jude verurteilt, muß er sich dieser Güte und Nachsicht Gottes erinnern“ (ebd., S. 88).

12 Vgl. auch Käsemann, Römer, S. 49: „Das Folgende [Röm 2,1ff.] ist einzig als Polemik gegen jene jüdische Tradition begreiflich, welche sich am deutlichsten und teilweise mit gleicher Begrifflichkeit in Sap. Sal 15,1 ff. äußert ...“ Dabei betont er, dass die „paulinische Beweisführung ... jüdische Wirklichkeit exemplarisch für den Menschen schlechthin“ sehe (ebd.). In Röm 2,7-10 sieht Käsemann einen Hinweis auf die eschatologische Trennung der Menschen, „welche die Unterschiede zwischen Juden und Heiden genauso relativiert, wie es in der Verkündigung der Rechtfertigung geschieht. Das ist ein neues Indiz dafür, daß die Botschaft vom Gericht bei Pls von seiner Rechtfertigungslehre her verstanden werden muß und mit ihr gesetzt ist“ (ebd., S. 54). Auch der „wahre Jude“, der in Röm 2,29 erwähnt wird, ist „ein eschatologisches Phänomen“ (ebd., S. 69).

Sap 13,2-5). Sie sind aber ohne Entschuldigung (πάλιν δ' οὐδ' αὐτοὶ συγγνωστοί), denn sie vermochten zu erkennen, dass sie die Welt erkunden (στοχάσασθαι τὸν αἰῶνα) konnten, haben aber nicht den Herrn dieser Dinge (τὸν τούτων δεσπότην) gefunden (Sap 13,8-9). Vielmehr haben sie die „Werke der Menschenhände" als Götter angerufen (Sap 13,10). Bei Gott sind aber sowohl der Meister der Götzenbilder als auch ihr Werk verhasst; sie werden beide bestraft, und an den Götzenbildern der Heiden (ἐν εἰδώλοις ἐθνῶν) wird es eine Heimsuchung geben (Sap 14,9-11; vgl. auch Sap 15,15: „Da sie alle Götzenbilder der Heiden für Götter hielten …"). Nach Sap 14,22 ließen sie sich nicht daran genügen, in Bezug auf die Kenntnis Gottes zu irren (τὸ πλανᾶσθαι περὶ τὴν τοῦ θεοῦ γνῶσιν), sondern nannten auch den Kriegszustand „Frieden" (Sap 14,22b) und opferten ihre Kinder (Sap 14,23a). Es folgte eine Liste von Fehlverhalten, die angeprangert werden (vgl. Sap 14,25ff.). Dazu gehören u. a. Blutvergießen, Mord, Diebstahl, List (δόλος), Befleckung der Seelen, unordentliche Ehen, Ehebruch und Ausschweifungen (Sap 14,25-26). Die „Verehrung der namenlosen Götzenbilder" (ἡ τῶν ἀνωνύμων εἰδώλων θρησκεία) wird als Anfang, Ursache und Ziel alles Bösen betrachtet (παντὸς ἀρχὴ κακοῦ καὶ αἰτία καὶ πέρας ἐστίν; Sap 14,27). Weil diese Leute schlecht von Gott gedacht haben (ὅτι κακῶς ἐφρόνησαν περὶ θεοῦ), indem sie sich zu den Götzenbildern hielten, wird über sie „das Gerechte" (τὰ δίκαια) kommen (Sap 14,30).

Gott aber, „unser Gott", ist freundlich (χρηστός) und wahrhaftig, langmütig und und regiert alles mit Barmherzigkeit, und selbst „wenn wir sündigen, sind wir dein und kennen deine Macht. Aber wir werden nicht sündigen, da wir wissen, dass wir zu dir gerechnet werden. Denn dich kennen [bedeutet] vollkommene Gerechtigkeit, und von deiner Macht wissen [ist] die Würze der Unsterblichkeit" (Sap 15,1-3). „Uns"[13] verführen nämlich nicht die „bösartigen Einfälle der Menschen" (Sap 15,4). Es wird betont, dass Gottes Wort heilt (Sap 16,12), aber die Gottlosen, die es abgewiesen haben, Gott zu kennen (ἀρνούμενοι γάρ σε εἰδέναι ἀσεβεῖς), können nicht der Hand Gottes entfliehen (Sap 16,15-16). Im göttlichen Gericht streitet der Kosmos für die Gerechten (Sap 16,17), und Gott hat sein Volk mit Nahrung von Engeln ernährt (Sap 16,20), während die Schöpfung, „dir dir als dem Schöpfer dient", sich zur Strafe gegen die Ungerechten ausstreckt (Sap 16,24).

Paulus beschreibt die „Heiden" in Röm 1,18-32 mit auffallend ähnlichen Worten.[14] In Röm 2,1ff. – und das unterscheidet Paulus radikal vom Weisheitsbuch – betont der Apostel, dass diejenigen, die auf solche Weise die „Heiden" richten und selbst im

13 Damit sind offensichtlich die (frommen) Juden gemeint. Weder der Begriff „Israel" noch der Begriff „Jude" wird im Buch der Weisheit verwendet (auch nicht „Israelit").

14 Andererseits wird mit dem Begriff im Sinn von „Leidenschaft" in Röm 1,26 ein Begriff aufgenommen, der im Neuen Testament nur noch zweimal (Kol 3,5; 1. Thess 4,5) und in der LXX-Übersetzung des Alten Testaments nur in Prov 25,20 und Hiob 30,31 erscheint, aber zentral für das 4. Makkabäerbuch ist, wo der Begriff 62-mal erscheint. Die Vernunft, die sich auf das Gesetz Gottes stützt, wird als Mittel zur Überwindung der Leidenschaften gesehen (vgl. dazu Thiessen, Anthropologie, S. 22f.).

Grunde Gleiches tun, nicht dem Gericht Gottes entfliehen können (Röm 2,1-4). Die Freundlichkeit und Langmut Gottes will sie zur Umkehr führen und soll deshalb nicht verachtet werden (Röm 2,4). Später fasst Paulus zusammen, dass er „vorher sowohl Juden als auch Griechen beschuldigt" hat, „unter [der] Sünde" zu sein (Röm 3,9). Vor Gott gibt es nämlich kein Ansehen der Person (Röm 2,11), und er wird „die verborgenen Dinge der Menschen nach meinem Evangelium durch Christus Jesus richten" (Röm 2,16). Damit sind nicht nur die „Heiden", sondern auch die Juden grundsätzlich „ohne Entschuldigung" (vgl. Röm 1,20; 2,1). Auch sie haben gesündigt und „ermangeln der Herrlichkeit" (Röm 3,23). Die Beurteilung „des Juden" (vgl. dazu Röm 2,17ff.) fällt bei ihm also völlig anders aus, als „die Gerechten" des Volkes Gottes im Weisheitsbuch beurteilt werden (vgl. auch z. B. Sap 2,18; 3,10; 10,5; 12,19).[15]

4.1.2. Was Paulus „dem Juden" vorwirft (Röm 2,17-24)

4.1.2.1. „Der du dich Jude nennst …" (Röm 2,17a)

Will man die Aussage in Röm 3,20, dass „kein Fleisch aus Werken [des] Gesetzes vor ihm gerechtfertigt werden" wird, im Kontext verstehen, dann müssen bereits die Ausführungen in Röm 2,17ff. beachtet werden. Dieser Zusammenhang macht deutlich, dass das eigentliche Problem für Paulus darin besteht, dass der in der Tora offenbarte Gotteswillen auch von Juden nicht wirklich und nicht von Herzen getan wird.[16] Dieser Aspekt wird im Folgenden anhand einer exegetischen Untersuchung von Röm 2,17ff. dargelegt.

Paulus spricht nun „den Juden" direkt an, indem er schreibt: „Wahrlich, du nennst dich Jude …" (Röm 2,17a). Auffallend ist an dieser Stelle, dass bei diesem (anscheinenden) Konditionalsatz, der mit εἰ δέ (etwa „wenn aber") eingeleitet wird (vgl. dazu auch z. B. Röm 3,5.7; 6,8; 7,16.20; 8,9)[17], die Apodosis („Dann-Satz") fehlt (Röm

---

15 Vgl. dazu auch u. a. Carras, Romans 2,1-29, S. 183–207. Nach Sanders übernimmt Paulus in Röm 1,18–2,29 „an unusual degree homiletical mariael from Diaspora Judaism, that he alters it in only unsubstantial ways, and that consequently the treatment oft he law in chapter 2 cannot be harmonized with any oft he diverse things which Paul says about the law elsewhere" (E. P. Sanders, Paul, the Law, and the Jewish People, Philadelphia: Fortress, 1983, S. 123).

16 Watson sieht dagegen in Röm 2 und 3 zwei unterschiedliche Themenbereiche angesprochen (Watson, Paul, S. 202f.). „Paul is speaking of *Judaism*, which is what it is on account of its sacred text, the law of Moses. This may be seen either as the gift of the electing divine love, bestowing a soteriological advantage (cf. Rom. 2), or as engendering the distinctively Jewish mode of life summed up in the phrase ‚works of law' (vgl. Rom. 3)" (ebd., S. 202–203). Es wird jedoch weiter unten dargelegt, dass es bei dem Gebrauch der Wendung „Werke des Gesetzes" sehr wohl zentral auch um soteriologische Fragen geht (vgl. dazu unten zu Punkt 4.2.).

17 Anders die Textzeugen D^2 33. 1739. 1881 𝔐 sy^h, die stattdessen ιδε schreiben, offenbar, weil sie mit dem Text Schwierigkeiten hatten.

2,21 ist keine eigentliche Apodosis), und zwar ähnlich wie in Röm 9,22f.[18] Dabei kann εἰ δέ an dieser Stelle wie in Röm 9,22 als eine „Formel" verstanden werden, welche – ähnlich wie εἰ μήν (vgl. im Neuen Testament nur in Hebr 6,14; in der LXX vgl. u. a. Hes 33,27; 34,8; 35,6; 36,5; 38,19) oder μενοῦν(γε) (vgl. Lk 11,28; Röm 9,20; 10,18; Phil 3,8) – im Sinn von „wahrlich, doch"[19] bzw. „dementsprechend" zu verstehen ist und die Funktion einer Konjunktion übernommen hat.[20] Im Folgenden geht Paulus auf zwei Dinge ein, welche für Juden von zentraler Bedeutung waren und als Kennzeichen ihrer besonderen Beziehung zu Gott betrachtet wurden, nämlich das „Gesetz" (Röm 2,17-24) und die (mit dem Gesetz verbundene) Beschneidung (Röm 2,25-29).

Der Begriff Ἰουδαῖος („Jude"[21]) betont im Neuen Testament die Zugehörigkeit zum jüdischen Volk[22], wobei die „mündliche Überlieferung" offensichtlich wesentlich dazugehört (vgl. Mt 15,1ff.; Mk 7,1ff.), wie auch der Gebrauch der Begriffe Ἰουδαϊσμός („Judentum"; Gal 1,13f.) und ἰουδαΐζω („jüdisch leben"; Gal 2,14) im Galaterbrief zeigt. In der LXX fällt auf, dass der Begriff „Jude" (Ἰουδαῖος) neben dem Buch Esther (44-mal) vor allen in den ersten drei Makkabäerbüchern vorkommt (in 1. Macc 37-mal, in 2. Macc 59-mal, in 3. Macc 27-mal).[23] Der damit verwandte Begriff Ἰουδαϊσμός wird offensichtlich primär als Abgrenzung und Kampfansage gegen das „Heidentum" verstanden (vgl. 2. Macc 2,22; 8,1; 14,38; 4. Macc 4,26; vgl. auch z. B. 2. Macc 13,21[24]).[25] Damit hängt jeweils auch eng die Beschneidung als Zeichen der Zugehörigkeit zum jüdischen Volk zusammen.[26]

---

18 Nach Starnitzke handelt es sich bei Röm 2,17 „um einen durchgehenden, mit dem gut bezeugten εἰ δέ eingeleiteten Nebensatz, der am Ende von V. 20 abrupt und etwas unklar endet … Das schließt δέ an V. 15 an und behandelt nun nach den Ausführungen über die Nichtjuden in V. 12-15 gleichsam adversativ den Juden" (Starnitzke, Struktur, S. 111). Es handelt sich jedoch kaum um einen Nebensatz, aber auch kaum um eine adversative Abhandlung im Gegensatz zu Röm 2,12-15. Vielmehr handelt es sich um eine logische Folge der dortigen Ausführungen. Denn dort wollte Paulus primär den Juden darlegen, dass es nicht auf den Besitz der Tora, sondern auf das Tun derselben ankommt und dass Gott die Juden dementsprechend richten wird, und zwar ohne Ansehen der Person (vgl. Röm 2,16).

19 Vgl.. dazu Louw/Nida, Lexicon I, S. 812 (91.8). μενοῦν kann dabei auch im Sinn von „marker of result, often implying the conclusion of a process of reasoning – ‚so, therefore, consequently, accordingly, then, so then'" verstanden werden (Louw/Nida, Lexicon I, S. 783 [89.50]).

20 Vgl. dazu Thiessen, Zorndemonstration, S. 41–48; ders., Gott hat Israel nicht verstoßen, S. 44–50.

21 Der Begriff Ἰουδαίος („Jude") erscheint 195-mal im Neuen Testament.

22 Vgl. zum außerbiblischen Gebrauch des Begriffs „Jude" bzw. „Judentum" u. a. Mason, Jews, S. 457–512; Amir, Term, S. 34–41.

23 Flavius Josephus verwendet den Begriff in seinen Schriften 1190-mal und Philo von Alexandria 101-mal.

24 „Aber Rhodokus aus der jüdischen Ordnung (ἐκ τῆς Ιουδαϊκῆς τάξεως) verkündigte den Kriegern die Geheimnisse …"

25 Vgl. auch Dunn, Romans 1–8, S. 109: „Ἰουδαῖος therefore would be a name accepted with pride by Paul's contemporaries (cf. 4 *Ezra* 6,55–59)." Für Stendahl ist es „interessant festzustellen, dass in hellenistischen Texten aus dieser Epoche und in apokryphen Schriften – wie z. B. im Ers-

Andererseits hebt der Gebrauch des Begriffs „Israelit“ im Neuen Testament die Erwählung Gottes, die Gottesbeziehung und den Glauben hervor (vgl. auch Röm 9,4f.; Eph 2,11f.).[27] Die Erwählung schließt aber die „Heiden“ nicht aus, sondern schließt sie im Plan Gottes vielmehr mit ein (vgl. z. B. Röm 11,17ff.). Begriffe wie „Israel“ oder „Israelit“ erscheinen im Römerbrief ausschließlich in den Kapiteln 9–11.[28]

Wright beobachtet diesen Unterschied offensichtlich nicht, wenn er in Bezug auf Röm 2,17 bemerkt: „In adressing ‚the Jew' Paul was, of course, talking to his own former self. More; he was aware, as 9:1-5 will make clear, of deep personal grief, witnessung ‚his flesh' in rebellion against the gospel message of the Jewish Messiah, Jesu.“[29] Gemäß Wright spricht Paulus in Röm 2,17ff. nicht jeden einzelnen Juden an, sondern Israel als Ganzes, und Röm 2,21f. bringt demnach zum Ausdruck, dass Israel sein „Erbteil“ verspielt habe.[30] In Röm 2,18-20 sieht Wright einen Hinweis darauf, dass Israel „in Theorie das Licht der Nationen“ ist.[31] Offensichtlich geht er davon aus, dass Israel nach Röm 2,21f. dieses „Erbteil“, nämlich „das Licht der Nationen“ zu sein, „verspielt hat“.[32] Doch davon spricht Paulus nicht. Der Apostel bezeichnet sich selbst in Röm 9,4 als „Israelit“ (vgl. auch Röm 11,1; 2. Cor 11,22) – und zwar offensichtlich nicht im Sinn einer „Neudefinition“ –, und in 1. Kor 9,20 schreibt der Apostel, dass er den Juden „wie ein Jude“ (ὡς Ἰουδαῖος) sei. Anderseits hat jedoch für den Glauben an Jesus Christus weder das Judesein noch das Griechesein einen Stellenwert

---

ten Makkabäerbuch – immer das Wort ‚Israel' verwendet wird, wenn Juden selbst sprechen. Sprechen hingegen Leute von außen über Israel, dann ist immer von ‚den Juden' die Rede“ (Stendahl, Vermächtnis, S. 23). Das ist offensichtlich zu einseitig.

26 Vgl. auch z. B. Josephus, Bell. 4,454 (neben Bell. 4,463 ist das die einzige Stelle bei Josephus, an der das Verb ἰουδαΐζω gebraucht wird).

27 Dder Begriff „Israelit“ erscheint neunmal im Neuen Testament (vgl. Joh 1,47; Apg 2,22; 3,12; 5,35; 13,16; 21,28; Röm 9,4; 11,1; 2. Kor 11,22).

28 Vgl. dazu Thiessen, Gott hat Israel nicht verstoßen, S. 31ff.

29 Wright, Romans, S. 445; vgl. auch Wolter, Paulus, S. 381–383 und 425.

30 Vgl. Wright, Romans, S. 447.

31 Vgl. ebd.; vgl. auch ders., Romans 2.17, S. 8ff.

32 Vgl. auch Wright, Romans, S. 448–449: „The section began with ‚the Jew' that claims that name, and that calls Torah and God to witness it. Paul now [mit Bezug auf Röm 2,28-29] transfers the name, and the validation, to a different group. In the previous verses he has referred to Gentiles who, though uncircumcised, keep the law's regulations, he can only mean Gentile Christians, since the passage, explaining what has gone before, is clearly about membership in the new, or renewed, covenant. But the primarly category he is describing is not restricted to Gentiles; Paul explains the narrower point (vv. 26-27) by setting out a broader one. He most certrainly regarded himself, and his fellow Jewish Christians, as part of the same new covenant people of God … Within 2:17-29, its primary purpose is simply to highlight the failure of Israel to be the covenant people of the creator God, the light of the dark world. As so often, however, Paul's tantalizing asides serve other purpose as well; here he has introduced one of the major themes of the letter, to be elaborated more fully in due course and has done so not least in order to raise the questions that he will glance at in chap. 3 and then return to more fully in chaps. 9–11.“

(vgl. Gal 3,28; Kol 3,11), obwohl er in Bezug auf die Beschneidung durchaus einen Unterschied macht (vgl. 1. Kor 7,19).

Warum Paulus in Röm 2,17 das Kompositum ἐπονομάζω („[darauf/dazu] nennen"; Ἰουδαῖος ἐπονομάζῃ = „du nennst dich [zusätzlich] Jude"), und nicht das einfache ὀνομάζω („nennen") gebraucht, ist nicht ganz klar. Dieses Kompositum kommt im Neuen Testament nur an dieser Stelle vor[33], erscheint aber in der LXX 35-mal, und zwar fast ausschließlich in den Büchern Genesis bis Josua. Einmal wird in der LXX das Kompositum προσονομάζω gebraucht (2. Macc 6,2), wo es heißt, dass ein alter Mann von Athen „den Tempel zu Jerusalem entweihen und ihn ‚Tempel des Zeus Olympios' nennen" sollte.[34] Das Kompositum wird an dieser Stelle also im Sinn von „zusätzlich nennen, als Namen hinzufügen" verwendet.[35] Paulus gebraucht das Kompositum ἐπονομάζω wohl nicht deckungsgleich mit προσονομάζω („dazu nennen"), aber in einem ähnlichen Sinn, nämlich in dem Sinn, dass das Judentum, welches Paulus anspricht, eine äußere Hinzufügung ist[36], aber dass die Angesprochenen[37] nicht „im Herzen Juden sind" (vgl. Röm 2,29), sondern lediglich ἐν τῷ φανερῷ („der in der (äußeren) Erscheinung"; vgl. Röm 2,28).

---

33 Josephus verwendet das Kompositum neunmal (Ant. 1,138.143; 2,1.249; 4,207; 7,21; 17,14; Bell. 1,118; 2,189). Dabei wird sichtbar, dass es sich um einen zusätzlichen Namen handelt. So wird z. B. in Ant. 2,1 erwähnt, dass Esau „zusätzlich Edom genannt wurde" (Ἄδωμος γὰρ ἐπωνομάζετο). Philo von Alexandria verwendet das Kompositum fünfmal. In Cher. 54 und Post. 124 erwähnt er, dass Eva einen (weiteren) Sohn gebar und ihn „Seth" nannte. Nach Post. 33 baute Kain eine Stadt und nannte die Stadt nach dem Namen seines Sohnes „Henoch". Philo erwähnt zudem, dass der Ort des „bitteren Wassers" in der Wüste „Bitterkeit" (πικρία) genannt wurde (Congr. 163) und dass der Mann, der zur Zeit der Sintflut allein Gott folgte, von den Griechen „Deukalion" und von den Chaldäern „Noah" genannt wurde (Praem. 23).

34 Vgl. dazu Strack/Billerbeck, Kommentar III, S. 96f.

35 Zur Bedeutung des Namens im Judentum vgl. Strack/Billerbeck, Kommentar III, S. 96f.

36 Vgl. auch syrBar 48,24: „Wir alle sind ein Volk von hochgeehrtem Namen, wir, die wir von Einem ein Gesetz empfingen …" (vgl. dazu weiter unten).

37 Nach Dunn spricht Paulus den „typischen Juden" an, „that is, the Jew per se, conscious of his Jewishness, of his distintiveness from the nations (see also on 3:1)" (Dunn, Romans 1–8, S. 109; vgl. auch Wright, Romans, S. 445: „… he is referring to a typical *individual*"; Starnitzke, Struktur, S. 112: „Angesprochen wird nicht der Jude an sich im Gegensatz zum Nichtjuden, sondern ein einzelner Mensch, der kritisch auf sein Selbstverständnis und damit zusammenhängend auf sein Verhältnis zum anderen und zu Gott hin befragt wird …, der sich durch seine Beziehung zur Tora definiert und dadurch von den Nichtjuden abgrenzt"). Watson dagegen geht auf Grund von Röm 2,19f. davon aus, dass Paulus den jüdischen Lehrer bzw. Führer anspricht (Watson, Paul, S. 203). Die Pharisäer, Sadduzäer und Herodianer seien die Hauptgegner der Jesusbewegung gewesen. „If the leaders of the Roman Jewish community had been implacably opposed to the gospel in the Roman synagogues, then Paul's denunciation of such a leader might well seem persuasive and relevant to Roman Jewish Christians." Richtig ist m.E., dass Paulus *primär* die religiösen Führer der Juden (indirekt) anspricht. Richtig hatte Watson zudem vorher schon bemerkt: „The phrase σὺ Ἰουδαῖος in 2:17 is introduced in order to highlight the contrast with the Gentiles of 2:14-15 and not to indicate that Paul has found himself a new address" (ebd., S. 198).

4.1.2.2. *„… und dich auf das Gesetz stützt" (Röm 2,17bα)*

Das Kompositum ἐπαναπαύομαι („[auf etwas] ausruhen") erscheint im Neuen Testament außer an unserer Stelle nur noch in Lk 10,6 (im Sinn von „sich ausruhen"). In der LXX erscheint es zehnmal und wird im Sinn von „ruhen, ausruhen" (vgl. Num 11,26; Ri 16,26; 2. Kön 2,15)[38], aber auch im Sinn von „sich anlehnen" (vgl. 2. Kön 5,18; 7,2.17; Hes 29,7) gebraucht. Im Sinn von „sich verlassen auf" erscheint es in der LXX nur in Mi 3,11 als Wiedergabe des hebräischen Verbs שָׁעַן („sich stützen auf, es sich bequem machen; sich verlassen auf"[39]). In Mi 3,9-11 heißt es:

> „So hört doch dies, ihr Häupter im Hause Jakob und ihr Herren im Hause Israel, die ihr das Recht verabscheut und alles, was gerade ist, krumm macht; die ihr Zion mit Blut baut und Jerusalem mit Unrecht – seine Häupter richten für Geschenke, seine Priester lehren für Lohn und seine Propheten wahrsagen für Geld – und euch dennoch auf Jahwe verlässt (LXX: καὶ ἐπὶ τὸν κύριον ἐπανεπαύοντο) und spricht: ‚Ist nicht Jahwe unter uns? Es kann kein Unglück über uns kommen' …"

Im hebräischen Text erscheint an dieser Stelle wie erwähnt das Verb שָׁעַן, das im Alten Testament insgesamt 22-mal vorkommt (nur im Nifalstamm). Dieses Verb wird z. B. in Jes 10,20; 30,12; 31,1 und 50,10 gebraucht. In Jes 10,20 heißt es vom „Überrest Israels und was entkommen ist vom Hause Jakob", dass sie „zu jener Zeit … sich nicht mehr verlassen werden (LXX: οὐκέτι μὴ πεποιθότες ὦσιν) auf den, der sie schlägt, sondern sie werden sich verlassen (LXX: ἔσονται πεποιθότες) auf Jahwe, den Heiligen Israels, in Treue". Zur Zeit Jesajas hatten viele Israeliten jedoch Gottes Wort verworfen und verließen sich auf Frevel und Mutwillen (Jes 30,12; LXX: … ἠλπίσατε … καὶ πεποιθὼς ἐγένου …) bzw. suchten in Ägypten um Hilfe und verließen sich (LXX: πεποιθότες) auf Rosse und hofften auf Wagen. „Aber sie halten sich nicht (LXX: οὐκ ἦσαν πεποιθότες) zum Heiligen Israels und fragen nichts nach Jahwe" (Jes 31,1). Und in Jes 50,10 heißt es dann: „Wer ist unter euch, der Jahwe fürchtet, der der Stimme seines Knechts gehorcht, der im Finstern wandelt und dem kein Licht scheint? Der hoffe (LXX: πεποίθατε) auf den Namen Jahwes und verlasse sich auf seinen Gott!"

Paulus gebraucht in Röm 2,17 das Kompositum ἐπαναπαύομαι parallel zum Verb καυχάομαι, während er in Phil 3,3f. parallel zu diesem letzten Verb das präsentische Perfekt πέποιθα verwendet.[40] Die drei Verben werden damit in diesem Kontext in einem gewissen Sinn als Synonyme verwendet. Beim Gebrauch des Kompositums ἐπαναπαύομαι an unserer Stelle scheint eine Anlehnung des Paulus an Mi 3,11 deutlich zu sein, wobei wohl vorausgesetzt werden muss, dass der Apostel diese Stelle in

---

38 Josephus verwendet das Kompositum lediglich in Ant. 8,84 (in der Medium-Form), und zwar ebenfalls im Sinn von „ausruhen", Philo von Alexandria verwendet es nicht in seinen Schriften.

39 Vgl. Koehler/Baumgartner, Lexikon, S. 1489.

40 Vgl. auch Gal 6,12f., wo im ähnlichen Zusammenhang das Verb εὐπροσωπέω parallel zum Verb καυχάομαι gebraucht wird.

der LXX kannte. Somit muss man annehmen, dass der Apostel die prophetische Kritik an Israel auf seine (indirekten) Adressaten in Röm 2,17ff. anwendet. Bestätigt wird dieser Aspekt dadurch, dass in Röm 2,23 wie in Mal 3,9-11 nicht das „Rühmen" bzw. das „Vertrauen" als solches kritisiert wird, sondern dass daraus nicht der Gehorsam dem göttlichen Willen gegenüber folgt.[41]

Interessant ist ein Vergleich mit der syrischen Baruch-Apokalypse[42].[43] Nach syrBar 48,22.24 vertrauen „wir" auf „dich" (Gott).

> „Denn siehe, dein Gesetz – es ist bei uns. Wir wissen (auch), dass wir nicht fallen, solange wir uns an deines Bundes Vorschriften halten … Wir alle sind ein Volk von hochgeehrtem Namen, wir, die wir von Einem ein Gesetz empfingen. Und solch ein Gesetz, das mitten unter uns ist, wird uns nun helfen, die vorzügliche Weisheit, die in uns ist, wird uns beistehen."

Gemäß Hoffmann sind die Verse 14-18 des Kapitels „von der Hoffnung auf einen ‚zukünftigen' Heilsuniversalismus geprägt", während in den Versen 19-24 „ein ‚gegenwärtiger' Heilspartikularismus zum Ausdruck" komme.[44]

> „Die universale Dimension der bisherigen Argumentation, die sich hinter den Größen Gesetz und Weisheit verbirgt, tritt gegenüber einer partikularen, lediglich am Heil Gesamtisraels interessierten Dimension zurück. Der bloße Besitz der Tora gewinnt

---

41 Vgl. auch Haacker, Römer, S. 97. Nach Haacker kann „ἐπαναπαύῃ νόμῳ nur positiv gemeint sein, zumal es in V. 23 mit ἐν νόμῳ καυχᾶσαι wieder aufgenommen wird" (ebd.). Richtig ist sicher, dass das Vertrauen auf Gott und sein „Gesetz" nach Paulus nicht an und für sich falsch ist. Aber die Art und Weise, wie dieses „Vertrauen" bzw. das damit verbundene „Sich-Rühmen" geschieht, wird sowohl von Paulus als auch von Maleachi zumindest indirekt „kritisiert".

42 Vgl. auch z. B. Sib 3,573ff. Die „Heiden" („das Geschlecht gottloser Männer"; Sib III,568) werden an dieser Stelle zum Teil ähnlich wie in Röm 1,18ff. kritisiert (vgl. z. B. Sib III,605), allerdings mit dem Unterschied, dass sie im Gegensatz zu Röm 1,18-32 als „Gesetzesübertreter" dargestellt werden (vgl. z. B. Sib III,600. 686). In Bezug auf Israels Zukunft ist dagegen von einem „heiligen Geschlecht frommer Männer" die Rede, welche den Ratschlüssen und dem Sinn des Höchsten anhangen und den Tempel des großen Gottes verherrlichen werden (Sib III,373–375).

43 Die Schrift ist nach Klijn „nach dem Jahre 100 n.Chr. (also später als 4Esr) und vor dem Jahre 130 n.Chr. in Palästina" entstanden (Klijn, Baruch-Apokalypse, S. 114; vgl. auch u. a. Hoffmann, Gesetz, S. 258f.; die folgenden Übersetzungen stammen von Klijn, Baruch-Apokalypse, S. 103–191). Es behandelt Probleme, welche mit denen vom 4. Esra eng verwandt sind (vgl. dazu u. a. Hoffmann, Gesetz, S. 258f.). Nach Hoffmann lassen inhaltliche Gründe „jeden Zweifel an der Priorität des 4. Esrabuches gegenüber der syrischen Baruchapokalypse verstummen" (ebd., S. 259). So setze z. B. die syrische Baruchapokalypse „mit Blick auf die ‚Zwei-Äonen-Lehre' an der Stelle ein, an der das 4. Esrabuch endet" (ebd.). Auch die „mit der Frage nach dem Gesetz verbundene Überzeugung von der Verantwortlichkeit des einzelnen für sein Tun sind so selbstverständlich miteinander verbunden, daß von den Schwierigkeiten dieser Verbindung, mit denen der Verfasser des 4. Esrabuches über weite Strecken seines Werkes ringt, kaum noch etwas zu spüren ist" (ebd.). Beide Schriften seien „gleichfalls als Versuch zu verstehen, das durch die natinale Katastrophe Israels im Jahre 70 n. Chr. erschütterte Vertrauen in die alttestamentliche Deuteronomistik zu erneuern" (ebd., S. 297).

44 Hoffmann, Gesetz, S. 278.

gegenüber der Frage nach ihrer Erfüllung den Vorrang.[45] Das Bewußtsein der mit der Gabe der Tora verbundenen Erwählung Israels wird dem konkreten Toragehorsam vorgeordnet."[46]

Allerdings geht es m. E. in den Versen 14-18 lediglich um die Bitte, Gott möge nicht über „unsere Werke" nachdenken (vgl. Vers 14) und sich erbarmen, während Vers 19 die Bitte zum Ausdruck bringt, Gott möge auf „die Kleinen" (bzw. „die Wenigen"[47]) blicken, „die sich dir unterordnet haben", und alle diejenigen erretten, „die zu dir kommen". Offenbar sind immer die gleichen Menschen Gegenstand der Fürbitte. Gott antwortet jedoch mit Gerichtsankündigung, da „mein Gesetz sein Recht verlangt" (48,27ff.) und da „ein jeglicher in seinen Werken wandelte und des Gesetzes des Allmächtigen nicht gedachte" (Vers 38) und weil „jeder von den Bewohnern der Erde wusste, wann er ungerecht handelte, und sie erkannten mein Gesetz nicht ihres Stolzes wegen" (Vers 40). Der Beter fragt, was Adam all denen angetan habe, welche von ihm abstammten (Vers 42), und bemerkt, dass durch Eva „zum Untergang diese ganze Menge geht" (Vers 43), und „was sie alle betrifft – ihr Ende wird sie zuschanden machen; und dein Gesetz, das sie ja übertreten, wird sie dann bestrafen an deinem Tage" (Vers 47). Deshalb will der Beter nun den „Gottlosen" außer Acht lassen und für die „Gerechten" Fürbitte einlegen (Vers 48). Gott antwortet mit der Verheißung, dass diese zur Herrlichkeit auferstehen werden (50,1ff.).

„Die Herrlichkeit von denen, die sich jetzt rechtschaffen gezeigt haben, wie mein Gesetz es will, und die in ihrem Leben Einsicht hatten und die in ihrem Herzen hier der Weisheit Wurzel pflanzen – ihr Glanz wird dann verherrlicht sein in unterschiedlicher Gestalt. Ins Licht ihrer Schönheit wird verwandelt sein das Ansehen ihres Angesichts. So können sie die Welt bekommen und empfangen, die nicht vergeht, so wie sie ihnen versprochen war" (51,3).[48]

Die Juden gelten demnach auf Grund ihrer Erfüllung dessen, was im „Gesetz" geboten wird, als „Gerechte".[49] Sonntag fasst die Gedanken des Autors mit folgenden Worten zusammen: „Die Gerechten tun das Gesetz und damit die Gerechtigkeit und verfügen deshalb über einen Schatz an guten Werken und eine Hoffnung (11,4; 14,12; 24,1;

45 Vgl. aber auch ebd., S. 297: „Die syrische Baruchapokalypse richtet sich weniger gegen eine falsche Interpretation des Gedankens einer Sündenverfallenheit des Menschen als gegen ein falsches Verständnis des Bundesgedankens. Der Bundesgedanke wird eindeutig von einem unbedingten Gehorsam fordernden Gesetzesgedanken her bestimmt. Einer falsch verstandenen Heilssicherheit, die sich auf Gottes Erwählungszeichen, wie das Land, der Zion, der Tempel und die Beschneidung, gründet, wird eine eindeutige Absage erteilt. Nicht der ‚Besitz des Gesetzes', sondern einzig das ‚Tun des Gesetzes' zeichnet für das zukünftige Heil verantwortlich. An die Stelle des Volksganzen tritt der einzelne Gerechte als Adressat der Verheißung."

46 Ebd., S. 278.

47 So Kautzsch, Apokryphen und Pseudepigraphen 2, S. 428.

48 Vgl. dazu auch Sonntag, ΝΟΜΟΣ ΣΩΤΗΡ, S. 161ff.

49 Vgl. dazu ebd., S. 161f.

51,7), die – trotz ihres gegenwärtigen Leidens (11,5; 48,50; 52,6) – nicht enttäuscht werden wird (15,7f; 30,2; 51,12-14).“[50]

Paulus „beschuldigt“ dagegen „sowohl Juden als auch Griechen, alle unter Sünde zu sein“ (Röm 3,9). Zudem haben nach Paulus Juden und Nichtjuden ohne Unterschied die „Herrlichkeit Gottes“ verloren, welche allein durch das Heilswirken Gottes in Jesus Christus wiederhergestellt werden kann (Röm 3,22-24; vgl. auch z. B. 2. Kor 3,18; 4.6), wie auch der Tod durch Adam zu allen Menschen (inklusive Juden) gekommen ist und zur Verdammnis geführt hat, welche für alle Menschen durch Jesus Christus (allein) aufgehoben wird (Röm 5,12-18). Es geht Paulus also offensichtlich um mehr als nur darum, das „jüdische Vertrauen auf diesen Unterschied“ zu den Heiden“ anzugreifen (so Dunn[51]).

4.1.2.3. „… und dich Gottes rühmst“ (Röm 2,17b)

Das Verb καυχάομαι („sich rühmen, prahlen“; vgl. dazu u. a. Röm 2,23; Gal 6,14) wird zwar im Römerbrief (nur in Röm 2,17.23; 5,2.3.11) ebenso wie das *Nomen actionis* καύχησις („[das] Rühmen“; nur in Röm 3,27 und 15,17) und das *Nomen rei actae* καύχημα („[der] Ruhm“; nur in Röm 4,2) selten gebraucht.[52] Da das Verständnis jedoch eng mit dem Verständnis der „Werke des Gesetzes“ (vgl. dazu Röm 3,20) und der Rechtfertigung zusammenhängt, ist die Auslegung besonders durch die Neue Paulusperspektive ins Wanken geraten.[53]

---

50 Ebd., S. 162. Vgl. auch ebd., S. 164: „Vermittelt das Gesetz so Hoffnung zum einen dadurch, daß es ein positives postmortales (15,7f; 21,13; 52,5-7; 74,2f) Geschick derer, die ihm gehorchen, ankündigt (59,2 …, ebenso 54,16, ferner 32,1; 44,7.14f; 51,7), zum anderen dadurch, daß es konkret zu einem solchen Gehorsam anleitet, wird es als gottgegebene Hilfe Israels bezeichnet, da es seinen Tätern die Teilhabe an einer besseren Zukunft eröffnet (44,7.14; 48,22.24; 77,15f). In der Vergangenheit ist diese Hilfsfunktion durch die Gerechten (Propheten u. a.), durch ihre Fürbitte und guten Werke als Gegenmittel gegen die Sünden des Volkes wahrgenommen worden (2,1f; 14,7; 33,2; 63,3-5; 85,1f).“

51 Vgl. Dunn, Romans 1–8, S. 110: „Paul does not imply that the typical Jew is content simply to have the law; what the law support is a whole way of live, as Paul knew well (Gal 1:14; Phil 3:6). But it was a way of life where distinctiveness of the Jew from the non-Jew was always to the fore (as the next clauses confirm). What Paul is attacking, therefore, is precisely the Jewish reliance on this distinctiveness.“

52 Die Wurzel καυχ- erscheint im Neuen Testament 154-mal, und zwar fast ausschließlich in den Paulusbriefen (zehnmal im Römerbrief, zehnmal im 1. Korintherbrief, 29-mal im 2. Korintherbrief, dreimal im Galaterbrief, einmal im Epheserbrief, einmal im 1. Thessalonicherbrief und einmal im 2. Thessalonicherbrief; sonst nur in Hebr 3,6; Jak 1,9; 2,13; 3,14; 4,16). Bei Josephus erscheint die Wurzel lediglich einmal in Form des Verbs (ANt. 8,372) und bei Philo einmal in Form des *nomens rei actae* (Spec. 4,161) und einmal in Form des *nomens actionis* (Congr. 107).

53 Vgl. dazu u. a. Wilk, Ruhm, S. 54–77.

Nach Theobald bezieht Paulus sich damit auf „eine Berufung des Juden auf die in der Tora dokumentierte Erwählung Israels, von der er, in falscher Heilssicherheit sich wiegend, annimmt, sie könne seine faktischen Übertretungen des Gesetzes … kompensieren“.[54] Nach Wright handelt es sich um ein nationales „Rühmen“ des „ethnischen Israels“ („of ethnic Israel“) in Bezug auf seine Berufung, Licht der Welt zu sein.[55] Ebenso geht es auch nach Dunn dem Kontext nach darum, dass „such Jewish boasting tends to be nationalistically exclusive: Jewish boasting in God as theirs alone (cf 3:27-29)“.[56] Paulus spreche „den Juden per se“ mit seinem jüdischen Bewusstsein „of his distinctiveness from the nations“ an.[57] „What Paul is attacking, therefore, is precisely the Jewish reliance on this distinctiveness.“[58]

Nach Wilckens spricht Paulus „den Juden“ nicht auf dessen Gesetzeserfüllung an. Dazu bemerkt er:

> „Jude-Sein ist ein heilsgeschichtliches Privileg, begründet in der Gabe des Gesetzes, auf das sich der Jude als auf das Zeichen der Erwähltheit des Gottesvolkes ‚stützen‘ darf, weil die Tora dem Gerechten das Recht zuspricht, ‚sich aufzurufen‘ aufgrund seiner um des Gesetzes willens auf sich genommenen ‚Mühen‘ (Offb 14,13 vgl. Jes 57,10). Der Besitz der Tora bedeutet, sich Gottes als des Gottes Israels rühmen zu dürfen; vgl. PsSal 17,1 …“[59]

Paulus ironisiere oder kritisiere „dieses heilsgeschichtliche Fundament in der Trias Jude – Gesetz – Gott keineswegs, wie 9,4f. zeigt“.[60] Worum es Paulus geht, wird allerdings bei Wilckens nicht deutlich.

Nach Wilk sind „Schuldaufweis und Gerichtsansage“ im Römerbrief mit den Ausführungen in Röm 1,18-32 und 2,1-15 „komplett“.[61]

> „Freilich rufen sie die Frage hervor, wie es dann um die spezifisch jüdische Orientierung am Willen Gottes steht. Daher spricht Paulus ab Röm 2,17 den an, der sich schon mit seiner Selbstbezeichnung als ‚Jude‘ von Nichtjuden abgrenzt und demgemäß anhand des Gesetzes ‚prüft, worauf es [bei der jüdischen Lebensgestaltung] abkommt‘ (2,18).“[62]

Es gehe Paulus nicht darum, „jüdische Heilssicherheit zu destruieren“.[63] „Der Passus soll vielmehr zeigen, dass der Gesprächsparter seine Absicht nicht erreicht, dass also auch derjenige Jude, der sich seiner Aufgabe in der Völkerwelt bewusst ist und an-

54 Theobald, Römerbrief, S. 200.

55 Wright, Romans, S. 445: „His point is rather that the national boast of ethnic Israel, that of being the creator's chosen people, is falsified if theft, adultery, and so forth are found within the nation. The presence of misbehavior within ethnic Israel renders void the national, ethnic beast; it prevents Israel from fulfilling its calling to be the light of the world.“

56 Dunn, Romans 1–8, S. 110.

57 Ebd., S. 109.

58 Ebd., S. 110.

59 Wilckens, Römer 1, S. 147–148.

60 Ebd., S. 148.

61 Wilk, Ruhm, S. 65.

62 Ebd.

63 Ebd.

nimmt, damit keinen Ausweg aus der Sündenverfallenheit eröffnet."[64] Leitend sei dabei gemäß Röm 2,21a „die Diskrepanz zwischen der Belehrung anderer und der fehlenden Selbstbelehrung".[65] Paulus zeichne also

„das Bild eines Schriftgelehrten, der sich explizit als Jude präsentiert und sich dazu auf das Gesetz als das Fundament jüdischer Lebensgestaltung ‚stützt'; indem er sich dabei ‚Gottes rühmt' (2,17f.), drückt er seine Freude, Dankbarkeit und Treue zum Urhebers (sic!) des Gesetzes öffentlich aus. Zudem weiß er um seine Verantwortung gegenüber den Weltvölkern, die Gottes Willen weder kennen noch achten".[66]

Doch dieses „auf Schriftgelehrsamkeit beruhende Programm" führe „in die Irre, da es ihn den Nichtjuden gegenüber in einen widersprüchlichen Umgang mit dem Gesetz verstrickt, der sie zur Lästerung des Gottesnamens veranlasst (2,23b-24) und auf diese Weise sein Rühmen Gottes und des Gesetzes konterkariert".[67]

Es sollte allerdings beachtet werden, dass die Ausführungen des Paulus über „den Juden" schlussendlich zu der Aussage in Röm 3,20 führen, dass „aus Werken [des] Gesetzes … kein Fleisch vor ihm [d.h. Gott] gerechtfertigt werden wird", da durch das „Gesetz" lediglich die „Erkenntnis der Sünde" kommt. Dabei geht es sehr wohl auch und zentral um die Frage, wie „der Jude" vor Gott sein Heil erlangen kann. Und zwar geht es Paulus offensichtlich auch darum zu zeigen, dass die Erfüllung von Gesetzesgeboten nicht zur Erlangung dieses Heils führen kann (vgl. auch z. B. Phil 3,3ff.), da der Mensch nach der Überzeugung des Paulus ohne die innere Erneuerung auf Grund des Erlösungswerkes Jesu Christ gar nicht imstande ist, die Gebote Gottes zu erfüllen (vgl. u. a. Röm 7,5f.14-25; 8,6-8).

In der LXX erscheint das Verb καυχάομαι („sich rühmen") insgesamt 40-mal (davon achtmal in Sirach und sechsmal in den „Psalmen Salomos"), und zwar zum Teil positiv im Sinn von „sich auf Gott verlassen" bzw. „sich über Gottes Heilswirken freuen" (vgl. z. B. Ps 5,12; 149,5), aber auch vor allem negativ im Sinn von „sich auf sich selbst verlassen" (vgl. z. B. Ps^{LXX} 48,7; 93,3).[68] Nach Ri 7,2 sagt Gott zu Gideon, Israel könne sich gegen ihn rühmen, indem es sagt: „Meine Hand hat mich errettet." In Ps 49,7 (bzw. Ps^{LXX} 48,7) erscheinen die Begriffe „vertrauen" und „sich rühmen" parallel, indem in Bezug auf diejenigen, die den Psalmisten verfolgen (vgl. Ps 49,6), gesagt wird: „Sie vertrauen auf (LXX: οἱ πεποιθότες ἐπί …) ihr Vermögen und rühmen sich (LXX: καὶ ἐπὶ … καυχώμενοι) der Größe ihres Reichtums." Zentral ist für Paulus offenbar auch Jer 9,22-23 (vgl. dazu das Zitat in 1. Kor 1,31 und 2. Kor 10,17), wonach Jahwe spricht:

„Ein Weiser rühme sich nicht seiner Weisheit, ein Starker rühme sich nicht seiner Stärke, ein Reicher rühme sich nicht seines Reichtums. Sondern wer sich rühmen will, der rühme

64 Ebd., S. 65–66.
65 Ebd., S. 67.
66 Ebd., S. 68.
67 Ebd.
68 Vgl. dazu auch u. a. Sanchez Bosch, Gloriarse, S. 39–101.

sich dessen, dass er klug sei und mich kenne, dass ich Jahwe bin, der Barmherzigkeit, Recht und Gerechtigkeit übt auf Erden; denn solches gefällt mir, spricht Jahwe."

Auch z. B. in Sir 39,8 wird das Verb καυχάομαι im Zusammenhang mit dem „Gesetz" gebraucht. Dort heißt es von dem, der sich vornimmt, „über das Gesetz des Höchsten nachzusinnen" (vgl. Sir 39,1): „... und er wird sich im Gesetz des Bundes des Herrn rühmen". Wie der Name „Jude" und das „Vertrauen" in Bezug auf das Gesetz in eine Beziehung gebracht wurden, kommt in syrBar 48,22-24 zum Ausdruck, indem es heißt:

„Denn auf dich vertrauen wir, da dein Gesetz ja bei uns ist; und wir wissen, dass wir nicht fallen, so lange, als wir an deinen Bundesvorschriften festhalten. Zu aller Zeit Heil uns – auch insofern, dass wir nicht unter die Völker gemischt worden sind. Denn wir alle sind ein Volk, das einen berühmten Namen trägt, die wir von Einem ein Gesetz empfangen haben. Und jenes Gesetz, das unter uns weilt, hilft uns, und die vortreffliche Weisheit, die in uns ist, wird uns unterstützen."

Dass das Verb καυχάομαι von Paulus auch im Sinn von „vertrauen auf" gebraucht wird, bestätigt zudem ein Vergleich mit Phil 3,3-4, wo der Apostel schreibt:

„Denn wir sind die Beschneidung, die wir im Geist Gottes dienen und uns Christi Jesu rühmen (καυχώμενοι) und uns nicht auf Fleisch verlassen (ἐποιθότες), obwohl ich Vertrauen auf das Fleisch haben könnte (ἔχων πεποίθησιν). Wenn ein anderer meint, er könne sich auf Fleisch verlassen (πεποιθέναι), so könnte ich es viel mehr ...".[69]

Paulus war sogar „nach der Gerechtigkeit, die das Gesetz fordert, untadelig gewesen" (Phil 3,6). Und er ergänzt:

„Aber was mir Gewinn war, das habe ich um Christi willen für Schaden erachtet. Ja, ich erachte es noch alles für Schaden gegenüber der überschwänglichen Erkenntnis Christi Jesu, meines Herrn. Um seinetwillen ist mir das alles ein Schaden geworden, und ich erachte es für Dreck, damit ich Christus gewinne und in ihm gefunden werde, dass ich nicht habe meine Gerechtigkeit, die aus dem Gesetz kommt, sondern die durch den Glauben an Christus kommt, nämlich die Gerechtigkeit, die von Gott dem Glauben zugerechnet wird" (Phil 3,7-8).

Wenn Paulus also bemerkt, dass „der Jude" sich „im Gesetz ausruht" (καὶ ἐπαναπαύῃ νόμῳ), so ist damit offenbar angedeutet, dass dieser darauf vertraut, durch den Besitz des „Gesetzes" und durch die Erfüllung der Gebote[70] vor Gott „gerecht" und

69 Nach Bergmeier bezieht Paulus in Phil 3 „καυχώμενοι auf die himmlische Ebene des Geistes Gottes, ἐποιθότες auf die irdische des Fleisches" (Bergmeier, Gerechtigkeit, S. 138). Und er ergänzt: „Dieser irdischen Ebene ordnet er eine siebengliedrige Liste der Vorzüge zu, deren er sich auch jetzt noch ‚im Fleisch' rühmen könnte, wenn er es denn täte" (ebd.). Allerdings gilt diesbezüglich sicher das Gleiche, was der Apostel in Röm 4,1f. in Bezug auf den „Ruhm" Abrahams zum Ausdruck bringt. Es handelt sich also nicht um „Vorzüge" in Bezug auf die Erlangung der Rechtfertigung vor Gott.

70 Vgl. dazu auch richtig Thurén, Derhetorizing Paul, S. 177: „Boasting signifies for Paul not just possessing the law, but also strict observance to it, and striving for his own righteousness."

somit vom eschatologischen Gericht befreit zu werden[71] (vgl. auch Röm 3,27f.). Das kann nach Gal 6,13 so weit führen, dass die „Heiden" unter Druck gesetzt werden, sich beschneiden zu lassen, damit man etwas „vorweisen" kann. Weil für Paulus nur „das Wort vom Kreuz" die Kraft hat, den Kern der menschlichen Persönlichkeit, das Herz, zu verändern (vgl. z. B. 1. Kor 1,17f.; 2. Kor 5,17), will er sich auch nur „in dem Kreuz unseres Herrn Jesus Christus" rühmen (Gal 6,14). Er erachtet alles, „was mir Gewinn war", „für Verlust um der unübertrefflichen Größe der Erkenntnis Christi Jesu, meines Herrn, willen", und zwar, „damit ich Christus gewinne und in ihm erfunden werde", um die „Gerechtigkeit aus Gott auf Grund des Glaubens" zu erlangen (Phil 3,7-9).

4.1.2.4. „Du kennst den Willen …" (Röm 2,18a)

Mit γινώσκεις τὸ θέλημα („du kennst den Willen") bezieht der Apostel sich offenbar auf den Willen Gottes, den Gott in seinen Geboten zum Ausdruck gebracht hat.[72] Vor allem die Juden hatten hiermit die Grundlage, den Willen Gottes zu prüfen. Das taten sie offenbar auch eifrig.[73] Nach 1QS 9 muss der Lehrmeister „den Willen/das Wohlgefallen Gottes tun (לעשות את רצון אל) gemäß dem, was für jedes Zeitalter der Geschichte offenbart wurde und alle weisen Gerichtsentscheide früherer Zeiten studieren, ebenso jedes Gesetz, das sich auf seine eigene Zeit bezieht".[74] Er soll ein Eiferer für Gottes Gesetz sein und nach seinem Willen handeln, „wenn er die Gottlosen angreift und seine Macht ausübt … An nichts anderem als an Gottes Willen/Wohlgefallen soll er sich erfreuen … und soll unablässig die Rechtbestimmung Gottes suchen".[75] Das „Wohlgefallen" Gottes ist nach 1QS 9,15 das, was Gott geboten hat (רצונו כאשר צוה).[76]

Paulus selbst fordert später die Empfänger des Römerbriefs auf, ihre Gesinnung durch die Erneuerung des Verstandes verändern zu lassen, „damit ihr prüfen könnt, was der Wille Gottes ist, [nämlich] das Gute und und [Gott] Wohlgefällige und Vollkommene" (Röm 12,2; vgl. auch Röm 16,19). „Das Gute" enspricht in Röm 7,12f. offenbar dem im Gesetz mitgeteilten Willen Gottes (vgl. auch Röm 7,18f.). Allerdings weiß Paulus auch, dass das Wissen um den guten Willen Gottes durch das Gesetz zu inneren Konflikten führen kann, weil der Mensch „in Adam" nicht in der Lage ist, diesen Willen Gottes in seiner ganzen Tiefe auch zu tun (vgl. Röm 7,14ff.). Dieser Zwiespalt des Menschen wird im Folgenden angesprochen und im Kontext von Röm 7,14ff. theologisch begründet (vgl. auch Röm 7,5).

71 Vgl. dazu auch Gathercole, Where ist boasting, S. 201f.
72 Vgl. auch Wilckens, Römer 1, S. 148.
73 Vgl. Strack/Billerbeck, Kommentar III, S. 98.
74 1QS 9,13–14.
75 1QS 9,23-25. Vgl. auch 1QM 2,5. 165-mal erscheint das Wort רצון in den Qumran-Schriften.
76 Vgl. auch 1QS 9,25: … [וב]כול אמרי פיהו ירצה ולוא יתאוה בכול אשר לוא צוה.

Dass „der Jude“ eifrig in der Tora forschte, bringt Paulus mit κατηχούμενος ἐκ τοῦ νόμου („unterwiesen im Gesetz“) zum Ausdruck (Röm 2,18b). Durch die Unterweisung im „Gesetz“ kann der Mensch den Willen Gottes prüfen und erkennen (vgl. Deut 29,28; 2. Tim 3,14-17). Die angesprochenen Juden sind nicht nur im „Gesetz“ unterwiesen, sondern sie prüfen auch „den Unterschied“, wie der Apostel mit „und prüft den Unterschied (die unterscheidenden Dinge)“ (καὶ δοκιμάζεις τὰ διαφέροντα) betont. Während die „Heiden“ nach Röm 1,28 zu einem „unbewährten Verstand“ (εἰς ἀδόκιμον νοῦν) hingegeben wurden, anerkennt Paulus an unserer Stelle, dass die Juden in der Lage sind, zu prüfen.

Der Begriff ἀδιάφορον (abgeleitet mit διαφέρω [„durchtragen, unterscheiden“] mit α-*privativum*) bezeichnete bei den Kynikern und Stoikern „den mittleren Bereich zwischen Tugend u[nd] Schlechtigkeit u[nd] den ihnen zuzuordnenden Gütern u[nd] Übeln, also das, was der jeweilige Philosoph weder als Gut noch als Übel, sondern als etwas ethisch Belangloses beurteilt“.[77] Philo bezeichnet in Pant. 146 folgende Dinge als τὰ διαφέροντα: das Heil des Vaterlandes, das Ehren der Eltern, die Sicherheit der Kinder und der Hausgenossen „oder insgesamt die private und gemeinschaftliche Wiederherstellung der Dinge“. Gemäß Somn. 2,24 will der „stattliche Mann“ (τὸν ἀστεῖον) (nicht nur) „Richter der unterscheidenden Dinge sein“ (κριτὴν εἶναι τῶν διαφερόντων), und zwar „weil er davon überzeugt ist und glaubt, was Mose sagte“ (διὰ τὸ καὶ πεποιθέναι καὶ Μωυσεῖ λέγοντι πιστεύειν).

Mit τὰ διαφέροντα (von διαφέρω = „unterscheiden“) bezieht Paulus sich in Röm 2,18 offenbar darauf, dass die Juden den Unterschied zwischen dem, was Gott gefällt, und dem, was ihm nicht gefällt (in ethischer Hinsicht), erkennen (vgl. Phil 1,10; Hebr 5,14). Es ist durchaus möglich, dass Paulus mit der Aussage auf das Anliegen der Pharisäer (zu denen er früher selbst gehörte; vgl. Phil 3,5) anspielt, welche sich durch ihren Eifer im Tora-Studium durch Heiligung besonders von den übrigen unterscheiden wollten.[78]

Doch dass diese Voraussetzung nicht automatisch zu einem richtigen Handeln führt, zeigt Phil 1,9-11, wo der Apostel dafür betet, „dass eure Liebe noch mehr und mehr überströme in Erkenntnis und aller Einsicht, damit ihr prüft, worauf es ankommt (εἰς τὸ δοκιμάζειν ὑμᾶς τὰ διαφέροντα), damit ihr lauter und unanstößig seid auf den Tag Christi, erfüllt mit der Frucht der Gerechtigkeit, die durch Jesus Christus [gewirkt wird], zur Herrlichkeit und zum Lobpreis Gottes.“ Schlussendlich kann also nur durch Jesus Christus auch das richtige Ergebnis bewirkt werden. Es ist durchaus mög-

77 Weiß, διαφέρω, S. 33; vgl. auch Wilckens, Römer 1, S. 148, Anm. 380.

78 Vgl. dazu Haacker, Römer, S.68: „Hier könnte es auf ein Anliegen der Pharisäer anspielen, deren Gruppenname vielleicht (unter anderem) im Sinne von parôschîm (‚Differenzierter‘) zu verstehen ist. Auf jeden Fall nahmen die Pharisäer die Unterweisung aus dem Gesetz … besonders ernst und beanspruchten dabei besonderen Scharfsinn; vgl. Josephus, Bell. 2,162; Ant. 7,41.“ Josephus schreibt in Bell. 2,162 Folgendes: … Φαρισαῖοι μὲν οἱ μετὰ ἀκριβείας δοκοῦντες ἐξηγεῖσθαι τὰ νόμιμα καὶ τὴν πρώτην ἀπάγοντες αἵρεσιν εἱμαρμένῃ τε καὶ θεῷ προσάπτουσι πάντα.

lich, dass Paulus an die „überspitzten" ethischen Unterscheidungen der jüdischen Lehrer denkt. Allerdings teilte Jesus ihnen nach Mt 23,23 mit, dass sie „die Minze und den Anis und den Kümmel" verzehnten und dabei „die wichtigeren Dinge des Gesetzes beiseite gelassen" gelassen haben, nämlich „das Gericht (die Rechtssprechung) und die Barmherzigkeit und den Glauben".[79]

Der Jude vertraut auf sich selbst (bzw. traut sich selbst zu), „ein Wegweiser/Führer von Blinden zu sein" (Röm 2,19a). Das Verb πέποιθα („vertrauen"; Perfekt Aktiv von πείθω) wird ebenso im zweifachen Sinn (positiv und negativ) gebraucht wie das Verb καυχάομαι („sich rühmen"; vgl. dazu z. B. 2. Kor 1,9; 2,3; 10,7; Gal 5,10; Phil 1,6.14) und wird von Paulus zum Teil parallel – mehr oder weniger als Synonym – zu diesem Verb gebraucht (vgl. 2. Kor 10,7f.; Phil 3,3f.). In Phil 3,3f. ist von einem Vertrauen „im Fleisch" die Rede, welches Paulus auf Grund seiner pharisäischen Vergangenheit ebenfalls haben könnte, es jedoch um Christi willen ablehnt. Es ist dem Kontext nach wahrscheinlich, dass Paulus an unserer Stelle mit dem Satz πέποιθάς τε σεαυτόν („und du vertraust auf dich selbst/traust dir selbst zu") zumindest indirekt auch zum Ausdruck bringt, dass „der Jude" seine Stellung den „Heiden" gegenüber als besondere „Leistung" betrachtete, dessen sie „sich rühmten", wie der Apostel das in Gal 6,12f. in Bezug auf die Beschneidung in aller Deutlichkeit formuliert.

Das Wort ὁδηγός („Wegweiser, Führer") kommt außer an dieser Stelle im Neuen Testament nur noch dreimal bei Matthäus – in Bezug auf die Schriftgelehrten und Pharisäer als „blinde Wegweiser" (vgl. Mt 15,14; 23,16.24) – vor.[80] Der Begriff ὁδηγός wird auch in 1. Macc 4,2 und 2. Macc 5,15 im negativen Sinn gebraucht (anders in Esra 8,1; Sap 7,15[81]; 18,3[82]). Jesus hatte von den „blinden Wegweisern" gesagt, dass sie sich „auf Moses Lehrstuhl" gesetzt haben (Mt 23,2). Seine Nachfolger fordert er in diesem Zusammenhang auf: „Alles nun, was sie euch sagen, tut und haltet; aber handelt nicht nach ihren Werken, denn sie sagen es und tun es nicht" (Mt 23,3). Mit anderen Worten: Auch Jesus anerkennt, dass sie vieles richtig sagen, und trotzdem bezeichnet er sie als „blinde Blinderführer". Mit der Bezeichnung als „Blinde" wiesen bereits die alttestamentlichen Propheten kritisch auf die geistliche „Blindheit" Israels hin (vgl. z. B. Zeph 1,17; Jes 43,8; 59,10), wobei Gott jedoch verhieß, diese „Blindheit" zu heilen (vgl. z. B. Jes 29,18; 35,5; 42,7.16).

Anders als bei den Propheten sind in Röm 2,19 mit den „Blinden" offenbar vor allem „Heiden" gemeint. Paulus spricht den Juden an, der selbst das geschriebene Gesetz Gottes hat und darin unterrichtet wurde und nun meint, dass er die „Heiden" aus dem Gesetz den Willen Gottes unterrichten kann. Ihnen fehlte aus der Sicht des Paulus das Entscheidende, nämlich dass sie Jesus als den Messias erkannten (vgl. auch 2. Kor

79 Vgl. dazu auch Cranfield, Romans I, S. 165f.; Dunn, Romans 1–8, S. 111.

80 In Apg 1,16 wird Judas als „Wegweiser derer, die Jesus festnahmen" bezeichnet.

81 In Sap 7,15 wird Gott selbst als „Wegführer" der Weisheit und „Zurechtweiser" der Weisen beschrieben.

82 Nach Sap 8,3 war die „feurige Säule" für Israel ein „Wegführer".

3,14ff.; vgl. zudem Joh 5,37-47). Und deshalb fehlt auch die Kraft, das Erkannte im praktischen Leben umzusetzen (vgl. auch Röm 7,15ff.; 8,6-8).

Und der Jude traut sich zu, „ein Licht derer in Finsternis“ zu sein (Röm 2,19b). In „Finsternis“ leben nach der Bibel Menschen, die ohne Gott leben (vgl. z. B. Jes 8,22f.; 9,1;60,2). Die „Finsternis“ wird mit dem „Bösen“ bzw. dem „Unheil“ gleichgesetzt (vgl. z. B. Jes 5,20; 45,7) und ist eine Folge des Gerichts Gottes (vgl. z. B. Joel 2,2; 3,4; Amos 5,18; 8,9). Wenn Gott Israel und den „Heiden“ sein Heil ankündigt, kündigt er ihnen auch gleichzeitig sein „Licht“ an (vgl. z. B. Jes 9,1; 42,16; 49,9; 60,2). Es ist die Aufgabe des „Knechtes Gottes“, „Licht der Nationen“ zu sein (vgl. Jes 42,6; 49,6; vgl. auch Jes 51,4; Apg 13,47). Andererseits identifiziert Paulus seinen Dienst nach Apg 13,47 offenbar mit dieser Aufgabe (vgl. auch Apg 13,46).

Auch in jüdischen Texten ist im Kontext der „Heidenmission“ von diesem „Licht“ die Rede.[83] Und während in Jes 51,4 davon die Rede ist, dass das „Recht“ Gottes durch den „Knecht Jahwes“ zum „Licht der Völker“ werden wird (vgl. auch Jes 59,9; Hos 6,5; Zef 3,5), sollte nach Sap 18,4 durch Israel („deine Söhne“), dessen „heilige Kinder … das göttliche Gesetz in Eintrag [als Bund] annahmen“ (Sap 18,9), „der Welt das unvergängliche Licht des Gesetzes gegeben werden“ (τὸ ἄφθαρτον νόμου φῶς τῷ αἰῶνι δίδοσθαι). Nach Sir 24,17 lässt das Gesetz (als „Buch des Bundes“; vgl. Sir 24,23) „Erziehung vorherleuchten wie Licht“ (ὁ ἐκφαίνων ὡς φῶς παιδείαν). Und so erscheint derjenige, der über das „Gesetz des Höchsten“ nachdenkt (vgl. Sir 39,1), vor den Führern (Sir 39,4), durchzieht das Land fremder Nationen (Sir 39,5) und „lässt seine Erziehung der Belehrung hervorleuchten (αὐτὸς ἐκφανεῖ παιδείαν διδασκαλίας αὐτοῦ) und rühmt sich des Gesetzes des Bundes des Herrn“ (Sir 39,8).

Paulus bezieht sich zwar nicht auf solche Texte, sondern auf mögliche jüdische Leser seiner Zeit. Doch scheint deren Einstellung, wie sie von Paulus beschrieben wird, ähnlich zu sein, wie auch der folgende Text zeigt (vgl. Röm 2,20ff.).

4.1.3. Beschneidung und wahres Judentum (Röm 2,25-29)

4.1.3.1. Was die Beschneidung nützt

Paulus wechselt in Röm 2,25 vom „Gesetz“ zur „Beschneidung“[84]. Juden vertrauten zumindest teilweise darauf, dass sie wegen der Beschneidung nicht in die Gehenna kommen würden[85], wobei die Beschneidung im engen Zusammenhang mit dem Bund und dem „Gesetz“ gesehen wurde[86]. Nach Gen 17,11 ist die Beschneidung jedoch das

83 Vgl. z. B. JosAs 6,5; 8,10f.; 1QSb 4,27. In 1QS 3,13 ist von den „Söhnen des Lichts“ die Rede.

84 Vgl. zur Beschneidung in den Paulusbriefen u. a. Blaschke, Beschneidung, S. 361–438.

85 Vgl. z. B. Jub 15,26ff.; vgl. dazu auch u. a. Avenmarie, Bund, S. 193–195; Blaschke, Beschneidung, S. 122–317; Strack/Billerbeck, Kommentar IV, S. 23–40.

86 Vgl. dazu die Ausführungen oben unter Punkt 3.1.

(äußere) Zeichen des Bundes (vgl. dazu auch Röm 4,11f.).[87] Im Bund wird dem Volk der Gotteswille mitgeteilt, nach dem das Volk leben soll („Gesetz" als Bundesaufgabe). Das Grundlegende ist demnach nicht die Beschneidung, sondern dass der Einzelne und das Volk nach dem im Bund mitgeteilten Willen Gottes leben (vgl. auch Gal 5,3.6), dass der Jude also das Gesetz tut (νόμον πράσσῃς)[88]. Wenn Frey bemerkt, dass die Beschneidung „keinen *soteriologischen Eigenwert* mehr" habe[89], „sondern ... entscheidend *relativiert*" sei[90], so stimmt das also nur in dem Sinn, dass Paulus die körperliche Beschneidung in seiner Bedeutung gegenüber dem Judentum relativiert, nicht aber gegenüber dem Alten Testament. Im Folgenden wird auch nicht „neu definiert, wer wirklich ‚Jude' ... ist", wie Frey meint.[91] Vielmehr erklärt der Apostel wie auch später in Röm 9,6-8, worauf es bei Gott schon immer in Bezug auf die Zugehörigkeit zum Volk Gottes ankam[92] – wobei zu beachten ist, dass Paulus in Röm 9 von „Israel" spricht, an unserer Stelle aber von „dem Juden" (vgl. Röm 2,17). In unserem Abschnitt geht es Paulus um die Betonung, dass es nicht genügt, von Natur aus „Jude" zu sein. Es braucht die „Beschneidung des Herzens".

Nach Röm 2,25 ist die Beschneidung nützlich, „wenn du [das] Gesetz bewahrst/hälst". Nach Kraus lässt sich aus dem Zusammenhang erschließen, wozu die Beschneidung „nützlich" ist: „insofern sie ihn als Mitglied des Volkes Gottes ausweist, das im eschatologischen Gericht gerettet wird".[93] Ob Paulus das zum Ausdruck bringen wollte, muss allerdings bezweifelt werden. Nach Röm 3,1f. besteht der „Nutzen der Beschneidung" (ἡ ὠφέλεια τῆς περιτομῆς) vor allem darin, „dass [ihnen] die Aussprüche Gottes anvertraut wurden", während Abraham nach Röm 4,11 das „Zeichen der Beschneidung" als „Siegel/Versiegelung der Gerechtigkeit des Glaubens"

87 In tBer 6,13 wird bemerkt, dass Gott dem „Liebling" (wohl Abraham) „ein Mal in sein Fleisch gesetzt und seine Nachkommen mit dem Zeichen des heiligen Bundes gesiegelt hat. Darum, lebendiger Gott, unser Teil, unser Fels, befiehl zum Lohn dafür, die Lieblichkeit unseres Fleisches vor der Grube zu retten" (vgl. dazu auch Avenmarie, Bund, S. 196).

88 Vgl. zum Ausdruck auch 1QpHab VII,1; XII,4; CD IV,8; VI,14 (vgl. dazu Lohse, Römer, S. 112).

89 Vgl. dazu auch Frey, Judentum, S. 28: „Die soteriologische Wertlosigkeit der Beschneidung wird zudem *schrifttheologisch* begründet am *Beispiel Abrahams* (Röm 4)."

90 Ebd.

91 Frey, Judentum, S. 28; vgl. auch z. B. Wright, Romans 2.17–3.9, S. 1–25.

92 Vgl. dazu auch Thiessen, Gott hat Israel nicht verstoßen, S. 36ff.

93 Kraus, Volk Gottes, S. 274–275. Andererseits bemerkt Kraus: „Die Vorstellung einer Herzensbeschneidung ist sowohl im AT wie auch im zeitgenössischen Judentum belegt, jedoch stets auf die Weise, dass sie zur äußerlich vollzogenen Beschneidung hinzutreten muß, und dies so, dass jene ersetzen könnte. Diese Grenzlinie wird hier [d.h. in Röm 2,25-29] von Paulus überschritten" (ebd., S. 275). Wenn Paulus auch „einem Heiden die Erfüllung der Rechtsforderung – also dessen, was die Tora gebietet –" zutraue, so stehe „unausgesprochen ... schon im Hintergrund, was Paulus in 3,21ff. ausführen wird (bzw. das, was er in Gal 3 bereits ausgeführt hat): dass allein der Glaube rechtfertigt und daß der an Christus Glaubende als Mitglied des Gottesvolkes – dem Beschnittenen gleichgestellt – angesehen wird" (ebd.).

empfing. Die Beschneidung ist für Paulus somit das „Zeichen des Bundes“[94], den Gott mit Abraham „und seinem Samen“ machte, welcher für Paulus vor allem die Verheißung des kommenden Erlösers beinhaltet (vgl. dazu u. a. Röm 4,11-14; Gal 3,16-18). Die Beschneidung ist für ihn deshalb dann nützlich, wenn sie zum Glauben an diesen verheißenen Erlöser führt. Denn das „Tun des Gesetzes“ schließt für Paulus im Grunde genommen immer diesen Glauben an den darin verheißenen Erlöser (vgl. dazu Röm 1,2; 3,21) mit ein. An unserer Stelle geht es ihm jedoch offensichtlich darum, zu betonen, dass nicht der Besitz der Beschneidung, „sondern das ihr entsprechende Handeln“ entscheidend ist, wie Blaschke richtig bemerkt.[95]

„Wenn du aber Übertreter des Gesetzes wirst, ist deine Beschneidung Unbeschnittenheit geworden“, schreibt Paulus weiter (Röm 2,25b). Der Begriff παραβάτης („Übertreter“) erscheint an dieser Stelle zum ersten Mal im Römerbrief und wird nur noch in Röm 2,27 wiederholt (vgl. dazu auch Gal 2,18; Jak 2,9.11). Allerdings hatte der Apostel bereits in Röm 2,23 „dem Juden“ (vgl. dazu Röm 2,17) vorgeworfen, dass er „durch Übertretung des Gesetzes (διὰ τῆς παραβάσεως τοῦ νόμου) Gott“ verunehre. Paulus konnte dabei an die vielen alttestamentlichen Aussagen anknüpfen, nach denen es nicht in erster Linie auf die äußere Beschneidung, sondern auf die „Beschneidung des Herzens“ ankommt (vgl. dazu auch Röm 2,29).[96] Nach Jer 9,24f.[97] soll die Zeit kommen, in der Gott alle heimsuchen wird, „die an der Vorhaut beschnitten sind (LXX: ἐπὶ πάντας περιτετμημένους ἀκροβυστίας αὐτῶν) ... Denn alle Heiden sind nur unbeschnitten, aber ganz Israel hat ein unbeschnittenes Herz“. Wenn die Juden also trotz körperlicher Beschneidung ein „unbeschnittenes Herz“ haben und somit den im „Gesetz“ offenbarten Willen Gottes übertreten, zeigen sie damit, dass sie nicht im Bund Gottes leben und in dieser Weise „Unbeschnittene“ sind.

94 Von der Beschneidung als „Zeichen dieses Bundes“ ist z. B. auch in Jub 15,28 die Rede. Wenn Israel sie als „ewige Ordnung“ bewahrt, werden sie nicht ausgerottet werden. Wer aber dieses „Zeichen, dass er Gott gehört“, nicht hat, ist ein „Kind des Verderbens“ und wird ausgerottet werden (vgl. Jub 15,26). Das „Zeichen des Bundes“ wird somit mit dem Bund selbst identifiziert, und es gibt keine Möglichkeit, ohne das „Zeichen“ in dem Bund zu leben. Denn diejenigen, die nicht beschnitten sind, „haben ihre Glieder gemacht wie die Heiden“ (Jub 15,34), da „alle Söhne Beliars ihre Söhne ohne Beschneidung lassen“ (Jub 15,33).

95 Blaschke, Beschneidung, S. 411.

96 Für Philo ist offensichtlich, dass nicht derjenige, „der an der Vorheit beschnitten wurde (ὁ περιτμηθεὶς τὴν ἀκροβυστίαν), sondern der die Lüste und die Begierde und die andren Leidenschaften der Seele“, ein Proselyt ist mit dem Hinweis, dass die Hebräer in Ägpyten auch nicht beschnitten wurden (Philo, 1QEx 2,2). Die Beschneidung hat für Philo also symbolische Bedeutung (vgl. auch Philo, Spec. 1,2-9).

97 Vgl. die Anlehnung (bzw. das Zitat) von Jer 9,22 in 1. Kor 1,20 und von Jer 9,23 in 1. Kor 1,31 (vgl. auch 2. Kor 10,17).

4.1.3.2. *Wer für Paulus wahrer Jude ist*

„Denn weder [ist] derjenige, der im Sichtbaren Jude ist, [auch im Sinn Gottes Jude,] noch [gilt schlussendlich vor Gott] die im Sichtbaren am Fleisch [vollzogene] Beschneidung“, stellt der Apostel fest (Röm 2,28). Es gab die Beschneidung in der antiken Welt auch unter anderen Völkern.[98] Für die Juden war sie jedoch das Zeichen des Bundes mit Jahwe.[99] Paulus betont ihnen gegenüber, dass es nicht auf das äußerliche Zeichen ankommt, sondern auf den Inhalt bzw. auf ein Leben im Einklang mit dem Bund, d.h. auf die „Herzensbeschneidung“ (vgl. Lev 26,41; Deut 10,16; 30,6; Jer 4,4; 6,10; 9,25; Hes 44,7)[100]. So wird z. B. im Midrasch *Bereschit Rabba* (einer jüdischen Auslegung des Buches Genesis) darauf hingewiesen, dass sich das Wort „Vorhaut“ im Alten Testament auf das Ohr (Jer 6,10), auf den Mund (Ex 6,12), auf das Herz (Jer 9,25) und auf den Körper (Gen 17,1) bezieht. Im Midrasch wird das folgendermaßen kommentiert:

> „Wenn der Mensch sich das Ohr beschneidet, so ist er nicht fehlerfrei, wenn den Mund, auch nicht, wenn das Herz auch nicht, wo soll er sich also beschneiden, dass er fehlerfrei bleibt? Gott kann nicht anderes als den Körper gemeint haben. Die Schrift sagt (Gen. 17,12): Acht Tage alt soll von euch alles Männliche beschnitten werden. Thut er es am Ohre, so hört er nicht, am Munde, so kann er nicht sprechen, am Herzen, so kann er nicht denken, wo soll er es also thun, damit diese Übelstände nicht eintreten? Es kann an keinem andern Theile geschehen, als an der Vorhaut des Leibes.“[101]

Die Bibel betont an vielen Stellen die Veränderung der tiefsten Motivation des Menschen bzw. des menschlichen „Herzens“ (vgl. z. B. Deut 30,2ff.; Röm 12,1f.). Dass der „Buchstabe“ des Gesetzes allein den Menschen nicht ändern kann, zeigt Paulus in aller Radikalität in Röm 7,7-25, während er in Röm 8,1ff. zeigt, worauf es ankommt, nämlich auf die „Gesinnung des Geistes“.

Für Philo ist offensichtlich, dass nicht derjenige, „der an der Vorhaut beschnitten wurde (ὁ περιτμηθεὶς τὴν ἀκροβυστίαν), sondern der die Lüste und die Begierde und die andren Leidenschaften der Seele“, ein Proselyt ist mit dem Hinweis, dass die Hebräer in Ägpyten auch nicht beschnitten wurden.[102] Die Beschneidung hat für Philo also symbolische Bedeutung.[103]

---

98 Vgl. dazu Blaschke, Beschneidung, S. 323–360. Philo geht darauf in Spec. 1,2ff. ein (Spec. 1,2: … καὶ παρ᾽ ἑτέροις ἔθνεσι καὶ μάλιστα τῷ Αἰγυπτιακῷ …). Für ihn hat die Beschneidung symbolische Bedeutung, indem sie auf das „Abschneiden“ der Lust und der Leidenschaften von der Seele weist (vgl. Spec. 1,9; Migr. 92; Somn. 2,25).

99 Vgl. z. B. Jub 15,26ff.

100 Vgl. auch 1QS V,5; 1QpHab XI,13; Jub 1,23; vgl. zu weiteren Quellen u. a. Blaschke, Beschneidung, S. 131ff.; Strack/Billerbeck, Kommentar III, S. 126.

101 Midr. Ber. Rab. zu Gen 17,2 (zitiert nach Bibliotheca Rabbinica I/2, S. 217).

102 Philo, 1QEx 2,2.

103 Vgl. auch Philo, Spec. 1,2-9.

Die „Beschneidung des Herzens im Geist“ geschieht nach Paulus offenbar durch die Sündenvergebung und die Erneuerung des meschlichen „Herzens“ durch den Geist Gottes (vgl. dazu auch Joh 3,3.5; 2. Kor 5,17; Tit 3,5; Hes 36,25-27; Jer 31,31-34). Dadurch wird der Mensch fähig, Gottes Willen zu erfüllen (vgl. auch u. a. Röm 5,5; 8,2ff.). Paulus ist dabei nicht gegen den „Buchstaben“. Aber allein das geschriebene Wort ohne die Veränderung des Herzens durch den Geist Gottes bewirkt nach seiner Überzeugung nichts. Auch mit dieser Botschaft steht Paulus im Einklang mit dem „Gesetz“. Denn einerseits wird Israel aufgefordert, die „Vorhaut des Herzens“ zu beschneiden, um Gott von ganzem Herzen zu dienen (vgl. Deut 10,16; Jer 4,4), und andererseits heißt es in Deut 30,6: „Und Jahwe, dein Gott, wird dein Herz und das Herz deiner Nachkommen beschneiden, damit du Jahwe, deinen Gott, liebst mit deinem ganzen Herzen und mit deiner ganzen Seele, dass du am Leben bleibst.“ Das gilt umso mehr für die Verheißung des „neuen Bundes“, wodurch Gott nicht nur Israel die Sünden vergeben, sondern ihnen auch ein neues Herz schenken will, indem er seine Tora in ihr Inneres legt und sie auf ihr Herz schreibt und macht, dass sie in seinen Ordnungen leben und seine Rechtsbestimmungen bewahren (vgl. Jer 31,31-33; Her 36,25-27).

Nach Wright geht es Paulus in Röm 2,17–29 nicht darum zu zeigen, wer gerettet oder gerechtfertigt ist; vielmehr sei das primäre Thema des Abschnitts die Frage nach dem Menschen, durch den Gott seine Absicht erfülle.[104] Wright sieht in Röm 2,17–3,9 sogar den Schlüssel zum Verständnis des ganzen Römerbriefs.[105] „Paul is here clerly drawing on the new covenant theology of Deuteronomy 30.6, which, as is wll known, echoed in Jeremiah and elsewhere.“[106] Dass Paulus an alttestamentliche Aussagen anknüpft, ist m. E. offensichtlich, besonders mit der Aussage über die „Beschneidung des Herzens“. Aber es geht Paulus an dieser Stelle nicht um eine „Neudefinition von Israel“ – von „Israel“ ist an dieser Stelle noch lange nicht die Rede. Es geht Paulus vielmehr im ganzen Kapitel darum zu zeigen, warum auch „der Jude“ vor Gott „ohne Entschuldigung“ ist (vgl. Röm 2,1ff.), weil er dem Maßstab Gottes nicht entspricht. Dem Maßstab Gottes kann auch er nur durch die „Beschneidung des Herzens“ und somit schlussendlich nur durch den Messias Jesus entsprechen.

4.1.4. Der Selbstruhm ist also ausgeschlossen (Röm 3,27-28)

Gemäß Wright will Paulus in Röm 3,27ff. eine jüdische „Rechtfertigung“ oder „Errettung“ auf Grund der Erfüllung von „Gesetzeswerken“ ansprechen.[107] „The point here is that Paul is now ruling out the ‚boast‘ of ‚the Jew‘ maintained a status above that of

104 Vgl. Wright, Romans 2.17, S. 16f.
105 Vgl. ebd., S. 17.
106 Ebd., S. 16–17.
107 Wright, Romans, S. 479.

the Gentiles."[108] Es gehe um einen „ethnischen Stolz Israels nach dem Fleisch", „supported as it was by the possission of the Torah and the performance of those ‚works' that set Israel apart from the pagans".[109] Richtig ist, dass es einen Zusammenhang zwischen Röm 3,27ff. und Röm 2,17ff. gibt.[110] Doch bereits dort ging es um mehr als um einen „ethnischen Stolz" bzw. um die so genannten „Grenzmarkierungen"[111]. Und schon in Röm 2,1ff. hatte Paulus betont, dass die Juden deshalb „ohne Entschuldigung" seien, weil sie seinen Ausführungen über die „Heiden" zwar zustimmen würden, aber selbst zumindest im Herzen nicht wirklich besser sind. Zudem übersieht Wright offensichtlich, dass es bei dem „ethnischen Stolz" auch um den „persönlichen" Heilszustand vor Gott ging. Es geht Paulus auch keineswegs nur darum, dass die Juden die „Heiden" falsch beurteilen; vielmehr ist er überzeugt, dass sie sich selbst falsch beurteilten, indem sie „Eiferer des Gesetzes" sind, das aber „ohne Erkenntnis" (Röm 10,2f.).

Wie ein Vergleich mit Gal 3,3ff. zeigt, geht es Paulus auch vor allem um die Frage, wie der Mensch auf Grund des Erlösungswerks Jesu Christi den Geist Gottes und dadurch den dem Abraham verheißenen Segen empfangen kann[112], und somit darum, wie er durch den Geist Gottes die innere Erneuerung erleben kann (vgl. u. a. Röm 5,5; 2. Kor 2,17; Tit 3,5). Deutlich wird dieser Zusammenhang auch z. B. in Tit 3,5, wonach Gott „uns errettete, [und zwar] nicht aus Werken, die, in Gerechtigkeit [vollbracht], wir getan hatten, sondern nach seiner Barmherzigkeit durch die Waschung der Wiedergeburt und Erneuerung des Heiligen Geistes". Es geht also sehr wohl auch entscheidend darum, „wie man Christ wird" und wie man vom „geistlichen Tod" (vgl. Röm 5,12ff.; Eph 2,1-3) zum „geistlichen Leben" kommen kann (vgl. auch 2. Tim 1,9f.).[113] Nach Überzeugung des Apostels ist der Mensch nur durch diese Erneuerung

108 Ebd., S. 480.

109 Ebd.; vgl. dazu auch z. B. Dunn, Romans 1–8, S. 185; Watson, Paul, S. 245ff.; Wright, New Testament, S. 224–241.

110 Vgl. Wright, Romans, S. 480.

111 Vgl. dazu oben Punkt 2.3.2. (zu Dunn) und unten Punkt 4.2 (zu den „Werken [des] Gesetzes").

112 Vgl. dazu auch u. a. Lee, Blessing, S. 182ff. Zum „Segen Abahams" in jüdischen Schriften bemerkt Lee: „Although the Abramamic blessing for the nations is cited explicitly in Ben Sira (Sir 44:21), *Jubilies* (Jub. 12:23; 18,16; 24:11; 27:23), Philo (*Migration* 1; *Heir* 8; *Dreams* 1,3), and the *Ladder of Jacob* (Lad. Jac. 1:11), it is usually associated with obedience of God's commmands and laws, and most of them do not explain specifically how the nations will be blessed on account of Abraham and his descendants – except for *Jubilies* (Jub. 20:1-13) and *Philo* (Migration 109–127a; Deams 1.176–178)" (ebd., S. 179). Philo nimmt in seinen Schriften zweimal ausdrücklich auf Gen 12,2 Bezug (so in Migr. 86.107) und einmal (im gleichen Zusammenhang) auf Gen 12,3a (so in Migr. 109), nicht aber auf Gen 12,3b. Etwas öfter bezieht er sich auf Gen 12,1 (so in Leg. 3,83; Det. 159; Migr. 1; Her 69.277). Die Berufung Abrahams wird vor allem auf das Gute im Leben Abrahams zurückgeführt (vgl. dazu auch Thiessen, Stephanusrede II, S. 58–60). Und in der Deutung von Gen 12,2-3a geht des Philo vor allem darum darzulegen, was der Segen Gottes für Abraham und für Israel bedeutete (vgl. Migr. 109ff.).

113 Vgl. zu Eph 2,1-3 u. a. Gerber, Leben allein aus Gnade, S. 377ff.

und durch den Geist Gottes imstande, sich dem ganzen Willen Gottes zu unterordnen (vgl. u. a. Röm 7,7ff.; 8,2ff.).

„Wo [bleibt] nun das Rühmen?“, fragt Paulus (Röm 3,27a). Das *Nomen actionis* καύχησις („Rühmen“) und damit verwandte Wörter wie καύχημα („Ruhm“; Röm 4,2) und καυχάομαι („rühmen“; Röm 2,17.23; Gal 6,13f.) werden im Neuen Testament hauptsächlich von Paulus gebraucht, und zwar insgesamt 55-mal (sonst nur noch einmal im Hebräerbrief und dreimal im Jakobusbrief).[114] An unserer Stelle sagt der Apostel mit anderen Worten: Auf welche eigenen Vorzüge vor Gott wollen wir uns (als Juden) noch in Bezug auf unsere Rechtfertigung vor Gott verlassen? Es bleibt uns nur das Kreuz Christi (Gal 6,13f.), das zwar denen, die verloren gehen, eine Torheit ist, uns aber eine Gotteskraft, weil es uns mit Gott versöhnt (vgl. 1. Kor 1,18).

Das Rühmen ist durch das „Gesetz [des] Glaubens“ ausgeschlossen (Röm 3,27b). Die Wendung διὰ νόμου τῶν ἔργων („durch das/ein Gesetz der Werke“) bedeutet an dieser Stelle wohl etwa soviel wie „durch das/ein Gesetz, das Werke verlangt“[115], und der Satz διὰ νόμου πίστεως („durch das/ein Gesetz [des] Glaubens“) wird im Sinn von „durch das Gesetz, das zum Glauben führen will“ gebraucht (vgl. Röm 7,21-23; 8,2).[116] Der Begriff νόμος („Gesetz“) bezieht sich dabei offensichtlich auf die alttestamentliche Tora (ebenso wie in Röm 7,21.23.25 sowie in 8,2, wie dort der Kontext – vgl. z. B. den Gebrauch des Begriffs in Röm 7,12.14.16.22; 8,3.4.7 – zeigt), wobei die Bedeutung „Norm, Prinzip“[117] wohl mitschwingt[118]. Auch der Bezug zum „Rühmen“, das im Judentum vom „Gesetz“ ausging, und der Zusammenhang zwischen Röm 3,27-28 mit Röm 3,20-21[119] machen klar, dass vom alttestamentlichen „Gesetz“ die Rede ist.[120]

---

114 Vgl. dazu u. a. Gathercole, Where is boasting, S. 10ff.

115 Nach Wilckens ist „von 2,13 einerseits und 3,20.28 andererseits her deutlich“, was mit dem Ausdruck gemeint ist: „die Tora, sofern sie Werke der Gerechtigkeit fordert und allein an ihnen die Rechtferitung bemißt“ (Wilckens, Römer 1, S. 245).

116 Vgl. dazu auch Friedrich, Gesetz des Glaubens, S. 401–417. Wright definiert den Ausdruck folgendermaßen: „the ‚Torah‘ (i.e. the ‚covenant charter‘, the divinely given means of drawing the boundary around the people) which consists, not of those ‚boundary markers‘ that separate Jews from Gentiles (that is the early ‚new perspective‘ insight of James Dunn, and through it has required some modification its basic point still stands) but rather oft hat ‚boundary marker‘ which, because it war the Messiah's own category, says ‚Here are the Messiah's people‘“ (Wright, Paul and the Faithfulness of God, S. 847). Und er ergänzt mit Bezug auf Röm 3,28: „… in other words, one is reckoned to be within the justified people, those whom this God has declared ‚righteous‘, ‚forgiven‘, ‚members oft he covenant‘, in the basis of *pistis* and that alone. That – the Messiah's faithfulness, in which his people share through their own *pistis* as in (my reading of) 3.26, and also in 4.24-25 – is the basic sign of membership“ (ebd.). Wright spricht in dieser Hinsicht von einer „christologischen neudefinierten Erwählung“ (ebd., S. 848). Paulus geht es jedoch nicht um eine „Neudefinition“ (irgendwelcher Art), sondern darum zu zeigen, wie die Verheißungen Gottes durch Jesus Christus erfüllt werden.

117 So z. B. Schnelle, Paulus, S. 353f.

118 Vgl. dazu u. a. Vischer, Romans 4, S. 126.

119 Vgl. dazu Westerholm, Perspectives, S. 322–323: „Verses 27-28 deliberately echo 21-22: ‚apart

Somit geht es um unterschiedliche „Anwendungsmöglichkeiten“ bzw. Interpretationsansätze der Tora. Diese Sicht wird m. E. auch durch Röm 9,31-32 bestätigt, wonach Israel zwar das „Gesetz der Gerechtigkeit“ verfolgt hat, aber „zum Gesetz nicht gelangt ist“, weil das „nicht aus Glauben, sondern wie aus Werken“ geschah[121], wobei der „Glaube“ im Zusammenhang mit dem „Stein des Anstoßes“, Jesus Christus, gesehen wird (vgl. auch Röm 10,6-11).[122] An unserer Stelle sagt Paulus damit: Wenn also die Tora so ausgelegt werden kann, dass sie durch das Einhalten ihrer Gebote zur Rechtfertigung vor Gott führt, dann wäre das „Rühmen“ nicht ausgeschlossen. Wenn aber die Tora so verstanden werden muss, dass sie zum Glauben an den Erlöser Jesus Christus führen will, um durch ihn die Rechtfertigung zu erlangen (vgl. auch z. B. Joh 5,39f.), dann ist das eigene „Rühmen“ – was für Paulus bedeutet, sich auf „Fleisch“ zu verlassen – völlig ausgeschlossen (vgl. z. B. Gal 6,13f.; Phil 3,3ff.).[123]

---

from the works of the law' (v.28) parallels ‚apart from the law' (v.21), the ‚law of faith') v.27) reminds us of the witness of the law (v.21), and ‚by faith' (v.28) parallels ‚through faith' (v.22).“

120 Vgl. auch z. B. Wilckens, Römer 1, S. 245. Nach Moo würde es Gal 3,12 widersprechen, Paulus so zu verstehen, dass er sagen wollte, das mosaische Gesetz sei, richtig verstanden, ein „Gesetz des Glaubens“ (Moo, Romans, 248f.). „It is our faith, ‚apart from works of the law' (v.2.9), that rules out of court any possiblity of boasting – not a new way of looking at the law“ (ebd., S. 249). Im Kontext von Gal 3,12 geht es jedoch um das, was Paulus an unserer Stelle als „Gesetz der Werke“ bezeichnet. Nach Gal 3,10 sind diejenigen, die „aus den Werken des Gesetzes leben“, unter dem Fluch, und in Gal 3,11 zitiert der Apostel Hab 2,4 (vgl. Röm 1,17), worin er bestätigt sieht, dass „im/durch [das] Gesetz“ (ἐν νόμῳ) niemand gerechtfertigt werden kann. Somit sind allein diejenigen, „die aus Glauben sind, … mit dem gläubigen Abraham“ gesegnet (Gal 3,9). Der Kontext von Gal 3,12 bestätigt also indirekt, dass mit dem „Gesetz [des] Glaubens“ gemeint ist, dass die Schriften des Alten Testaments („Gesetz und Propheten“; vgl. Röm 3,21) zum Glauben an Jesus Christus führen möchten. Es geht Paulus also doch um eine „neue Sicht des Gesetzes“, jedoch nicht um eine „neue Sicht“, die nicht bereits in der Tora bzw. im Alten Testament selbst verankert wäre, sondern um eine „neue Sicht“ im Hinblick auf die Sicht im Judentum.

121 Vgl. Cranfield, Some Note, S. 35–43. Cranfield bemerkt: „It is of the greatest importance to recognize something which is often completely ignored, namely, that there is not the slightest suggestion here that to *pursue* the law was wrong or unless. It is not for its pursuit of the law, not on account of the *fact that* it had pursued, and was still pursuing, the law, that Israel in condemned, but for the *way in which* it had pursued the law“ (ebd., S. 39). Zum richtigen Verständnis des Gesetzes gehört demnach nach Cranfield, dass man „without evasion or resentement“ die Kritik des eigenen Lebens durch das Gesetz akzeptiere, „recognizing that one can never so adequately fulfil its righteous requirements as to put God in one's debt, accepting God's proffered mercy and forgiveness and in return giving oneself to Him in love and gratitude … Israel had failed to recognize Him who is the goal and substance and meaning of the law, and has reflected Him“ (ebd., S. 40–41). Cranfield folgert – m. E. richtig (vgl. dazu unten zu Punkt 4.10) – aus diesem Verständnis von Röm 9,30-33, dass damit die Sicht, wonach τέλος … νόμου Χριστός in Röm 10,4 im Sinn von „Christus ist das Ziel des Gesetzes“ zu verstehen sei, bestätigt werde (ebd., S. 43).

122 Es geht bei dem Ausdruck „Gesetz der Werke“ also offensichtlich um mehr als um eine Abgrenzung der Juden von den „Heiden“ auf Grund der Tora, wie z. B. Dunn annimmt (vgl. Dunn, Romans 1–8, S. 186).

123 Wilckens sieht in Röm 3,27 als Ganzes eine exegetische Schwierigkeit. „Wieso ist … alles

Mit ähnlichen Ausdrücken beschreibt Paulus in Röm 9,30-32, dass die „Heiden" die Gerechtigkeit – „und zwar (δέ) die Gerechtigkeit aus Glauben" – erlangt haben, Israel aber, obwohl es das „Gesetz der Gerechtigkeit" verfolgt hat, „nicht zum Gesetz gelangt" ist, und zwar, weil die Israeliten die Gerechtigkeit „nicht aus Glauben", sondern „aus Werken" gesucht haben. Damit veranschaulicht der Apostel nochmals, was gemeint ist. Die Frage ist also, ob wir das „Gesetz" so verstehen sollen, dass es „Werke" verlangt, durch die der Mensch die Rechtfertigung erlangen kann, oder in dem Sinn, dass es den Menschen zum Glauben an Jesus Christus führen will, um durch ihn die Rechtfertigung zu erlangen.[124] Für Paulus ist klar, dass die Juden deshalb das Ziel verfehlt haben, weil sie nicht an den glauben wollten, der im „Gesetz" verheißen wurde (vgl. u. a. Röm 10,2-4; vgl. auch z. B. Joh 5,39f.).

Nach Wright bezieht sich der Ausdruck „Gesetz der Werke" (νόμος τῶν ἔργων) auf die Tora

> „as that which defines Israel over against the nations, witnessed by the performance of the works that Torah precribes – not only sabbath, food-laws and circumcision, though

---

‚Rühmen' nicht durch das Werke fordernde, sondern durch das den Glauben zugeordnete Gesetz *ausgeschlossen*? Hat Paulus doch in V 19 umgekehrt die Wirkung gerade des Werke fordernden Gesetzes darin herausgestellt, ‚daß jeder Mund gestopft wird' – womit er zweifellos eben auf das ‚Rühmen' des Juden 2,17ff zielte!" (Wilckens, Römer 1, S. 246). Der Sinn kann nach Wilckens „nur der sein, daß das *heilsgeschichtlich* begründete ‚Rühmen', da es nach 2,21ff die Werke gegen sich hat, dort ‚ausgesperrt' worden ist, wo der Jude im Glauben an den, der den *Gottlosen* rechtfertigt, Gottes Gericht vollauf recht gibt, lobpreisend recht geben darf" (ebd.). Wilckens ergänzt anschließend: „Vielleicht aber läßt sich die Interpretation dadurch erheblich erleichtern, daß man in V 27b nicht ἐξεκλείσθη von V 27a her ergänzt, sondern von V 28 her δικαιοῦσθαι ἄνθρωπος" (ebd., S. 247). Dieser letzte Vorschlag scheint eine Art „Notlösung" zu sein, die allein schon aus syntaktischen Gründen kaum infrage kommt. Diese „Notlösung" ist m. E. auch nicht notwendig, weil die von Wilckens erwähnte „Schwierigkeit" m. E. nicht wirklich besteht, auf jeden Fall dann nicht, wenn man Paulus in Röm 3,28 in dem Sinn versteht, dass das „Gesetz der Werke" – d.h. die Tora, wie sie die von ihm angesprochenen Juden (vgl. Röm 2,17ff.) verstanden – nicht das „Rühmen" ausschließt, dass aber die Tora dann das „Rühmen" ausschließt, wenn man darin nicht einen eigenen „Heilsweg" auf Grund von „Werken", sondern die Sündhaftigkeit des Menschen ableitet (vgl. Röm 3,20b) und wenn man darin zentral eine Hinführung zum Glauben an den Messias Jesus sieht (vgl. auch Röm 4,2-5; Gal 3,23-25).

124 In diesem Sinn betont Dunn richtig, dass der Ausdruck „Gesetz [des] Glaubens" am besten zu verstehen ist „in full sense as the law adressed to faith and fulfilled through faith" (Dunn, Romans 1–8, S. 187). Auch die Anmerkung, dass es bei dem Gegensatz zwischen dem „Gesetz der Werke" und dem „Gesetz [des] Glaubens" um „zwei Wege, das Gesetz als Ganzes zu sehen" („two ways of looking at the la was a whole"), gehe (ebd., S. 186), ist grundsätzlich richtig. Dunn bezieht das dann allerdings lediglich auf die „unverwechselbaren jüdischen und spezifischen Charakteristika" („distinctively Jewish and particular features") – und zwar besonders auf die Beschneidung –, welche die Juden von den „Heiden" abgrenzten und durch den Glauben nun eine untergeordnete und sekundäre Rolle spielten (ebd., S. 186f.). Das ist m. E. eine zu einseitige Einschränkung auf einen Aspekt, der bei Paulus sicher auch eine Rolle spielt, aber im Römerbrief eher eine untergeordnete.

these are the obvious things that, sociologically speaking, give substance to the theologically based separation“.[125]

Andererseits ist für Wright die Erfüllung der Tora durch den Glauben ein „überraschender Weg“.[126] Für Paulus dagegen ist das die einzige Möglichkeit, die Tora richtig zu verstehen.

In Röm 3,21 hatte Paulus betont, dass es um die „Glaubensrechtfertigung“ gehe, die „vom Gesetz und den Propheten“ bezeugt wird, und nach Gal 3,8 hat die Schrift „vorhergesehen ..., dass Gott die Nationen aus Glauben rechtfertigen werde“, wobei Gal 3,11 ergänzt, dass „niemand“ – also auch kein Jude (vgl. Gal 2,16) – allein durch das Gesetz Gottes heilswirkende „Gerechtigkeit“ erlangen kann. Bei Paulus geht es nicht zentral um die Frage, wie die Juden ihre „fortlaufende Mitgliedschaft im Volk des Gesetzes bestätigen“ können, sondern vielmehr um die Frage, wie man auch innerlich dazugehören kann. Das ist nach Paulus sowohl für Juden als auch für Nichtjuden allein durch den Glauben an Jesus Christus möglich, und diese Rechfertigung durch den Glauben, die vom „Gesetz“ bezeugt ist und zu der das „Gesetz“ deshalb führen will, schließt jegliches „Rühmen“ auf Grund von menschlichen Vorzügen und Verdiensten aus.

4.1.5. Ein Gott, der in der Rechtfertigung der Juden und Heiden das Gesetz bestätigt (Röm 3,29-31)

„Oder ist Gott allein [Gott] der Juden?“, fragt Paulus (Röm 3,29), um die Rechtfertigung allein durch den Glauben und nicht durch Werke für Juden und Nichtjuden zu begründen.[127] Subjekt ist an dieser Stelle ὁ θεός („der [einzige] Gott“), und nicht „ein Gott“.[128] Die Formulierung zeigt, dass es für Paulus nur einen wirklichen Gott gibt

125 Wright, Romans, S. 480–481; vgl. auch Dunn, Romans 1–8, S. 186: „The key to exegesis here is the axiomatic three-way association in Jewish thought between the national pride of the covenant people, the law as the particular focus and reason for that pride, and works of the law as the expression of Jewish devotion to their God and his law particularly through these obligations which marked them out in their distinctiveness as his people.“

126 Wright, Romans, S. 481.

127 Es sei an dieser Stelle nochmals betont, dass die Zugehörigkeit zum Volk Gottes für Paulus nicht von der Rechtfertigung im Sinn von Sündenvergebung und Befreiung vom „Fluch des Gesetzes“ durch Jesus Christus getrennt werden kann. Die Rechtfertigung in diesem Sinn, wodurch der Einzelne den Geist Gottes empfängt (vgl. Gal 3,2ff.; Röm 5,5) und „Frieden mit Gottes“ erhält (vgl. Röm 5,1), geht der Zugehörigkeit zum Volk Gottes voraus (vgl. dazu auch Lee, Blessung, S. 203; vgl. zudem u. a. 1. Kor 12,13; Eph 2,14ff.).

128 Der Begriff θεός erscheint im Römerbrief insgesamt 153-mal und damit häufiger als in fast jedem anderen NT-Buch (nur in der Apostelgeschichte erscheint der Begriff häufiger, und zwar 167-mal – an dritter Stelle steht das Lukasevangelium mit 122 Erscheinungen, während der Begriff im Matthäusevangelium „nur“ 51-mal, im Markusevangelium 49-mal und im Johannesevangelium 83-mal erscheint). Der Ausdruck ὁ θεός erscheint im Römerbrief 105-mal (in der

bzw. geben kann (vgl. auch Röm 3,30: εἷς ὁ θεός). Dass der Apostel dabei an das Sch^ema von Deut 6,4 („Höre, Israel: Jahwe ist unser Gott, Jahwe ist einer“) gedacht hat[129] (vgl. auch 1. Kor 8,6), ist wohl klar, doch dass er auch das „Schema“ des Sch^emas angewandt hat, ist m. E. nicht so offensichtlich.[130] Natürlich konnte er an dieser alttestamentlichen Stelle anknüpfen, um seine jüdischen Volksgenossen daran zu erinnern, dass es in Wirklichkeit nur einen wahren Gott gibt. Bei diesem Gott gibt es kein Ansehen der Person (vgl. Röm 2,11), sondern er prüft die Herzen (das „Verborgene“) der Menschen und wird sie deshalb „der Wahrheit gemäß“ richten, ob Jude oder „Grieche“ (Röm 2,2.16; vgl. Röm 3,4-9). Die Gläubigen in Rom sind „Geliebte“ dieses Gottes (vgl. Röm 1,7), dessen „Sohn“ Jesus Christus ist (vgl. Röm 1,4) und zu dessen Evangeliumsverkündigung Paulus als Apostel „ausgesondert“ worden ist (vgl. Röm 1,1).

Wie das einleitende ἢ („oder“) zeigt, geht es in unserem Vers um eine Begründung von Röm 3,28.[131] Es ist sicher kein Zufall, dass Paulus nicht fragt, ob Gott etwa allein der Gott Israels ist. Der „Gott Israels“[132] ist der Gott, der mit dem „Vater Abraham“ (vgl. Röm 4,1ff.) einen Bund gemacht hat, wobei seine damit verbundene Heilsabsicht von Anfang an nicht nur die leiblichen Nachkommen Abrahams einschloss (vgl. Gen 12,1-3; Röm 4,11-14.16f.). Es ist zu beachten, dass der Begriff „Jude“ im Römerbrief nun bereits das neunte Mal erscheint (vgl. auch Röm 1,16; 2,9.10.17.28.29; 3,1.9), während von „Israel“ erst in Röm 9–11 die Rede ist. Weiter erscheint der Begriff „Jude“ nur noch in Röm 9,24 und 10,12. Nach Röm 9,24 hat Gott „uns berufen, [und zwar] nicht nur aus [den] Juden, sondern auch aus [den] Heiden“ (οὐ μόνον ἐξ Ἰουδαίων ἀλλὰ καὶ ἐξ ἐθνῶν), und nach Röm 10,12 gibt es „keinen Unterschied

---

Apostelgeschichte 153-mal und im Lukasevangelium 107-mal) – zudem viermal der Ausdruck ὁ δὲ θεός.

129 Schreiner, Romans, S. 205; vgl. dazu auch Wright, Romans, S. 482f.

130 Nach Guerra knüpft Paulus nicht an Deut 6,4, sondern an die hellenistisch-jüdische Tradition an (A. J. Guerra, Romans and the Apologetic Tradition: The Purpose, Genre, and Audience of Paul's Letter [SNTS MS 81], Cambridge: Cambridge University Press, 1995, S. 74–101).

131 In diesem Sinn bemerkt Schreiner richtig: „Paul's main argument in these verses is not, in fact, about boasting. He has merely observed in verses 27-28 that boasting is excluded if righteousness is by faith. Now in verses 29-30 he submits another argument in support of justification by faith. The God of the Jews is also the God of the whole world, including the Gentiles“ (Schreiner, Romans, S. 205). Doch kann man zwischen den zwei Aspekten sicher nicht eine völlige Trennung machen, da das jüdische „Rühmen“, das der Apostel anspricht, eng mit ihrem Gottesverständnis und mit ihrer Beziehung zu diesem Gott zusammenhängt. Es überrascht natürlich etwas, dass Paulus, der bis anhin die Juden in dem Sinn angesprochen hatte, dass sie genauso „unter der Sünde“ seien wie die „Heiden“ (vgl. Röm 3,9), nun anscheinend als Argument den „ethnischen Stolz“ der Juden (so Wright, Romans, S. 480), der die „Heiden“ ausschließt, anspricht. Doch offenbar ist Paulus sich bewusst, dass dieser „ethnische Stolz“ im Judentum eng mit dem Verständnis davon, wie sie selbst das Heil erlangen können, zusammenhing.

132 Der Ausdruck „Gott Israels“ erscheint in der Revidierten Elberfelder-Übersetzung 173-mal, davon zweimal im Neuen Testament (Mt 15,31; Lk 1,68).

(οὐ γάρ ἐστιν διαστολή) zwischen Juden und Griechen, denn es ist ein Herr aller, reich für alle, die ihn anrufen" (vgl. auch Röm 3,22f.).

In Röm 2,25-29 und in Röm 3,1 hatte Paulus den Begriff „Jude" mit der Beschneidung in Verbindung gebracht (vgl. auch z. B. Gal 2,12-14). Dabei ist für Paulus die Beschneidung ein Zeichen des Bundes Gottes mit Abraham und seinem „Samen" (vgl. Röm 4,11), mit dem Gottes Offenbarung in seinem Wort verbunden ist (vgl. Röm 3,1f.) und wobei diese Offenbarung aus dem „äußerlichen Juden" einen „verborgenen Juden" mit der „Beschneidung des Herzens im Geist, nicht im Buchstaben" machen sollte (vgl. Röm 2,28f.). Andererseits betont der Apostel später, dass Abraham noch vor der Beschneidung die „Glaubensgerechtigkeit" von Gott empfing, wodurch er der „Vater vieler Nationen" und damit (auch) der „Vater aller Glaubenden in Unbeschnittenheit" wurde (Röm 4,11-12.16-17).

Wenn Paulus also an unserer Stelle fragt, ob Gott nur der „Gott der Juden" (nicht: „Gott Israels"!) ist – wobei das μόνον („nur"; vgl. dazu auch Röm 4,12.16; 9,24: οὐ μόνον ... ἀλλὰ καί) indirekt dem τε καί („sowohl ... als auch") von Röm 1,6; 2,9.10; 3,9 und 10,12 gegenübersteht –, so ist damit indirekt auch die Frage verbunden, ob Gott (nur) auf Grund der (körperlichen) Beschneidung zum Heil des Menschen handelt. Das ist für Paulus natürlich ausgeschlossen. Diese Tatsache schließt für ihn einerseits mit ein, dass die „Heiden" auch ohne die körperliche Beschneidung die „Glaubensgerechtigkeit" empfangen, während andererseits die Juden diese „Gerechtigkeit" ebenfalls nicht auf Grund der äußerlichen Beschneidung, sondern auf Grund des Glaubens an Jesus Christus und damit durch die „Herzensbeschneidung" erhalten. Deshalb ist das „Rühmen" nicht durch das „Gesetz der Werke", sondern durch das „Gesetz [des] Glaubens" ausgeschlossen (vgl. Röm 3,27). Es sind diese Aspekte, welche die Aussagen Röm 3,27f., Röm 3,29-31 und Röm 4,1ff. verbinden, und alle diese Ausführungen zusammen dienen schlussendlich dazu, die relativ kurzen Ausführungen in Röm 3,21-26 über die Rechtfertigung „ohne Gesetz" (allein) durch den Glauben an Jesus Christus für alle Menschen (Juden und Heiden) ohne Unterschied zu untermauern.

Wenn Paulus betont, dass Gott nicht nur „der Juden" Gott ist, so geht es also nicht um die Frage, ob es eventuell noch andere Götter gäbe. Es geht auch nicht primär um die Aussage, dass Gott „nicht nur den Juden gehört". Paulus will damit offenbar zum Ausdruck bringen, dass der einzig wahre Gott, der „Gott Israels", nicht nur der Gott der „jüdischen Lebensweise" (vgl. dazu Gal 2,14) ist. Diese „jüdische Lebensweise", wozu auch die körperliche Beschneidung gehört, ist zwar an und für sich nicht falsch, doch sie kann weder den Juden noch den „Heiden" das Heil bringen. Vielmehr betont Paulus, dass der eine wahre Gott auch „der Heiden" Gott ist, wobei er etwas später ergänzt, dass dieser Gott Abraham vor seiner Beschneidung zum „Vater vieler Nationen" gemacht hat (Röm 4,17; vgl. Röm 4,11.18). Wie Abraham „geistlicher Vater" aller Glaubenden „aus der Beschneidung" und „aus der Unbeschnittenheit" ist (vgl. Röm 4,11f.), so ist Gott ebenfalls sowohl „der Gott der Beschneidung" als auch „der Gott der Unbeschnittenheit".

Paulus hat den Petrus getadelt, weil er in Antiochia die Heidenchristen zwingen wollte, „jüdisch [133]zu leben“ (vgl. Gal 2,14), wobei er hinzufügt, dass „wir von Natur aus Juden und nicht Sünder aus [den] Heiden“ sind, obwohl „wir“ jedoch „wissen, dass ein Mensch nicht [d.h. kein Mensch, auch nicht der Jude; vgl. Röm 3,20] aus Werken des Gesetzes gerechtfertigt wird, außer [d.h. etwa: ‚sondern nur’] durch den Glauben an Christus Jesus“ (Gal 2,15-16a). Es geht also keineswegs nur um eine Kritik der „Grenzmarkierungen“, welche Juden von den „Heiden“ forderten, um Mitglied des Gottesvolkes zu werden, sondern gleichzeitig im eine „innere“ Kritik am Judentum, welches meinte, auf Grund von einer „jüdischen Lebensweise“ dem Gericht Gottes entfliehen zu können (vgl. auch u. a. Gal 6,12-14).

„Folgerichtig [ist] einer Gott, der die Beschneidung aus Glauben und die Unbeschnittenheit durch den Glauben rechtfertigen wird“, stellt Paulus fest (Röm 3,30). Die einleitende Konjuktion εἴπερ („wenn anders, wenn sonst, wenn ja“[134]; verstärktes εἰ; sonst im Neuen Testament nur in Röm 8,9.17; 1. Kor 8,5; 15,15; 2. Thess 1,6) bildete nach Pape „bei den Attikern … zuweilen elliptisch einen Satz für sich, wenn dem also ist“.[135] An unserer Stelle hat sie offensichtlich eine ähnliche Funktion und leitet also somit nicht einen Konditionalsatz ein. Vielmehr wird dadurch eine Art Konsekutivsatz eingeleitet und kann etwa mit „dementsprechend“ wiedergegeben werden (ähnlich wie εἰ δέ in Röm 9,22[136]). Wir können den Satz also sinngemäß folgendermaßen wiedergeben: „Dementsprechend/folglich ist einer Gott, der …“

Es gibt nach der Überzeugung des Paulus nur einen einzigen wirklichen Gott für alle Menschen (vgl. auch z. B. 1. Tim 2,5). Dieser Gott rechtfertigt die „Beschneidung“ (vgl. dazu u. a. Apg 10,45; Röm 4,12; Gal 2,8.12; Kol 3,11; 4,11; Tit 1,10[137]), d.h. die Juden, „aus [dem] Glauben (heraus)“ (ἐκ πίστεως), weil sie das Wort Gottes, das zum Glauben führen will, besaßen (vgl. Röm 3,1f.; vgl. auch z. B. Röm 4,14: τοῖς … ἐκ περιτομῆς; Röm 4,16: τῷ ἐκ τοῦ νόμου; Gal 2,12: τοὺς ἐκ περιτομῆς; vgl. auch Röm 3,19: τοῖς ἐν τῷ νόμῳ).[138] Dass der Apostel in diesem Zusammenhang die Wendung ἐκ πίστεως gebraucht, hängt wohl auch damit zusammen, dass die Juden οἱ ἐκ περιτομῆς („die aus der Beschneidung“) sind (vgl. Apg 1,45; 11,2; Röm 4,12; Gal 2,12; Kol 4,11; Tit 1,10) und Paulus für sie die Beschneidung grundsätzlich nicht ablehnt (vgl. auch 1. Kor 7,18 f.). Vielmehr hatte er bereits in Röm 3,1 gefragt, was der

---

133 Nach Wengst kann es dabei nicht darum gegangen sein, „dass Petrus – und mit ihm die anderen jüdischen Gemeindemitglieder – etwa einseitig die Gemeinschaft mit ihren nichtjüdischen Geschwistern aufgekündigt hätten. Er wollte sie vielmehr veranlassen, jetzt ihrerseits jüdisch zu leben, obwohl er vorher mit ihnen ‚nach Art der Völker’ gelebt hatte“ (Wengst, Freut euch, S. 120).

134 Vgl. Pape, Handwörterbuch I, S. 733. Nach Kühner und Gerth „(eigtl.: durchaus wenn) wenn wirklich, wenn anders, wenn nämlich“ (Kühner/Gerth, Ausführliche Grammatik, § 508,5).

135 Pape, Handwörterbuch I, S. 733.

136 Vgl. dazu Thiessen, Gott hat Israel nicht verstoßen, S. 47–50.

137 Der Begriff περιτομή erscheint im Römerbrief insgesamt 15-mal (Röm 2,25-29; 3,1.30; 4,9-12; 15,8).

138 Vgl. dazu auch Stowers, Εκ πίστεως, S. 665–675.

„Überfluss der Juden“ oder welches der „Nutzen der Beschneidung“ sei, worauf er in Röm 3,2 die Antwort gegeben hatte: „Viel in jeder Hinsicht. Und zwar wurden ihnen nämlich die Aussprüche Gottes anvertraut.“[139] Der Gebrauch der Wendung ἐκ πίστεως betont im Zusammenhang mit der Rechtfertigung des Sünders grundsätzlich die Verheißung als Quelle des Glaubens und der damit verbundenen Rechtfertigung (vgl. dazu u. a. Röm 4,14.16; Gal 3,22; 5,5). Der Ausdruck ἐκ πίστεως („aus Glauben“) kann z. B. im Gegensatz zum Ausdruck ἐκ νόμου („aus [dem] Gesetz“) gebraucht werden (vgl. Röm 4,14.16).

Andererseits rechtfertigt dieser eine und derselbe Gott die „Unbeschnittenheit“ (vgl. u. a. Röm 2,26f.; Gal 2,7; Eph 2,11), d.h. die Heiden, „durch den Glauben“ (διὰ τῆς πίστεως; vgl. dazu auch z. B. Röm 3,25[140]; Gal 3,14.26; zu διὰ πίστεως vgl. z. B. Gal 2,16; Eph 2,8; Phil 3,9; 2. Tim 3,15), weil sie das Wort Gottes vorher nicht besaßen, und deshalb nicht „aus dem Glauben (heraus)“, weil sie nicht „vom Glauben her [kommen]“ (vgl. auch Eph 2,11f.), sondern „durch den Glauben (hindurch)“. In Röm 3,30 beinhaltet der Ausdruck wohl aber indirekt auch, dass die „Heiden“ nicht „aus der Beschneidung“ sind und somit nicht erst beschnitten werden müssen, um gerettet zu werden (vgl. z. B. auch Röm 4,11ff.; Apg 15,1.7-11).

Die Wendung „aus Glauben“ kann aber auch in Bezug auf die Rechtfertigung der „Heiden“ durch Jesus Christus gebraucht werden (vgl. z. B. Röm 9,30; Gal 3,8.22.24; 5,5); beide Wendungen können sogar in einem einzigen Vers vorkommen, wie Gal 2,16 zeigt. In Gal 3,8-9 betont Paulus, dass die Schrift, „weil sie vorhergesehen hat, dass Gott die Heiden aus Glauben (ἐκ πίστεως) rechtfertigen wird, Abraham als gute Nachricht verkündete: ‚In dir werden alle Nationen gesegnet werden’, sodass diejenigen aus Glauben (οἱ ἐκ πίστεως) mit dem gläubigen Abraham gesegnet werden“. An dieser Stelle erscheint in Bezug auf die Rechtfertigung der „Heiden“ offenbar deshalb nicht der Ausdruck „durch Glauben“, sondern „aus Glauben“, weil hier die Betonung darauf liegt, dass die Heidenchristen geistliche „Kinder“ Abrahams und deshalb „aus dem Glauben“ Abrahams sind, sodass durch den Ausdruck eher der „Status“ oder die „Wurzel“ als das „Mittel“ zur Rechtfertigung beschrieben wird (vgl. auch Gal 3,7: … οἱ ἐκ πίστεως, οὗτοι υἱοί εἰσιν Ἀβραάμ). In Röm 4,14.16 betont Paulus, dass nicht „diejenigen aus [dem] Gesetz“ (οἱ ἐκ νόμου), sondern diejenigen „aus Glauben“ (ἐκ πίστεως) Erben der Verheißung Gottes an Abraham sind (vgl. auch Röm 3,26; 4,16b; Gal 3,7.9, wo die Wendung οἱ/τὸν/τῷ ἐκ πίστεως [„die/den/dem aus Glauben“] erscheint, während Paulus nie von „dem/denen durch [den] Glauben“ spricht)[141].

---

139 Nach mAv. 3,14 sind die Israeliten „Geliebte“ (חֲבִיבִים), weil sie „Söhne des Ortes“ (d.h. Söhne Gottes) genannt werden. Sie sind „Geliebte“, weil ihnen wertvolle Dinge (= die Tora) geschenkt wurden, aber noch mehr, weil ihnen kundgetan wurde, dass ihnen diese wertvollen Dinge geschenkt wurden. Und nach Bar 4,4 ist Israel „glückselig“, „weil uns das, was Gott gefällt, bekannt ist“ (μακάριοί ἐσμεν, Ισραηλ, ὅτι τὰ ἀρεστὰ τῷ θεῷ ἡμῖν γνωστά ἐστιν). Es handelt sich auch dabei um das „Gesetz“ (vgl. Bar 4,1ff.).

140 In Röm 3,25 lassen einige Handschriften (darunter א) den Artikel weg.

141 In Phil 3,9 wird die Wendung τὴν [δικαιοσύνην] διὰ πίστεως Χριστοῦ im Gegensatz zu dem

Wie ein Vergleich mit Röm 2,25ff. zeigt, geht es Paulus in Röm 3,30 offensichtlich um die äußere Unterscheidung zwischen Juden und Nichtjuden in heilsgeschichtlicher Hinsicht (vgl. auch Eph 2,11). Vor Gott sind Juden und Nichtjuden jedoch ebenbürtig und werden grundsätzlich gleich behandelt. Wenn der Apostel in diesem Zusammenhang feststellt, dass der „eine Gott“ (vgl. dazu auch Mk 2,7; 10,18; Lk 18,19; 1. Kor 8,6; 1. Tim 2,5) im Hinblick auf den Glauben (an Jesus Christus) „rechtfertigen wird“ (δικαιώσει), so ist die Futurform im Sinn eines „logischen Futurs“ – wie δικαιωθήσεται in Röm 3,20 – zu verstehen (vgl. auch die Futurformen z. B. in Röm 6,4bff.). Die „logische Folge“ davon, dass es nur einen wahren Gott für Juden und Nichtjuden gibt, ist für Paulus, dass dieser Gott auch alle Menschen in Bezug auf die Rechtfertigung gleich behandelt.

Also stellt sich Paulus die Frage: „Machen wir nun [das] Gesetz durch den Glauben wirkungslos?“ (Röm 3,31). Eine wichtige Frage für das Verständnis des Textes ist, was mit dem Begriff νόμος an dieser Stelle gemeint ist. Nach Hofius bezeichnet der Begriff „an dieser Stelle ... nicht die Sinai-Tora, sondern – wie auch sonst gelegentlich in den paulinischen Briefen – die Heilige Schrift ..., das Alte Testament“.[142] Vergleicht man Röm 3,19 (ὅσα ὁ νόμος λέγει) mit Röm 3,10-18, so fällt auf, dass gleichwohl vom „Gesetz“ die Rede ist, obwohl kein einziges Zitat aus der Tora Moses erscheint. Anschließend ist von den „Werken [des] Gesetzes“ die Rede (Röm 3,20), wobei wohl schon primär an die Tora Moses (mit jeweiliger Auslegung) gedacht ist. Und nach Röm 3,21 wird die in Jesus Christus erschienene „Gerechtigkeit Gottes ... bezeugt durch das Gesetz und die Propheten“. Röm 3,31 knüpft jedoch offenbar an Röm 3,27.28 an, wo der Apostel vom „Gesetz der Werke“ und vom „Gesetz des Glaubens“ gesprochen und anschließend betont hatte, dass der Mensch „ohne Werke [des] Gesetzes“ gerechtfertigt werde. Dementsprechend scheint sich der Begriff νόμος in Röm 3,31 dem Kontext nach primär auf die Tora Moses zu beziehen, wobei Paulus die Sinai-Tora als Bestätigung und nicht als Aufhebung der früher gegebenen Verheißung betrachtet (vgl. z. B. Röm 4,13; Gal 3,17). In diesem Sinn bemerkt Hofius richtig, dass Paulus in Röm 3,31 von einer „Aufrichtung“ der „Schrift“ und nicht von einer „Aufrichtung“ der Sinai-Tora spricht.[143]

Indem Paulus eine Rechtfertigung ohne „Werke [des] Gesetzes“ lehrt, könnte man meinen, er missachte den eigentlichen Inhalt des „Gesetzes“.[144] In Gal 5,4 spricht er von denen, „die ihr im Gesetz gerechtfertigt werdet [= werden wollt]“, die nach dem

---

Ausdruck τὴν [δικαιοσύνην] ἐκ νόμου gebraucht (vgl. Röm 9,30: δικαιοσύνην δὲ τὴν ἐκ πίστεως).

142 Hofius, Gesetz des Mose, S. 66; vgl. auch ders., Rechtfertigung, S: 128f.

143 Hofius, Gesetz des Mose, S. 68.

144 Vgl. auch ebd., S. 66–67: „Paulus greift in Röm 3, 31 den von jüdischer oder judenchristlicher Seite erhobenen Vorwurf auf, daß seine Lehre von der Rechtfertigung des Sünders ‚aus Glauben allein‘ die Geltung der Schrift negiere ... Es weist diesen Vorwurf mit Nachdruck zurück und setzt die These entgegen, daß er mit seiner Lehre im Gegenteil an der Schrift festhalte und ihr Zeugnis voll zur Geltung bringe ...“

Apostel „aus der Gnade gefallen“ sind. Für ihn ist klar, dass das „Gesetz“ nie eine Möglichkeit der Rechtfertigung durch das Tun darstellte, sondern dass es vielmehr von Anfang an den Weg hin zur Erfüllung durch den „Samen“ Abrahams, Jesus Christus, aufzeigen wollte (vgl. z. B. Röm 3,19f.; Gal 3,8ff.). Bereits in Gal 3,17 hatte Paulus darauf hingewiesen, dass das sinaitische „Gesetz“ den Bund, den Gott vorher mit Abraham und seinem „Samen“ gestiftet hatte, nicht „ungültig macht, um die Verheißung wirkungslos zu machen“ (οὐκ ἀκυροῖ εἰς τὸ καταργῆσαι τὴν ἐπαγγελίαν).

Er gebraucht dabei in Röm 3,31 den Ausdruck διὰ τῆς πίστεως („durch den Glauben“), den er in Röm 3,30 auf die Heiden bezogen hatte, und bezieht sich damit augenscheinlich auf seine Lehre, dass die Heiden ohne das „Gesetz“ durch den Glauben an Jesus Christus Vergebung der Sünden erhalten können, ohne die Beschneidung „am Fleisch“ zu empfangen. Die Lehre missachtet aber keineswegs das alttestamentliche „Gesetz“, vielmehr ist das Gegenteil der Fall. Denn die Tora will zum Glauben an den Erlöser Jesus führen. Der eigentliche Sinn der Tora kommt durch den Glauben an die Erlösung in Jesus Christus zum Zuge (vgl. auch Röm 10,4). Nicht das Gesetz, sondern die Sünde, die das Gesetz nicht überwinden konnte, wird durch Jesus Christus „wirkungslos“ gemacht (vgl. Röm 6,6; 7,6; vgl. auch Röm 4,14).

Der Ausdruck νόμον ἱστάνομεν („Gesetz hinstellen/aufrichten“) erscheint im Neuen Testament nur an dieser Stelle. Das Verb ἱστάνω/ἵστημι „stellen; still stehen lassen, aufhalten; errichten; hinstellen, einsetzen“[145] wird dabei wie z. B. in 2. Kor 13,1 (vgl. auch Mt 18,16) im Sinn von „bestätigen“ verwendet. In Mk 7,9 ist vom „Aufrichten“ der Tradition die Rede, wobei das Gegenteil davon mit dem Verb ἀθετέω („ungültig machen“; vgl. dazu z. B. Gal 2,21) beschrieben wird. Die Bedeutung etwa im Sinn von „bestätigen“ wird durch den Gebrauch in der LXX unterstützt.[146] So erscheint z. B. in 2. Kön 23,24 und 2. Chr 35,19 der Satz ἵνα στήσῃ τοὺς λόγους τοῦ νόμου („damit er aufrichte/bestätige die Worte der Tora“[147]; vgl. auch 1. Macc 2,27: πᾶς ὁ ζηλῶν τῷ νόμῳ καὶ ἱστῶν διαθήκην ἐξελθέτω ὀπίσω μου). Auch an anderen Stellen wird das Verb in der LXX als Wiedergabe des hebräischen Verbs קום im Sinn von „bestätigen/erfüllen“ verwendet (vgl. z. B. Deut 8,18 [לְמַעַן הָקִים אֶת־בְּרִיתוֹ]; 9,5 [לְמַעַן הָקִים אֶת־הַדָּבָר]; 1. Kön 2,4; 12,15; 2. Kön 23,24; Jer 11,5). Ein rabbinischer Gebrauch muss damit nicht vorausgesetzt werden[148], auch wenn dieser Gebrauch dem rabbinischen Gebrauch entspricht[149].

---

145 Vgl. dazu Pape, Handwörterbuch I, S. 1269f.

146 Vgl. auch z. B. Philo, Hypoth. 7,20: τὸ … ἤδη τὸν νόμον αὐτοῖς στῆσαι … („… nachdem für sie schon das Gesetz besteht/aufgerichtet wurde …“). Der Ausdruck διαθήκην ἵστημι („einen Bund aufrichten“) erscheint bei Philo fünfmal (Leg. 3,85; Sacr. 57; Mut. 263; Somn. 2,223.224).

147 Hebräischer Text: לְמַעַן הָקִים אֶת־דִּבְרֵי הַתּוֹרָה.

148 Vgl. dazu Thompson, Alleged Rabbinic Background, S. 136–148.

149 Vgl. dazu auch Hofius, Gesetz des Mose, S. 67, Anm. 37 (Hofius erwähnt als Belege bGitt 36b; bSanh 90a und TargN Num 30,14).

Gemeint ist also nicht nur und nicht in erster Linie, dass das „Gesetz“ dadurch bestätigt wird, dass es den Sünder verurteilt und überführt.[150] Gemeint ist aber auch nicht nur, dass das „Gesetz“ den Glauben bezeuge[151] oder dass durch den Glauben die Gebote des „Gesetzes“ in den Gläubigen erfüllt werden[152]. Diese Aspekte sind sicher alle mit eingeschlossen. Doch geht es Paulus konkret darum, dass die Schriften des Alten Testaments die „Glaubensgerechtigkeit“ (vgl. Röm 4,11.13) durch den kommenden Erlöser verheißen, sodass durch die Verkündigung dieses „Evangeliums“ als Grundlage für die Rechtfertigung die Erfüllung des „Gesetzes“ bestätigt wird (vgl. z. B. Röm 1,2; 3,21; Gal 3,24f.).[153]

Wenn Paulus betont, dass das „Gesetz“ dadurch bestätigt wird, dass nicht „Werke [des] Gesetzes“, sondern der Glaube an Jesus Christus zur Rechtfertigung führt, so ist das auch im Zusammenhang mit der Aussage in Röm 10,4 zu sehen, wonach Christus das „Endziel“ (τέλος) des Gesetzes ist.[154] Die durch den Messias Jesus „geschenkte

150 So z. B. Watson, Paul, S. 257.

151 So z. B. Wilckens, Rechtfertigung, S. 53–55. Wilckens betont allerdings richtig, dass das Zeugnis des Gesetzes für Paulus darin besteht, dass es die Rechtfertigung aus Glauben ohne Werke des Gesetzes „bereits vom Anfang der Heilsgeschichte her bezeugt“ (Wilckens, Römer 1, S. 250).

152 So z. B. Fitzmyer, Romans, S. 366; Schreiner, Romans, S. 207f.

153 Vgl. auch Hofius, Gesetz des Mose, S. 68: „Mit diesen Darlegungen [in Röm 4,1ff.], die dann in 4, 13-25 weitegeführt werden, hat Paulus exegetisch aufgewiesen, daß seine Rechtfertigungsverkündigung das Zeugnis der Schrift nicht ‚außer Kraft setzt‘, sondern ihm entspricht und es ‚zur Geltung bringt‘.“ Dunn bemerkt dazu: „Paul's point in fact ist he same as in 2:12-16; only when the *universial* function of the law is recognized can it fulfill its proper rule …“ (Dunn, Romans 1–8, S. 191). Es geht m. E. jedoch weder in Röm 2,12ff. noch in Röm 3,31 darum, die „unviversale Funktion“ der Tora zu betonen. Während es in dem ersten Abschnitt darum geht zu betonen, dass es schlussendlich nicht auf den Besitz der Tora, sondern auf das Tun derselben ankommt, geht es am Schluss von Röm 3 darum zu betonen, dass das in Röm 3,21ff. Ausgeführte über die „Gerechtigkeit Gottes“ in seiner Verwirklichung durch den Glauben an Jesus Christus im „eigentlichen“ Sinn des „Gesetzes“ ist, da sowohl das „Gesetz“ als auch die Propheten diese „Gerechtigkeit Gottes“ vorherbezeugt haben (vgl. Röm 3,21). Dementsprechend ist der Begriff νόμος in Röm 3,31 auch gegen Dunn nicht nur auf die Sinai-Tora zu beziehen (vgl. Dunn, Romans 1–8, S. 191).

154 Vgl. dazu u. a. auch Badenas, Christ, S. 7–80; Bechtler, Christ, S. 288–308; Cranfield, Romans II, S. 519f.; Byrne, Romans, S. 312 und 315; Fitzmyer, Romans, S. 584; Gaston, Paul, S. 130; Osten-Sacken, Römer 8, S. 254f.; Rhyne, Romans, S. 103f.; Thielman, Paul, S. 207; Ziesler, Romans, S. 257f.; Davies, Faith and Obedience, S. 187–189. Der Begriff τέλος („Ende, Ziel“) erscheint in der LXX verbunden mit einem Genitivattribut im Sinn von „Ergebnis“ (vgl. Lev 27,23) und auch im zeitlichen Sinn von „Ende“ (vgl. 2. Kön 8,3). In Eccl 12,13 ist der Ausdruck τέλος λόγου Wiedergabe von סוֹף דָּבָר im Sinn von „Hauptsumme/Ziel der Lehre“. Richtig bemerkt Bergmeier in Bezug auf die Frage, ob Christus das „Ende der Rechtfertigung durch das Gesetz“ bedeutet: „Aber nach Paulus war ja das Gesetz zu keiner Zeit gegeben, um Menschen, die tot sind in Sünden, zur Gerechtigkeit zu führen (Gal 3,21), sondern um sie *als Sünder* vorzuführen (Gal 3,22; Röm 3,9-20). Wer Röm 10,4 im Kontext wahrnimmt, erwartet denn auch keine Erklärung zum Ende des Gesetzes“ (Bergmeier, Gesetz, S. 78; vgl. auch Reinhold, Ziel, S. 309f.).

Gerechtigkeit“ führt nach Paulus – wie bereits von Jesus in Mt 5,17ff. betont wird[155] – logischerweise dazu, dass der in der Tora offenbarte ethische Gotteswillen nun auch im Leben des Gerechtfertigten zum Ziel kommt (vgl. z. B. Röm 6,12ff.; 8,4; 12,1ff.).

4.2. Nicht aus Werken des Gesetzes (Röm 3,20)

4.2.1. Einführung

In Röm 3,20 verwendet Paulus zum ersten Mal im Römerbrief den Ausdruck ἐξ ἔργων νόμου („aus Werken [des] Gesetzes“[156]). Da der Galaterbrief jedoch früher geschrieben wurde und die Wendung in Gal 2,16 somit in chronologischen Hinsicht zum ersten Mal in den Paulusbriefen erscheint, wird bei dem Versuch, den Ausdruck zu deuten, ein besonderes Gewicht auf diese Galaterstelle in ihrem Kontext gelegt. Im Folgenden gehe ich zuerst auf verschiedene Interpretationsansätze und auf den jüdischen „Hintergrund“ ein, bevor auch auf den literarischen Kontext von Röm 3,20 und Gal 2,16 eingegangen wird, um zu verstehen, was Paulus mit der Wendung in dem jeweiligen Kontext zum Ausdruck bringen wollte.

4.2.2. Verschiedene Positionen und Statements

Baumert und Meißner wollen den Ausdruck ἐξ ἔργων νόμου nicht im Sinn von „aus Werken [des] Gesetzes“ verstehen, sondern im Sinn von „Werke-Gesetz“ (also nicht ἔργα νόμου[157], sondern ἔργων νόμος).[158] Begründet wird das vor allem mit Röm

155 Vgl. dazu Deines, Gerechtigkeit, S. 257–434.

156 Zum Teil wird der Begriff νόμος (Gesetz“) mit Artikel auf die Tora Moses gedeutet und ohne Artikel im Sinn von „Norm“ verstanden. Bläser ist jedoch überzeugt, dass „eine sachliche Scheidung zwischen Nomos mit und ohne Artikel“ nicht berechtigt ist (Bläser, Gesetz bei Paulus, S. 7). Baumert und Meißner verstehen dagegen den Begriff mit Artikel im determinierten Sinn, während der Begriff ohne Artikel als das „Gesetz“ „seiner Qualität nach“ bezeichnend verstanden wird (vgl. Baumert/Meißner, NOMOS, S. 28–35). Interessant ist für den Gebrauch an unserer Stelle besonders der Begriff im Genitiv als Apposition zu einem Nomen. In dieser Zusammensetzung erscheint der Begriff in den Paulusbriefen mit Artikel jeweils – mit zwei Ausnahmen in Röm 2,13 – da, wo das *Nomen regens* determiniert ist (so Röm 2,15.23.26; 8,4; Gal 3,10.13), während der Artikel fehlt, wenn das *Nomen regens* nicht determiniert ist (so in Röm 2,25.27; 3,28; 13,10; Gal 2,16; 3,2.5.10; vgl. auch Hebr 7,12; Jak 2,11; 4,11). Der Zusammenhang macht deutlich, dass der Begriff νόμος sich dabei mit und ohne Artikel jeweils auf die Tora Moses bezieht. Das Erscheinen des Artikels determiniert also nicht das „Gesetz“, sondern das *Nomen regens*. Vgl. auch Hofius, Werke des Gesetzes, S. 50: „Daß sich in dem Syntagma ἔργα νόμου der Genitiv νόμου auf die Tora vom Sinai bezieht, kann nicht zweifelhaft sein. Obwohl bei νόμου der Artikel fehlt, ist das Wort deshalb als determiniert anzugehen.“

157 Vgl. Baumert/Meißner, NOMOS, S. 33: „Zunächst fällt auf, daß die Formulierung ἔργα νόμου,

3,27[159], wo Paulus vom „[Gesetz] der Werke“ und „Gesetz [des] Glaubens“ (νόμος πίστεως) spricht. „Dann wäre nicht von konkreten Taten als Erfüllung des Gesetzes her gedacht, sondern von der Norm, dem Maßstab her, der Taten fordert. Paulus denkt dann von dem Prinzip her, von der Kategorie Gesetz, und würde betonen, daß dies nicht ein Weg zur Gerechtmachung des Sünders sei.“[160] Anderenfalls würden nach ihrer Ansicht „die tatsächlich geleisteten guten Taten eher abgewertet, während bei unserer Deutung nur gesagt wäre: für die Rechtfertigung fragt Gott nicht, ob wir seine Gebote erfüllt haben“.[161] Allerdings zeigt m. E. die Verwendung der Wendung ἐξ ἔργων („aus Werken“) ohne den Genitiv νόμου („[des] Gesetzes“; so in Röm 4,2; 9,12.32; 11,6; Eph 2,9; Tit 3,5; vgl. auch Jak 2,21.24.25; vgl. auch Röm 2,15: τὸ ἔργον τοῦ νόμου[162]), dass ἔργων („[aus] Werken“) das *Nomen regens* ist, dass also mit „aus Werken [des] Gesetzes“ zu übersetzen ist.[163] Damit müssen keineswegs „die tatsächlich geleisteten guten Taten eher abgewertet“ werden. Vielmehr ist damit gesagt, dass diese „Werke“ – was auch immer darunter zu verstehen ist[164] – nicht zur Rechtfertigung führen können.

---

die in Kommentaren und Reflexionen häufig zu finden ist und einer Wiedergabe durch ‚aus Werken von Gesetz entsprechen würde‘, bei Paulus selbst nicht aufscheint.“ Vgl. dazu auch Baumert, Weg des Trauens, S. 42–44. Baumert umschreibt den Inhalt von Gal 2,16 folgendermaßen: „Man wird durch Gott von Sünden gut und gerecht gemacht *nicht* aufgrund eines ‚Gesetzes‘, das Werke vorschreibt, sondern durch sein Trauen, das er in Jesus Christus offenbart hat“ (ebd., S. 42).

158 Baumert/Meißner, Nomos bei Paulus, S. 39ff. und 133–135.

159 Vgl. u. a. ebd., S. 41f. und 53.

160 Ebd., S. 64. Vgl. auch ebd., S. 69: „Mit ‚Werke-Gesetz‘ ist hier sicher immer auf das mosaische Gesetz abgezielt, und zwar insofern dieses ein ‚Gesetz‘ ist, nämlich ‚Werke fordert‘.“

161 Ebd., S. 43.

162 Vgl. dazu ebd., S. 68.

163 Vgl. dagegen ebd., S. 70: „Dazu [d.h. zur oben erwähnten Bedeutung im Sinn von ‚Werke-Gesetz‘] paßt es durchaus, daß Paulus im Rahmen der gleichen Thematik mehrfach nur ἐξ ἔργων sagt …, sowie er häufig nur ἐκ/διὰ πίστεως schreibt …; denn dies sind die sachlichen Gegensätze, nicht etwa νόμος und ἀκοή o.ä. Der feine Unterschied: ‚Aus einem Werke-Gesetz‘ blickt von der Norm her, die Gott setzt, ‚aus Werken (des Gesetzes)‘ von da her, ob und wie der Mensch Gottes Forderung entspricht.“ Nach Baumert und Meißner müsste man sonst fragen, „ob Paulus Werke des Gesetzes von anderen Werken unterscheiden wolle (Abraham z. B. hatte noch nicht das mosaische Gesetz)“ (ebd., S. 71). Mit dieser Anmerkung in Klammern ist der springende Punkt angesprochen. Denn genau genommen kann man in Bezug auf Abraham tatsächlich noch nicht von den „Werken des Gesetzes“ sprechen, und das ist offenbar der Grund, warum Paulus diesbezüglich den Genitiv νόμου („[des] Gesetzes“) weglässt (vgl. dazu weiter unten), ohne diese „Werke“ grundsätzlich auf eine andere Stufe zu stellen. Denn in Wirklichkeit geht es zentral (doch nicht nur und nicht hauptsächlich) um die Beschneidung (vgl. unten), welche als „von Mose überliefert“ betrachtet wurde (vgl. Joh 7,22f.; Apg 15,1; 21,21). Es geht nicht darum zu sagen, „daß die Werke *des mosaischen Gesetzes* in besonderem Maße ‚nicht‘ zur Gerechtigkeit führen“, wie Baumert und Meißner richtig betonen (ebd.), sondern dass sie *auch nicht* die vorhandenen Sünden wegnehmen und deshalb nicht zum göttlichen Heil führen können.

164 Vgl. dazu die folgenden Ausführungen.

Der Ausdruck ἐξ ἔργων νόμου („aus Werken [des] Gesetzes") erscheint im Neuen Testament außer in Röm 3,20 sechsmal im Galaterbrief (Gal 2,16 [dreimal]; 3,2.5.10), und während in Röm 3,28 die Wendung χωρὶς ἔργων νόμου („ohne Werke/getrennt von Werken [des] Gesetzes") gebraucht wird (vgl. auch Röm 3,21: χωρὶς νόμου), erscheint zudem der Ausdruck „aus Werken" (ἐξ ἔργων) viermal im Römerbrief (Röm 4,2; 9,12.32; 11,6; vgl. auch Eph 2,9; Tit 3,5; Jak 2,21.24-25. Darüber, wie der Ausdruck zu verstehen ist, werden in jüngster Zeit heftige Diskussionen geführt[165], vor allem geschürt durch die Neue Paulusperspektive.

Nach Dunn richtet Paulus sich in seinen Schriften mit der Wendung „Werke des Gesetzes"[166] nicht gegen jüdische „Gesetzlichkeit" im Sinn von „Werkegerechtigkeit", um Gottes Gunst zu erlangen, sondern gegen jüdische Abgrenzung von den Heiden. Der Ausdruck bezeichne nicht „gute Werke" allgemein, „‚good works' in the sense disparaged by the heirs of Luther, works in the sense of self-achievement".[167] Er geht davon aus, dass Paulus dabei von der Tora, „the Jewish law", spricht.[168] „To be more precise, therefore, we should define ‚works of the law' as what the law requieres *of Israel as God's people*."[169] Dabei habe man oft verkannt, dass das „Gesetz" in diesem Sinn „came to reinforce the sense of *Israel's privilege*, the law as marking out this people in its set-apartness to God".[170] Indem die rettende Gnade Gottes so auf Israel beschränkt werde, erhalte das „Gesetz", das Israels Heiligkeit Gott gegenüber definiere, eine Rolle der Abgrenzung Israels von den Nationen.

> „In this way the positive sense of ‚works of the law', as equivalent to Paul's talk of the obedience of faith, becomes the more negative sense which we find in Paul – works of the law was not only maintaining Israel's covenant status, but as also protecting Israel's privileged status and restricte prerogative."[171]

Konkret meint Paulus nach Dunn mit „Werke des Gesetzes" die äußeren Zeichen wie Beschneidung, die Speisegebote und die Festtage der Juden[172], obwohl Dunn den

---

165 Vgl. dazu u. a. Liebers, Gesetz im Evangelium, S. 26ff. (Wortfeldstudie zu ἔργα) und S. 41ff. (Wortfeldstudie zu ἔργα νόμου); Abegg, 4QMMT, S. 203–216; Bergmeier, Gerechtigkeit, S. 37ff.; Bachmann, Keil oder Mikroskop?, S. 69–134; ders., Was für Praktiken?, S. 35–54; ders., Rechtfertigung, S. 1–33; ders., Bemerkungen, S. 100–108; Lohmeyer, Gesetzeswerke, S. 31–74; Schreiner, Works of Law, S. 217–244; Hofius, Werke des Gesetzes, S. 49–88; ders., Werke des Gesetzes – Zwei Nachträge, S. 89–94; Cranfield, Works of the Law, S. 89–101; Owen, Works of the Law, S. 553–577; Tyson, Works of Law, S. 423–431; Roo, Works of the Law, passim; Rapa, Meaning, passim.

166 Vgl. dazu u. a. Dunn, New Perspektive, S. 108–111, 116–119, 121–140, 213–226, 228–238, 375–380, 381–394, 461–466 (verschiedene Beiträge aus verschiedenen Jahren).

167 Ebd., S. 111 (The New Perspective of Paul, 1983).

168 Vgl. dazu ebd., S. 376 (Paul and Justification by Faith, 1997).

169 Ebd.

170 Ebd.

171 Ebd.

172 Vgl. auch die Schlussfolgerung von Tyson, Works of Law, S. 431: „(1) ‚Works of law' refer specifically to a life dedicated to nominístic service; it is not to he confused with human deeds of

Ausdruck nicht auf diese drei „Zeichen“ beschränkt[173]. Diese „Grenzmarkierungen“ („boundary markers“ oder auch „identity markers“[174])[175] seien im Zentrum der Auseinandersetzung zwischen Paulus und den Judaisten gestanden.[176] Diese hätten von den Heidenchristen die Erfüllung der „Werke des Gesetzes“ gefordert, um vollwertiges Mitglied im Gottesvolk werden zu können.[177] Paulus hingegen proklamiere den Glauben an Christus als einziges Merkmal der Gläubigen sowohl der Juden als auch der Heiden. Demnach verwirft Paulus die „Werke des Gesetzes“ für die Heiden als Voraussetzung für die Zugehörigkeit zum Volk Gottes.[178]

Das Thema der Rechtfertigung ist (nicht nur) für Dunn eine Angelegenheit, die in den Bereich der Ekklesiologie einzuordnen ist.[179] Um dem judenchristlichen Exklusivismus zu begegnen, betone der Apostel, dass alle Menschen, Juden wie Heiden, auf Grund ihres Glaubens an Christus Teil des Gottesvolkes werden. Die „Gerechtigkeit Gottes“ kann demnach nicht, wie im reformatorischen Verständnis, eine zugerechnete Gerechtigkeit meinen, sondern bezeichnet die Bundestreue Gottes zu seinem Volk.

Nach Niebuhr ist mit dem Ausdruck ἔργα νόμου[180] („Werke [des] Gesetzes“) im „Zusammenhang der Auseinandersetzung in Galatien … in erster Linie die Beschnei-

---

a possible meritorius quality. (2) Nomistic service is primarily associated with circumcision and the food laws …“ Dagegen betont Fitzmeyer, dass „im Licht dieses Qumrantextes“ (gemeint ist 4QMMT; vgl. dazu weiter unten) die „Werke des Gesetzes“ nicht so eng verstanden werden können. „The text of 4QMMT does single out about twenty halakhot, but they are not limited to circumcision and food laws; they are moreover associated by the Jewish leader who wrote this letter with the status of ‚righteousness' before God. These are, indeed, food regulations among the precepts singled out, but they include many others, e.g. regulations about sacrifices, about the impurity of members, tithes to be paid, etc. In fact, it makes explicit mention of study of ‚the Book of Moses and the word's of the prophets and David.' Given such a broad outlook, it is difficult to see how the restriction of the phrase that Paul uses can be understood in Dunn's sense“ (Fitzmeyer, According to Paul, S. 23).

173 Vgl. z. B. Dunn, New Perspective, S. 378: „First, as a phrase, it does, of course, refer to all or whatever the law requires, covenantal momism as a whole. But in a context where relationship of Israel with other nations is at issue certain laws would naturally come more into focus than others; we have instanced circumcision and food laws in particular.“

174 Vgl. dazu Wolter, Identität und Ethos, S. 129: „Handlungen, die ein exklusives Ethos konstituieren, fungieren … nach innen als ‚identity markers' und nach außen als ‚boundary markers'.“

175 Vgl. dazu auch u. a. Bachmann, Sünder oder Übertreter, S. 91–100.

176 Vgl. z. B. Dunn, New Perspective, S. 377: „The terms on which *circumcision* was first required of Abraham made circumcision a fundamental identity marker of the people of the covenant …“

177 Vgl. auch z. B. Sanders, Paul, the Law, and the Jewish People, S. 17–64; Räisänen, Paul and the Law, S. 162–177.

178 Vgl. auch z. B. Bachmann, Auslegung, S. 118: „Vielmehr geht es darum, dass Heidenchristen, die sich auf den Gott der Juden und auf Christus einlassen, nicht auch noch die jüdischen ‚boundary markers' als für sich verpflichtend begreifen sollen.“

179 Vgl. auch z. B. Wright, Paulus, S. 140ff. Markus Barth hatte bereits früher den „sozialen Charakter“ der paulinischen Rechtfertigungslehre betont (vgl. Barth, Jews and Gentiles, S. 241–267).

180 Lohmeyer spricht vom „Dienst des Gesetzes“ (vgl. dazu Lohmeyer, Probleme, S. 31–74). Es handelt sich nach ihm dabei nicht um moralische Verdienste, sondern um ein System, Gottes of-

dungsforderung der Gegner des Paulus gemeint".[181] Nach Wilckens denkt Paulus zuerst an die Beschneidung, dann auch an die „elementaren Gebote der Tora".[182] Schlatter versteht darunter „Werke, die des Gesetzes sind, weil es sie befohlen hat und durch sie Gottes Gebot geschieht"[183], und nach Bachmann sind damit nicht Werke, die der Mensch tut oder getan hat, sondern „Regelungen des Gesetzes", *Halachot*, gemeint.[184] Diese *Halachot*-Interpretation wird jedoch vor allem von Hofius heftig zurückgewiesen.[185] Er bemerkt: „Sowohl das in der Tora geforderte Tun wie auch das Tun des in der Tora Geforderten können … als ἔργα νόμου bezeichnet werden."[186] Damit teilt Hofius offenbar die „gängige Sicht", wie sie von ihm zusammengefasst wird. Demnach handelt es sich um „Taten", „die in der Tora gefordert werden, bzw. um ein ‚Tun' und ‚Verhalten', das den Vorschriften der Tora entspricht".[187] Bachmann bemerkt dazu, dass Hofius durch das Wörtchen „beziehungsweise" etwas zusammenfüge, „was wohl besser zu trennen wäre".[188]

> „Ob ‚Taten, die in der Tora gefordert werden', wirklich geschehen, ist ja bekanntlich und beklagenderweise oft die Frage … Insofern sind ‚Taten, die in der Tora gefordert werden', zunächst Dinge, die ihren Platz in der Tora haben, und sie sind vom konkreten ‚Tun' und ‚Verhalten' … deutlich zu unterscheiden."[189]

Bachmann vergleicht u. a. Offb 2,26 (τὰ ἔργα μου) mit Offb 12,17 (τὰς ἐντολὰς τοῦ θεοῦ) und schlussfolgernd daraus, dass bei dem Ausdruck „durchaus an ‚meine [Christi] Gebote' [vgl. Joh 14,21 und 15,10: τὰς ἐντολάς μου] zu denken" sei.[190] Allerdings denke ich, dass Hofius grundsätzlich Recht hat, wenn er im Sinn von „das Tun/die Befolgung des Gesetzes" bzw. „das Tun/die Befolgung dessen, was die Tora gebietet" deutet[191], wobei allerdings augenscheinlich das jeweilige Verständnis der

---

fenbarten Willen in einem Leben „unter dem Gesetz" (vgl. dazu u. a. Röm 6,14f.) zu dienen. Gaston versteht den Genitiv νόμου in der Wendung „Werke des Gesetzes" als *Genitivus subiectivus*, womit die Werke gemeint seien, die durch das Gesetz bewirkt werden (Gaston, Paul and the Torah, S. 100–107).

181 Niebuhr, Paulusbriefsammlung, S. 244.

182 Wilckens, Römer 1, S. 173; vgl. auch Wilckens, Theologie I/3, S. 141f.; Dunn, New Perspective, S. 22; Haacker, Römer, S. 84; vgl. ferner Strack/Billerbeck, Kommentar III, S. 160–162.

183 Schlatter, Gottes Gerechtigkeit, S. 130.

184 Vgl. z. B. Bachmann, Rechtfertigung, S. 15; ders., Was für Praktiken, S. 51ff. Bereits Lohmeyer hatte betont, dass der Ausdruck „nicht als Geleistetes, sondern als zu Leistendes, vom Gesetz Gefordertes", zu begreifen sei (Lohmeyer, Gesetzeswerke, S. 64).

185 Vgl. z. B. Hofius, Werke des Gesetzes, S. 51f. und 57ff.; vgl. auch u. a. Boer, Paul's Use, S. 189–216; Gathercole, Where Is Boasting, S. 92–96.

186 Hofius, Werke des Gesetzes – Zwei Nachträge, S. 92.

187 Hofius, Werke des Gesetzes, S. 51.

188 Bachmann, Was für Praktiken, S. 39.

189 Ebd.

190 Ebd., S. 44.

191 Hofius, Werke des Gesetzes, S. 71 und ebd., Anm. 131.

Tora eine wesentliche Rolle spielte, und insofern sind die Halachot mit eingeschlossen bzw. mit angesprochen.

Nach Wengst bedeutet die Wendung „Werke des Gesetzes" bei Paulus nicht „das von der Tora geforderte ethische Tun, sondern präzis die auf jüdische Lebensweise bezogenen Forderungen".[192] Das ist sicher insofern richtig, als dass Paulus an eine gewisse jüdische Denkweise in Bezug auf die Tora anknüpft und dass dementsprechend die jeweilige Sichtweise der Tora mit eingeschlossen ist. Grundsätzlich bezieht Paulus sich aber sowohl im Kontext des Galaterbriefs als auch im Kontext von Röm 3,20 auf die „jüdische" Heilige Schrift, d.h. auf das gesamte Alte Testament.

Nach Wolter ist die

> „Frage, ob der Ausdruck ‚Werke des Gesetzes' *Handlungen* meint, die in Erfüllung der Tora getan werden, oder *Vorschriften*, die in der Tora stehen, weil sie getan werden sollen (unabhängig davon, ob dies auch tatsächlich geschieht), … ganz bestimmt nicht so zu beantworten, dass irgendeine dieser beiden Interpretationen ‚durchwegs' gelten und der Ausdruck darum an allen Stellen ein und dieselbe Bedeutung haben müsse. Solch einseitige Urteile – in welche Richtung sie auch gehen mögen – lassen einen Sachverhalt unbeachtet, der eigentlich selbstverständlich sein sollte: das Begriffe mal mit ihrer ‚eigentlichen' Bedeutung und mal metonymisch gebraucht werden können … In diesem Sinn wird man sagen können, dass der Ausdruck ‚Werke des Gesetzes' in Gal 3,10; Röm 3,20 bzw. ‚Werk des Gesetzes' in Röm 2,15 metonymisch die von der Tora geforderten Werke meint, während er in Röm 3,28; Gal 2,16; 3,2.5 Handlungen bezeichnet, die in Befolgung der Tora getan werden".[193]

Grundsätzlich ist Wolter zuzustimmen, aber diese starke Trennung scheint mir doch auch „einseitig" zu sein, da ich nicht meine, dass Paulus so deutlich zwischen dem „Geforderten" und dessen „Befolgung" (in der Bestrebung des Menschen) trennt. Gerade im Kontext von Röm 3,20 geht es um die Dinge, die das „Gesetz" von den Menschen fordert, aber auch darum zu zeigen, dass selbst der Jude dieses Geforderte nicht erfüllt und deshalb dadurch nicht die Gerechtigkeit Gottes erlangen kann.

4.2.3. „Werke der Tora" und „Soteriologie" im Judentum

Das „Tun der Tora" sowie die „Taten/Werke der Tora" spielen in den Qumran-Texten eine wichtige Rolle. In 4Q398 14-17,2,3 (= 4QMMT C 27), einem Dokument aus Qumran aus der Mitte des 2. Jahrhunderts v. Chr.[194], wird der Ausdruck מעשי התורה[195]

---

192 Wengst, Freut euch, S. 187.

193 Wolter, Paulus, S. 352–353. Zur Auseinandersetzung mit Wolter vgl. u. a. Theobald, Ist Paulus wirklich gescheitert?, S. 155–183; Dispotis, Das paulinische Christentum, S. 213–236.

194 Zur Frage der Datierung vgl. u. a. Betz/Riesner, Qumran, S. 65–83; Stegemann, Essener, S. 148–151.

195 Bzw. מקצת מעשי התורה. Der Satz wird sehr unterschiedlich wiedergegeben, so z. B. mit „some of the works of the Torah" (F. G. Martínez/E. J. C. Tigchelaar), „some of the observances of the

(„Taten/Werke der Tora“[196]) verwendet[197], wobei offensichtlich das Halten der Tora durch die Erfüllung ihrer Gebote gemeint ist. Im Kontext heißt es:

> „Nun haben wir dir geschrieben von einigen Taten/Werken der Tora, solche, die wir als wohltätig für dich und dein Volk bestimmt haben. Denn wir haben gesehen, [dass] du über Einsicht und Erkenntnis der Tora verfügst. Verstehe alle diese Dinge und suche sein Angesicht, um deinen Ratschluss zu befestigen und dich so fernzuhalten von bösen Gedanken und dem Ratschluss Bileals.[198] Dann wirst du dich freuen am Ende der Zeit, wenn du feststellen wirst, dass die innere Tiefe unserer Worte wahr ist. Und es wird dir als Gerechtigkeit angerechnet werden[199] [vgl. dazu Röm 4,3!], da du getan hast, was recht und gut vor Ihm ist[200], zu deinem Wohlergehen und dem Israels.“[201]

Vorher werden Personen wie Salomo und Jerobeam beschrieben, welche auf Grund ihres Gehorsams oder ihres Ungehorsams dem Gesetz gegenüber gesegnet bzw. verflucht wurden. Man solle an die Könige Israels denken und „gründlich ihre Werke“ betrachten, da derjenige, der die Tora gefürchtet habe, von seinen Nöten errettet worden sei, und dem nach der Tora Suchenden seien die Sünden vergeben worden.[202]

Für Bergmeier bestehen keine Zweifel, „dass die genannten מעשׂי התורה nicht Taten sind, von denen berichtet wird, sondern Anweisungen zu Handlungen gültiger Torapraxis“.[203] Diese Anweisungen „führen, wenn sie in die Praxis umgesetzt werden, zur Trennung von den Sündern und, wie der kunstvoll gestaltete Schluss des Lehrbriefs zeigt, zur Anrechnung als Gerechtigkeit im Gericht“.[204] Dementsprechend sprechen Richter nach dem Recht Gottes die Gerechten gerecht und die Frevler schuldig[205], während die ungerechten Richter einen Frevler gerecht sprechen und einen Gerechten verurteilen[206].[207]

Law“ (G. Vermes), „einiges vom Tun der Tora“ (M. Krupp), „etliches von den Torah-Praktiken“ (J. Maier), „einige (der in) der Tora (verbindlich vorgeschriebenen) Praktiken“ (H. Stegemann), „some of the precepts of the Torah“ (E. Qimron/S. Strugnell) (zu den Quellenangaben vgl. Hofius, Werke des Gesetzes, S. 52f.). Bachmann übernimmt die Übersetzung von Qimron und Strugnell (vgl. Bachmann, 4QMMT, S. 33).

196 Vgl. auch 4Q265 4,2,6; 4Q399 1,1,11 (an dieser Stelle stellt sich die Frage nach dem ursprünglichen Text); 4Q174 1,1,7.

197 Vgl. dazu u. a. Qimron/Strugnell, Qumran Cave 4, S. 62; Maier, Qumran-Essene 2, S. 361–376.

198 In 1. QS 2,2ff. werden der Segen und die Gnade denen zugesprochen, „die für Gott bestimmt sind, die ohne Fehler auf allen seinen Wegen gehen“ (1. QS 2,2), während diejenigen, die für Bileal vorherbestimmt sind, „ohne Gnade verdammt sein“ mögen (vgl. 1. QS 2,4–8).

199 Vgl. Bergmeier, Gerechtigkeit, S. 33: „… damit es Dir zur Gerechtigkeit angerechnet wird …“

200 Vgl. 1QS 8,3: „im Tun des Rechtes“; 4Q200 2,9: „in deinem Tun der Gerechtigkeit“.

201 4Q398 14–17,2,2-8 (= 4QMMT C 26b–32).

202 4Q398 11-13,6 (= 4QMMT C 23-25a).

203 Bergmeier, Gerechtigkeit, S. 33.

204 Ebd.

205 Vgl. z. B. 4Q511 63,3,3b–4a: להצדיק צדיק באמתכה ולהרשיע רשע באשמתו … („ … um zu rechtfertigen den Gerechten in deiner Wahrheit und den Frevler in seiner Schuld zu verdammen“).

206 Vgl. CD 1,19b: ויצדיקו רשע וירשיעו צדיק … („… und sie sprechen den Frevler gerecht und verurteilen den Gerechten“).

Es geht dabei in den Qumran-Schriften grundsätzlich um das Halten der ganzen Tora[208], und zwar aus der Sicht der jeweiligen Auslegung[209], und nicht nur um bestimmte Aspekte des „Gesetzes“.[210] So erscheint z. B. der Ausdruck „seine/ihre Taten in der Tora“ in einigen Texten[211], wobei dieser Ausdruck offenbar ähnlich gebraucht wird wie die Wendung „Taten der Tora“ in 4Q398 14–17,2,3. Diese „Taten in der Tora“ entscheiden darüber, ob jemand in die Gemeinschaft aufgenommen wird[212], aber auch über den Rang innerhalb der Gemeinschaft[213], und es gibt eine Prüfung in Bezug auf „Verständnis und Taten in der Tora“[214]. Es geht also um das Tun des in der Tora Geforderten, wie es in den Regeln der Gemeinschaft[215] vorgegeben ist. Und zwar haben die Texte „nicht die Befolgung von [nur] Einzelgeboten im Blick …, sondern in umfassendem Sinn die alles Tun und Verhalten bestimmende Gesamtorientierung an der Tora vom Sinai“, wie Hofius, der sich auch auf außerbiblische jüdische Texte bezieht, richtig bemerkt[216].

Es handelt sich offenbar um Praktiken, welche nach Überzeugung der Qumrangemeinde von der Tora als verbindlich vorgeschrieben sind.[217] Pokorny und Heckel bemerken: „Der Verfasser jenes Textes, der manchmal mit dem ‚Lehrer der Gerechtigkeit‘ identifiziert wird, ist bestrebt, sich von dem unreinen Volk zu trennen

---

207 Vgl. dazu auch Stettler, Gericht, S. 152.

208 Vgl. auch z. B. 1QS 5,21; 6,18; 4Q258 2,1.3; 4Q261 1,3.5 (wo jeweils der Ausdruck „seine/ihre Taten in der Tora“ erscheint); CD 16,8 („zu tun [jede] Sache von der Tora“); 1QS 8,2.15; 1QpHab 7,11 („ein/der Täter der Tora“ – der gleiche Ausdruck erscheint auch in 1QpHab 8,1; 1Q14 8,10,8; 4Q171 1,2,14; 4Q171 1,2,22; 4Q176 17,7); 4Q470 1,4 („[die ganze Tora] zu tun und [andere] veranlassen, die ganze Tora zu tun“); 4Q174 1,2,22 („zu tun die ganze Tora“).

209 Vgl. z. B. CD 4,8 („zu tun nach der Erforschung der Tora“ – der gleiche Ausdruck erscheint auch in CD 6,14; 4Q266 3,1,2; 4Q266 3,2,20); CD 13,6 („und bei der Erscheinung seiner Taten nach der Erforschung der Tora“). Vgl. dazu auch Werblowsky, Tora als Gnade, S. 160. Alexander weist darauf hin, dass die Mischna Tora-Gebote als auch rabbinische Lehre enthält. „All constitute Torah, and all must be obeyed“ (Alexander, Torah, S. 278).

210 Vgl. auch z. B. 1QS 5,8.21; 6,18; 1QpHab 7,11; 8,1; 12,4f. (vgl. dazu u. a. Tiwald, Hebräer von Hebräern, S. 273ff.).

211 Vgl. z. B. 1QS 5,20-24; 6,18. Vgl. dazu Tiwald, Hebräer, S. 274ff.

212 Vgl. 1QS 6,18-19a: „Und wenn er ein Jahr in der *Jachad* verbracht hat, sollen die Vielen ihn befragen über Einzelheiten seines Verständnisses und seine Taten/Werke in der Tora. Wenn er bestimmt ist nach Ansicht der Priester und der Mehrheit der Männer ihres Bundes, dann soll er weiter eingeweiht werden in die geheime Lehre der *Jachad.*“ Vgl. auch z. B. 1QS 3,6b-12.

213 Vgl. 1QS 5,20b-24; vgl. auch 1QS 6,20b-22

214 1QS 5,21 und 6,18, wo jeweils der Ausdruck לפי שכלו ומעשיו בתורה („in Bezug auf sein Verständnis und seine Werke/Taten in der Tora“) erscheint. Nach 1QS 1,11-13 müssen alle, „die nach seiner Wahrheit streben“, ihr ganzes Wissen und Vermögen in die Gemeinschaft einbringen, und sie werden „in der Wahrheit der Gebote Gottes“ ihre Erkenntnis reinigen, um vollkommen nach den Wegen Gottes zu leben, wobei sie in jeder Einzelheit nicht abweichen dürfen.

215 Zum Ausdruck סרך היחד („Regel der Gemeinschaft“) vgl. 1QS 1,1.16; 5,1.20; 4Q256 2,1; 4Q256 1,1. Der Begriff סרך erscheint in den Qumran-Schriften insgesamt 84-mal.

216 Hofius, Werke des Gesetzes, S. 65.

217 Vgl. dazu auch Stegemann, Essener, S. 149; Maier, Qumrangemeinde, S. 60 und 65.

(4Q397).“[218] Das trifft sicher zu, doch der Grund dafür ist, dass sich das „unreine Volk“durch das Nichteinhalten der Gebote der Tora verunreinigt. So können wir mit Hofius zusammenfassen: „Die Wendung [מעשי התורה] bezeichnet nicht die Toragebote, sondern ihre Befolgung durch das Tun.“[219] Dabei geht es offenbar – wie erwähnt – um ein „Tun der Tora“, das im Einklang mit der eigenen Interpretation der Tora steht.

Damit stellt sich die Frage nach der „Soteriologie“ im Judentum allgemein. Nach Strack und Billerbeck erfahren wir aus den frühen jüdischen Quellen „nichts Näheres darüber, wie denn nun die Gerechtigkeit aus dem Gesetz u. seine Werken hervorgeht“.[220] Erst die rabbinische Literatur belehre uns darüber.[221] Die Sache verhält sich nach Strack und Billerbeck diesbezüglich folgendermaßen:

> „Jede Gebotserfüllung … schließt als ein Akt des Gehorsams gegen den göttlichen Gesetzgeber ein Verdienst זְכוּת[222] [von זָכָה = ‚rein dastehen, unschuldig ein; rein halten, gerecht sprechen, freisprechen; verdienen‘[223] abgeleitet; vgl. dazu z. B. Jes 1,16; Mi 6,11; Prov 20,9] … des Israeliten vor Gott in sich, ebenso wie jede Gesetzesübertretung … eine Schuld … vor Gott nach sich zieht. Von den Gebotserfüllungen abgesehen werden Verdienste vor Gott weiter erworben durch Almosen, Fasten u. besondere Liebeswerke, nicht zuletzt durch das Torastudium.“[224]

Überwiegen die Verdienste[225], so gilt der Mensch vor Gott als Gerechter[226], wenn aber die Übertretungsverschuldung überwiegt, so gelte er als Frevler.[227] Was aber ist eine

---

218 Ebd., S. 216–217; vgl. dazu auch Dunn, 4QMMT and Galatians, S. 147–153.

219 Hofius, Werke des Gesetzes, S. 56.

220 Strack/Billerbeck, Kommentar I, S. 251.

221 Vgl. zur rabbinischen Sicht über die „soteriologische“ Funktion der Tora u. a. Urbach, Sages, S. 420–523; Avemarie, Tora und Leben, S. 291–375; ders., Bund, S. 163–216; Schönemann, Bund und Tora, S. 197ff.

222 Interessant ist, dass die Rabbinen z. B. in Ps 106,31 („Und [das] wurde ihm zur Gerechtigkeit gerechnet …“; vgl. dazu Röm 4,3) den Begriff צְדָקָה („Gerechtigkeit“), der offenbar im Sinn von „Gerechtigkeitstat“ verstanden wurde, mit זְכוּת („Verdienst“) ersetzen (vgl. dazu Heidland, λογίζομαι, S. 292f.). Nach Oepke wird der Begriff זְכוּת im Judentum etwa gleichwertig mit dem Ausdruck „Gerechtigkeit Gottes“ verwendet (vgl. Oepke, εἰς, S. 428; vgl. dazu auch Buxtorf, Lexicon, Sp. 666–668). Nach Koch verwenden Peschitta (z. B. in Dan 8,14) und Targum (z. B. in Am 5,7.12.24) bei der Wiedergabe der Begriffe צְדָקָה und צֶדֶק in der Regel die aramäische Wurzel זכי/זכה (Koch, צדק, Sp. 508).

223 Vgl. dazu Koehler/Baumgartner, Lexikon, S. 258; Negoită/Ringgren, זָכָה, Sp. 569–571.

224 Strack/Billerbeck, Kommentar I, S. 251; vgl. dazu auch Strack/Billerbeck, Kommentar IV/1, S. 3ff.; Schrenk, δικαιοσύνη, S. 198f. Auch nach Sonntag stehen keine vorrabbinische Belege dafür zur Verfügung, dass die Pharisäer „die Vorstellung einer individuell durch ein göttliches Gerichtsurteil zu erwerbenden Gerechtigkeit auf Grund der (mehrheitlichen) Erfüllung des Gesetzes vertreten“, und so sei man „auf rabbinische Texte angewiesen, aus denen sich ergibt: Gott gibt die Tora einzig zum Zwecke des Verdiensterwerbes. Am Ende werden die Verdienste gegen die Schulden abgewogen. Der Mensch, bei dem das Verdienst überwiegt, wird von Gott zum Gerechten erklärt. Es geht also um eine gerichtlich-juridische Rechtfertigung nach der Mehrheit der Taten“ (Sonntag, ΝΟΜΟΣ ΣΩΤΗΡ, S. 168).

225 Der Begriff זְכוּת erscheint in der Mischna insgesamt 41-mal (zweimal im Traktat Ket., einmal in

„Gesetzesübertretung“? „Eine Gesetzesübertretung lässt sich nur an der Hand des Wortlautes des Gesetzes feststellen; eine Handlung, auf die der Wortlaut eines Gesetzes nicht zutrifft, kann nicht als Übertretung dieses Gesetzes hingestellt werden.“[228] Erst die Anerkennung des Grundsatzes, „dass die buchstäbliche Erfüllung eines Gebotes als eine vollgültige u. verdienstliche Gebotserfüllung anzusehen sei“, habe die „Verdienstlehre“ der Alten Synagoge möglich gemacht.[229]

> „Hiernach kommt die Gerechtigkeit aus dem Gesetz zustande dadurch, dass der Israelit durch pünktliche, wäre es auch nur äußerliche Erfüllung der einzelnen Gesetzesbestimmungen eine solche Menge von Gebotserfüllungen u. einen solchen Schatz von Verdiensten erwirbt, dass die Gebotsübertretungen u. die daraus sich ergebenden Übertretungsschulden nach Zahl u. Gewicht überragt werden. Ist diese Bedingung erfüllt, dann hat er Gottes Urteil für sich, d. h. Gott sieht ihn als einen Gerechten an.“[230]

Die „altjüdische Religion“ ist somit nach Strack und Billerbeck „eine Religion völligster Selbsterlösung; für einen Erlöser-Heiland, der für die Sünde der Welt stirbt, hat sie keinen Raum“.[231] Nach Avemarie geht Billerbeck jedoch an dieser Stelle „fehl, wenn er ausgehend von mMak. 3,16 schließlich bei der Folgerung anlangt, die rabbinische Religion sei ‚eine Religion völligster Selbsterlösung‘“, da in mMak. 3,16 „die Gerechtmachung Israels eindeutig von Gott“ ausgehe.[232]

Git., neunmal in Sot., einmal in Kidd., 25-mal in Sanh. und dreimal in Avot), das Verb זכה erscheint sogar 122-mal. Nach Avot 2,2 wird der „Verdienst eurer Väter … und ihre Gereichtigkeit“ (זְכוּת אֲבוֹתָם ... וְצִדְקָתָם) ewig bestehen und von Gott Israel („euch“) „als reichen Lohn“ angerechnet werden, „als hättet ihr es getan“.

226 Nach mAv. 2,1 werden „alle deine Taten in das Buch geschrieben“. Daran soll der Mensch denken, um vor der Sünde bewahrt zu werden. Und er soll „auf ein geringes Gebot“ achten, weil er „nicht die Belohnung der Gebote“ kenne.

227 Vgl. z. B. mMak. 3,16: „R. Chananja ben Aqaschja sagt: Gott [המקום = ‚der Ort‘], gepriesen sei er, mehrte, um Israel Verdienst zu gewähren/zur Gerechtigkeit zu führen (לזכות), ihnen [die] Tora und [die] Gebote …“. Anschließend wird Jes 42,21 zitiert. Avemarie bemerkt dazu: „So ist es denn doch wahrscheinlicher, dass die Vermehrung der Gebote nicht auf Israels Freispruch hinzielt, sondern auf die Steigerung seiner Gerechtigkeit. In diesem Sinne können wir übersetzen: ‚Gott, gepriesen sei er, wollte Israel zu größerer Gerechtigkeit führen …“ (Avemarie, Tora und Leben, S. 298). Nach ihm ist der Ausdruck לזכות („um Verdienst zu gewähren/zur Gerechtigkeit zu führen“) in Anlehnung an צִדְקוֹ („seine Gerechtigkeit“) aus Jes 42,21 formuliert worden, wobei er eine deutliche Parallele zu Röm 3,21-26 sieht (ebd., S. 299). „Die Unterschiede sind freilich augenfälliger: Erweist sich dort die Gerechtigkeit Gottes im Kreuz Christi, so manifestiert sie sich hier im Gebot; ist dort die Gerechtmachung einzig ein Handeln Gottes, so appelliert Gott hier an den handelnden Menschen“ (ebd.).

228 Strack/Billerbeck, Kommentar I, S. 251.

229 Ebd., S. 251f.

230 Ebd., S. 252.

231 Strack/Billerbeck, Kommentar IV/1, S. 6.

232 Avemarie, Tora, S. 299, Anm. 36. Nach mAv. 3,11 sagte Rabbi Eleazar, dass derjenige, der die heiligen Dinge entheiligt, der die Halbfeiertage nicht achtet, der das Gesicht nicht nach der Tora enthüllt, der „den Bund Abrahams, unseres Vaters“, zerstört (וְהַמֵּפֵר בְּרִיתוֹ שֶׁלְּאַבְרָהָם אָבִינוּ) und

Die Darstellung von (Strack und) Billerbeck wird von vielen nicht mehr geteilt.[233] Bereits Moore hatte auf Grund von mSan 10,1 betont, dass alle Israeliten allein durch Gottes Gnade und Liebe, und nicht auf Grund von Verdiensten Teilhaber der „kommenden Welt" seien.[234] Nach Tiwald kann man, abgesehen davon, „dass es im damaligen Judentum keine einheitlichen und allgemein vertretenen theologischen Konzeptionen gab, … auch einzelnen Gruppierungen des Frühjudentums solch eine ‚Werkgerechtigkeit' nicht global unterstellen".[235] Es gelte zu beachten, dass sich die Konzeptionen „nicht auf der Ebene *dogmatisch-informativer* Aussagen bewegen, sondern lediglich einen *bildhaft-performativen* Impuls zu noch mehr Eifer in der Gesetzesbeobachtung geben wollen".[236] Paulus aber habe „*beide* Konzepte von der bildlich-performativen Ebene in ein real-informatives Verständnis" transformiert.[237] Auch er unterstelle dem Judentum

> „an keiner einzigen Stelle, dass es eine ‚Werkgerechtigkeit' im Sinne einer Art Selbsterlösung praktiziere. Er denkt lediglich performativ-bildhafte Konzeptionen des Frühjudentums auf einer informativ-realen Basis konsequent zu Ende. Sein Anliegen ist in erster Linie nicht die Kritik am Judentum …, sondern eine Klärung der Soteriologie: Nicht durch Werke des Gesetzes, sondern durch Christus Jesus werden wir gerettet".[238]

Fragt sich allerdings, wie Paulus die Soteriologie „klären" kann, ohne die jüdischen „Konzeptionen" – wobei es eben auch um „Soteriologie" ging – in Frage zu stellen

---

der seinen Nächsten beschämt, keinen Anteil in dem „kommenden Zeitalter" (לָעוֹלָם הַבָּא) hat, auch wenn in seiner Hand „gute Taten" (מַעֲשִׂים טוֹבִים) aufzuweisen sind. Andererseits ist nach mAv. 4,11 und 17 „eine Zeit/Stunde in der Buße/Umkehr und in guten Werken in „diesem Zeitalter" (בָּעוֹלָם הַזֶּה) besser als das ganze zukünftige Zeitalter.

233 Vgl. dazu – mit Bezug auf Sanders – Hengel/Deines, Sander's „Common Judaism", S. 478: „Es zeugt auch nicht gerade von historischem Verständnis, wenn man einem Verfasser, der 1900 geboren wurde und rund 40 Jahre älter ist, deswegen angreift, weil er die modernen Einsichten und Methoden in der historisch-kritischen Analyse und Beurteilung der rabbinischen Texte, die für die Gegenwart gelten, noch nicht kannte und verwendete. Dasselbe gilt mutatis mutandis von seinem Urteil über ein so hilfreiches und bahnbrechendes Werk wie das von Paul Billerbeck …, der selbst (wie schon sein Lehrer H. L. Strack) ein entschiedener Gegner des Antisemitismus war, und u.E. mehr als alle anderen christlichen Theologien (einschließlich Sanders') zur Kenntnis rabbinischer Texte im Bereich der wissenschaftlichen Theologie beigetragen hat. Daß Neutestamentler ihn aus Bequemlichkeit und Unwissenheit oft falsch gebrauchen, dafür kann man ihn nicht verantwortlich machen." Zur Würdigung und Kritik des „Kommentars" von Strack und Billerbeck vgl. auch Schaller, Billerbecks Kommentar, S. 61–84.

234 Moore, Judaism II, S. 95. Vgl. auch ders., Judaism III, S. 151: „How a Jew of Paul's antecedents could ignore, and by implication deny, the great prophetic doctrine of repentance, which, individualized and interiorized, was a cardinal doctrine of Judaism, namely, that God, out of love, freely forgives the sincerely penitent sinner and restores him to his favor – that seems from the Jewish point of view inexplicable." Sanders pflichtet Moore bei.

235 Tiwald, Hebräer, S. 277.

236 Ebd., S. 278.

237 Ebd.

238 Ebd., S. 278–279.

bzw. sich davon in irgendeiner Form abzugrenzen. Andererseits hatte Tiwald im gleichen Werk vorher schon festgestellt, dass, wenn Paulus sich dem „Gesetz" gegenüber kritisch äußere, es ihm zumeist darum gehe, „den Forderungs- und Leistungscharakter, der oft mit der korrekten Gesetzesbefolgung verbunden war, kritisch zu beleuchten".[239] Und er fügt hinzu: „In aller Schärfe tritt Paulus damit dem Missverständnis entgegen, dass sich der Mensch durch eigenes korrektes Handeln die Rechtfertigung vor Gott ‚verdienen' könne"[240], wobei er in der Fußnote darauf hinweist, das dieses „Missverständnis … jedoch keineswegs typisch für das pharisäische Judentum" gewesen sei, „wie oft unterstellt wurde".[241]

Interessant ist in diesem Zusammenhang z. B. auch die Bemerkung in Tob 4,10, dass das Almosengeben vom Tode erlösen und nicht zulassen werde, „dass die Seele in die Finsternis hineinkommt".[242] Es geht also auch um das „persönliche" Heil der Juden selbst, und nicht nur um „Grenzmarkierungen" zu den „Heiden".[243] So ging man (zumindest in der späteren Tradition) z. B. davon aus, dass die Beschneidung die Juden vor der Strafe in der Gehenna retten würde.[244] Dabei stützte man sich auch auf

239 Ebd., S. 191.

240 Ebd.

241 Ebd., Anm. 20.

242 Vgl. auch z. B. 1. Macc 2,50-61: „Darum, liebe Söhne, setzt euch voll Eifer für das Gesetz ein und wagt euer Leben für den Bund unsrer Väter; und an die Werke unserer Väter, welche sie in ihren Generationen getan haben (τὰ ἔργα τῶν πατέρων, ἃ ἐποίησαν ἐν ταῖς γενεαῖς αὐτῶν); so werdet ihr rechte Ehre und einen ewigen Namen erlangen. Abraham wurde versucht und blieb im Glauben fest; das ist ihm zur Gerechtigkeit angerechnet worden. Joseph hielt das Gebot, als er bedrängt wurde, und ist Herr in Ägypten geworden. Unser Vater Pinhas setzte sich voll Eifer für die Ehre Gottes ein und erlangte die Zusage, dass das Priestertum ewig bei ihm bleiben sollte. Josua führte den Befehl aus, der ihm gegeben war; darum wurde er der oberste Fürst in Israel. Kaleb legte in der Gemeinde Zeugnis ab; darum hat er einen Erbanteil erlangt. David übte Barmherzigkeit; darum erbte er den Königsthron für immer. Elia setzte sich voll Eifer für das Gesetz ein und wurde in den Himmel geholt. Hananja, Asarja und Mischaël glaubten und wurden aus dem Feuer errettet. Daniel war ohne Schuld und wurde von den Löwen errettet. So denkt daran, was von Geschlecht zu Geschlecht geschehen ist, und ihr werdet finden, dass alle, die auf Gott vertrauen, erhalten werden."

243 Vgl. dazu auch Seifrid, Blind Alleys, S. 77–85.

244 Vgl. Midr. Ber. Rab. XLVIII zu Gen 18,1ff.: „Einst wird Abraham am Eingange des Gehinnom sitzen, wie R. Levi sagte, und die Beschnittenen Israels nicht hinabstürzen lassen. Was macht er aber mit denen, welche sich schwer vergangen haben? Er nimmt die Vorhaut von den vor der Beschneidung verstorbenen Kindern, befestigt sie an den Sündern und stürzt sie dann in das Gehinnom s. Ps. 55, 21" (zitiert nach Bibliotheca Rabbinica I, S. 224–225). Strack und Billerbeck fassen die Wertschätzung und den Segen der Beschneidung im Judentum u. a. mit folgenden Worten zusammen: „Denn der Beschneidung verdankt es Israel, dass es das Land Israel zum Besitz erhalten hat u. dass Gott sein Schutzherr geworden ist. Auch sonst wird die Größe u. Kraft der Beschneidung oftmals verherrlicht, zum Teil im Anschluss an einen Schriftvers, gern auch auf Grund der Geschichte u. der Kultuseinrichtungen Israels. Den größten Segen aber wird die Beschneidung in der Zukunft bringen: nur in ihrem Verdienst wird Israel in der messianischen Zeit erlöst u. in der zukünftigen Welt aus dem Gehinnom errettet werden" (Strack/Billerbeck,

die Verdienste der Väter – vor allem auf die des „Vaters Abraham".[245] So heißt es im Midrasch zum Hohenlied: „Die Gemeinde Israel spricht: ‚Schwarz bin ich durch meine Werke, aber anmutig durch das Werk meiner Väter.'"[246] Gerechtigkeit bleibt somit im Frühjudentum „durchgehend auf die Tora bezogen", wie Niebuhr feststellt.[247]

Ein Beispiel dafür ist auch 4. Esra 8.[248] Der Beter bittet Gott, nicht auf die Sünden seines Volkes zu schauen, „sondern auf die, welche dir wahrhaftig gedient" und „deine Bündnisse in Leiden bewahrt" haben (4. Esra 8,26-27). Dabei bekennt der Beter, indem er Gott bittet, nicht zu zürnen, dass „wir und unsere Väter in den Werken des Todes" dahingelegt haben (4. Esra 8,30-31a).

> „Du aber bist gerade, weil wir Sünder sind, der Barmherzige genannt. Denn gerade weil wir nicht Werke der Gerechtigkeit haben, wirst du, wenn du einwilligst, uns zu begnadigen, der Gnädige heißen. Denn die Gerechten, denen viele Werke bei dir bewahrt sind, werden aus eigenen Werken den Lohn empfangen" (4. Esra 8,31b-33).

Gottes Güte werde nämlich dadurch offenbart, dass er sich derer erbarmt, „die keinen Schatz von guten Werken haben" (4. Esra 8,36). Gottes Antwort lautet, dass der Beter manches richtig gesagt habe (4. Esra 8,37).

> „Denn wirklich will ich mich nicht kümmern um das, was die Sünder sich bereitet haben, um Tod, Gericht und Verderben, sondern vielmehr will ich mich an dem erfreuen, was die Gerechten sich erworben haben, an Heimkehr, Erlösung und Lohnempfang" (4. Esra 8,38-39).

Der Beter habe sich zwar oft den Sündern gleichgestellt, aber das solle nimmermehr vorkommen (4. Esra 8,47b). „Vielmehr wirst du auch darum vor dem Höchsten Ruhm empfangen, weil du dich, wie dir zukommt, erniedrigt und dich nicht zu den Gerechten gezählt hast, wirst du umso größere Ehre empfangen" (4. Esra 8,48-49). Für ihn und seine Brüder sind u. a. „der zukünftige Äon zugerüstet" und „die guten Werke geschaffen" (4. Esra 8,51-52). Die „Demütigung" scheint also offenbar Mittel zum Zweck zu sein. Denn schlussendlich zählt der Beter doch zu denen, die aus eigenen Werken den Lohn empfangen werden (vgl. 4. Esra 8,33).

In Sap 6,18-20 wird von der Liebe zur Weisheit gesagt, dass sie das „Halten ihrer Gesetze" (τήρησις νόμων[249] αὐτῆς) bedeute[250], was zur „Befestigung der Unver-

---

Kommentar IV/1, S. 37). Vgl. auch Strack/Billerbeck, Kommentar IV/2, S.1064ff.

245 Vgl. Strack/Billerbeck, Kommentar I, S. 117ff.

246 Midr. Cant. Rab. I,5 (zitiert nach Strack/Billerbeck, Kommentar I, S.118).

247 Niebuhr, Die paulinische Rechtfertigungslehre, S. 123.

248 Folgende Übersetzungen nach Gunkel, 4. Buch Esra, S. 380–382.

249 Der Begriff νόμος („Gesetz") erscheint in der LXX besonders in den apokryphen Schriften in der Pluralform (im 1. Makkabäerbuch neunmal, im 2. Makkabäerbuch 19-mal, im Buch Weisheit dreimal, sonst hauptsächlich im Buch Ester, und zwar hier achtmal). Dabei bezieht sich die Pluralform oft auf die einzelnen Gebote der Tora. Im Neuen Testament erscheint die Pluralform lediglich in Hebr 8,10 und 10,16, und zwar jeweils als Zitat aus Jer 31,33 (אֶת־תּוֹרָתִי; LXX: νόμους μου) bzw. 38,33 (LXX).

250 Man muss wohl davon ausgehen, dass dabei selbstverständlich die Beschneidung mit einge-

gänglichkeit“ führe, und diese Unvergänglichkeit bewirke, dass man Gott nahe sei, und so führe das Verlangen nach Weisheit zur Königsherrschaft (Gottes)[251].

Mir scheint auf jeden Fall, dass man „dem Judentum“ (welches sicher vielseitig war[252]) eine Tendenz zu einer „Toragerechtigkeit“ (mit Bezug auf die Erfüllung der Tora in der jeweiligen Auslegung) nicht einfach absprechen kann.[253] Nicht selten wird in rabbinischen Schriften als Lohn für das Studium und das Halten der Tora ewiges Leben oder Leben in der „kommenden Welt“ verheißen. Im Mischna-Traktat Avot 3,14-17 wird z. B. R. Akiba zitiert.[254] Demnach sind die Israeliten Gottes Liebling, dem eine besondere Liebe kundgetan wurde, weil Gott ihnen die Tora, durch die Gott die „Welt“ (הָעוֹלָם) geschaffen hat, als „kostbares Gerät“ gegeben wurde. „Alles ist vorausgeschaut, und die freie Wahl ist gegeben. In Güte (בַּטּוֹב) wird die Welt (הָעוֹלָם) gerichtet, und alles angesichts der Menge der Tat (רֹב הַמַּעֲשֶׂה)“, wird R. Akiba ergänzend zitiert.[255]

In syrBar 57,2 ist von denen die Rede, welchen „ein ungeschriebenes Gesetz“ galt und durch welches „die Werke der Gebote“ zur Zeit Abrahams (vgl. syrBar 57,1) bereits getan wurden. Damit wurden „die Werke der Gebote“ bereits vor dem „vierten hellen Wasser“, dem „Kommen des Mose“, getan, und durch dieses „Kommen des Mose“ erhellte „des ewigen Gesetzes Leuchte“, wodurch „den Gläubigen … die Verheißung ihres Lohns“ angekündigt wurde (syrBar 59,1-2). Vorher wurde in Bezug auf diejenigen gesagt, „die durch ihre Werke gerettet sind und denen das Gesetz jetzt eine

---

schlossen ist, wie z. B. in 1. Macc 1,44-49 zum Ausdruck kommt, wonach Antiochus Briefe nach Jerusalem sandte, wobei er gebot, „dass sie die Gebräuche der Nationen annehmen … und ihre Söhne unbeschnitten lassen sollten …, damit sie Gottes Gesetz vergessen und alle Rechtsordnungen abschaffen sollten (ὥστε ἐπιλαθέσθαι τοῦ νόμου καὶ ἀλλάξαι πάντα τὰ δικαιώματα)“. Dagegen betont der Apostel Paulus in 1. Kor 7,19, dass weder die Beschneidung noch das Unbeschnittensein zählt, sondern „das Halten der Gebote Gottes“ (τήρησις ἐντολῶν θεοῦ). Die Beschneidung wird also nicht auf die gleiche Stufe wie die (ethischen) Gebote gestellt. Andererseits betont der Apostel in Röm 2,25, dass die Beschneidung „nützt, wenn du das Gesetz hälst“. Es kommt für Paulus nicht auf die körperliche Beschneidung an, sondern auf das Halten der ethischen Gebote des Gesetzes Gottes, was nur dadurch möglich ist, dass man „inwendig verborgen“ Jude ist und somit die „Beschneidung des Herzens, die im Geist und nicht im Buchstaben geschieht“, hat (Röm 2,28-29).

251 Vgl. dazu auch Sap 6,4: „Denn obwohl ihr Diener seines Reiches seid, habt ihr nicht recht gerichtet und das Gesetz nicht gehalten und seid nicht nach dem Ratschluss Gottes gewandelt.“

252 Vgl. dazu auch Tiwald, Hebräer, S. 35ff. („Die vielen Gesichter des Frühjudentums“).

253 Vgl. auch z. B. Seifried, Righteousness Language, S. 432ff.; Stetller, Gericht, S. 154f.

254 Zum Mischna-Traktat Avot als Ganzes und zu einzelnen Abschnitten vgl. Stemberger, Judaica Minora II, S. 317–452; zum Thema „Verdienst und Lohn“ im Mischna-Traktat vgl. ders., Verdienst und Lohn, S. 434–452.

255 Vgl. auch mAv. 5,14: „Vier Arten gibt es in Bezug auf das Hingehen zum Haus des Studiums: Wer hingeht, ohne es zu tun, hat den Lohn des Hingehens (שְׂכַר הֲלִיכָה) in seiner Hand; wer es tut, ohne hinzugehen, hat den Lohn der Werke (שְׂכַר מַעֲשֶׂה) in seiner Hand; wer hingeht und es tut, ist ein Frommer (חָסִיד); wer nicht hingeht und es nicht tut, ist ein Frevler.“ Der Begriff שָׂכָר („Lohn“) erscheint in der Mischna 98-mal.

Hoffnung war", dass sie „jene Welt, die noch unsichtbar für sie ist", sehen werden (syrBar 51,7-8). In in syrBar 51,3 heißt es:

> „Die Herrlichkeit von denen, die sich jetzt rechtschaffen gezeigt haben, wie mein Gesetz es will, und die in ihrem Leben Einsicht hatten und die in ihrem Herzen hier der Weisheit Wurzel planzten – ihr Glanz wird dann verherrlicht sein in unterschiedlicher Gestalt. Ins Licht ihrer Schönheit wird verwandelt sein das Ansehen ihres Angesichts. So können sie die Welt bekommen und empfangen, die nicht vergeht, so wie sie ihnen versprochen war."[256]

In syrBar 57,2 sind mit dem Ausdruck „die Werke der Gebote" offenbar die „Werke" gemeint, welche auf Grund der „Verpflichtung" durch die Gebote getan werden (sollten). In Sir 19,20 erscheint der Ausdruck ποίησις νόμου („Tun [des] Gesetzes"), und in 1. Macc 2,67 ist von „allen Tätern des Gesetzes" (πάντας τοὺς ποιητὰς τοῦ νόμου) die Rede. Interessant ist in diesem Zusammenhang auch, dass in Jak 4,11 der Ausdruck ποιητὴς νόμου („Täter [des] Gesetzes") offenbar als Synonym für den Ausdruck ποιητὴς ἔργου („Täter [des] Werkes") in Jak 1,25 erscheint. Nach Jak 4,11 ist bereits derjenige kein „Täter [des] Gesetzes", der seinen „Bruder" verleumdet oder richtet, da er damit das Gesetz richtet.

4.2.4. „Werke des Gesetzes" und „Soteriologie" bei Paulus

Die „Soteriologie", wie sie – mit unterschiedlichen Nuancen – im (späteren) Rabbinentum vertreten wurde[257], stellt im Neuen Testament – trotz Datierungsfragen der jüdischen Überlieferung – zumindest im Kern einen wesentlichen Hintergrund der Auseinandersetzungen um die Frage nach der Rechtfertigung dar, und zwar nicht nur bei Paulus, sondern offensichtlich bereits bei Jesus (vgl. z. B. Mt 5,20[258]; Lk 16,15; 18,9-14).[259] Dabei geht es nicht darum, dass diese „Werke", die gelehrt werden, an und

---

256 Übersetzung nach Klijn, Baruch-Apokalypse, S. 162f. und 156f..

257 Nach Wilckens galt das „Gesetz" im Judentum „elementar als Heilsgarant und die Erfüllung seiner Gebote selbstverständlich als Voraussetzung der Rechtfertigung" (Wilckens, Römer 1, S. 174).

258 Vgl. dazu Deines, Gerechtigkeit der Tora, S. 413ff. Nach Deines geht es in Mt 5,20 um eine „eschatologische Qualifizierung" der Gerechtigkeit (vgl. ebd., S. 425ff.), welche er in den „Antithesen" konkretisiert sieht (vgl. ebd., S. 429ff.).

259 Anders jedoch z. B. Klaiber, Galaterbrief, S. 73 (in Bezug auf Gal 2,16): „Man wird also davon ausgehen können, dass auch für Paulus der Ausgangspunkt seiner Auseinandersetzung nicht die Frage war, ob man durch das Erfüllen der Gebote des Gesetzes vor Gott gerecht sein könne." Vorausgegangen war die „Feststellung", dass man auch im Judentum gewusst habe, „dass der Mensch aus eigenem Vermögen kein positives Urteil über sein Leben erwarten kann, sondern ganz auf Gottes Gnade angewiesen ist. Das haben gerade die Texte aus Qumran sehr eindrücklich gezeigt ..." (ebd., S. 71). Betont worden seien die „Identitätsmermale für das Judesein", und das auch möglicherweise von den Leuten, mit denen Paulus sich auseinandersetze (ebd., S. 73). Paulus enge jedoch seine Argumentation „nicht auf solche besonderen Identitätsmermale für die

für sich nicht richtig wären (vgl. z. B. Mt 23,23; Lk 11,42), sondern vielmehr um die Überzeugung, dass der Mensch sie nicht wirklich tut (vgl. Mt 23,2-5) und auch gar nicht imstande ist, das „Gesetz" (als Offenbarung des Gotteswillens) in seiner Tiefe zu erfüllen (vgl. z. B. Röm 8,6-8; vgl. auch Lk 16,13-15). Nach Mt 23,13 besteht das Problem der Schriftgelehrten und Pharisäer nicht nur darin, dass sie die „Königsherrschaft der Himmel" vor den Menschen verschließen, sondern auch darin, dass sie selbst nicht hineingehen und diejenigen, die hineingehen wollen, nicht hineingehen lassen. Offenbar ist Jesus der Überzeugung, dass erst dieses „Hineingehen" (vgl. Mt 7,13; Joh 3,5; vgl. auch Mt 15,13; 23,26) die Erfüllung der „neuen Gerechtigkeit" und damit des ursprünglichen Willens Gottes[260] ermöglicht.

Die Aussage in Röm 3,20 erklärt sich aus dem vorangehenden Abschnitt.[261] In Röm 3,19 hatte Paulus von den Dingen geschrieben, „die das Gesetz sagt" (ὅσα ὁ νόμος λέγει), und dabei betont, dass das „Gesetz" zu denen spreche, „die im Gesetz [sind]". Das „Gesetz" hat seine Gültigkeit also zuerst für die Juden. Schon allein daran wird deutlich, dass mit der Wendung ἔργα νόμου („Werke des Gesetzes") nicht etwas gemeint sein kann, das die Juden allein von den Heiden erwarteten in dem Sinn, dass Paulus lediglich diese (falsche) Erwartung in Frage stellte. In Röm 3,20b ergänzt Paulus, dass durch das Gesetz die „(genaue) Erkenntnis der Sünde" (ἐπίγνωσις ἁμαρτίας) kommt[262], während er in Röm 3,20a betont, dass das Gesetz nicht die Rechtfertigung des Menschen bewirken kann, was für Paulus nicht nur in Bezug auf die „Heiden" gilt, sondern offensichtlich ebenso auch in Bezug auf die Juden.[263] Dabei geht es nicht darum, dass die „Werke" als solche schlecht sind, sondern dass die Juden sich nach der Überzeugung des Paulus nicht von Herzen dem Willen Gottes, der in der Tora offenbart wird, unterordnen, wie er in Röm 2,17ff. betont hatte[264]. Der Grund dafür,

---

Zugehörigkeit zum Judentum ein; er formuliert bewusst sehr umfassend: *nicht aufgrund von Gesetzeswerken.* Das gilt nicht nur für einige rituelle Vorschriften, sondern schließt im Grunde das ganze Gesetz als Weg zum Heil aus" (ebd., S. 73–74).

260 Vgl. dazu u. a. Hengel, Jesus, S. 152–172; Hengel/Schwemer, Jesus, S. 431–451; Schrage, Ethik, S. 21–119.

261 Vgl. dazu auch u. a. Hofius, Werke des Gesetzes, S. 64–79.

262 Das Verb ἐπιγι(γ)νώσκω („erkennen, erfahren, wissen") wird nach Preisigke auch im Sinn von „prüfen" (z. B. in Gegenwart der Testamentszeugen) oder „eine Leistung anerkennen, auf sich nehmen, für eine Zahlung aufkommen" gebraucht (Preisigke, Wörterbuch IV, Sp. 873). Es ist durchaus möglich, dass Paulus einen solchen rechtlichen Gebrauch mit einschließt. Damit wäre die anklagende Fuktion mit eingeschlossen (vgl. auch Röm 4,15; 7,7ff.).

263 Vgl. auch Wilckens, Was heißt bei Paulus, S. 77–109. Richtig betont auch Eckstein (mit Bezug auf den Gal 3,13): „Daß auch die *Heiden* durch die Erlösung in Christus den Segen Abrahams (3,9.14a), d.h. die Rechtfertigung (3,7.8) und den Geist (3,2.3.5; vgl. 4,6; 5,16-25), empfangen, stellt der Apostel in unserem Kontext genauso nachdrücklich heraus wie umgekehrt die Tatsache, daß auch die *Juden* – und nicht nur die sprichwörtlich ›sündigen Heiden‹ (vgl. 2,15) – als von der Tora Verurteilte auf die Erlösung in Christus angewiesen sind (V. 10-12; vgl. 2,15-21; 3,22ff.)" (Eckstein, Verheißung und Gesetz, S. 152).

264 Richtig bemerkt Schreiner: „In chapter 2 Paul criticizes the Jews for thinking that the law and circumcision will protect them from wrath. But Paulus never says that the reason they will be

dass „kein Fleisch aus Werken [des] Gesetzes“ gerechtfertigt werden kann, liegt nach Paulus also nicht im Gesetz, sondern beim Menschen (vgl. Röm 7,12ff.)[265], womit von Paulus auch die Juden als Übertreter des Gesetzes dargestellt werden (vgl. auch Röm 7,5; 8,6-8).

So heißt es bereits in Ps 143,2: „… und gehe nicht ins Gericht mit deinem Knecht; denn vor dir handelt/ist kein Lebendiger ständig gerecht (… כִּי לֹא־יִצְדַּק; LXX: …ὅτι οὐ δικαιωθήσεται …).“ Ähnlich hatte Paulus in Röm 3,9 begründet, nämlich dass „sowohl Juden als auch Griechen alle unter [der] Sünde“ sind (vgl. auch Röm 3,10ff.).[266] Das ist die Ursache dafür, dass „kein Fleisch vor ihm aus Werken des Gesetzes gerechtfertigt werden kann“ (Röm 3,20a).[267] Um vor Gott gerecht zu werden, ist jeder Mensch auf die Vergebung Gottes und die innere Erneuerung durch den Geist Gottes auf Grund des Erlösungswerkes Jesu Christi angewiesen. Deshalb ist auch kein Gesetz gegeben, um die Rechtfertigung zu erlangen. Vielmehr soll nach Überzeugung des Apostels der Mensch durch das „Gesetz“ seine Sünden erkennen (vgl. Röm 3,20; 4,15) und auf Grund der Vergebung und der erneuernden Kraft Gottes durch die Rechtfertigung den im Gesetz offenbarten Willen Gottes erfüllen (vgl. Röm 8,2ff.).

Dass sich die Begründung in Röm 3,20 auf Röm 3,19 bezieht, wird wohl auch daran sichtbar, dass das οἴδαμεν („wir wissen“) am Anfang von Vers 19 dem εἰδότες („wissend“; kausales Partizip im Sinn von „weil wir wissen“) am Anfang von Gal 2,16 entspricht.[268] Der Unterschied zwischen diesen zwei Stellen ist allerdings der, dass Paulus in Gal 2,16 die (Juden-)Christen anspricht (vor allem nimmt er Petrus gegenüber Stellung). Bei ihnen kann er grundsätzlich voraussetzen, dass sie wissen, dass kein Mensch „aus Werken [des] Gesetzes“ vor Gott gerecht wird. Doch im Kontext vom Römerbrief, der sich zumindest indirekt auch an die Juden insgesamt richtet[269], kann er dieses Wissen offenbar nicht voraussetzen; lediglich das Wissen, dass das Gesetz den Juden gegeben wurde und deshalb zu ihnen spricht, kann er voraussetzen. In Röm 3,20 zieht er dann eine Schlussfolgerung, die der Jude nach Überzeugung des Paulus eigentlich auch ziehen müsste.

---

judged is because they wanted to impose circumcision or food laws on Gentiles. Instead, the consistent thesis throughout chapter 2 (cf. 2,1-3, 8-9, 12, 21-24, 25, 27) is that the Jews will be judged for failing to keep the law“ (Schreiner, Romans, S. 172).

265 Vgl. auch Stegemann, Die umgekehrte Tora, S. 13–14: „Das heißt nicht, dass Gerechtigkeit Sünde, weil eben der Versuch der Selbstgerechtigkeit ist, sondern daß auch die tadelloseste Gerechtigkeit aus dem Tun der Tora nicht die Gerechtigkeit ist, die das ewige Leben verbürgt.“ Richtig betont Schreiner: „Thus verse 20 should be understood to say that righteousness by works of law is excluded because no one is able to keep the law“ (Schreiner, Romans, S. 172).

266 Vgl. auch Hofius, Werke des Gesetzes, S. 68–69: „… daß alle Menschen ohne Ausnahme im Sinne der Kennzeichnung von Röm 1,21 ‚Sünder' sind (3,23; 5,12; 5,19). Als solche aber stehen sie nicht erst wegen einzelner böser Taten, sondern bereits aufgrund ihres gottfernen und gottfeindlichen Seins in einem fundamentalen Widerspruch zur Tora.“

267 Vgl. auch ebd., S. 70–72.

268 Vgl. Wilckens, Römer 1, S. 174.

269 Vgl. auch Gathercole, Justified, S. 147ff.

Der Ausdruck „Werke [des] Gesetzes“ kommt, wie bereits erwähnt, in den Paulusbriefen in chronologischer Hinsicht zum ersten Mal in Gal 2,16 vor. Dass damit auch an dieser Stelle nicht nur einzelne „Grenzmarkierungen“ gemeint sind, sondern das Bestreben, durch das Halten der Gebote der Tora die Rechtfertigung vor Gott zu erlangen, angesprochen werden, zeigt der Galaterbrief m. E. zur Genüge. In Gal 2,21 ist davon die Rede, dass in dem Fall, dass die Rechtfertigung „aus Werken [des] Gesetzes“ möglich wäre, „die Gerechtigkeit durch/mittels [das/des] Gesetz(es)“ käme, was bedeuten würde, dass die Rechtfertigung „im Gesetz/durch [das] Gesetz“ möglich wäre (vgl. Gal 3,11) bzw. dass das Erbe (des Glaubens bzw. der Errettung durch den Empfang des Heiligen Geistes; vgl. z. B. Gal 3,2.5) „aus [dem] Gesetz“ käme (vgl. Gal 3,18) oder dass das „Gesetz“ lebendig machen könnte (vgl. Gal 3,21). Wer versucht, „aus Werken [des] Gesetzes“ die Rechtfertigung vor Gott zu erlangen, will nach den Ausführungen des Paulus im Galaterbrief „im Gesetz gerechtfertigt“ werden (vgl. Gal 5,4) – und zwar besonders durch die Beschneidung (vgl. Gal 5,2f.; 6,12f.)[270] – und „unter [dem] Gesetz sein“ (vgl. Gal 4,21). Doch sind alle, die „unter [dem] Gesetz“ (vgl. Gal 3,23; 4,4f.) bzw. die „aus Werken [des] Gesetzes“ sind, unter dem Fluch der Sünde (vgl. Gal 3,10).

Aber auch im Anschluss an Gal 2,16 geht Paulus nicht auf die Frage nach der Gemeindezugehörigkeit der „Heiden“ ein, sondern darauf, dass „ich/wir“ (als Jude, und zwar von Natur aus) „als Sünder befunden“ werden und deshalb (nicht „aus Werken [des] Gesetzes“ heraus, sondern) durch den Glauben an Jesus Christus gerechtfertigt wird/werden (Gal 2,17) und dass „ich durch [das] Gesetz [dem] Gesetz gestorben bin“ (Gal 2,19), weil es „mir“ (als Juden) nicht das Leben bringen kann.[271] Auf dem Apostelkonzil in Jerusalem – der nach meiner Überzeugung die „Fortsetzung“ der in Gal 2,11-14 angesprochenen Thematik darstellt (vgl. Gal 2,12 mit Apg 15,1f.24) – bringt Petrus das nochmals auf den Punkt, wenn er betont, dass Gott „zwischen uns und ihnen [d.h. den ‚Heiden’] keinen Unterschied macht, „da er durch den Glauben ihre Herzen reinigt [wie auch unsere Herzen]“ (Apg 15,9), und dann ergänzt: „Nun denn, was versucht ihr Gott, ein Joch auf den Hals der Jünger zu legen, das weder unsere Väter noch wir imstande waren zu tragen? Vielmehr glauben wir, durch die Gnade des Herrn Jesus in derselben Weise errettet zu werden wie auch jene“ (Apg 15,10-11).

---

270 Vgl. auch Gal 2,3.7.8.9.12; 5,6.11; 6,15. Die Problematik, von welcher in Gal 2,11-14 berichtet wird, führte offenbar zum Apostelkonzil in Jerusalem (vgl. Apg 15,1f.24). Dabei geht es zentral um die Frage, ob die „Heiden“ sich beschneiden lassen müssen, um „echte“ Christen zu sein. Nach Apg 15,1 kamen „einige von Judäa herab und lehrten die Brüder: ‚Wenn ihr nicht beschnitten worden seid nach der Weise Moses, so könnt ihr nicht errettet werden’“. Das bedeutet dem Kontext nach aber auch umgekehrt: Da wir beschnitten worden sind, werden wir gerettet. Doch Petrus ermahnt, den „Heiden“ nicht ein Joch aufzulegen, „das weder unsere Väter noch wir zu tragen vermochten“ (Apg 15,10), und ergänzt: „Vielmehr glauben wir, durch die Gnade des Herrn Jesus in derselben Weise errettet zu werden wie auch jene“ (Apg 15,11). Demnach hat Petrus das, was Paulus ihm gemäß Gal 2,15f. klargemacht hat, verstanden.

271 Vgl. auch Hofius, Werke des Gesetzes, S. 80f.; vgl. zur Argumentation des Paulus im Kontext von Gal 2,16 auch Lambrecht, Paul’ Reasoning, S. 53–74.

Der paulinische Gebrauch der Wendung ἐξ ἔργων (νόμου) („aus Werken [des Gesetzes]“; vgl. Röm 3,20; 4,2; 9,12.32; 11,6; Gal 2,16; 3,2.5.10; Eph 2,9; Tit 3,5) – wobei grundsätzlich, d.h. mit oder ohne Genitiv „[des] Gesetzes“, an die „Werke [des] Gesetzes“ zu denken ist – bringt also zum Ausdruck, dass der Mensch nicht durch die Erfüllung der Gesetzesforderungen die Gerechtigkeit Gottes erlangen kann, wobei die Rechtfertigung aus Gnaden nach Paulus keinen Platz mehr hätte (vgl. Gal 2,21). Der Ausdruck ἐξ ἔργων („aus Werken“) ohne den Genitiv νόμου („[des] Gesetzes“) erscheint in den Paulusbriefen sechsmal (Röm 4,2; 9,12.32; 11,6; Eph 2,9 und Tit 3,5). Die Parallelen zu den Stellen, in denen der Ausdruck ἐξ ἔργων νόμου („aus Werken „[des] Gesetzes“) erscheint (so in Röm 3,20; Gal 2,16; 3,2.5.1), zeigen, dass es immer um den gleichen Aspekt geht. Es geht dabei grundsätzlich um „Werke“, die das „Gesetz“ vom Menschen verlangt, obwohl es möglich ist, dass der Ausdruck ἐξ ἔργων auch zum Teil im allgemeinen Sinn auf die Werke des Menschen hinweist – es ist zu beachten, dass Abraham das „Gesetz des Mose“ noch nicht hatte und dass die ehemaligen „Heiden“, welche in Eph 2,8f. angesprochen werden (vgl. auch Eph 2,11f.), es ebenfalls nicht kannten. Die Frage, ob nun allgemein „gute Werke“ ohne Besitz des mosaischen Gesetzes oder solche „guten Werke“, welche im auf Grund der „Forderung“ der Tora Moses getan werden, spielt für Paulus jedoch offenbar keine Rolle in Bezug auf die Frage, ob „Werke“ – welcher Art auch immer – den Menschen die Rechtfertigung vor Gott bringen können (vgl. auch Röm 2,12f.). Auch die Unterscheidung zwischen „Ritualgesetz“ (z. B. Beschneidung) und „Moralgesetz“ spielt in dieser Hinsicht keine Rolle. In dem Sinn bemerkt Schreiner treffend:

> „Most scholars acknowledge that ἔργα in Paul denotes works in a general sense. Paul has this general sense of ἔργα in mind when referring to David and Abraham. For instance, in 4:6-8 David hardly confesses the sin of imposing circumcision and food laws on Gentiles, or of failing to observe these practices in the one life. But if ἔργα in Paul is a general designation for the whole law, and if ἔργα νόμου is parallel to ἔργα in 3:27–4:8, then works of law most naturally denotes the whole law.“[272]

Der Ausdruck „aus Werken [des] Gesetzes“ bezieht sich also offenbar auf das gesamte „Gesetz“[273], ohne zwischen den verschiedenen Geboten zu unterscheiden, obwohl in der paulinischen Diskussion die Beschneidung ein zentrales Thema bildet (wie z. B. Röm 4 und der Galaterbrief zeigen). Der Grund dafür ist sicher, dass im Judentum besonders die Beschneidung hervorgehoben wurde, und zwar nicht nur als „trennendes“ Merkmal von den „Heiden“, sondern auch als „Leistung“, welche sie schlussendlich vor der Höllenstrafe bewahren sollte[274]. Dabei ist zu beachten, dass nichtjüdische Männer durch den Akt der Beschneidung jüdische Proselyten wurden, wobei sie „zugleich in die Übernahme der ganze Tora“ einwilligten.[275]

---

272 Schreiner, Romans, S. 172.

273 Vgl. auch z. B. Dunn, Jesus, S. 208ff. und 237ff.

274 Vgl. dazu auch Silva, Law and Christianity, S. 348ff.

275 So Frey, Judentum des Paulus, S. 27.

Nach Paulus führt allein der Glaube an die Heilstat Jesu Christi zum Empfang dieser Gnade, und der Mensch, der diese vergebende Gnade nicht empfangen hat, lebt noch unter dem „Fluch des Gesetzes“, d.h. unter dem Gericht Gottes, das durch das „Gesetz“ auf Grund der Übertretung über den Menschen verhängt wird (vgl. z. B. Gal 3,10.13). Dabei spielt es keine Rolle, ob er Jude oder Nichtjude ist, da der Mensch nicht die Kraft hat, alle Gebote Gottes zu erfüllen, und somit unter dem Urteil Gottes steht (vgl. z. B. Gal 2,16; 3,10). Der Versuch, die „Gerechtigkeit Gottes“ ohne den Glauben an Jesus Christus zu erlangen, bedeutet für den Apostel, „seine eigene Gerechtigkeit“ anzustreben (Röm 10,3), und zwar die Gerechtigkeit/Rechtfertigung „im Gesetz“ (Phil 3,6) bzw. „aus dem Gesetz“ (Phil 3,9)[276], was offenbar identisch ist mit dem, was er als Heilsweg ablehnt, nämlich die Gerechtigkeit/Rechtfertigung „aus Werken [des] Gesetzes“ (vgl. z. B. Gal 2,16; 3,10), „durch [das] Gesetz“ (Gal 2,21), „im Gesetz“ (Gal 3,11) oder „aus [dem] Gesetz“ (Gal 3,18.21). Demgegenüber strebt er nun die Gerechtigkeit durch den Glauben an Christus bzw. „die Gerechtigkeit aus Gott auf Grund des Glaubens“ (τὴν ἐκ θεοῦ δικαιοσύνην ἐπὶ τῇ πίστει) an (Phil 3,9). Und wie er früher „nach der Gerechtigkeit im Gesetz tadellos war“ (Phil 3,6), so sollen die Christen prüfen, worauf es ankommt, dass sie ohne Anstoß sind, indem sie „erfüllt sind mit der Frucht der Gerechtigkeit, die durch Jesus Christus [gewirkt wird], zur Herrlichkeit und zum Lobpreis Gottes“ (Phil 1,11). Der Unterschied zu seinem früheren Leben besteht also darin, dass Paulus die Rechtfertigung durch den Glauben an Jesus Christus und damit als Geschenk Gottes auf Grund des Erlösungswerkes Jesu

276 Haacker sieht Phil 3 als „den wichtigsten ‚Kommentar‘ zu Röm 10,2f.“ (Haacker, Römer, S. 205). Bergmeier will dagegen „nicht von dem Eindruck der sprachlichen Nähe zwischen Phil 3,9 und Röm 10,3 ausgehen, sondern die Frage stellen, wie überhaupt der biographische Rückblick, die ‚Abrechnung‘ des *Judenchristen* Paulus mit seinen israelitischen Privilegien für *Heidenchristen* von Belang sein konnte bzw. sollte“ (Bergmeier, Gerechtigkeit, S. 142). Und er ergänzt: „Das Problem, das Paulus in 3,2-21 angeht, scheint die von Judaisten (V. 2) ausgestreute Vorstellung zu sein, dass Heidenchristen ohne Beschneidung das Ziel der Vollkommenheit nicht erreichen könnten. Unter dieser Prämisse würde die Strategie der Argumentation des Paulus plausibel werden: Alle Vorzüge eines vollkommenen Israeliten, von der Beschneidung ‚am Fleisch‘ bis zur ‚Gerechtigkeit unter dem Gesetz‘ (V. 5a.6b) musste ich, euer Apostel, fahren lassen, um zu der Vollkommenheit unterwegs sein zu können, die allein durch den Christusglauben erschlossen wird, d.h. zu dem Siegespreis der himmlischen Berufung“ (ebd., S. 155). Phil 3,6b spricht jedoch nicht von einem „Vorzug“ in Bezug auf die „Gerechtigkeit unter dem Gesetz“. Paulus sagt m. E. lediglich, dass er aus der Sicht seiner ehemaligen jüdisch-rabbinischen „Kollegen“ ein solches Leben geführt hatte, dass er aus dieser Sicht „den Himmel auf sicher“ gehabt haben müsste. Aus der Sicht Gottes sieht das nach Überzeugung des Apostels jedoch ganz anders aus. Alle „jüdischen Vorzüge“ sind für ihn nicht (nur) wegen seiner Heidenmission wertvoll, sondern überhaupt auch in Bezug auf die Erlangung der eigenen Rechtfertigung. Natürlich ist der Apostel überzeugt, dass er das, was für sein Heil vor Gott wertlos ist, nicht von den Heiden verlangen kann. Dieser Zusammenhang wird u. a. in Röm 4 besonders sichtbar. Richtig betont Bergmeier jedoch, dass eine „Gerechtigkeit“, „die den Himmel aufschließt und Gott nahen lässt“, nach Paulus „nie Sache der Tora gewesen“ ist (ebd., S. 156).

Christi sucht und auf Grund von dieser erneuerten Beziehung bestrebt ist, in der Gerechtigkeit Gottes zu leben.

4.2.5. Abrahams Rechtfertigung „nicht aus Werken" (Röm 4)

Im Zusammenhang mit dem Verständnis des „Rühmens" und der „Gesetzeswerke" spielt das Verständnis der ersten Verse von Röm 4 eine wegweisende Rolle. Besonders auch in der Diskussion um die Neue Paulusperspektive ist das Verständnis von Röm 4,1ff. nicht unwesentlich. Deshalb soll im Folgenden nach einer grundsätzlichen Einführung zum Thema „Abraham und Judentum" der Abschnitt von Röm 4,1-3 ausgelegt werden.

Die Bedeutung von Röm 4 innerhalb des Römerbriefs ist umstritten.[277] Nach Wright wird dieser Text von „zu vielen Lesern" in dem Sinn behandelt, dass sie Fragen an den Text stellten, welche nicht die Fragen des Paulus seien.[278] Nach ihm geht es nicht um eine alttestamentliche Bestätigung der „Rechtfertigung durch Glauben".[279] „Within the poetic sequence of the letter, Paulus moves on from the specific claims of 3:21-31 to the wider claim: all this has taken place precisely *in fulfillemnt of the covenant*."[280] Zum Kontext von Röm 3,29f. und zu dessen Beziehung zu Röm 4 bemerkt Wright:

> „The point of the whole paragraph, not just vv. 29-30, is that, because there is one God – the central Jewish belief, of course – there must ultimately be one people of God; and therefore, that problem must be marked out by something other than the Jewish law, which would have left a high fence down the middle of the church, with Jewish Christians on one side and Gentiles Christians an the other. That again, is the main thrust of chap. 4, to which the paragraph points in several particulars."[281]

Auch für Longenecker geht es in Röm 4 schwerpunktmäßig um den privilegierten Status der Juden.[282] Doch augenscheinlich geht es Paulus genau darum, die relativ kurzen Ausführungen über die Rechtfertigung aus Glauben in Röm 3,21-31 (nicht nur Röm 3,31[283]) zu vertiefen und zu untermauern[284], was typisch für den Römerbrief ist.[285] Pau-

---

277 Vgl. dazu u. a. Wilckens, Rechtfertigung Abrahams, S. 33–76; Berger, Abraham, S. 47–89; Vischer, Romans 4, S. 7ff.; Tobin, What Shall We Say, S. 437–457.

278 Wright, Romans, S. 465; vgl. dazu auch ders., Paul and the Patriarch, S. 210ff.

279 Wright, Romans and the Theology, S. 39.

280 Ebd.; vgl. Wright, Romans, S. 487.

281 Wright, Romans, S. 480; vgl. auch ders., Reading Paul, S. 73: „Thus, the main point of 3.21–4.25, which is that God has fulfilled the promises he made to Abraham precisely through the sending of Jesus and his death and resurrection, with the result that God's promised blessing now reaches, as God always said it would, to gentiles as will as Jews and on the same basis i.e. grace and faith alone."

282 Longenecker, Eschatology, S. 211–213.

283 Vgl. z. B. Thielman, Paul and the Law, S. 184; Kuula, Law, S. 140.

lus veranschaulicht am Beispiel Abrahams, dass der Glaube auf der Grundlage der Gnade Gottes die entscheidende Voraussetzung für den Empfang der Rechtfertigung und damit auch für den Empfang des „persönlichen" Heils sowohl für Juden als auch für Nichtjuden ist. Auch wenn die Beschneidung als solche dabei keineswegs für die Juden als falsches Unterfangen dargestellt wird (vgl. auch Röm 2,25; 3,1), so bedeutet für Paulus die Tatsache, dass Gott dem Abraham vor der Beschneidung die Rechtfertigung zukommen ließ (vgl. Röm 4,9-10), dass nicht die Beschneidung am Körper Voraussetzung für den Empfang der Rechtfertigung sein kann[286]; sie macht für ihn vielmehr erst dann Sinn, wenn auch die „Herzensbeschneidung" empfangen wird (vgl. Röm 2,27-29). Es geht also nicht nur und auch nicht hauptsächlich um die Frage nach der Zugehörigkeit der „Heiden" zum Volk Gottes[287], sondern auch zentral um die Frage, wie Juden und Nichtjuden gerettet werden bzw. dem Gericht Gottes entfliehen können. Diese Sicht wird durch einen Vergleich mit „der" jüdischen Sicht von Abraham[288] bestätigt, wenn nicht nur einzelne Aspekte betont werden, wie Wright das offensichtlich tut[289].

---

284 Zur Diskussion über die Frage nach dem Verhältnis von Röm 4,1-25 zu Röm 3,20-31 bzw. zu Teilabschnitten aus Röm 3,20-31 vgl. u. a. Visscher, Romans 4, S. 111ff. Neubrand betrachtet Röm 3,27-31 als „Einleitung des Abraham-Kapitels" (vgl. Neubrand, Abraham, S. 125ff.).

285 Nach Wright ist Röm 4 „in fact, a full-dress exposition of the covenant God made with Abraham in Genesis 15, showing at every point how God always intended and promised that the covenant family of Abraham would include Gentiles as well as Jews" (Wright, Romans, S. 487). Fragt sich nur, warum Paulus dann zentral auf Gen 15,6 eingeht und den Bund mit keinem einzigen Wort erwähnt, während in Gen 17 der „Bund der Beschneidung" zumindest indirekt erwähnt wird, indem der Apostel vom „Zeichen der Beschneidung" (d.h. von der Beschneidung als Zeichen des Bundes) spricht (Röm 4,11; vgl. Gen 17,11).

286 Maschmeier fragt in seiner zusammenfassenden Darstellung zur Frage nach der Heilsbedeutung der Beschneidung, ob nach Paulus „nun die körperliche Beschneidung als Zeichen der Zugehörigkeit zum Gottesvolk bzw. der Erwählung Israels aus dem eschatologischen Gericht" rette. Seine Antwort: „Sie tut es, und zwar in Christus!" (Maschmeier, Rechtfertigung, S. 264). Er sieht sein Verständnis in Röm 2,25ff. bestätigt (ebd., S. 265). Dieser Abschnitt bringt das aber nicht zum Ausdruck. Paulus betont lediglich, dass die Beschneidung nur dann einen Sinn hat, wenn man (als Jude) auch dementsprechend lebt (vgl. Röm 2,25). Als Zeichen des Bundes Gottes mit Abraham und seinen leiblichen Nachkommen wird sie von Paulus durchaus bestätigt (vgl. Röm 3,1; 4,11; 1. Kor 7,18f.), doch sie vermag die Errettung keineswegs zu bewirken (vgl. u. a. 1. Kor 7,19; Gal 5,6; 6,15; anders z. B. Jub 15,26ff.), wie Paulus im eigenen Leben erfahren hat (vgl. Phil 3,5ff.). Die Frage, ob ein Jude auch ohne die körperliche Beschneidung gerettet werden kann, wird nicht ausdrücklich gestellt. Aber der gesamte Zusammenhang und das Beispiel Abrahams zeigt z. B. deutlich, dass Paulus auch für die Juden die Beschneidung nicht als *conditio sine qua non* betrachtet hat, obwohl er denen, die zur Beschneidung „berufen sind", empfiehlt, dabei zu bleiben (1. Kor 7,18).

287 Das ist sicher ein zentrales Thema im Galaterbrief, wobei allerdings judenchristliche Gegner „bekämpft" werden, und nicht Juden allgemein.

288 Vgl. dazu u. a. Ego, Abraham als Urbild, S. 25–40.

289 Vgl. dazu auch z. B. Wright, Paulus, S. 28ff.; ders., New Testament, S. 224ff.

Im Judentum erhalten die Erzväter Abraham, Isaak und Jakob als erste der großen Reihe der Väter im vornehmsten Sinn den Titel „Väter“.[290] Eigentlich dürfen nur sie „Väter“ genannt werden.[291] „In der Dreiheit der Patriarchen steht Abraham in unüberbietbarer, vollgültiger Weise als der Vater da.“[292] Er wird von den Rabbinen als „unser Vater Abraham“ bezeichnet.[293] Israel stützt sich auf die Verdienste der Väter – vor allem auf die des Vaters Abraham.[294] Im Midrasch zu Hoh 1,5 heißt es: „Die Gemeinde Israel spricht: ‚Schwarz bin ich durch meine Werke, aber anmutig durch das Werk meiner Väter.‘“[295] Abraham, der mitten in einem götzendienerischen Geschlecht zur Verwerfung des Götzendienstes gekommen sei und die Anbetung des Einen Gottes ausgebreitet habe[296], sei in zehn Versuchungen[297] geprüft worden, und nach mAv. 5,3 „bestand er sie alle, um kund zu tun, wie groß die Liebe unseres Vaters Abraham [zu Gott] war“.[298] Er habe die gesamte, damals noch ungeschriebene Tora gehalten[299] und auch in strikter Übereinstimmung mit dem mündlichen Gesetz gelebt[300]. Er gehöre zu den Gerechten, die nicht gesündigt hätten (vgl. z. B. PsSal 12,8: „Du also, Herr, der Gott der Gerechten, hast die Umkehr [μετάνοια] nicht den Gerechten bestimmt, Abraham, Isaak und Jakob, die nicht an dir gesündigt haben“).[301]

Abrahams größtes Verdienst sei, dass er der erste gewesen sei, der Gott erkannt habe.[302] Dies habe sich ereignet, als er 48 Jahre alt gewesen sei; nach Resch Lakisch geschah das schon in seinem dritten Lebensjahr.[303] „Sein Verdienst kommt schon in der Gegenwart Israel stellvertretend zugute und hilft ihm [d.h. Israel] zum ewigen Leben, wobei die Abstammung von A. [= Abraham] von entscheidender Bedeutung ist“, be-

290 Vgl. Schrenk, Vaterbegriff, S. 976.

291 Für Belege vgl. Strack/Billerbeck, Kommentar I, S. 918.

292 Schrenk, Vaterbegriff, S. 976.

293 Für Belege vgl. ebd., Anm.181; Strack/Billerbeck, Kommentar I, S. 116. In der Übersetzung des Neuen Testaments von Franz Delietzsch erscheint der Ausdruck אַבְרָהָם אָבִינוּ („Abraham, unser Vater“) viermal (Apg 7,2; Röm 4,1; Hebr 7,4; Jak 2,21), und in der Mischna erscheint er im Traktat Avot an drei Stellen insgesamt achtmal (mAv. 3,11; 5,2.19).

294 Vgl. Strack/Billerbeck, Kommentar I, S. 117; für Belege vgl. ebd., S. 117ff.

295 Zitiert nach ebd., S. 118.

296 Für Belege vgl. Jeremias, ’Αβραάμ, S. 8, Anm.5.

297 Vgl. dazu Mischnajot IV, S. 352, Anm.10 zu mAv. 5,3; vgl. auch z. B. 1. Macc 2,52; Sir 44,21.

298 Vgl. auch z. B. Jub 17,15-18.19; 19,8; Philo, Abr. 35,191-199; Josephus, Ant. 1,13,1–2.4; Judith 8,26; 2. Macc 2,52 („Wurde Abraham nicht in [der] Versuchung als treu erfunden? Und das wurde ihm zur Gerechtigkeit gerechnet“); 4. Macc 14,20.

299 Vgl. mKid 4,14; Midr. Tanch. B. 3,1,14; für weitere Belege vgl. Jeremias, ’Αβραάμ, S. 8, Anm. 9; vgl. auch Ta-Shma, Abraham, Sp. 115; Strack/Billerbeck, Kommentar III, S. 204ff.

300 „Es gibt zwei Lehren (תורות), um zu bestätigen, dass Abraham selbst das geringste mündliche Gebot beobachtet hat“ (Midr. Ber. Rab. LXIV zu Gen 26,5). „Sogar die Vermischung der Speisen beobachtete man im Hause Abrahams“ (Midr. Tanch. B. III,1; vgl. ebd. III,14; Joma 28b).

301 Vgl. Jeremias, ’Αβραάμ, S. 8; für Belege vgl. auch Strack/Billerbeck, Kommentar III, S. 187.

302 Ta-Shma, Abraham, Sp. 115; vgl. Flusser, Judaism, S. 645; Steinsaltz, Persönlichkeiten, S. 24f.

303 Vgl. Midr. Ber. Rab. XCV zu Gen 46,28; ebd. LXIV zu Gen 26,5.

merkt Jeremias.[304] Da nach den Rabbinen nur die leiblichen Nachkommen Abrahams an seinem Verdienst teilnehmen, müssen die Proselyten darauf verzichten.[305]

Die Beschneidung steht dabei im Zentrum.[306] Paulus spricht diese in Röm 4,9f. an, indem er fragt, ob die „Seligpreisung“ dafür, dass Sünden vergeben sind (vgl. Röm 4,8), dadurch zustande kommt, dass jemand beschnitten ist (Röm 4,9a). „Denn wir sagen, dass der Glaube dem Abraham zur Gerechtigkeit gerechnet worden ist. Wie wurde er ihm denn zugerechnet? Als er beschnitten oder unbeschnitten war? Nicht in der Beschneidung, sondern in dem Unbeschnittensein“ (Röm 4,9b-10). Damit geht es Paulus ganz zentral um den Aspekt der (persönlichen) Sündenvergebung und der Wiederherstellung der Beziehung des (einzelnen) Menschen zu Gott.

Nach den Rabbinen hat Gott die Beschneidung gegeben, bevor er die Tora gab.[307] Die Beschneidung ist für das Judentum so wichtig, dass die Sabbatheiligung hinter sie zurücktritt.[308] Nach R. Judan sagte Gott zu Abraham: „An dir ist nichts Verwerfliches, als nur die Vorhaut, beseitige diese, dann bist du fehlerfrei.“[309] Die Rabbinen lehren, dass Abrahams böser Trieb[310] durch die Verspritzung seines Blutes erstickt wurde[311], und erst durch die Beschneidung sei er vollkommen gemacht worden[312], woraufhin

---

304 Jeremias, 'Αβραάμ, S. 8; für Belege vgl. Strack/Billerbeck, Kommentar I, S. 116ff.; vgl. auch Schrenk, Vaterbegriff, S. 977.

305 Vgl. für Belege Strack/Billerbeck, Kommentar I, S. 119f.; vgl. auch ebd. IV/1, S. 3ff.

306 Vgl. zur Diskussion darüber u. a. Maschmeier, Rechtfertigung, S. 252–265. Nach Maschmeier wird die „Vorstellung, Beschneidung wirke *ex opere operato*, … von den herangezogenen rabbinischen Quellen nicht gedeckt“ (ebd., S. 264). Dass die Beschneidung aber bei den Rabbinen eine ganz andere Heilsbedeutung hat als bei Paulus, kann keineswegs geleugnet werden.

307 Strack/Billerbeck, Kommentar IV.1, S. 23ff.

308 Vgl. mNed. 3,11; Midr. Tanch., B. 3,20; vgl. auch Joh 7,22f.; vgl. dazu auch Strack/Billerbeck, Kommentar IV.1, S.23ff.; Plaut, Tora in jüdischer Auslegung, S. 180ff.

309 Midr. Ber. Rab. XLVIII zu Gen 17,1.

310 Vgl. dazu Strack/Billerbeck, Kommentar IV.1, S.466ff.

311 Midr. Ber. Rab. XLVI zu Gen 17,1ff.: „Sowie die Feige nichts Schlechtes außer der Spitze in sich bringt, beseitige diese, so ist sie fehlerfrei, ebenso sprach auch Gott zu Abraham: An dir ist nichts Verwerfliches, als nur die Vorhaut, beseitige diese, dann bist du fehlerfrei … Ich stelle einen Zimtbaum in die Welt; sowie derselbst bei sorgsamer Pflege und Düngung Früchte trägt, so wird auch bei Abraham durch Verspritzung seines Blutes sein böser Trieb ersticken und bei der Steigerung der Sinnlichkeit sein Blut sich stillen … Ebenso sprach Gott zu unserem Vater Abraham: Ich finde an dir weiter nichts Tadelnswertes als diese Vorhaut, nimm sie weg und der Fehler ist beseitigt … Nach R. Abba bar Kahana empfand Abraham die Beschneidung darum so schmerzlich, damit ihm Gott seinen Lohn verdoppeln könnte … Abraham sprach: Ehe ich mich beschnitt, kehrten Reisende bei mir ein, jetzt fürchte ich, dieselben werden nicht mehr zu mir kommen. Darauf sprach Gott zu ihm: Ehe du beschnitten warst, kamen Unbeschnittene zu dir, jetzt werde ich in meiner Herrlichkeit vor dir erscheinen, wie es heißt: ‚Und es erschien ihm der Ewige in den Eichen Mamres‘“ (zitiert nach Bibliotheca Rabbinica I, S. 215).

312 Vgl. z. B. mNed. 3,11; Midr. Tanch., B. III,20.21.25. Nach Midrasch Ber. Rab. XXIII zu Ex 25,1 „haftet keine Unreinheit an uns, und siehe, die Beschneidung (das Bundeszeichen) zeugt für uns, dass wir rein sind“ (zitiert nach Bibliotheca Rabbinica III, S. 182).

Gott ihm erschienen sei[313]. Die Beschneidung werde die Israeliten von der Strafe im Gehinnom (d.h. in der Gehenna/Hölle) retten.[314]

Philo von Alexandria nimmt mindestens sechsmal auf den Text aus Gen 12,1 Bezug, indem er ihn auch immer wieder zitiert[315], wobei die allegorische Auslegung in Bezug auf die „Seele“, welche die Sinnlichkeit verlassen soll, im Vordergrund steht. Er betont, dass wohl niemand, der „die Gesetze“ kenne, nicht wisse, „dass Abraham zuerst aus dem Chaldäerland aufbrach[316] und in Haran wohnte; als aber sein Vater dort gestorben war, brach er von dort auf, sodass er von zwei Stätten ausgewandert ist (ὡς δυεῖν ἤδη τόπων ἀπόλειψιν πεποιῆσθαι)“.[317] Er deutet die Auswanderung Abrahams vor allem allegorisch in Bezug auf den menschlichen Geist.[318] Die Chaldäer repräsentieren für ihn die Astrologie (ἀστρονομία: „Astronomie“ bzw. „Astrologie“).[319] Haran, das für Philo nicht von besonderem Interesse ist[320], bezeichnet für ihn allegorisch die Sinnlichkeit (αἴσθησις) und steht für die Selbsterkenntnis.[321] Sichem bzw. die Eiche in Sichem (vgl. Gen 12,6) deutet schließlich auf eine unnachgiebige, unbeugsame, feste und ungebrochene Mühe der Erziehung (d.h. der Selbsterziehung der Seele).[322] So solle die Seele zuerst die Astrologie, welche die Welt als unabhängig von Gott sehe, und schließlich auch die Sinnlichkeit, d.h. die Selbsterkenntnis, von welcher die irrationalen Fähigkeiten kämen[323], hinter sich zurücklassen, um zur Gotteserkenntnis zu kommen.[324]

Philo meint, ein zwingendes Zeichen dafür zu haben, dass Abraham sich tatsächlich von der Astrologie und dem Glauben der Chaldäer (καὶ τῆς χαλδαϊζούσης δόξης) abgewandt habe, indem er schreibt: „Es wird nämlich zugleich mit der Auswanderung (τῇ μεταναστάσει) des Weisen [= Abrahams] alsbald gesagt: ‚Und Gott erschien dem Abraham (ὤφθη δὲ ὁ θεὸς τῷ Ἀβραάμ).‘ Das macht deutlich, dass er

313 Vgl. Midr. Ber. Rab. XLVIII zu Gen 18,1.

314 Vgl. Midr. Ber. Rab. XLVIII zu Gen 18,1ff.: „Einst wird Abraham am Eingange des Gehinnom sitzen, wie R. Levi sagte, und die Beschnittenen Israels nicht hinabstürzen lassen. Was macht er aber mit denen, welche sich schwer vergangen haben? Er nimmt die Vorhaut von den vor der Beschneidung verstorbenen Kindern, befestigt sie an den Sündern und stürzt sie dann in das Gehinnom s. Ps. 55, 21“ (zitiert nach Bibliotheca Rabbinica I, S. 224–225).

315 Philo, Leg. 2,59; 3,83; Det. 159; Migr. 1; Her 69.277.

316 Philo erwähnt „Babylon, Mesopotamien und die Nation der Chaldäer …, unter denen er [Abraham] erzogen wurde und lange Zeit lebte“ (Βαβυλὼν καὶ Μεσοποταμία καὶ τὸ Χαλδαίων ἔθνος οὐ παραδέχεται, ἐν οἷς ἐτράφη καὶ ἐπεβίωσε τὸν πλείονα χρόνον; Abr. 188).

317 Philo, Migr. 177 (… ὅτι πρότερον μὲν ἐκ τῆς Χαλδαϊκῆς ἀναστὰς γῆς Ἀβραὰμ ᾤκησεν εἰς Χαρράν, τελευτήσαντος δὲ αὐτῷ τοῦ πατρὸς ἐκεῖθι κἀκ ταύτης μετανίσταται, ὡς δυεῖν ἤδη τόπων ἀπόλειψιν πεποιῆσθαι).

318 Vgl. z. B. Philo, Abr. 66.

319 Philo, Abr. 69f.; ders., Migr. 178f.; vgl. auch ders., Conf. 66.

320 Vgl. Barrett, Acts, S. 341.

321 Philo, Abr. 72f.; Ders., Migr. 176f.187–189.195f.

322 Philo, Migr. 223; vgl. ebd. 216ff.

323 Philo, Migr. 213.

324 Philo, Migr. 189–197.

ihm vorher nicht offenbar geworden war, als er [noch] auf die Bewegungen der Sterne achtete."[325] Jetzt habe Abraham erkannt, dass der Kosmos nicht selbständig, sondern seinem Schöpfer untergeordnet sei. Diese Sicht sei vorher durch die Sinnlichkeit verborgen geblieben, doch jetzt sei Abraham imstande gewesen, die Erscheinung [Gottes] zu empfangen.[326]

Die Beschneidung wird von Philo selten erwähnt.[327] Für Philo ist die Beschneidung offenbar vor allem in Symbol für die Reinigung der Seele.[328] Sie weise „auf das Herausschneiden der Lust und jeder Leidenschaft" hin.[329] Er verteidigt die Bescheidung denen gegenüber, die sich darüber lustig machen.[330]

Es ist nicht zutreffend, in Bezug auf die „Werke", die auch im Zusammenhang mit Abrahams Rechtfertigung angesprochen werden (vgl. Röm 4,2.4), lediglich von „boundary markers" (d.h. „Grenzmarkierungen") zu sprechen und zu behaupten, es gehe nicht um das individuelle Heil. Denn auch z. B. bei der Auseinandersetzung des Paulus mit dem jüdischen Verständnis der Beschneidung geht es nicht nur um Fragen der Volkszugehörigkeit. Die Frage nach der Zugehörigkeit zum Volk Gottes steht vielmehr augenscheinlich in enger Beziehung zu der Frage nach dem „persönlichen" ewigen Heil – wobei wir das Wort „persönlich" natürlich nicht in einem modernistischen individualistischen Sinn verstehen dürfen.

Die Problematik, die zum „Apostelkonzil" in Jerusalem führte, veranschaulicht diese Tatsache. Nach Apg 15,1 kamen „einige von Judäa herab und lehrten die Brüder: Wenn ihr nicht beschnitten worden seid nach der Weise Moses, so könnt ihr nicht errettet werden". Was umgekehrt heißen will: Da wir beschnitten worden sind, werden wir gerettet. Doch Petrus ermahnt, den „Heiden" nicht ein Joch aufzulegen, „das weder unsere Väter noch wir zu tragen vermochten" (Apg 15,10), und ergänzt: „Vielmehr glauben wir, durch die Gnade des Herrn Jesus in derselben Weise errettet zu werden wie auch jene" (Apg 15,11). Während also die einen sowohl für Juden als auch Nichtjuden die Beschneidung als entscheidend voraussetzen, um gerettet zu werden, betonen die Apostel, dass allein die Gnade Gottes in Jesus Christus sowohl die Juden als auch die Nichtjuden durch den Glauben rettet (vgl. auch Gal 2,14-16).

325 Philo, Abr. 77.

326 Philo, Abr. 78f.

327 Der Begriff περιτομή („Beschneidung") kommt nur an fünf Stellen vor (Migr. 92; Somn. 2,25; Spec. 1,2.8.9), und das Verb περιτέμνω („beschneiden") erscheint an acht Stellen (Abr. 39; Sobr. 8; Migr. 92; Somn. 2,25; Spec. 1,7.305; 1QGen 3,52; 2,2).

328 Vgl. Philo, Migr. 92; Somn. 2,25; Spec. 1,8f.

329 Philo, Migr. 92.

330 Philo, Spec. 1,2ff.

4.3. Das Evangelium als „Kraft Gottes" zur Errettung von allen Glaubenden (Röm 1,16)

In Röm 1,16 bekennt der Apostel Paulus, dass er sich des Evangeliums nicht schämt. Damit wird an dieser Stelle begründet, warum er bereit ist (τὸ κατ᾽ ἐμὲ πρόθυμον [εἰμι])[331], „auch euch, denen in Rom, die Frohe Botschaft zu verkünden" (Röm 1,15). Dass Paulus sich nicht des Evangeliums schämt, wird seinerseits damit begründet, dass das Evangelium „Kraft Gottes ist zur Rettung jedem Glaubenden" (Röm 1,16). Mit dem Schluss der Briefeinleitung in Röm 1,16-17 bringt Paulus die zentrale Thematik des Römerbriefs auf den Punkt. Damit wird deutlich, dass Röm 1,16 für das von Paulus verkündigte und im Römerbrief dargelegte Evangelium von zentraler Bedeutung ist. Deshalb soll im Folgenden die Bedeutung dieses „Evangeliums" nach Röm 1,16 entfaltet werden.

Wenn Paulus bekennt, dass er sich des Evangeliums nicht schämt, so ist damit offenbar nicht gemeint, dass er jeweils in Furchtlosigkeit das Evangelium verkündete.[332] Paulus selbst hat in Korinth das Evangelium „in Schwachheit und mit Furcht und in vielem Zittern" verkündet (1. Kor 2,4). Wohl aus diesem Grund ist ihm nach Apg 18,9f. der Herr erschienen, um ihn zu ermutigen, sich nicht länger zu fürchten und nicht zu schweigen, sondern zu reden, d.h. das Evangelium zu verkünden. Nach 2. Tim 1,7 hat Gott „uns nicht einen Geist der Furchtsamkeit, sondern der Kraft und der Liebe und der Zucht, gegeben". Deshalb wird Timotheus aufgefordert: „So schäme dich nun nicht des Zeugnisses unseres Herrn noch meiner, seines Gefangenen, sondern leide mit für das Evangelium nach der Kraft Gottes" (2. Tim 1,8).

Der Begriff ἐπαισχύνομαι („schämen") beinhaltet dabei durchaus auch einen psychologischen Aspekt.[333] Das Verb erscheint noch einmal im Römerbrief, und zwar in Röm 6,21, wo der Apostel von der früheren „Frucht" der Sünde im Leben derer, die jetzt an Jesus Christus glauben, spricht, deswegen sie sich „jetzt schämen" (ἐφ᾽ οἷς νῦν ἐπαισχύνεσθε). „Schämen" kann an beiden Stellen auch im wörtlichen Sinn verstanden werden.[334] Denn in 1. Kor 1,18, einer gewissen Parallelstelle zu Röm 1,16,

---

331 Zum Teil wird an dieser Stelle eine Vergangenheitsform eingefügt. Das würde bedeuten, dass Paulus in der Vergangenheit bereit gewesen sei, in Rom das Evangelium zu verkünden. Er würde sich somit auf Röm 1,13 beziehen, wonach er sich oft vorgenommen hatte, nach Rom zu kommen (ὅτι πολλάκις προεθέμην ἐλθεῖν πρὸς ὑμᾶς). Mit dem οὕτως am Anfang des Satzes knüpft der Apostel jedoch direkt an ὀφειλέτης εἰμί (Röm 1,14) an, und auch die anschließende Begründung, dass er sich des Evangeliums nicht schämt, deutet auf die gegenwärtige Bereitschaft der Verkündigung des Evangeliums in Rom hin, auch wenn das nicht das Hauptziel des Apostels war.

332 Vgl. auch Wilckens, Römer 1, S. 82.

333 Anders z. B. Wilckens, Römer 1, S. 82: „οὐ γὰρ ἐπαισχύνομαι ist nicht psychologisch im Sinne von Furchtlosigkeit gemeint; vielmehr formuliert Paulus in geprägtem Bekenntnisstil." Es ist richtig, dass es um das Bekenntnis geht, aber dieser Aspekt schließt den „psychologischen" Aspekt nicht aus.

334 Vgl. dazu auch Moxnes, Honor, S. 207–218.

spricht der Apostel vom Kreuz Christi, das „denen, die verloren gehen, Torheit ist, uns aber, die wir gerettet werden, Kraft Gottes ist“. Die Botschaft von einem Gekreuzigten war damals in der Gesellschaft sicher keine Ruhmesbotschaft. Und doch betont Paulus, dass er sich nur „des Kreuzes unseres Herrn Jesu Christi“ rühmen will (Gal 6,14).

Die Begründung dafür, dass Paulus sich des Evangeliums nicht schämt, ist die Tatsache, dass es „Kraft Gottes“ (δύναμις θεοῦ) ist (vgl. 1. Kor 1,18; 2,5). Weil es sich bei dem von Paulus verkündigten Evangelium um Gottes eigenes Wort handelt (vgl. auch 1. Thess 2,13)[335], ist es „Kraft Gottes“ (vgl. auch 1. Kor 2,4; 4,19f.), woran die Verkündigung partizipiert, wenn sie sich nach dem Evangelium ausrichtet. Es ist das „Wort vom Kreuz“, das diese Kraft Gottes darstellt (vgl. 1. Kor 1,18), weil dem Menschen dadurch die durch den Kreuzestod und die Auferstehung Jesu geschaffene Versöhnung und Befreiung zuteil wird. Deshalb verkündigt Paulus „den Berufenen selbst aber, Juden wie Griechen, Christus, als Gottes Kraft und Gottes Weisheit“ (1. Kor 1,24).

Durch die Kraft Gottes führt das Evangelium bzw. dessen Verkündigung „zur Rettung jedes Glaubenden“ (εἰς σωτηρίαν παντὶ τῷ πιστεύοντι; Röm 1,16b). Das Wort σωτηρία („Rettung, Heilung; Erhaltung; Befreiung“[336]; vgl. dazu u. a. Röm 10,1.10; 11,11; 13,11[337]) – von σῴζω („retten, erhalten, glücklich/unversehrt nach Hause zurückkehren“[338]) abgeleitet – bedeutet auch „Heilung, Heil“. Damit wird bei Paulus die Rettung vom zukünftigen „Zorngericht“ Gottes beschrieben (vgl. z. B. Röm 5,9f.; 13,11; 1. Kor 3,15; 5,5; 2. Kor 7,10; Phil 1,28; 2,12; 1. Thess 5,8.9). Sie ist aber jetzt schon im „Besitz“ der an Jesus Glaubenden (vgl. z. B. Röm 11,11; 1. Kor 15,2) und schließt ihre Hilfe in Nöten mit ein (vgl. z. B. 2. Kor 1,6; Phil 1,19). Diese „Rettung“ geschieht jedoch „auf Hoffnung hin“ (vgl. Röm 8,24).

Nach Jes 52,7 steht die verheißene „Königsherrschaft“ Gottes in Verbindung mit dem verheißenen „Evangelium“, indem es heißt: „Wie lieblich sind auf den Bergen die Füße dessen, der [frohe] Botschaft bringt: der Frieden verkündet, der Gutes als [frohe] Botschaft verkündigt, der Heil/Errettung verkündet, der zu Zion spricht: ‚Dein Gott herrscht als König.'“ Das „Evangelium“ beinhaltet damit die Botschaft vom „Frieden“ (שָׁלוֹם), von der „Errettung“ (יְשׁוּעָה) und von der „Königsherrschaft“, welche „als befreiende Machtübernahme und endzeitlich geoffenbarte Herrschaft Gottes näher bestimmt“ wird, wie Betz richtig bemerkt[339]. So wird auch in Jes 61,1 betont:

335 Vgl. dazu auch Hofius, Wort Gottes, S. 150ff.

336 Vgl. Pape, Handwörterbuch II, S. 1061. Es handelt sich dabei um ein *Nomen actionis*, wobei die Tätigkeit betont wird (im Gegensatz zum Begriff σωτήριον („Heil, Rettung [als Inhalt bzw. Zustand, nicht als Tat]“); vgl. dazu Lk 2,30; 3,6; Apg 28,28; Eph 6,17).

337 Der Begriff erscheint im Neuen Testament 46-mal und in der LXX 150-mal. In der LXX wird der Ausdruck בְּשָׁלוֹם („im Frieden/Heil“) im Buch Genesis dreimal mit μετὰ σωτηρίας („mit Errettung/Heil“) wiedergegeben (Gen 26,31; 28,21; 44,17).

338 Vgl. dazu Pape, Handwörterbuch II, S. 1058f.

339 Betz, Jesu Evangelium, S. 61.

„Der Geist des Herrn, Jahwes, ist auf mir; denn Jahwe hat mich gesalbt. Er hat mich gesandt, den Elenden frohe Botschaft zu bringen, zu verbinden, die gebrochenen Herzens sind, Freilassung auszurufen den Gefangenen und Öffnung des Kerkers den Gebundenen."

Die Gewissheit, dass solche Verheißungen in Jesus Christus zu ihrer Erfüllung kommen, ist zweifelsohne der Hintergrund sowohl der Evangeliumsverkündung Jesu als auch der Verkündigung der Apostel.[340]

Die Verkündigung des Evangeliums ist damit nicht nur, wie Wright meint, „streng genommen die erzählende Verkündigung, dass Jesus König ist"[341], auch wenn das mit eingeschlossen ist. Für Paulus beinhaltet das Evangelium zentral auch die Frohe Botschaft darüber, dass Menschen durch den Glauben an Jesus Christus aus der Macht der Sünde befreit und somit mit seinem Schöpfer versöhnt werden können.

Die Betonung liegt in Röm 1,16 offenbar auf dem παντί („jedem"). Damit wird hervorgehoben, dass nicht nur Juden oder solche Menschen, die zum Judentum übergetreten sind, gerettet werden. Nach Joh 3,16 betont Jesus, dass Gott die Welt so sehr geliebt hat, „damit jeder, der an ihn glaubt (πᾶς ὁ πιστεύων εἰς αὐτόν), nicht verloren gehe, sondern das ewige Leben habe". Damit ist offenbar auch gesagt, dass nur diejenigen unter den Juden gerettet werden, die diesen Glauben haben (vgl. Joh 3,3ff.; vgl. auch Apg 4,12).

Im Kontext vom Römerbrief bedeutet „jedem" in Röm 1,16 soviel wie „jedem Juden und jedem Griechen" (vgl. auch Röm 3,22f.; 10,11-13).[342] Paulus geht nämlich davon aus, dass alle Menschen, also sowohl Juden als auch „Griechen", Nachkommen Adams sind und als solche durch die Sünde Adams unter die Verurteilung der Sünde geraten sind (vgl. Röm 3,9.23; 5,12) und dass alle Menschen deshalb auch allein durch die „Rechtstat" Jesu Christi vom Fluch der Sünde befreit werden, und zwar „zur Rechtfertigung des Lebens" (vgl. Röm 5,18).

---

340 Vgl. dazu auch u. a. Stuhlmacher, Das paulinische Evangelium I, S. 56–63; Betz, Jesu Evangelium, S. 55–77. Wright bemerkt dazu: „*Je jüdischer wir uns das paulinische ‚Evangelium' denken, umso stärker konfrontiert es die Anmaßungen des imperialen Kultes, ja aller anderen heidnischen Kulte, seien sie ‚religiös' oder säkular*" (Wright, Paulus, S. 52; I).

341 Wright, Paulus, S. 53.

342 Vgl. Schreiner, Romans, S. 62: „Indeed, the universality of the gospel is a theme that resounds throughout Romans (2:5-11; 3:9, 22-23, 29-30; 4,9-12, 16-17; 9:24; 10:11-13; 11:32; 15:8-12)."

4.4. Gottes Gerechtigkeit wird im Evangelium offenbart

4.4.1. Einführung

In Röm 1,17 begründet Paulus mit dem Satz „Denn Gottes Gerechtigkeit wird in ihm offenbart …“, warum das Evangelium allen (sowohl Juden als auch „Griechen“), die glauben, „Kraft Gottes zur Rettung“ ist. Das ist auch der eigentliche Grund, warum Paulus sich verpflichtet weiß, allen Menschen ohne Unterschied von Rasse und Klasse dieses Evangelium zu verkünden (vgl. Röm 1,14f.). Und das ist sicher auch ein wesentlicher Grund für den Inhalt des Römerbriefs. Im Folgenden soll ausgehend von Röm 1,17 die Wendung „Gerechtigkeit Gottes“ in ihrer Bedeutung für das paulinische Evangelium im Kontext des Römerbriefs eingegangen werden.[343]

Mit dem Satz in Röm 1,17 spricht der Apostel das zentrale Thema des Römerbriefs an, wie u. a. das häufige Vorkommen der Ausdrücke δικαιοσύνη θεοῦ („Gottes Gerechtigkeit“) oder ἡ δικαιοσύνη αὐτοῦ („seine Gerechtigkeit“) (vgl. Röm 1,17; 3,5.21.22.26; 10,3; sonst noch in 2. Kor 5,21; Jak 1,20) bestätigt. Röm 1,16-17 bilden somit das „Herzstück“ des Briefeingangs (Röm 1,1-17) und auch in einem gewissen Sinn das „Herzstück“ des ganzen Briefs. Nach einem „Exkurs“ in Röm 1,18–3,20 kommt Paulus in Röm 3,21 auf das in Röm 1,16f. angesprochene Thema zurück.

Der Ausdruck „Gerechtigkeit Gottes“ wird an dieser Stelle und im Römerbrief überhaupt verschieden ausgelegt.[344] Martin Luther übersetzt mit: „Die Gerechtigkeit, die vor Gott gilt …“[345] Luther hatte die Gerechtigkeit Gottes als fordernde und strafende Gerechtigkeit verstanden. Dabei suchte er eine Antwort auf seine Frage: „Wie bekomme ich einen gnädigen Gott?“[346] Erst die Erkenntnis, dass „die Gerechtigkeit, die vor Gott gilt“, kein Verdienst des Menschen, sondern das Geschenk Gottes in Christus ist (vgl. Röm 3,21f.26), „welche ganz und gar von außen kommt und eine fremde ist“[347], gab ihm die Antwort auf seine brennende Frage.[348] Die Verteidiger von

---

343 Vgl. dazu Mayordomo, Ambivalente Gerechtigkeit, S. 153: „Im Zentrum des Römerbriefes steht die Gerechtigkeit Gottes – ein Begriff von hoher theologischer Komplexität und niedriger semantischer Eindeutigkeit.“ Vgl. dazu auch u. a. Campbell, Deliverance, S. 677ff.

344 Vgl. dazu u. a. Wilckens, Römer 1, S. 202–233; Seifrid, Justification, S. 6–77.

345 Vgl. dazu u. a. Stolle, Luther und Paulus, passim; Roloff, Rechtfertigungslehre, S. 275–300; Westerholm, Perspectives, S. 22ff.; Kaiser, Luther, S. 45ff.; George, Modernizing Luther, S. 437ff.

346 Vgl. dazu Kaiser, Luther, S. 45ff.

347 So Luther in der Römerbriefvorlesung 1515/15. Vgl. dazu Grosse, Geist und Buchstaben, S. 170f.

348 Vgl. auch z. B. WA 54, 185,40f. Schwarz bemerkt: „Luther ist hier bereits lange vor der Wiederentdeckung Mitte des 20. Jahrhunderts zur Einsicht gelangt, dass das hebräische Wort *zedakah*, das gewöhnlich mit „Gerechtigkeit“ übersetzt wird, richtig mit „Gemeinschaftstreue“, „gemeinschaftsgemäßes Verhalten“ oder „dem gemeinschaftlichen Lebenszusammenhang dienendes Verhalten“ übersetzt werden müsste. Diese Einsicht hat Luther bereits 1518 betont (WA 2, 43,4f.) und daher (man höre und staune) nicht *iustitia* als Übersetzung vorgeschlagen, sondern

Luthers Deutung[349] betonen besonders den forensischen Aspekt der Rechtfertigung in dem Sinn, dass der Gläubige, auch wenn er immer noch „Sünder“ sei, von dem eschatologischen Gericht befreit worden sei, weil Gott ihm in Jesus Christus die Rechtfertigung geschenkt habe.

Bevor ich zur weiteren aktuellen Diskussion zur Auslegung der Wendung „Gerechtigkeit Gottes“ im Römerbrief komme, soll Luther kurz zu Wort kommen. Dabei bringt die folgende Aussage zum Ausdruck, dass seine Überzeugungen für ihn persönlich existenzielle Bedeutung[350] hatten, indem er schreibt:

> „Das Gesetz klagt nur die Gewissen an und zeigt die Sünde.[351] Die Erkenntnis der Sünde aber erschreckt die Herzen, bringt zur Verzweiflung und tötet. Das Gesetz schreckt immer und klagt an und sagt: Du hast nicht genug getan etc. So bleiben diese Schrecken und werden auch noch gemehrt, und wenn solche Gesetzeslehrer nicht durch den Glauben und die Gerechtigkeit Christi aufgerichtet werden, werden sie zur Verzweiflung gezwungen.“[352]

Werke können keine Rechtfertigung vor Gott erwirken, denn auch „das Werk, das nach dem ganzen Gesetz getan ist, rechtfertigt nicht“.[353] Vielmehr geschieht die Aneignung der Rechtfertigung durch den Glauben. „Der Glaube ergreift Christus und hat ihn gegenwärtig und schließt ihn ein wie der Ring den Edelstein, und wer mit solchem Glauben, der Christus im Herzen ergreift, erfunden wird, den sieht Gott als gerecht an.“[354] Luther bekennt, „durch die ganze Schrift nach dem Gedächtnis“ gegangen zu

---

„Fromkeyt“ (Frömmigkeit) oder „Barmherzigkeit“. Die Wortdebatte zu diesem Begriffsfeld taucht immer wieder in seinen Schriften auf“ (Schwarz, Missverständnis 1, S. 69).

349 Vgl. z. B. Crandfield, Romans I, S. 95–99; Moo, Romans 1–8, S. 77–86.

350 Vgl. dazu Betz, Galatians, S. XV: „There is at least one commentary which in this commentator's opinion expresses an extraordinary and profound understanding of what Paul intended to say: Luther's commentary of 1535. Written after earlier attempts and including the entire range of scholarship available at the time, Luther's commentary is more than a scholarly commentary *upon* Galatians. It is a recreation *of* Galatians in the sixteenth century. Luther speaks as Paul would have spoken had he lived at the time when Luther gave his lectures. He often speaks in the first person singular, imitating the apostle. Surprisingly, Luther seems to be aware of Paul's rhetorical skills, so that he often appropriates his style und makes creative use of it for his own purposes.“

351 Vgl. dazu u. a. Lohse, Conscience, S. 158–183.

352 Kleinknecht, Luthers Galaterbrief-Auslegung, S. 99.

353 Ebd., S. 84.

354 Ebd., S. 91. Vgl. auch ebd., S. 101: „Daher: durchs Gesetz werden wir verurteilt und getötet, durch Christus aber werden wir gerechtfertigt und lebendig gemacht. Das Gesetz erschreckt und treibt uns weg von Gott, Christus aber ist das Lamm Gottes, das der Welt Sünde trägt. Darum wer an Christus glaubt, hat den, der die Sünde der Welt getragen hat. Wenn die Sünde der Welt getragen ist, dann ist sie auch für mich, der ich an ihn glaube, weggetragen. Wenn die Sünde weggetragen ist, so ist auch der Zorn weg; wenn der Zorn abgetan ist, dann auch der Tod und die Verdammnis. Und auf den Platz der Sünde ist die Gerechtigkeit gerückt, auf den Platz des Zorns die Versöhnung und die Gnade, auf den Platz des Todes das Leben, auf den der Verdammnis das ewige Heil. Diese Unterscheidung wollen wir nicht nur mit Worten lernen, es gilt sie im Ge-

sein, um auch in anderen Wortverbindungen eine Entsprechung zum Ausdruck „Gerechtigkeit Gottes" zu finden, „etwa Werk Gottes, das heißt, was Gott in uns wirkt, Kraft Gottes, mit der er uns kräftig macht, Weisheit Gottes, mit der er uns weise macht, Stärke Gottes, Heil Gottes, Herrlichkeit Gottes".[355] Die Tatsache, dass es bei dem Ausdruck „Gerechtigkeit Gottes" nicht (primär) darum geht, dass Gott in seinem Wesen gerecht ist, findet Luther im Galaterbrief bestätigt. „Wiederum darf man hier unter der Gerechtigkeit Gottes nicht die verstehen, durch die er selbst gerecht ist in sich selbst, sondern die, durch die wir von ihm her gerecht gemacht werden."[356]

Das bedeutet für ihn keineswegs, dass das „Gesetz" für den Christen keine Bedeutung habe.[357] Durch Christus soll das Gewissen frei von dem Gesetz sein, „aber der Leib gehorche dem Gesetz".[358] Denn die

> „Gnadengerechtigkeit reicht ganz einfach nicht bis zum Fleisch. Das Fleisch darf nicht frei sein, sondern muß im Grabe, im Kerker, auf der Totenbahre bleiben, es muß dem Gesetz unterworfen sein und durch die Ägypter geplagt werden. Das christliche Gewissen aber muß dem Gesetz gestorben sein, d. h. es muß frei sein von dem Gesetz und darf mit ihm rein nichts mehr zu tun haben".[359]

Über gute Werke und Liebe müsse gelehrt werden. „Aber zu seiner Zeit und an seinem Ort, wenn es sich nämlich um die Frage nach den guten Werken – außerhalb dieses Hauptartikels – handelt."[360] Solange Luther sich jedoch „zentral mit dem Artikel der Rechtfertigung" beschäftigt, verwirft und verdammt er die „Werke".[361] Entscheidend ist für Luther offenbar, dass die Gläubigen in Christus „von Tag zu Tag mehr hineingerissen werden, nicht bei dem Empfangenen stehen bleiben, sondern in Christus vollends umgestaltet werden (*sed in Christum plane transformari*)".[362]

Von zentraler Bedeutung für das Verständnis des Ausdrucks „Gerechtigkeit Gottes" im Zusammenhang mit dem Rechtfertigungsverständnis im Römerbrief ist nicht nur, wie dabei der Genitiv θεοῦ („Gottes") zu verstehen ist. Bemerkt kann an dieser Stelle auf jeden Fall schon werden, dass es sich dabei nicht um einen (reinen) *Genitivus subiectivus* (Gott als Subjekt einer Handlung: etwa „die Gerechtigkeit, die Gott

---

brauch, im Leben und in den lebendigen Gefühlen selbst zu praktizieren."

355 Schilling, Martin Luther II, S. 507.

356 Borcherdt/Merz, Martin Luther II, S. 28.

357 Vgl. zum „Gesetz" bei Luther auch Stolle, Nomos, S. 41–67. „Paulus gebraucht ihn [den Begriff νόμος] vor dem Hintergrund seiner jüdischen Tradition als Entsprechuung zu *Tora* im Singular. Luther hört vor dem Hintergrund seiner christlichen Tradition mit dem Begriff ‚Gesetz' in umfassenderer Weise das Rechtsleben ganz allgemein angesprochen, das in Gottes Geboten an ausnahmslos alle Menschen seine Grundlage hat; in diesem Begriff (in der wissenschaftlichen Sprache seiner Zeit: *lex*) sind neben der biblischen Tradition das römische Recht und griechisch-römisches Denken der Antike breit rezipiert" (ebd., S. 41).

358 Kleinknecht, Luthers Galaterbrief-Auslegung, S. 79.

359 Ebd., S. 105.

360 Ebd., S. 93.

361 Ebd.

362 Luther, WA 8, 111,33–35 (vgl. dazu Grosse, Geist und Buchstaben, S. 171).

bewirkt")[363] oder um einen (reinen) *Genitivus obiectivus* (Gott als „Objekt" bei einer Handlung: etwa „die Gerechtigkeit vor Gott") handeln kann, da ein solcher Genitiv ein *Nomen agentis*, ein *Nomen actionis* oder ein *Nomen rei actae* – also ein Verbalsubstantiv[364] – voraussetzt[365] und da der Begriff δικαιοσύνη („Gerechtigkeit") nicht zu einer solchen Kategorie, sondern zu den *Abstracta*[366] (d.h. nicht „Rechtfertigung" als Handlung, sondern die „Gerechtigkeit" als Wesenseigenschaft) gehört. Beispiele für Verbalsubstantive haben wir im Römerbrief z. B. in dem *Nomen rei actae* δικαίωμα („Rechtsforderung; [vollbrachte] Rechtstat"; Röm 1,32; 2,26; 5,16.18; 8,4) und in dem *Nomen actionis* δικαίωσις („Rechtfertigung"; Röm 4,25; 5,18). Sicher ist der Aspekt der Rechtfertigung (δικαίωσις) mit eingeschlossen, wenn Paulus den Ausdruck δικαιοσύνη θεοῦ („Gerechtigkeit Gottes") verwendet[367], aber trotzdem ist der Begriff δικαιοσύνη („Gerechtigkeit") nicht einfach mit mit dem *Nomen actionis* δικαίωσις („Rechtfertigung") zu identifizieren.[368]

---

363 Vgl. dazu u. a. Conzelmann, Grundriss, S. 238.

364 Vgl. dazu Bornemann/Risch, Griechische Grammatik, § 302ff.

365 Vgl. dazu ebd., § 176.

366 Vgl. dazu ebd., § 301,4; vgl. dagegen Schnelle, Gerechtigkeit, S. 89: „Die Rechtfertigungslehre des Röm unterscheidet sich von der des Gal durch 1. die Einführung des nomen actionis δικαιοσύνη θεοῦ ..." Warum es sich bei der Wendung um ein *Nomen actionis* handeln soll, wird an dieser Stelle von Schnelle nicht erläutert. Es handelt sich nach ihm dabei um eine „prägnante Bestimmung des soteriologischen Handelns Gottes in Jesus Christus" (ebd.). Vgl. auch Wolter, Paulus, S. 391: „Das griechische Wort δικαιοσύνη ist wie alle Wörter mit dieser Endung ein sog. ‚Eigenschaftsabstraktum', das von einem Adjektiv abgeleitet ist. Die Grundlage für den paulinischen Sprachgebrauch bildet seine Verwendung im Alten Testament. Es bezeichnet hier aber nicht nur eine Eigenschaft, sondern auch in metonymischer Weise die Handlungen, die dieser Eigenschaft entsprechen, die auf Grund dieser Eigenschaft getan werden und die diese Eigenschaft zur sichtbaren und erfahrbaren Darstellung bringen." Das ist sicher treffend, und doch handelt es sich nicht einfach um ein *Nomen actionis*.

367 Vgl. auch u. a. Eckstein, Gerechtigkeit Gottes, S. 221–223; Wolter, Paulus, S. 342ff.

368 Theobald bemerkt – mit Bezug auf Röm 3,21ff. (Theobald, Gottesbild, S. 30–67) – sicher richtig, dass δικαιοσύνη θεοῦ nicht ein *terminus technicus* ist, „dessen Bedeutung schon unabhängig vom Kontext feststeht" (ebd., S. 56). In Bezug auf Röm 3,21f. stellt er fest: „Die vielverhandelte Frage, ob der Genitiv θεοῦ subjektiv, objektiv, relational oder als Gen. auctoris aufzufassen sei, wird danach von der nachträglichen Präzisierung der Proklamation VV. 21f durch 3,25f her im subjektiven Sinn beschieden" (ebd.). Nach ihm muss der Hörer „nicht bis 3,25f warten, sondern empfängt schon vom Einsatz in VV. 21f an Signale, die ihm bedeuten, dass mit *Gottes Heilshandeln* am Menschen gemeint ist" (ebd.). Das bedeutet allerdings nicht, dass θεοῦ als eigentlicher (reiner) *Genitivus subiectivus* aufzufassen ist. Der Aspekt der Rechtfertigung (als „Aktion"), welche zum Leben führt, wird z. B. in 2. Kor 3,9 deutlich betont, wenn der Ausdruck ἡ διακονία τῆς δικαιοσύνης („der Dienst der Gerechtigkeit") parallel zum Ausdruck ἡ διακονία τοῦ πνεύματος („der Dienst des Geistes"; 2. Kor 3,8) im Gegensatz zum Ausdruck ἡ διακονία τῆς κατακρίσεως („der Dienst der Verurteilung"; 2. Kor 3,9) bzw. ἡ διακονία τοῦ θανάτου („der Dienst des Todes"; 2. Kor 3,7) erscheint. Nach 2. Kor 5,21 geht es Paulus darum, dass „wir in ihm [d.h. Jesus Christus] Gerechtigkeit Gottes würden". Es ist deshalb auch in Bezug auf den 2. Korintherbrief nicht treffend, den Genitiv θεοῦ als eigentlichen *Genitivus subiectivus* zu ver-

4.4.2. Gerechtigkeit Gottes im Alten Testament

Die Gerechtigkeit Gottes ist nach dem Alten Testament eng mit dem „Recht“ (מִשְׁפָּט = „Schiedsspruch, Rechtsentscheid, Rechtsbestimmung; Rechtssache; Rechtsanspruch; Recht“ usw.[369]) Gottes verbunden (vgl. Ps 36,7; Jes 58,8), ja, nach Ps 97,2b sind „Gerechtigkeit und Recht die Grundfeste seines Thrones“ (vgl. auch Ps 89,15: „Gerechtigkeit und Recht sind deines Thrones Grundfeste. Gnade und Wahrheit/Treue gehen vor deinem Angesicht her“). Und Gottes Recht kann nicht von seinem „Gesetz“ getrennt werden (vgl. z. B. Num 15,16; Deut 17,11; Esra 7,10), welches seinerseits eng mit dem Bund Gottes verbunden ist (vgl. z. B. Ps 78,10; Jer 31,33; Hos 8,1)[370]. Deshalb ist Gottes „Recht“ auch eng mit der im Bund verheißenen „Gnade“ (חֶסֶד = „Gemeinschaftspflicht, Loyalität; Güte, Huld, Treue; Gnadenerweise“[371]) verbunden (vgl. Deut 7,9.12; Jes 16,5; 54,10; Jer 9,23; Hos 2,21; Ps 33,5; 89,15.29; 101,1; 106,45; 119,149; Dan 9,4; Neh 1,5; 2. Chr 6,14), wobei man diese „Gnade“ als „Bundesgnade“ bezeichnen könnte. Gott bewahrt nämlich „den Bund und die Gnade“ denen, die vor ihm „mit ihrem ganzen Herzen leben“ (2. Chr 6,14), was bedeutet, dass man „seinen Bund und seine Zeugnisse“ bewahrt, wobei man auf „allen Pfaden“ Gottes „Gnade und Wahrheit/Treue“ (חֶסֶד וֶאֱמֶת) empfängt (vgl. Ps 25,10). Ebenso „bewirkt/bewahrt“ Gott „Gnade (חֶסֶד) an Tausenden (לָאֲלָפִים)“ (Ex 20,6; 34,7; Deut 5,10; Jer 32,18), wie er andererseits „ewig seines Bundes gedenkt, des Wortes, das er für tausend Generationen (לְאֶלֶף דּוֹר) geboten hat“ (Ps 105,8).

Grundlage für alle Gebote, die Gott Israel gegeben hat, ist, dass er „Jahwe, euer Gott“ ist (vgl. z. B. Lev 18,5.30; 19,2.4.10.12.14.16; 20,7f.24).[372] Gott ist mit seiner heiligen und rettenden Gegenwart mitten unter dem Volk, und dementsprechend soll das Volk sein alltägliches Leben gestalten. Israel soll ein Zeugnis für die heilige und heiligende Gegenwart Gottes sein. Das ist auch die Grundlage in Bezug auf die Verheißung des „neuen Bundes“ (vgl. dazu u. a. Jes 31,31-34; Hes 36,25-27). Gott verheißt, dass er Israel mit seinem Recht „weiden“ wird (אֶרְעֶנָּה בְמִשְׁפָּט), indem er u. a. das Verlorene sucht und „das Fette und das Starke“ austilgt (Hes 34,16).

Die „Gerechtigkeit Gottes“ ist somit die Grundlage für die Verwirklichung der Bundesverheißungen und der Bundestreue Gottes[373], wobei man allerdings nicht so weit gehen muss, die Gerechtigkeit Gottes lediglich als Bundestreue Gottes zu se-

stehen.

369 Vgl. Koehler/Baumgartner, Lexikon, S. 615f.

370 Vgl. dazu auch u. a. Neef, Aspekte, S. 1–23; Kuula, Law, passim.

371 Vgl. Koehler/Baumgartner, Lexikon, S. 323.

372 Vgl. dazu u. a. Averbeck, Law, S. 116ff.; Carmichael, Origins, passim.

373 Vgl. dazu auch u. a. Wengst, Freut euch, S. 153. Nach Kutsch ist „Bund“ eine unzureichende Übersetzung für בְּרִית bzw. διαθήκη, denn wo vom „Bund“ die Rede sei, sei er „als Gottes Zusage, als Gottes Verheißung oder als Gottes Verpflichtung für die Menschen, als sein Gebot, Gesetz verstanden“ (Kutsch, Neues Testament, S. 85; vgl. auch Schmidt, Alttestamentlicher Glaube, S. 132).

hen[374]. Dabei ist zu beachten, dass im Alten Testament zwei Formen des hebräischen Begriffs für „Gerechtigkeit“ vorkommen, nämlich der maskuline Begriff צֶדֶק (119-mal, und zwar nur im Singular), der vor allem das Wesen der „Gerechtigkeit“ beschreibt, während die feminine Form צְדָקָה (159-mal, davon 14-mal im Plural) mehr die einzelnen Handlungen auf Grund der „Gerechtigkeit“ bezeichnet.[375] Die Pluralform dieses femininen Begriffs, die insgesamt 14-mal gebraucht wird (Ri 5,1; 1. Sam 12,7; Jes 33,15; 45,24; 64,5; Jer 51,10; Hes 18,24; 33,13; Mi 6,5; Ps 11,7; 103,6; Dan 9,16.18), bezieht sich u. a. auf die rettenden Taten Gottes an Israel (so Ri 5,11; 1. Sam 12,7; Mi 6,5).[376] Damit bezeichnet die Pluralform u. a. das Heilshandeln Gottes. Diese heilwirkende Macht Gottes kommt aber auch z. B. durch den Gebrauch des Begriffs צְדָקָה im Singular zum Ausdruck und spielt im Zusammenhang mit den Verheißungen vom kommenden Heil für Israel im Jesajabuch[377], das für den Römerbrief eine wesentliche Rolle spielt (vgl. z. B. Jes 9,6; 10,22; 28,17; 33,7; 45,23f.; 46,13f.; 51,6.8; 54,14; 59,17; 60,17; 61,11).[378] Während Israel bekennen muss, dass „alle unsere Gerechtigkeiten (כָּל־צִדְקֹתֵינוּ) wie ein beflecktes Kleid“ sind (Jes 64,5) und dass Jahwe „unsere Gerechtigkeiten (אֶת־צִדְקֹתֵינוּ) ans Licht gebracht“ hat (Jer 51,10), wird andererseits betont, dass „nur in Jahwe … Gerechtigkeiten und Stärke (צְדָקוֹת וָעֹז)“ sind (Jes 45,24). Somit bemerkt Stigers richtig, dass (besonders) der Begriff צְדָקָה „the execution of covenant faithfulness and the covenant promises“ bezeichnet.[379]

Vor allem in den Psalmen und Jesaja wird die „Gerechtigkeit Gottes“ im engen Zusammenhang mit dem Heil bzw. der Rettung, die Gott Israel bzw. dem Gläubigen zukommen lässt, erwähnt (vgl. z. B. Ps 40,11; 71,15; 98,1-3; 143,11b-12a; Jes 45,8; 46,13; 51,4-8; 56,1).[380] Nach Ps 98,2 hat Jahwe „kundgetan sein Heil/seine Rettung (יְשׁוּעָתוֹ; LXX: τὸ σωτήριον αὐτοῦ), vor den Augen der Nationen seine Gerechtigkeit offenbart (צִדְקָתוֹ; LXX: τὴν δικαιοσύνην αὐτοῦ)“, und nach Jes 46,13 hat Gott seine „Gerechtigkeit (צִדְקָתִי) nahe gebracht, sie ist nicht fern, und mein Heil/meine Rettung

374 Vgl. dazu z. B. Williams, Righteousness, S. 255–289; zur Stellungnahme vgl. Seifrid, Justification, S. 214–219.

375 Zur Bedeutung der Wurzel צדק bemerkt Stigers: „This root basically connotes conformity to an ethical or moral standard … and of course in the OT that standard is the nature and will of God“ (Stigers, צדק, S. 752)

376 Vgl. Haacker/Hempelmann, Hebraica Veritas, S. 26.

377 Der Begriff צְדָקָה erscheint allein im Jesajabuch 36-mal (in den Psalmen dagegen „nur“ 34-mal).

378 Vgl. auch von Rad, Theologie II, S. 156: „Man kann Jesajas Interesse am Gottesrecht gar nicht überschätzen. An ihrer Einstellung zum Gottesrecht entscheidet es sich, ob das Verhältnis einer Gemeinschaft zu Gott in Ordnung ist. Die Rechtpflege ist für Jesaja der ausgezeichnete Ort, an dem es zutage tritt, wie man es mit Gott meint. So gehört das Bild eines Jerusalem mit untadeligen Richtern und das Bild von einem Gesalten, der ein Garant des Rechtes ist, ins Zentrum der Weissagungen dieses Propheten (Jes. 1,26; 11,3ff.). Das Gottesrecht wird ihm zum höchsten Heilsgut.“

379 Stigers, צדק, S. 755.

380 Vgl. auch Haacker/Hempelmann, Hebraica Veritas, S. 27.

(תְּשׁוּעָתִי) zögert nicht. Und ich gebe in Zion Heil/Rettung (תְּשׁוּעָה), für Israel meine Herrlichkeit". Diese Gerechtigkeit Gottes wird nach Jes 51,8 ewig bestehen und die Rettung Gottes „von Generation zu Generation". Sie betrifft jedoch nicht nur Israel, sondern auch die „Heiden", die sich dem Volk Gottes anschließen werden, und zwar „bis an das Ende der Erde" (vgl. z. B. Jes 11,12; 45,22; 49,6; 52,10; Mi 5,1-3; Sach 9,9f.).

Gott ist demnach in seinem Wesen gerecht, und sein Wesen sowie seine Eigenschaften, die eng zusammengehören[381], sind seine Gabe und Aufgabe für die Menschen. Gottes Wesen und Heilshandeln gehören eng zusammen. In Ps 89,17 wird die Gerechtigkeit Gottes parallel zu seinem „Namen" erwähnt (vgl. auch z. B. Ps 7,18; 48,11; 143; 11), und dieser „Name" Jahwes ist nach Prov 18,10 ein „Turm der Kraft/Sicherheit" (מִגְדַּל־עֹז), zu dem der „Gerechte" läuft und in Sicherheit ist. Deshalb ist auch Gottes „Gerechtigkeit" – wie sein „Recht" – eng mit seiner „(Bundes-)Gnade" (חֶסֶד) verbunden, wobei der Begriff חֶסֶד („Gemeinschaftspflicht, Loyalität; Güte, Huld, Treue; Gnadenerweise") in gewisser Hinsicht sowohl für den Begriff צֶדֶק (vgl. Ps 85,11; 89,15; Jes 16,5; Hos 2,21; 10,12) als auch für den Begriff צְדָקָה (vgl. z. B. Ps 33,5; 36,11; 40,11; 103,17; Prov 21,21; Hos 10,12) als Synonym erscheint.[382]

Nach Jer 9,23 soll derjenige, der sich rühmt (יִתְהַלֵּל), sich dessen rühmen, „Einsicht zu haben und mich zu erkennen, dass ich Jahwe bin, der Gnade, Recht und Gerechtigkeit (חֶסֶד מִשְׁפָּט וּצְדָקָה) auf der Erde übt/tut; denn daran habe ich Gefallen, spricht Jahwe". Und nach Hos 2,21-22 will Gott sich „an jenem Tag", wenn Israel zu ihm umkehren wird (vgl. Hos 2,18), „dich mir verloben in Ewigkeit, und ich will dich mir verloben in Gerechtigkeit (בְּצֶדֶק) und in Recht und in Gnade (וּבְחֶסֶד) und in Erbarmen, und in Treue (בֶּאֱמוּנָה) will ich dich mir verloben; und du wirst Jahwe erkennen". Gottes Rettung/Heil ist damit identisch mit der „Zusage deiner Gerechtigkeit", wie Ps 119,123 zeigt („Meine Augen sehnen sich nach deinem Heil [לִישׁוּעָתֶךָ] und nach der Zusage deiner Gerechtigkeit [וּלְאִמְרַת צִדְקֶךָ]").

---

381 Nach Hellegers ist δικαιοσύνη θεοῦ „sein Eigentum, aber nicht seine Eigenschaft" (Hellegers, Gerechtigkeit Gottes, S. 46). Zu dieser Anmerkung kommt er auf Grund des fehlenden Artikels (vgl. ebd., S. 45). Nach ihm handelt es sich nicht um „*die* Gerechtigkeit Gottes", sondern um „*eine* Gerechtigkeit Gottes", die „in Gott ihren Ursprung hat" und „die dem Menschen zu teil wird" (ebd.). „Der Genitiv theou ist der des Urhebers oder des Ursprunges. Solch eine *dikaiosyne* ist sein Geschenk" (ebd., S. 46). Dieser Schlussfolgerung ist auf jeden Fall zuzustimmen, auch wenn nicht nachvollziehbar ist, warum es sich nicht um „die Gerechtigkeit Gottes" und um „seine Eigenschaft" handeln soll.

382 Interessant ist, dass die LXX den Begriff חֶסֶד des Öfteren mit dem Begriff δικαιοσύνη wiedergibt (so in Gen 19,19; 20,13; 21,23; 24,27; 32,11; Ex 15,13; 34,7; Prov 20,28b), aber auch der Begriff אֱמֶת („Wahrheit, Treue") wird mit dem Begriff δικαιοσύνη wiedergegeben (vgl. Gen 24,49). Übrigens werden im Alten Testament auch die Begriffe אֱמֶת („Wahrheit") und צֶדֶק bzw. צְדָקָה („Gerechtigkeit") in einem gewissen Sinn als Synonyme gebraucht (vgl. z. B. Ps 15,2; 19,10; 45,5; 85,12; 119,142; Jes 48,1; 59,14; Jer 4,2).

Gottes Gerechtigkeit zeigt sich auch darin, dass er seine Feinde und damit die Feinde seines Volkes bestraft bzw. richtet und die Unterdrückten befreit (vgl. z. B. Ps 31,2ff.; 98,3.9; 103,6-9; 107,1ff.), und zwar indem er gleichzeitig ein „vergebender Gott“ (אֵל נֹשֵׂא) und ein „Rächer ihrer Taten“ – auch Israel gegenüber – ist (vgl. Ps 99,8), „langsam zum Zorn und groß an [Bundes-]Gnade“ (Ps 103,8b; vgl. Ps 103,17f.), der „uns nicht getan hat nach unseren Vergehen, nach unseren Sünden uns nicht vergolten“ hat (Ps 103,10). Er lässt seine rettende Gerechtigkeit denen zukommen, die „mit lauterem Herzen wandeln“ und „keine heillosen Dinge ins Auge fassen“ (vgl. Ps 101,2-3), während ein „verkehrtes Herz“ bzw. ein „hochmütiges Herz“ verworfen wird (vgl. Ps 101,4-5). Somit bedeutet Gottes Gerechtigkeit für diejenigen, die ihm vertrauen, Heil und Rettung (vgl. Jes 46,13; 51,5. 6.8). Gottes Zorn ist also kein Gegensatz, sondern eine Folge seiner Gerechtigkeit, mit der Gott den unbußfertigen Sünder bestraft. Der Prophet Nahum betont:

> „Ein eifersüchtiger und rächender Gott ist Jahwe, ein Rächer ist Jahwe und voller Grimm. Rache übt Jahwe an seinen Gegnern, und er grollt seinen Feinden. Jahwe ist langsam zum Zorn und groß an Kraft. Doch keinesfalls lässt Jahwe ungestraft … Gut ist Jahwe. Er ist ein Zufluchtsort am Tag der Bedrängnis; und er kennt die, die sich bei ihm bergen“ (Nah 1,2-3.7; vgl. 2. Thess 1,8ff.).

Als „gerecht“ wird deshalb nicht jemand bezeichnet, der in menschlichen Augen vollkommen ist, sondern der „von Herzen Aufrichtige“ (vgl. z. B. Ps 32,11; 64,11; 97,11; vgl. auch Ps 7,11; 11,2). Deshalb bittet der Psalmist: „Erhalte deine Gnade denen, die dich kennen, und deine Gerechtigkeit den von Herzen Aufrichtigen“ (Ps 36,11). Und es wird verheißen, dass das Recht (Gottes) „zur Gerechtigkeit zurückkehren wird …, und hinter ihm her alle, die von Herzen aufrichtig sind“ (Ps 94,15). Ihnen ist ein „Licht gesät“ (Ps 97,11).

„Gerecht“ ist der Mensch dann, wenn er im Bund mit Gott lebt und wenn er durch Gottes Heilswirken (und seine Vergebung) Anteil an der Gerechtigkeit Gottes hat, was schlussendlich nur durch den im Alten Testament verheißenen Erlöser und die Sündenvergebung durch ihn möglich ist (vgl. u. a. Jes 43,25; 53,10-12; Jer 31,31-34). Der verheißene Erlöser heißt יְהוָה צִדְקֵנוּ („Jahwe [ist] unsere Gerechtigkeit“; Jer 23,6; 33,16; vgl. Jer 51,10). Er wird nach Jes 53,10-11[383] seine „Seele“ als Schuldopfer hingeben und dadurch „den Vielen zur Gerechtigkeit verhelfen, und ihre Sünden wird er

---

383 Auch im Judentum wurde die Sühnekraft der Leiden betont (vgl. dazu u. a. Lohse, Märtyrer, S. 29ff.). Dazu bemerkt Lohse: „Der Tod ist der Sünde Sold. Ist dieser aber gezahlt worden, so ist die Schuld gesühnt und wird von Gott vergeben. Daher kann auch der Verbrecher, der zur Hinrichtung geführt wird, durch sein willig aufgenommenes Sterben Sühne leisten, um mit ganz Israel an der zukünftigen Welt teilzunehmen“ (ebd., S. 105–106). Dabei wurde allerdings nicht auf Jes 53 verwiesen. Lohse sieht sicher zu Recht die Polemik gegen das Christentum als Grund dafür (vgl. ebd., S. 107). Er ergänzt: „Wir wissen, daß bis hin zum Targ. Jes. 53 im palästinischen Judentum dieses Kapitel messianisch gedeutet worden ist“ (ebd., S. 108). Die Vorstellung von einem leidenden Messias ließe sich aber erst „für das zweite nachchristliche Jahrhundert nachweisen“ (ebd.).

sich selbst aufladen“ (vgl. auch Jes 43,22ff.; Hes 36,22ff.), andererseits wird er auf der Erde den Frieden und die Gerechtigkeit wiederherstellen (vgl. z. B. Jer 23,6). Das letztendliche Ziel der „Gerechtigkeit Gottes“ in seiner Verwirklichung ist also die Wiederherstellung der Menschheit in der völligen Überwindung der Sünde.

4.4.3. Gerechtigkeit Gottes und Gerechtigkeiten im Judentum

Wie im Alten Testament wird der Plural des femininen Begriffs צְדָקָה („Gerechtigkeit, gerechte Handlung“) auch in den Qumranschriften, wo die Pluralform ca. 18-mal erscheint, meistens in Bezug auf die Heilstaten Gottes verwendet.[384] Nach 1QS 11,3 sind es Gottes Heilstaten (בצדקותו), durch die „meine Übertretungen“ ausgelöscht werden. In 1QH 15,17-20 ist der Text nicht vollständig erhalten geblieben, aber der Verfasser scheint zu betonen, dass er nicht auf Grund von seiner eigenen Stärke und seiner gerechten Taten (צדקות), sondern allein durch Gottes Gnade von den Sünden befreit wird und Vergebung empfängt.

Der Begriff צְדָקָה („Gerechtigkeit, gerechte Handlung“) erscheint in der Mischna nur gerade mal sechsmal[385], und zwar nur im Singular. In mAvot 5,13 sowie in mDem. 3,1 und mQidd. 4,5 bezieht sich das feminine Wort צְדָקָה auf „Almosen“, und nach mAvot 2,2 steht der „gerechte Verdienst“ (זְכוּת) der isralischen Väter, deren „Gerechtigkeit“ (צִדְקָתָם) für immer besteht, demjenigen bei, der in der Gemeinde tätig ist. Nach mAvot 5,18 war Mose „gerecht und führte die Vielen zur Gerechtigkeit/zum gerechten Verdienst (זָכָה וְזִיכָּה אֶת הָרַבִּים), und so wird der gerechte Verdienst der Vielen (זְכוּת הָרַבִּים) ihm angerechnet, da es heißt: ‚Die Gerechtigkeit Jahwes (צִדְקַת יְיָ) hat er getan …“ (vgl. Deut 33,21). Der Begriff bezieht sich in der Mischna – im Gegensatz zu den Qumrantexten – dementsprechend grundsätzlich auf menschliches Tun. Das trifft auch in Bezug auf den Gebrauch des maskulinen Worten צֶדֶק („Gerechtigkeit“), das in der Mischna nur zweimal erscheint.[386] Und zwar wird in mSota 1,9 Jes 58,8 zitiert, wonach „deine Gerechtigkeit vor dir herziehen wird“, was dem Kontext nach auf menschliche „Verdienste“ vor Gott bezogen wird. Und in mMak. 3,16 wird mit dem Ausdruck „seine Gerechtigkeit“ Jes 42,21 zitiert, wobei sich der Ausdruck auf den Knecht Jahwes bezieht, durch den Gott nach dem Mischna-Text Israel zur Gerechtigkeit bzw. „zum gerechten Verdienst“ (לְזַכּוֹת) führen wollte, und darum habe Gott seinem Mund Tora und Gebote (תּוֹרָה וּמִצְוֹת) zahlreich gemacht. Der „Knecht

---

384 Vgl. z. B. 1QS 1,21; 10,23; 11,3; 1QH 4,29; 15,20; 4Q256 2,5; 4Q260 5,5; 11Q5 19,7. Der Ausdruck צדקת/צדקות אל („Gerechtigkeit[en] Gottes“) erscheint in den Qumranschriften an folgenden Stellen: 1QS 1,21; 10,23.25; 11,12; 4Q256 2,5; 1Q260 5,5, und der Ausdruck צדק אל („Gerechtigkeit Gottes“) erscheint an folgenden Stellen: 1QM 4,6; 4Q423 6,4; 4Q525 10,5.

385 mDem. 3,1; mQidd. 4,5; mBabaQ. 10,1; mAvot 2,2; 5,13.18.

386 mSota 1,9; mMak. 3,16.

Jahwes“ wird demnach also Israel dahin führen, dass Gottes Gebote erfüllt werden, und dadurch wird die Gerechtigkeit Gottes erlangt.

Auch in Tob 2,14 und 12,9 wird die Pluralform δικαιοσύναι („Gerechtigkeiten“) in Bezug auf die „Almosen“ verwendet. In Tob 12,9 wird dabei betont, dass die Almosen „aus dem Tod retten“ und alle Sünden reinigen und dass diejenigen, „die Almosen und Gerechtigkeiten tun/geben, das Leben vermehren“ (οἱ ποιοῦντες ἐλεημοσύνας καὶ δικαιοσύνας πλησθήσονται ζωῆς). Nach dem „Testament des Abraham“ hält ein sonnenförmiger Engel, welcher mit dem Erzengel identifiziert wird, eine Waage in seiner Hand, „und er wiegt die gerechten Taten (τὰς δικαιοσύνας) und die Sünden mit der Gerechtigkeit Gottes (ἐν δικαιοσύνῃ θεοῦ)“ (TestAbr. A 13,10). Und nach TestAbr. A 13,9 zieht dabei ein Engel („zur Rechten“) die „gerechten Taten“ (τὰς δικαιοσύνας) nach unten, während der andere Engel („zur Linken“) die Sünden nach unten zieht. Und das „Testament des Dan“ fordert die Angehörigen des Sprechers auf, sich von aller Ungerechtigkeit zu entfernen und sich „der Gerechtigkeit des Gesetzes des Herrn“ (τῇ δικαιοσύνῃ τοῦ νόμου κυρίου) zuzuwenden, „und mein Geschlecht wird für immer zur Rettung sein“ (Dan 6,10). Der Plural des Begriffs δικαιοσύνη („Gerechtigkeiten“) wird an diesen und anderen Stellen[387] wie auch an den zwei Stellen bei Philo, an denen die Pluralform erscheint[388], in Sinn von „gerechte (menschliche) Taten“ verwendet, Im apokryphen Baruchbuch spricht eine Witwe von ihren Söhnen (vgl. Bar 4,12), indem sie sagt: „Seine Rechtsbestimmungen (δικαιώματα αὐτοῦ) haben sie nicht erkannt, auch sind sie nicht auf den Wegen der Gebote Gottes gewandelt und haben die Pfade der Erziehung in seiner Gerechtigkeit (ἐν δικαιοσύνῃ αὐτοῦ) nicht betreten“ (Bar. 4,13). Bar 5,2 fordert auf, das „Kleid der Gerechtigkeit bei Gott“ (τὴν διπλοΐδα τῆς παρὰ τοῦ θεοῦ δικαιοσύνης) anzuziehen.

387 Der Plural des Begriffs δικαιοσύνη („Gerechtigkeit“) erscheint auch in TestAbr. A 12,12.18; 13,9; 14,2; 17,7; TestAbr. B 11,4; Tob 2,14; 12,9; Sir 44,10 und PsSal 9,3. In der LXX erscheint er zudem in Deut 9,4.6; 1. Sam 26,23; Hes 3,20; 18,24; 33,13; Ps 10,7 (HB: 11,7) und Dan 9,18, wobei im hebräischen Text außer in Hes 3,20 jeweils das feminine צְדָקָה erscheint (außer in Ps 11,7 immer im Singular). Im „Testament des Abraham“ wird die Pluralform in der Regel im Gegensatz zu den „Sünden“ verwendet. In PsSal 9,3 werden „die Gerechtigkeiten deiner Heiligen“ erwähnt, und auch in Sir 44,10 ist von „diesen begnadigten Männern“ die Rede, „deren Gerechtigkeiten nicht vergessen werden“.

388 Philo, der den Begriff δικαιοσύνη insgesamt 118-mal verwendet, gebraucht zweimal die Pluralform (Mos. 1,154; Spec. 4,181). Dabei erscheint die Pluralform in Mos. 1,154 in einem „Tugendkatalog“ des Mose, wobei die „Gerechtigkeiten“ dementsprechend offenbar die gerechten Handlungen des Mose beschreiben. Und nach Spec. 4,180-181 ist das Geschlecht der Israeliten eine Art „Erstlingsfrucht“, dessen Ursache „die sehr geschätzten Gerechtigkeiten und Tugenden der Begründer des Geschlechts“ – also der Patriarchen – sei (αἱ τῶν ἀρχηγετῶν τοῦ ἔθνους περιμάχητοι δικαιοσύναι καὶ ἀρεταί).

4.4.4. Gottes Gerechtigkeit bei Paulus

Der alttestamentliche „Hintergrund", wie er oben zusammengefasst wurde, ist zweifelsohne die entscheidende Grundlage für die paulinischen Ausführungen über die „Gerechtigkeit Gottes". In diesem Sinn hat er offenbar auch die u. a. in den Psalmen angekündigte „Gerechtigkeit" Gottes als Hinweis auf die „Heidenmission" verstanden (vgl. z. B. Ps 14,48-50 mit Röm 15,9; vgl. auch Jes 52,15 mit Röm 15,21).[389]

Die Wendung δικαιοσύνη θεοῦ („Gerechtigkeit Gottes") bezeichnet bei Paulus von diesem „Hintergrund" aus besonders Gottes Heilshandeln in Jesus Christus. Dabei ist der Genitiv als *Genitivus possessivus/auctoris* (Gott als „Besitzer" und „Urheber" der Gerechtigkeit) zu verstehen[390], wobei die Rechtfertigung des Sünders ein Aspekt dieser „Gerechtigkeit Gottes" ist, aber diese „Gerechtigkeit Gottes" geht nicht in der „Rechtfertigung" auf.[391] Der Begriff δικαιοσύνη („Gerechtigkeit") wird dabei nicht – wie im allgemeinen Griechischen – im Sinn von „er gibt jedem das Seine, aber verlangt auch das Seine und stellt die Berechtigung der eigenen Ansprüche nicht im mindesten zurück"[392] gebraucht, sondern im alttestamentlichen Sinn mit Bezug auf das Heilshandeln Gottes, dessen Grundlage Gottes Bundestreue ist (vgl. z. B. Ps 36,7.11; 40,11; 71,15f.).

Die Gerechtigkeit Gottes wird nach Paulus „in ihm [Evangelium] offenbart" (ἐν αὐτῷ ἀποκαλύπτεται), und zwar „zur Rettung jedem Glaubenden", nicht zu ihrer Verurteilung. Wenn Paulus sagt, dass die Gerechtigkeit „in ihm [d.h. dem Evangelium] offenbart wird", so bedeutet das, dass die verheißene Heilsgerechtigkeit Gottes im Evangelium von Jesus Christus Wirklichkeit wird (vgl. Röm 1,2; 3,21; so ἀπο-

---

389 Nach Wright haben weder Paulus noch das damalige Judentum angenommen, dass „Gottes Gerechtigkeit" etwas anderes als seine Bundestreue zu Israel und damit zur gesamten Schöpfung sei. „It would have been taken for granted that ‚God's rightousness' referred to the great, deep plans which the God of the Old Testament as always charished, the through-Israel-for-the-World plans, plans to rescue and retore his wonderful craetion inself, and, more especially, to God's faithfulness to those great plans" (Wright, Justification, S. 154). Das ist sicher ein zentraler Aspekt bei Paulus, wie (nicht nur) Röm 11 (vgl. auch z. B. Röm 8,18ff.) zeigt, aber nicht der einzige Aspekt.

390 Ähnlich auch z. B. Bultmann, Theologie, S. 285.

391 Insofern ist Wright zuzustimmen, wenn er die „Gerechtigkeit Gottes" folgendermaßen definiert: „... (a) as God's own ‚righteousness' (rather than a status of ‚righteousness' granted, imputed or otherwise given to humans); (b) as God's own ‚righteousness' with the focus, very specifically, of his *covenant faithfulness* in the sense of ‚doing what he promised to Abraham, in Deuteronomy, in the Psalms, and through Isaiah, Jeremiah and Ezekiel'; (c) as God's own ‚righteousness' in the sense of his faithfulness *to the covenant promise to bless the nations through Israel*" (Wright, Paul and the Faithfullness of God, S. 841). Allerdings schließt für Paulus die „Gerechtigkeit Gottes" in ihrer Verwirklichung durch das Evangelium von Jesus Christus die Rechtfertigung des Sünders in seiner Errettung durch den Glauben an Jesus Christus mit ein (vgl. z. B. Röm 1,16f.; 3,21ff.).

392 Cremer, Wörterbuch, S. 297. Vgl. dazu auch Seifried, Paul's Use, S. 39–74.

καλύπτω („offenbaren, enthüllen") auch in Röm 1,18; 8,18).[393] Da es sich bei diesem „Evangelium" um die von den Propheten „vorher verheißenen" Botschaft handelt (vgl. Röm 1,2; 3,21), die das Kommen des Erlösers ankündigten, ist besonders an die von Jesaja angekündigte kommende Heilszeit zu denken (vgl. z. B. Jes 40,9; 41,27; 52,7; 60,6; 61,1). Deshalb ist auch bei der „Gerechtigkeit Gottes" besonders an die von Jesaja verkündigte Verwirklichung der Gerechtigkeit Gottes in seinem Heil für sein Volk zu denken (vgl. besonders Jes 51,4-8!), wenn Gottes Gerechtigkeit „nahe" sein wird und seine Arme „die Völker richten/regieren" werden (וּזְרֹעַי עַמִּים יִשְׁפֹּטוּ), welche auf den Inseln auf ihn hoffen (Jes 51,5), und wenn Gottes Gerechtigkeit „in Ewigkeit bestehen" wird und sein Heil „von Generation zu Generation" (Jes 51,8). Das ist die „Frohe Botschaft", die auf den Bergen als Frieden verkündigt wird (vgl. Jes 52,7; vgl. dazu auch Röm 10,15). An solche Verheißungen konnte Paulus bei der Verkündigung der rettenden Gerechtigkeit Gottes anknüpfen.

Diese „Gerechtigkeit Gottes" bewirkt (!) folglich die Rechtfertigung des Sünders, und zwar nicht nur dadurch, dass Gott ihm auf Grund der Erlösungstat Jesu die Sünden vergibt (vgl. Röm 3,24-26; 4,25; 5,1.9-11; 8,1), sondern auch dadurch, dass der Mensch aus der Gewalt der Sünde befreit wird und sein Leben nun Gott zum Dienst hingeben kann (vgl. Röm 6,7.12ff.)[394], indem Jesus Christus nun in ihm lebt und er – wie Paulus – zwar noch „im Fleisch" lebt, das aber „im Glauben an den Sohn Gottes, der mich geliebt und sich selbst für mich hingegeben hat" (Gal 2,20).[395] Auch wenn der Stand des Gläubigen vor Gott als Gerechtfertigter, dem die Sünden vergeben sind, ein zentraler Aspekt der Rechtfertigung bei Paulus ist[396], so ist diese doch nicht rein forensisch zu verstehen.[397] Es ist richtig, dass die „forensisch-eschatologische Gerech-

---

393 Vgl. auch Wilckens, Römer 1, S. 88.

394 Richtig betont Stuhlmacher: „Die Glaubensgerechtigkeit ist mit der Herrlichkeit der gerechten Geschöpfe Gottes identisch, die ihnen als Sünder fehlt (V. 23). *‚Rechtfertigung' hat nach unseren Versen deutlich die Dimension von Neuschöpfung*" (Stuhlmacher, Gerechtigkeitsanschauung, S. 104). Und Hart bemerkt: „Paul uses the word *dikaiosyne* in an unmistakably ethical sense four times in Romans 6.15-20, where sin and righteousness (*dikaiosyne*) are personified, as alternative authority-figures to whom someone might be enslaved and Christians are described as those who – having been set free from their former slaverity to sin – have become slaves to righteousness (or to obedience … or to Gott …)" (Hart, Ethics of Paul, S. 8).

395 Klaiber definiert „Rechtfertigung" folgendermaßen: „Der oder die Angeklagte wird *freigesprochen.* Aber das trifft den Vorgang im alten Israel nur teilweise: *Gerechtfertigt werden* bedeutete dort nicht nur, von einer bestimmten Anklage freigesprochen zu werden; es bedeutete auch die Wiederherstellung in die Gemeinschaft. Es war nicht nur ein Nein zu der erhobenen Beschuldigung, sondern ein Ja zu dem betroffenen Menschen" (Klaiber, Galaterbrief, S. 70). Das trifft grundsätzlich sicher auch für das Verständnis des Paulus zu. Für Paulus bedeutet das, dass der „Gerechtfertigte" in die Gemeinschaft mit Gott aufgenommen wurde (vgl. Röm 5,1f.) und dass der nicht nur von der Anklage, sondern auch von der Macht der Sünde befreit wurde (vgl. z. B. Röm 6,6f.12ff.; 8,1ff.).

396 Vgl. dazu u. a. Seifrid, Justification, S. 99–107.

397 Bei δικαιόω („rechtfertigen") handelt es sich also nicht nur um ein „declarative verb", wie Wright meint, indem er hinzufügt, dass das Verb „the *creation* of something, the *making* of so-

tigkeit“ nach Paulus im Unterschied zum Judentum „schon in der Gegenwart dem Menschen (unter der Voraussetzung, dass er ‚glaubt‘) zugesprochen“ wird (vgl. Röm 5,1).[398] Doch schließt dieser neue Zustand nach der Überzeugung des Paulus eine neue Beziehung zu Gott (vgl. Röm 5,1) und ein erneuertes Leben unter der Gerechtigkeit Gottes mit ein (vgl. Röm 6,7.12ff.; 1. Kor 6,11).[399]

4.5. Gleiche Erlösung für Juden und Nichtjuden (Röm 3,22b-25)

Dass es Paulus im Kontext von Röm 3,20 („Werke [des] Gesetzes“) nicht nur um die Frage geht, wie „Heiden“ in das Volk Gottes integriert werden können, zeigt m. E. u. a. der diesem Vers folgende Abschnitt. Paulus legt dar, dass die Juden nicht nur wie die Nichtjuden „unter [der] Sünde sind“ (vgl. Röm 3,9) und deshalb „alle gesündigt haben“ (vgl. Röm 3,23), sondern auch, dass sie auch ebenso „der Herrlichkeit Gottes ermangeln“ und geschenkweise die Rechtfertigung und Erlösung empfangen, wie in Röm 3,22ff. dargelegt wird. Deshalb möchte ich – auch wegen der zentralen Bedeutung des Abschnitts im Kontext des Römerbriefes – im Folgenden auf Röm 3,23-25 exegetisch eingehen.[400]

Nach Röm 3,22b-23a besteht „nämlich kein Unterschied, denn alle haben gesündigt …“ (vgl. Röm 10,12; vgl. auch Röm 2,12; 5,12). Nach Röm 10,12 besteht „kein Unterschied zwischen Juden und Griechen“, da es nur einen „Herrn“ für alle gibt, „der reich ist allen gegenüber, die ihn anrufen“. Auch an unserer Stelle bezieht der Begriff διαστολή („Unterschied“; vgl. dazu auch 1. Kor 14,7)[401] sich auf „Juden und Grie-

mething“ anzeige. „But … the thing that is made is not a moral charakter, not an infused virtue, but a status. God really does, by virtue of his declaration, create this status for all those who belong to the Messiah“ (Wright, Justification, S. 180). Anderswo bemerkt Wright: „Faith is the sign of life; life is the gift of God. Justification is God’s declaration that where this sign of life appears, the person in whom it appears is within the covenant“ (Wright, Romans, S. 501). Damit bekräftigt Wright m. E. über „Umwege“ das Rechtfertigungsverständnis, das er anscheinend bekämpft, nämlich dass es sich nur um eine forensische „Erklärung“ handle.

398 Bultmann, Theologie, S. 275.

399 Vgl. auch Hahn, Gerechtigkeit Gottes, S. 304: „Rechtfertigung aufgrund des Glaubens und Zugehörigkeit zu dem auferstandenen Christus stellen eine Einheit dar. Die Aussagen über das Sein ‚in ihm‘, in Jesus Christus bzw. in seinem Leib, stehen nicht in Spannung zu den Aussagen über die Rechtfertigung, sondern sind für ihn ein notwendiges Korrelat. Sie zeigen darüber hinaus, daß Rechtfertigung nicht nur eine Deklaration, sondern eine wirksame Erneuerung ist.“ Vgl. auch Schreiner, Romans, S. 67; Wolter, Paulus, S. 259 und 393).

400 In Bezug auf die Voraussetzung der Auslegung von Röm 3,21–26 macht Kraus zu Recht die folgende Anmerkung: „(1) Probleme des sog. modernen Menschen mit biblischen Vorstellungen (Kult, Sühne, Zorn Gottes etc.) dürfen, auch wenn biblische Topoi heute unbequem oder schwer vermittelbar sind, nicht die Richtschnur des Auslegers sein. (2) Der Text, insbesondere 3,25f., muss zunächst aus sich erklärt werden“ (Kraus, Erweis, S. 192–193).

401 Philo verwendet den Begriff διαστολή einmal parallel zum Begriff διάκρισις (Spec. 1,100; vgl.

chen“ (vgl. dazu auch Röm 1,16; 2,9.10; 3,9). Alle Menschen, ob Juden oder „Heiden“, sind vom Maßstab Gottes, der im Wort Gottes offenbart wird, abgewichen, ob sie das geschriebene „Gesetz“ haben oder nicht (vgl. Röm 2,12f.). Nach Röm 3,9 hatte Paulus „sowohl Juden als auch Griechen“ vorher beschuldigt, „unter [der] Sünde zu sein“. „Alle haben gesündigt“ bedeutet in diesem Kontext, dass alle Menschen ohne Unterschied in der Sünde verfangen sind[402] und deshalb aktiv sündigen (vgl. auch Röm 5,12.19). Paulus erläutert nochmals zusammenfassend, warum alle Menschen allein durch den Glauben an Jesus Christus vor Gott gerechtfertigt werden können. Jesus hebt nämlich die verurteilende Wirkung des Gesetzes für den Glaubenden auf. Richtig schreibt Wilckens, dass die „Gottesgerechtigkeit *eben dort* wirksam“ wird, „*wo* das Gesetz den Sünder *verflucht*. Sie hebt diesen Fluch auf“.[403]

Paulus sagt an unserer Stelle nicht: „Alle haben das Gesetz übertreten.“ Nicht alle Menschen hatten das geschriebene „Gesetz“. Und doch sind sie alle vom Maßstab Gottes abgewichen. Und das nicht nur, weil sie mit Adam schuldig geworden sind, sondern weil sie mit dem Fall Adams unter die Herrschaft der Sünde geraten sind (vgl. Röm 5,12) und so selbst aktiv gegen Gott gesündigt haben.

Nach John Murray[404] gibt es vier Möglichkeiten, den Satz „... und [alle – da sie gesündigt haben] ermangeln der Herrlichkeit Gottes“ (Röm 3,23b), an dieser Stelle zu verstehen:

1. Die Menschen geben Gott nicht die gebührende Ehre.[405]
2. Die Menschen empfangen nicht die Ehre bzw. Anerkennung von Gott.[406]
3. Die Menschen reflektieren nicht gebührend die Herrlichkeit Gottes.[407]

---

dazu auch Röm 14,1; 1. Kor 12,10) und einmal parallel zum Begriff διαίρεσις (Spec. 4,108; vgl. dazu auch 1. Kor 12,4-6). Zweimal spricht er von der „Unterscheidung zwischen heiligen und profanen Dingen“ (Mos. 2,158; Spec. 1,100). Vgl. auch Philo, Agr. 13.129; ders., Mut. 252.

402 Vgl. auch Seifrid, Romans, S. 618: „‚All have sinned' ... describes the fundamental sin, the rejection of God, in which all human beings have participated and therefore lack God's glory.“ Wie der Kontext im Römerbrief zeigt, schließt diese „Teilnahme“ allerdings das aktive Sündigen des Einzelnen mit ein (vgl. auch unten die Ausführungen zu Punkt 4.7.).

403 Wilckens, Römer 1, S. 186.

404 Murray, Romans, S. 112f.; vgl. dazu auch Abernathy, Romans 1–8, S. 265f.

405 Vgl. z. B. Haacker, Römer, S. 88; Starnitzke, Struktur, S. 148. Starnitzke bemerkt z. B.: „Wenn der genitivus als obiectivus verstanden wird (wie z. B. Röm 3,7; 4,20 und öfter), ist damit, wie schon in den vorherigen Formulierungen, einfach zusammengefasst, was 1,18–3,18 ausführlich dargelegt wurde: den Menschen mangelt es an einer Anerkennung Gottes, d.h. sie geben ihm zu wenig die Ehre“ (ebd.).

406 Vgl. Nygren, Römerbrief, S. 116: „‚Preis aber und Ehre und Friede allen denen, die da Gutes tun', so konnte Paulus in Kap. 2,10 Gottes Absicht mit der Menschheit bezeichnen. Aber diese Absicht ist der Sünde wegen nicht verwirklicht worden.“ Vgl. auch z. B. Zahn, Römer, S. 177.

407 Vgl. Jewett, Romans, S. 280: „If all persons and groups including believers in Rome had been equally involved in sin and thereby had fallen short of the ultimate standard of honor that they were intended to bear, that is, ‚the glory of God.' Then none has a right to claim superiority or to place other groups in positions of inferiority.“ Jewett sieht einen Zusammenhang mit Röm 1,18-32 (vgl. ebd.). Allerdings besteht der Zusammenhang besonders auch zu den folgenden Ausfüh-

4. Die Menschen werden bei der Vollendung nicht die Herrlichkeit Gottes erlangen.[408]

Das griechische Wort δόξα, das ursprünglich „Meinung" bedeutete, hat im Neuen Testament die Bedeutung „Ausstrahlung, Glanz, Herrlichkeit, Pracht, Ehre, Majestät" usw. Entscheidend für diesen Bedeutungswandel ist der alttestamentliche Ausdruck כְּבוֹד יְהוָה („die Herrlichkeit Jahwes"; der Ausdruck erscheint so 37-mal im Alten Testament, davon zehnmal bei Hesekiel und sechsmal im Buch Exodus). Diese „Herrlichkeit Jahwes" erschien dem Volk Israel am Berg Sinai (vgl. Ex 19ff.), dem Hesekiel während der Babylonischen Gefangenschaft (vgl. Hes 1ff.) und wird in Zukunft über Gottes Volk ausgehen (vgl. Jes 40,5; 58,8; 60,1). Der ganze Erdkreis wird davon erfüllt werden (Hab 2,14). Die „Herrlichkeit Gottes" ist die Ausstrahlung seiner Heiligkeit und Majestät, d.h. seines Wesens (vgl. Jes 6,3; vgl. auch Ps 99,1ff.; Offb 4,8).

Die „Herrlichkeit" des Menschen hängt dagegen eng mit der „Ebenbildlichkeit Gottes" zusammen (vgl. 1. Kor 11,7; vgl. auch 2. Kor 3,18; 4,4.6), doch ist sie damit nicht identisch[409]. Weil der Mensch im Ebenbild Gottes geschaffen wurde, war er vor dem Sündenfall in der Lage, Gottes herrliches Wesen aufzunehmen und widerzuspiegeln. In der Bibel wird nicht zum Ausdruck gebracht, dass der Mensch nach dem Sündenfall nicht mehr Ebenbild Gottes sei. Da die Beziehung zu Gott aber durch die Sünde zerstört ist (vgl. Jes 59,2; vgl. auch Eph 2,1-3), ist der Mensch nicht mehr in der Lage, Gottes heiliges Wesen widerzuspiegeln. Andererseits geht die Verheißung der Offenbarung der Herrlichkeit Gottes bereits im Alten Testament Hand in Hand mit der Verheißung seines Heils, seiner Gerechtigkeit und seiner Gnade. So heißt es in Ps 85,10-12:

> „Fürwahr, nahe ist sein Heil denen, die ihn fürchten, damit Herrlichkeit wohne in unserem Land. Gnade und Wahrheit sind sich begegnet, Gerechtigkeit und Frieden haben sich geküsst. Wahrheit wird sprossen aus der Erde, Gerechtigkeit herniederschauen vom Himmel."

Im Judentum wird der Fall Adams als Verlust der Herrlichkeit Gottes beschrieben. Nach rabbinischer Überlieferung hat Abraham durch die Sünde sechs Dinge verloren, darunter auch den Glanz bzw. die Herrlichkeit.[410] Diese sechs Dinge wurden zwar

---

rungen in Röm 2,1–3,20, wo Paulus vor allem auch die Sündhaftigkeit der Juden anspricht, während es in Röm 1,18ff. um die „Heiden" geht.

408 Vgl. z. B. Kühl, Römer, S. 109; Schlatter, Gottes Gerechtigkeit, S. 142. Vgl. auch Wilckens, Theologie I/3, S. 180, Anm. 37: „ὑστεροῦνται meint: Sie sind bereits in der voreschatologischen Gegenwart im heilsgeschichtlichen Zustand des Verlusts der endzeitlichen Verherrlichung, die nur die Gerechten zu erwarten haben; vgl. AssMos 20–21; 4Esr 7,75.95; 8,49; syrBar 48,49; 51,3.10.16."

409 Zu Unrecht schreibt Stuhlmacher: „Paulus bezieht sich hier auf jüdische Tradition, nach welcher mit dem Sündenfall den Menschen die als δόξα vorgestellte Gottebenbildlichkeit verloren gegangen ist" (Stuhlmacher, Gerechtigkeit, S. 87).

410 Vgl. dazu Midr. Ber. Rab. XII zu Gen 2,4. Abgeleitet wird das anhand der Tatsache, dass in Gen 2,4 beim Wort תולדות („Erzeugnisse") nicht wie sonst „überall in der Tora" (außer an zwei Stellen, zu denen Gen 2,4 gehört) der Buchstabe ו fehlt.

vollkommen geschaffen, aber sie wurden durch die Sünde Adams „mangelhaft" und werden nicht eher zur Vollkommenheit gelangen, bis der „Sohn des Perez" kommt (Perez war ein Vorfahr des Königs David; vgl. Ruth 4,18-22).[411] In Gen 2,4 wird nach dem Midrasch das Wort תולדות („Erzeugnisse") mit dem Buchstaben ו (plene) geschrieben wegen der sechs Dinge, welche, obwohl sie Adam genommen wurden, dereinst wiederkehren sollen, wobei der „Glanz" bzw. die „Herrlichkeit" an erster Stelle erwähnt wird. Und in CD 3,20 wird der Verlust mit dem Verlust des ewigen Lebens gleichgesetzt.[412] Und nach der Moses-Apokalypse sprach Adam zu Eva, nachdem er von dem verbotenen Baum gegessen hatte: „O böse Frau, was hast du unter uns angestellt? Du hast mich von der Herrlichkeit Gottes entfremdet (ἀπηλλοτρίωσάς με ἐκ τῆς δόξης τοῦ θεοῦ)."[413] Ebenso wurde Adam gemäß 3. Bar 4,16 „der Herrlichkeit Gottes entkleidet" (καὶ τῆς δόξης θεοῦ ἐγυμνώθη).[414]

Viele Ausleger sehen einen Zusammenhang mit der oben dargelegten jüdischen Tradition und verstehen Paulus dementsprechend so, dass der Mensch die „Herrlichkeit Gottes", welcher er vor dem Fall als Ebenbild Gottes teilhaftig war, durch den Sündenfall verloren hat.[415] Nach Haacker ist das Problem dieser Auffassung, „daß eine relativ selten belegte frühjüdische Vorstellung, ohne explizit ausgesprochen zu sein, bei Paulus oder gar seinen römischen Lesern als bekannt vorausgesetzt wird".[416] Für andere spricht der Gebrauch des Verbs ὑστεροῦνται („sie ermangeln")[417] bei Paulus in diesem Zusammenhang gegen diese Deutung.[418]

---

411 Vgl. ebd.

412 Vgl. dazu auch Schreiner, Romans, S. 187.

413 ApMos. 21,6.

414 Vgl. auch u. a. CD 3,19f.; 1QS 4,22f., wo dieser Zusammenhang ebenfalls erwähnt wird. Inwiefern Paulus an solchen „Traditionen" anknüpft, ist nicht klar. Offensicht ist jedoch, dass er nicht einfach Traditionen übernimmt, sondern – wenn schon – diese lediglich als Anknüpfungspunkt gebraucht, insofern er selbst mit dem Inhalt einverstanden ist. Vgl. zur Kritik auch u. a. Campbell, Rhetoric, S. 37–57.

415 Vgl. z. B. Wilckens, Römer 1, S. 188: „Die Sünder aber gehen der Herrlichkeit Gottes verlustig, wie sie Adam bei der Schöpfung besaß und verlor, vgl. Apk Mos 20 ... Damit ist das Thema von 5,12 angeschlagen". Ähnlich auch z. B. Byrne, Romans, S. 125; Käsemann, Römer, S. 87f.; Lohse, Römer, S. 131; Michel, Römer, S. 149 (bleibt allerdings undeutlich); Moo, Romans 1–8, S. 226f.; Zeller, Römer, S. 85.

416 Haacker, Römer, S. 88.

417 Das Verb ὑστερέω, eigentlich „zu spät kommen" (vgl. auch den Gebrauch von ὕστερος = „später"), dann auch „nachstehen, geringen/schwächer sein; verfehlen, ermangeln, nicht haben" (vgl. Pape, Handwörterbuch II, S. 124) erscheint im Neuen Testament 16-mal und wird im Sinn von „ermangeln, Not leiden, Nachteil haben, verpassen, nicht erreichen" gebraucht (vgl. z. B. Mt 19,20; Lk 15,14; 1. Kor 1,7; 8,8; 2. Kor 11,5; Phil 4,12; Hebr 4,1; 12,15). Josephus spricht seinerseits, indem er das Verb verwendet, vom Ermangeln der „guten Dinge" (ἀγαθῶν; Ant 1,98), des „Verderbens" (ἀπωλείας; Ant. 15,70), der „Strafe" (τιμωρίας; Bell. 4,199), der „Werke" (ἔργων; Bell.. 5,459).

418 Vgl. z. B. Jewett, Romans, S. 280; Zahn, Römer, S. 177. Zahn bemerkt: „Fraglich aber ist, ob damit die von Gott dem Menschen in der Schöpfung verliehene Herrlichkeit und Würde gemeint

Paulus betont mit dem Satz ὑστεροῦνται τῆς δόξης τοῦ θεοῦ („sie ermangeln der Herrlichkeit Gottes") dem Kontext nach, dass alle Menschen ohne Unterschied – d.h. Juden und Nichtjuden –„der Herrlichkeit Gottes ermangeln", und zwar offenbar als Folge davon, dass sie alle ohne Unterschied gesündigt haben.

Der unmittelbare Kontext in Röm 3,23 macht m. E. deutlich, dass für Paulus der „Mangel" an der „Herrlichkeit Gottes" eine Folge der Sünde aller Menschen ohne Unterschied ist und dass sich die Aussage auf den gegenwärtigen Zustand der Menschen bezieht und seine absolute Erlösungsbedürftigkeit aller Menschen zumindest indirekt begründet. Dass „alle gesündigt haben", bedeutet für Paulus gleichzeitig, dass alle „unter [der] Sünde sind" (vgl. Röm 3,9). Wie Röm 5,12ff. zeigen wird, sieht Paulus dabei einen engen Zusammenhang zwischen dem Sündigen von allen Menschen und der „Ursünde" Adams, durch welche die Sünde in die Welt gekommen ist. Insofern kann man sicher davon ausgehen, dass der Satz „alle haben gesündigt" in Röm 3,23 eine gewisse „Vorwegnahme" von Röm 5,12 ist.[419]

In Röm 1,23 hatte Paulus die „Herrlichkeit des unsichtbaren Gottes" (τὴν δόξαν τοῦ ἀφθάρτου θεοῦ) erwähnt, und in Röm 5,2 spricht er von der „Hoffnung der Herrlichkeit Gottes" (ἐλπὶς τῆς δόξης τοῦ θεοῦ). Die „Herrlichkeit", welche Gott dem Menschen schenkt, hängt offenbar eng mit dieser „Herrlichkeit Gottes", welche man aus Ausstrahlung seiner Heiligkeit bezeichnen könnte (vgl. Jes 6,3), zusammen. Zudem zeigen Stellen wie 1. Kor 11,7 sowie 2. Kor 3,18 und 4,4, dass für Paulus diese „Herrlichkeit" eng mit der Gottesebenbildlichkeit des Menschen zusammenhängt (vgl. auch Röm 1,23). Zwar ist der Mensch trotz der Sünde immer noch „Ebenbild Gottes", aber gleichzeitig muss dieses „Ebenbild" bzw. die damit verbundene „Herrlichkeit" durch Jesus Christus erneuert bzw. wiederhergestellt werden (vgl. dazu 2. Kor 3,18; 4,4-6; Kol 3,10), was jedoch während des Erdenlebens ein „Schatz in irdenen Gefäßen" bleibt (vgl. 2. Kor 4,7).

Paulus will m. E. an unserer Stelle zum Ausdruck bringen, dass der Mensch durch die Sünde, welche durch Adam in die Welt gekommen ist und der Menschheit den Tod gebracht hat (vgl. auch Röm 1,32; 3,9ff.; 5,12ff.), nicht mehr in der Lage ist, Gottes heiliges Wesen (seine „Herrlichkeit") aufzunehmen und widerzuspiegeln, was an seinem sündigen Leben sichtbar wird.[420] Doch auf Grund der Erneuerung durch den

ist (Ps 8, 6-9; Gen 1, 27-30; Jk 3, 9) … Von ersterer aber würde nicht gesagt sein, daß alle Glaubenden daran Mangel leiden, sondern daß sie dieselbe verloren haben oder dem Tod verfallen sind (cf. 5, 12-21; 7, 10-24" (ebd.). Subjekt sind bei Paulus allerdings an dieser Stelle nicht „alle Glaubenden", sondern alle, die gesündigt haben. Damit ist noch nichts über den Zustand der an Jesus Glaubenden ausgesagt, da das erst im folgenden Abschnitt die Thematik sein wird.

419 So Campbell, Deliverance, S. 658.

420 Vgl. Campbell, Deliverance, S. 658: „The phrase πάντες ἥμαρτον in v. 23a is in fact an exact anticipation of the final phrase in Paul's satement in 5:12 … a sentence that initiates an important reframing of Paul's argument in terms of Genesis 2–3 and the narrative of Adam. And the following phrase in 3:23 concerning a lack of glory can now be seen to integrate smoothly with thies implication; it seems to refer to humanity's loss of the glorious image of God that Adam and Eve posseded in the garden of Eden prior to their trandgressions."

Geist Gottes wird er nach 2. Kor 3,18 „von [einer] Herrlichkeit zur [anderen] Herrlichkeit“ verwandelt, und somit ist er wieder in der Lage, Gottes Herrlichkeit in Jesus Christus widerzuspiegeln (vgl. auch 2. Kor 4,6). Diese Verwandlung in einem Heiligungsleben geht Hand in Hand mit der Umgestaltung ins „Bild“ Jesu (vgl. Röm 8,29; 2. Kor 3,18)[421] und damit in das Bild des Schöpfers der Menschen (vgl. auch Kol 3,10), da Jesus Christus, der das eigentliche „Bild Gottes“ ist (Kol 1,15), der Schöpfer aller Dinge ist (Kol 1,16f.). Das eschatologisch erwartete Heil wird damit für den an Jesus Christus Glaubenden jetzt schon Realität, wenn auch noch nicht in seiner ganzen Fülle (vgl. dazu auch Röm 6,4ff.).[422]

Alle Menschen ohne Unterschied ermangeln nicht nur der „Herrlichkeit Gottes, sondern sie werden auch „geschenkweise gerechtfertigt wegen seiner Gnade“ (Röm 3,24a). Das Adjektiv δωρεάν („geschenkweise“) und die Wendung τῇ αὐτοῦ χάριτι („durch seine/wegen seiner Gnade“), welche im Grunde genommen das Gleiche zum Ausdruck bringen, bekräftigen, dass der Mensch in seiner Erlösung völlig auf Gottes erbarmendes Eingreifen angewiesen ist (vgl. auch Röm 5,15f.). Die Rechtfertigung geschieht dadurch, dass Gott dem Sünder, der zum Glauben an Jesus Christus kommt, die Sünden vergibt und ihn somit mit Gott versöhnt (vgl. Röm 5,1ff.), ihn freimacht von dem Rechtsanspruch der Sünde (vgl. Röm 6,7) und ihn damit befähigt, hinfort nicht mehr der Sünde, sondern der Gerechtigkeit Gottes zu dienen (vgl. Röm 6,19-22). Diese Rechtfertigung ist nach der Überzeugung des Paulus deshalb möglich, weil Jesus, der Gerechte, im Einklang mit Jes 53,11f. die Strafe für die Schuld der Menschheit getragen hat.

Der Begriff χάρις („Gnade“) erscheint im Römerbrief nach der Einleitung (vgl. Röm 1,5.7; vgl. auch u. a. Röm 4,4.16; 5,2.15.20.21) an unserer Stelle zum ersten Mal.[423] Er ist wie der alttestamentliche Begriff חֶסֶד („Gemeinschaftspflicht, Loyalität; Güte, Huld, Treue; Gnadenerweise“) sicher im Sinn von „Bundesgnade“ und im engen Zusammenhang mit der „Bundestreue“ Gottes zu verstehen. Dabei ist der Dativ an unserer Stelle im Sinn eines *Dativus causae* zu verstehen[424], d.h. die „Gnade“ Gottes ist die „Ursache“ der Erlösung (vgl. auch z. B. Eph 2,5.8). In Röm 5,15 ist von dem Geschenk (der Rechtfertigung), das „in Gnade“ besteht, die Rede, und Röm 5,17 spricht von dem „Überfluss der Gnade und des Geschenks der Rechtfertigung“ (vgl. auch Eph 3,7). Dass die Rechtfertigung „aus Gnade“ geschieht, bedeutet für Paulus, dass sie nicht „aus [dem] Gesetz“ kommen kann, da sonst „Christus vergeblich (δωρεάν) gestorben wäre“ (Gal 2,21). Wer „im Gesetz“ (ἐν νόμῳ) gerechtfertigt wer-

---

421 Vgl. dazu Mauerhofer, Umgestaltung, S. 56–71.

422 Vgl. dazu auch Eckstein, Auferstehung, S. 36–54.

423 Vgl. dazu auch u. a. Breitenbach, Charis, S. 247–277.

424 Anders z. B. Adam, Paulus, S. 293: „Diese als Dativus instrumentalis zu fassende Näherbestimmung führt die Rechtfertigung des Sünders … auf das Gnadenhandeln Gottes zurück …“ Diese Anmerkung zeigt allerdings, dass auch Adam von einer „kausalen“ Wirkung der Gnade ausgeht. Zudem darf sicher nicht zu stark zwischen dem kausalen und dem instrumentalen Dativ unterschieden werden.

den will, ist „aus [der] Gnade" gefallen (Gal 5,4). Die „Bundestreue" Gottes führt damit für Paulus nicht einfach nur zu einer „strafenden Gerechtigkeit", die den Sünder ohne Vergebungsmöglichkeit verdammt, aber auch nicht einfach zu einer „schenkenden Gerechtigkeit", welche das Böse nicht ernst nimmt. Sie führt nach Paulus vielmehr zum Kreuz vom Golgatha, wo Jesus Christus „zur Sünde gemacht wurde, damit wir in ihm [die] Gerechtigkeit Gottes würden" (2. Kor 5,21).

Die Rechtfertigung geschieht „durch die Erlösung in Christus Jesus" (Röm 3,24b; vgl. Eph 1,7; Kol 1,14). Das Wort ἀπολύτρωσις („Erlösung")[425] bedeutet grundsätzlich „Lösung, Befreiung" (von ἀπολύω „loslösen, befreien" abgeleitet) und bezeichnete u. a. den Freikauf eines Sklaven durch die Hinterlegung eines Lösegeldes.[426] In der LXX erscheint das Kompositum zwar nur in Dan 4,31, zwölfmal jedoch das einfache Wort λύτρωσις, welches sich z. B. auf „(Aus-)Lösung" einer Sache durch den Rückkauf (vgl. Lev 25,29.48) oder auf die „(Aus-)Lösung" einer Person von bestimmten Aufgaben durch Bezahlung des „Lösegeldes" (vgl. Num 18,16) bezieht. Der Begriff bezeichnet aber auch die Befreiung des Volkes Gottes aus der Unterdrückung (vgl. Ps 111,9; 130,7). Häufig erscheint in der LXX das Verb λυτρόω („lösen, erlösen"), und zwar insgesamt 108-mal (zweimal das Kompositum ἀπολυτρόω). Es bezeichnet u. a. die Befreiung aus der Versklavung durch die Armut (Lev 25,25f.; vgl. auch Lev 25,29.48; Num 18,16; 35,25). Das Verb bezieht sich aber auch auf die „Erlösung" Israels aus der Unterdrückung in Ägypten (vgl. z. B. Ex 6,6; 15,13; Deut 7,8; 15,15; 24,18; Mi 6,4)[427] und auf die spätere Befreiung des Volkes oder Einzelner durch Gott (vgl. z. B. Ps^{LXX} 24,11; 30,6; 34,23; Jes 63,4).

In Ps 129,7 (BH: Ps 130,7) steht das einfache Nomen λύτρωσις (hebräisch: פְּדוּת) in der LXX parallel zu dem Begriff ἔλεος („Erbarmen"; hebräisch: חֶסֶד)[428], und in Ps 49,8-10 (LXX: Ps 48,9-10) lesen wir: „Kann doch keiner einen anderen auslösen oder für ihn an Gott ein Sühnegeld geben (LXX: ἀδελφὸς οὐ λυτροῦται· λυτρώσεται ἄνθρωπος) – denn es kostet zuviel, ihr Leben auszulösen; er muss davon abstehen ewiglich –, damit er immer weiterlebe und die Grube nicht sehe." „Erlösung" bezieht sich an dieser Stelle also auf die Befreiung vom Tod. Der Mensch, der von Natur aus der Macht der Sünde und damit auch dem Tod ausgeliefert ist (vgl. Röm 5,12ff.; Eph 2,1-3), kann sich selbst nicht befreien. Er ist völlig auf Gottes Erlösung, die ihm im Neuen Testament durch Jesus Christus offenbart wird, angewiesen. Diese Befreiung, die Jesus Christus gebracht hat, ist einerseits gegenwärtig, indem der Mensch aus der

425 Vgl. dazu auch u. a. Haubeck, Loskauf, passim.

426 Vgl. u. a. Waffield, Person and Work, S. 430–444.

427 Vgl. auch die Wendungen „erster Erlöser" (Mose) und „zweiter Erlöser" (der Messias) im Judentum (vgl. dazu Thiessen, Stephanusrede I, S. 151f. und 157f.; vgl. auch Najman, Seconding Sinai, passim).

428 Vgl. auch Jes 50,2b: „Ist meine Hand etwa zu kurz zur Erlösung? Oder ist in mir keine Kraft, um zu erretten? Siehe, durch mein Drohen trockne ich das Meer aus, mache Ströme zu einer Wüste …" Oder Ps 111,9: „Er hat Erlösung gesandt zu seinem Volk, seinen Bund verordnet auf ewig. Heilig und furchtbar ist sein Name."

Macht der Sünde befreit wird (vgl. Eph 1,7; Kol 1,14), andererseits ist sie zukünftig und bezieht sich auf die Verwandlung des Leibes bei der eschatologischen Auferstehung (vgl. Lk 21,28; Röm 8,23; Eph 1,14).

Jesus hat nach dem Neuen Testament durch die Vergebung der Sünden die „Erlösung" bewirkt (vgl. Eph 1,7; Kol 1,13f.), indem er sein Leben als „Lösegeld" (λύτρον) hingab (vgl. Mt 20,28; Mk 10,45; 1. Tim 2,6 [ἀντίλυτρον]; vgl. auch Jes 53,10-12) und indem er Satan besiegt und die Menschen aus seiner Macht befreit hat (vgl. Kol 2,14-15; Hebr 2,14). Wenn die Bibel in dieser Hinsicht das Bild vom „Lösegeld" gebraucht, dann ist das nicht so zu verstehen, als hätte Jesus dem Teufel das Lösegeld bezahlt. Es geht auch nicht darum, dass Gott selbst „gnädig gestimmt" wird.[429] Es ist lediglich ein Bild, das verständlich machen will, wie Jesus Menschen aus der Macht Satans und der Sünde befreit. Natürlich hat er einen „Preis" bezahlt (vgl. 1. Petr 1,18f.)[430], was aber nicht bedeutet, dass dieser „Preis" dem Satan bezahlt wurde. Der Preis wird vielmehr „zugunsten anderer" bezahlt, und „der Preis, um den es hier geht, ist das Sterben Jesu", wie Haacker richtig feststellt.[431] In diesem Sinn betont Eibach richtig, dass Stellvertretung

> „keinesfalls Ersatz, Austausch bedeutet, so wie für ein Buch als Stellvertreter ein Pappkarton ins Regal einer Bibliothek gestellt wird, sondern Stellvertretung bedeutet, dass sich Christus wirklich ganz und gar mit mir identifiziert (Existenz- bzw. Person-Stellvertretung), ich auch im Tod der Gottverlassenheit und dem Gericht Gottes, die Christus stellvertretend für die Menschheit erleidet, in ihm aufgehoben bin".[432]

Der Begriff (ἀπο-)λύτρωσις („Erlösung") bezieht sich im Neuen Testament aber nicht nur auf die Befreiung des einzelnen Menschen aus der Macht der Sünde und des Todes durch die Vergebung der Sünden auf Grund des Erlösungswerkes Jesu Christi (vgl. dazu auch Hebr 9,12.15). Es bezieht sich auch auf die (zukünftige) Befreiung und Wiederherstellung Israels (vgl. Lk 1,68; 2,38; 21,28). Zudem wird damit auf die „Erlösung des Leibes" bei seiner Befreiung aus der irdischen Vergänglichkeit durch die

---

429 Vgl. auch Eibach, Gestorben, S. 160: „Es ist völlig unberechtigt, mit K.-P. Jörns zu behaupten, der stellvertretende Tod Jesu Christi für die Sünde der Welt werde so im Horizont des die antike Welt durchziehenden Opferkults gedeutet, in dem die Menschen den Göttern Opfer darbringen, um sie zu besänftigen und gnädig und wohlwollend zu stimmen. Die Deutung des Opfertodes Jesu Christ knüpft zwar an diesen Opferkult an, stellt ihn aber ‚auf den Kopf', verwirft ihn geradezu. Nicht der Mensch bringt Gott ein Opfer dar, sondern Gott opfert sich für den Menschen, nicht Gott muss gnädig bestimmt werden durch Opfer, nicht er bedarf der Versöhnung, sondern der Mensch muss mit Gott versöhnt werden (2Kor 5,19)."

430 Vgl. dazu auch Morris, Apostolic Preaching, S. 16ff.; Marshall, Development, S. 153–169.

431 Haacker, Gekreuzigt, S. 49–50. Haacker weist später auf die Folgen dieser „Auslösung" (vgl. dazu ebd., S. 49) hin, indem er bemerkt: „Eine jederzeit abrufbare Vergebung, die niemanden etwas kostet, kann vom notwendigen Kampf gegen das Böse ablenken. Wenn der Tod Jesu der Tribut war, den Gott an die Macht der Sünde gezahlt hat [Haacker begründet das mit Röm 6,10; ebd., S. 54, Anm. 11], dann verpflichtet das zu einem neuen Leben im Dienst der Gerechtigkeit" (ebd., S. 54).

432 Eibach, Gestorben, S. 186.

Verklärung desselben Bezug genommen (vgl. Röm 8,23), doch bis zu dieser „Erlösung“ sind die „Erlösten“ mit dem Geist Gottes versiegelt worden (vgl. Eph 1,14; 4,30).

Auch wenn es durchaus möglich ist, dass Paulus bei dem Gebrauch des Begriffs ἀπολύτρωσις („Erlösung“) an unserer Stelle auch an die verheißene, zukünftige „Erlösung“ des Volkes Gottes gedacht haben mag (vgl. z. B. Jes 35,9; 43,14; 44,23; 51,11; 52,3; 62,12), so bezieht der Begriff sich hier doch zentral auf die gegenwärtige „Erlösung“ des an Jesus Christus Glaubenden durch die Rechtfertigung, welche die Sündenvergebung mit einschließt. Es ist zu beachten, dass der Apostel die Errettung von „ganz Israel“ später thematisiert, indem er schreibt: „Und so wird ganz Israel errettet werden, wie geschrieben steht: ‚Es wird aus Zion der Erretter (ὁ ῥυόμενος) kommen, er wird die Gottlosigkeiten von Jakob abwenden, und dies ist für sie der Bund von mir, wenn ich ihre Sünden wegnehmen werde‘“ (Röm 11,26-27).[433] Die „Erlösung“ schließt für Paulus die Befreiung aus der „Knechtschaft“ der Sünde mit ein.[434]

Nach Röm 3,25 hat Gott Jesus Christus „als Sühneort vorherbestimmt“. Das Nomen ἱλαστήριον[435], das an dieser Stelle z. B. mit „Sühneort“ übersetzt werden kann (Luther: „Sühne“), erscheint im Neuen Testament nur noch in Hebr 9,5 (vgl. aber auch Hebr 2,17; 1. Joh 2,2; 4,10). In der LXX erscheint der Begriff in der Regel als Wiedergabe des hebräischen Wortes כַּפֹּרֶת[436], das von Luther mit „Gnadenthron“ übersetzt wird (vgl. Ex 25,17ff.; v. a. Ex 25,21f.).[437] Trotz Gegenargumente[438] ist davon auszugehen, dass das der „Hintergrund“ des paulinischen Gebrauchs ist.[439]

---

433 Nach Wright ist die „Erlösung in Jesus Christus“, von der Paulus in Röm 3,24 spricht, „the complete fulfillment of God’s covenant promise to Abraham“ (Wright, Romans, S. 471). Von einer „kompletten Erfüllung“ kann im Sinn des Paulus jedoch sicher in Röm 11,26ff. die Rede sein. Und Abraham wird in Röm 4 im Gegensatz zu der Beobachtung von Wright (vgl. ebd.) nicht zuerst als Hinweis auf die Bundestreue Gottes, sondern als Beispiel des Glaubens, der natürlich auf die Bundesverheißung Gottes antwortet, angeführt.

434 Vgl. dazu auch Campbell, Deliverance, S. 657: „If we take Paul at his word here, then, he is stating in v. 24 nothing more or less than that Christ has released believing humanity from some enslavement or bondage.“

435 Vgl. dazu u. s. Fryer, Meaning and Translation, S. 110f.; Kraus, Tod Jesu, S. 21ff. In Philos Schriften erscheint der Begriff insgesamt sechsmal (Cher. 25; Her. 166; Fug. 100.101; Mos. 2,95-97), wobei er sich jeweils auf den Deckel der „Bundeslade“ in der Stiftshütte bezieht. Philo beschreibt das ἱλαστήριον als ein „naturgemäßes Symbol der barmherzigen Kraft Gottes“ (ὅπερ ἔοικεν εἶναι σύμβολον φυσικώτερον μὲν τῆς ἵλεω τοῦ θεοῦ δυνάμεως; Mos. 2,96).

436 Dieses hebräische Wort wird in der LXX an folgenden Stellen nicht mit dem Begriff ἱλαστήριον wiedergegeben: Ex 26,34; 30,6; 39,35; 40,20; 1. Chr 28,11. Andererseits erscheint der Begriff ἱλαστήριον in der LXX an folgenden Stellen ohne die hebräische Vorlage des Begriffes כַּפֹּרֶת: Hes 43,14.17.20 (im Vers 14 dreimal); Am 9,1; 4. Macc 17,22). In den Qumranschriften erscheint der Begriff selten (so in 4Q364 17,3; 4Q365 8,1; 4Q375 1,4), ebenso in der Mischna (vgl. Sheq. 6,5; Mid. 1,1; 5,1). Viel häufiger wird dagegen das Verb כפר gewendet (in der Mischna 90-mal und in den Qumran-Schriften 98-mal).

437 Vgl. dazu auch u. a. Kraus, Erweis, S. 201–207. Dass Paulus den Artikel weglässt, muss keines-

Der Begriff כַּפֹּרֶת ist abgeleitet von dem Verb כִּפֶּר (Piel: „sühnen"), welches in der LXX in der Regel mit dem Verb ἐξιλάσκομαι wiedergegeben wird.[440] Das hebräische Verb bedeutet entweder „bedecken" oder „sühnen/wiederherstellen durch Ersatzleistung/Stellvertretung".[441] Die „Idee" beim Gebrauch dieses Verbs ist offenbar, dass

---

wegs bedeuten, dass er nicht an diesen alttestamentlichen „Hintergrund" gedacht hat. Der Ausdruck τὸ ἱλαστήριον würde vielmehr den „Sühnedeckel" im wörtlichen Sinn bezeichnen, wie Hebr 9,5 zeigt. Vgl. auch Starnitzke, Struktur, S. 151: „Dass ἱλαστήριον nicht, wie sonst immer in der Septuaginta und auch in Hebr 9,5 mit Artikel steht, erklärt sich daraus, dass das Wort hier übertragen für Christus gebraucht wird und nicht im wörtlichen Sinne für *den* Deckel auf der Lade. Solche Identifikation eines alttestamentlichen Wortes mit Christus findet sich bei Paulus noch öfter, z. B. Gal 3,16 … und 1 Kor 10,4 …" Wilckens erklärt das Fehlen des Artikels „aus dem Formelstil" (Wilckens, Römer 1, S. 191; vgl. auch Stuhlmacher, Zur neueren Exegese, S. 322f.).

438 Lohse kommt z. B. mit Hinweis auf 4. Macc 17,21f. zu dem Schluss, dass der Begriff ἱλαστήριον nicht auf den alttestamentlichen Begriff כַּפֹּרֶת zurückgehe, sondern dass für Röm 3,25 „das Bild des Opfers anzunehmen und zu ἱλαστήριον das Wort θῦμα zu ergänzen" und daher der Begriff als Sühneopfer zu verstehen sei (Lohse, Märtyrer, S. 152; vgl. dazu u. a. Stuhlmacher, Zur neueren Exegese, S. 318ff.; Do, LXX Background, S. 641ff.). Der Satz in Röm 3,25 werde „aus dem hellenistischen Judenchristentum stammen", wobei nach Lohse der Vergleich mit 4. Macc 17,22 es nahe lege, „an Antiochia zu denken" (Lohse, Märtyrer, S. 152). Das Problem bei der Identifizierung besteht nach Lohse darin, „daß ja eben das Blut Christi an die Kapporet, die er selbst wäre, gesprengt werden müßte. Wenn überhaupt an die Kapporet gedacht sein sollte, so hätte man weit eher erwarten sollen, daß das Kreuz, nicht aber Christus selbst so bezeichnet sein sollte" (ebd.; vgl. auch Lohse, Römer, S. 134f.). Allerdings darf dieses alttestamentliche Bild in der Anwendung auf den Sühnetod Jesu nicht überstrapaziert bzw. zu eng ausgelegt werden. Wie das Beispiel von Hebr 9,5 im Kontext zeigt, konnte Jesus Christus sehr wohl mit der כַּפֹּרֶת „identifiziert" werden (vgl. auch die folgenden Ausführungen).

439 Vgl. dazu auch z. B. Philo, Cher. 25; Her. 166; Fug. 100f.; Mos. 2,95-97. Söding bemerkt richtig: „Lev 16 kann schon deshalb nicht außer Betracht bleiben, weil die Begriffsbildung jüdisch-hellenistischer Theologie schwer ohne das Gewicht des Sühnekultes zu erklären ist" (Söding, Sühne, S. 382). Nach Söding liefert aber „erst die Abendmahlsparadosis" den „Schlüssel zum Verständnis von Röm 3,25" (ebd.). Und nach Wilckens gehörte Lev 16 „zu den zentralen Partien jüdischer Überlieferung auch in der Diaspora und war selbstverständlich jedem Heiden, der in Kontakt mit der Synagoge lebte, aus der Tora bekannt" (Wilckens, Römer 1, S. 191).

440 Vgl. dazu Schröter, Sühne, S. 62: „Wenn die LXX (ἐξ)ιλάσκεσθαι zur Wiedergabe von כפר verwendet, dann besteht ein Unterschied gegenüber dem sonstigen Gebrauch im paganen wie auch in außerbiblischen jüdischen Texten darin, daß es sich stets um einen von Gott, nie von den Menschen ausgehenden Akt handelt. Dies hat sich auch in der urchristlichen Verwendung in Röm 3,25 sowie in Hebr und 1 Joh niedergeschlagen: Auch bei Paulus ist *Gott* derjenige, der Jesus Christus als ἱλαστήριον aufrichtet und damit die Möglichkeit der Sündenbeseitigung eröffnet …" Nach Schröter ist allerdings „nur die Verwendung von Lev 16 LXX … nicht zwingend" (ebd., S. 63, Anm. 32; vgl. dazu auch Schröter, Metaphorische Christologie, S. 63–66).

441 Das Nomen כֹּפֶר bedeutet nach Koehler und Baumgartner je nach Stamm u. a. „offenes Dorf", „Erdpech", „Bestehungsgeld, Lösegeld" (Koehler/Baumgartner, Lexikon, S. 471; vgl. dazu auch u. a. Janowski, Sühne, passim). Der Pielstamm כִּפֶּר wird im Sinn von „freundlich stimmen, Sühne schaffen, entsühnen, abwenden" verstanden (Koehler/Baumgartner, Lexikon S. 470). Die Beziehung zwischen dem Gebrauch des Nomens und des Verbs im Alten Testament zeigt, dass das

durch „Ersatz“ das Leben der Menschen vor Gott „gesühnt“ bzw. vom Tod befreit wird, auch wenn die „Stellvertretung“[442] nicht der einzige Aspekt der Sühne ist[443]. Dabei gewährt Gott selbst „dem Sünder die Sühne, die dieser nur empfangen, nicht aber durch eigene, vor Gott und für Gott erbrachte Leistungen erwirken kann“.[444]

Mit Gese[445] spricht Hofius in diesem Zusammenhang von „einschließender Stellvertretung“.[446] Die Befreiung des Sünders von seiner Sünde sei „überhaupt nur denkbar als Wirkung und Folge eines … Geschehens *inkludierender*, den Sünder als Person *einschließender* Stellvertretung“.[447] Der Gedanke der kultischen Sühne setze

> „nämlich ein Verständnis von *Sünde* voraus, das in der Sünde entscheidend mehr sieht als bloß die einzelne *Tat* und die durch sie hervorgerufene, den Sünder tödlich bedrohende Sünden*last*. Die Sünde ist vielmehr eine Größe, die den Sündern in seinem *Sein* betrifft und zeichnet … Soll der Sünder, der seine Existenz verwirkt hat und vor Gott nicht sein und bleiben kann, dennoch dem Tod entrissen werden und zu Gott kommen, so kann dies *nur durch das Todesgericht hindurch* geschehen, – nur so also, daß mit seiner Sünder-Existenz Schluß gemacht wird und er gerade darin das Leben gewinnt“.[448]

Sühne könne deshalb nur heißen, sein Leben durch den Tod hindurch an Gott hinzugeben und dadurch „dem verdienten Tod entrissen“ zu werden.[449]

Dieses ganzheitliche, existenzielle Verständnis der Sünde und des Sühnegeschehens im Alten Testament ist sicher richtig, insofern es den Gedanken, dass Sühne durch „Ersatz“ geschieht, nicht ausschließt. Der hebräische Begriff כִּפֶּר („sühnen“) ist sprachlich und auch inhaltlich eng mit dem Wort כֹּפֶר („Lösegeld“; vgl. dazu Ex 21,30) verwandt.[450] Das wird z. B. durch Ex 21,30 (vgl. z. B. mit Ex 30,15f.) bestätigt, wo es heißt: „Will man ihm aber ein Lösegeld (כֹּפֶר) auferlegen, so soll er geben, was man ihm auferlegt, um seine Seele/sein Leben (נַפְשׁוֹ) auszulösen (LXX: δώσει λύτρα τῆς ψυχῆς αὐτοῦ).“ Der Gedanke an die Sühnung durch „Ersatz“ wird u. a. durch Ex 29,36 aufgezeigt: „Auch sollst du täglich einen jungen Stier zum Sündopfer zur Sühnung darbringen und sollst den Altar entsündigen, indem du die Sühnung an ihm voll-

---

Verb nicht (in erster Linie) im Sinn von „zudecken“, sondern im Sinn von „durch Ersatz von der Schuld befreien und somit freikaufen“ zu verstehen ist.

442 Vgl. dazu u. a. Janowski, Stellvertretung, passim.

443 Vgl. zur Diskussion um die Begriffe „Sühne“ und „Stellvertretung“ u. a. Frey, Probleme, S. 13–26 und die dort erwähnte Literatur (vgl. dazu auch ebd., S. 5, Anm. 8).

444 So Hofius, Sühne, S. 40.

445 Vgl. Gese, Sühne, S. 97 und 99.

446 Hofius, Sühne, S. 41.

447 Ebd.

448 Ebd., S. 41–42.

449 Ebd. – Hofius lehnt sich an Gese an (vgl. Gese, Sühne, S. 91), der in Bezug auf die Handauflegung von einer „delegierenden Sukzession“ spricht, die „in der kultischen Sühne in der Lebenshingabe des Opfertieres“ geschehe „eine den Opferer einschließende Stellvertretung“ (ebd., S. 97; vgl. dazu auch Hofius, Sühne, S. 42f.).

450 Vgl. dazu auch u. a. Janowski, Auslösung, S. 25–59.

ziehst, und sollst ihn salben, dass er geweiht werde." Die Begründung dafür, dass der Mensch nicht Blut essen soll, erfolgt nach Lev 17,11 mit folgenden Worten: „Denn die Seele/das Leben des Fleisches ist im Blut, und ich selbst habe es euch auf den Altar gegeben, Sühnung für eure Seelen/euer Leben zu erwirken (לְכַפֵּר עַל־נַפְשֹׁתֵיכֶם; LXX: ἐξιλάσκεσθαι περὶ τῶν ψυχῶν ὑμῶν). Denn das Blut ist es, das durch die Seele/das Leben Sühnung bewirkt (LXX: τὸ γὰρ αἷμα αὐτοῦ ἀντὶ τῆς ψυχῆς ἐξιλάσεται)."

In diesem Sühnegeschehen spielt der „Sühnedeckel" (כַּפֹּרֶת) eine zentrale Rolle. Damit ist der goldene Deckel auf der Bundeslade gemeint, in der sich die Gesetzestafeln befanden (vgl. Ex 25,21f.). Auf diesen „Gnadenthron" sollte der Hohepriester einmal im Jahr, und zwar am יוֹם (הַ)כִּפֻּרִים („Tag der Versöhnungen" bzw. „Sühnetag"; vgl. Lev 23,27.28; 25,9), Blut von Tieren sprengen, „und er soll so das Heiligtum wegen der Verunreinigungen der Israeliten und wegen ihrer Übertretungen, mit denen sie sich versündigt haben, entsühnen" (Ex 16,16).[451] Dort wollte Gott ihnen begegnen (Ex 25,22; vgl. auch Lev 16,2.13; Num 7,89). Das ist augenscheinlich der Hintergrund der paulinischen Aussage in Röm 3,25a.[452] Das Blut Jesu wird dabei offenbar als Mittel zur Sühnung der Sünden verstanden, wie das auch sonst im Neuen Testament der Fall ist (vgl. dazu auch z. B. Röm 5,9; 1. Kor 10,16; 11,25.27; Kol 1,20; Hebr 9,7.12.14).[453]

Es wird allerdings in diesem Zusammenhang kritisch bemerkt, dass die Blutriten lediglich den Gegenstand der Offenbarung Gottes geheiligt bzw. gereinigt hätten (vgl. Lev 16,20) und dass der Gesamtvorgang einschließlich der Verbrennung des Opfertiers und des „Asasel-Ritus" (vgl. dazu Lev 16,21f.) die Sühne bewirke.[454] Kraus betont, dass das an die כַּפֹּרֶת „applizierte Blut ... eine spezifische Funktion" habe. „Diese Funktion hat mit Reinigung bzw. Weihe des Heiligtums zu tun, was verschiedentlich nicht wahrgenommen oder bestritten wird."[455] Diese Funktion schließt jedoch die Sühnung des Menschen durch die Vergebung der Sünden nicht aus, sondern vielmehr ein. Denn erstens wird in diesem Zusammenhang (indirekt) betont, dass der Priester

451 Zur Bedeutung des *Yom Kippurs* im Judentum des Zweitens Tempels (und später) und im Neuen Testament vgl. auch u. a. Stöckl Ben Ezra, Impact, passim; Kraus, Tod Jesu, S. 71ff.

452 Vgl. auch u. a. Kraus, Tod Jesu, S. 31f.

453 Vgl. dazu auch u. a. Knöppler, Sühne im Neuen Testament, passim. Man sollte allerdings vorsichtig sein, von einer „griechischen Konzeption" und „deren paulinischer Aufnahme" zu sprechen, wie Eschner das in einem 983 Seiten umfassenden Werk tut (Eschner, Gestorben und hingegeben, passim).

454 Vgl. Eberhard, Studien zur Bedeutung der Opfer, S. 140ff.; Hartenstein, Zur symbolischen Bedeutung des Blutes, S. 119–137 (vgl. dazu auch Kraus, Erweis, S. 211).

455 Kraus, Erweis, S. 206. Vgl. auch Schreiber, Weihegeschenk, S. 88–110. Schreiber bemerkt: „Meine Deutung versteht *hilasterion* auf dem Hintergrund einiger Inschriften als ‚Weihegeschenk', wobei Paulus auf die in der Antike verbreitete Praxis von Weihegeschenken als Vorleistung bzw. Dankesleistung für eine Gottheit angesichts erbetener/erhaltener Hilfe anspielt – nur wird diese Praxis von Paulus hier ‚auf den Kopf gestellt', indem *Gott selbst* das einmalige Weihegeschenk Christus für die Menschen öffentlich macht: Gott schenkt im Tod Jesu seine Zuwendung für die Menschen ..." (Schreiber, Römerbrief, S. 293–294).

sonst in der Gegenwart Gottes sterben müsse (vgl. Lev 16,2.13), und zweitens heißt es in Lev 16,16-17:

> „Und er erwirke Sühnung für das Heiligtum (וְכִפֶּר עַל־הַקֹּדֶשׁ) *wegen der (bzw. von den) Unreinheiten der Söhne Israel und wegen ihrer (bzw. von ihren) Übertretungen, nach allen ihren Sünden* (לְכָל־חַטֹּאתָם; LXX: περὶ πασῶν τῶν ἁμαρτιῶν αὐτῶν). Und ebenso soll er für das Zelt der Begegnung tun, *das sich bei ihnen befindet mitten in ihren Unreinheiten.* Und kein Mensch soll in dem Zelt der Begegnung sein, wenn er hineingeht, um Sühnung im Heiligtum zu erwirken, bis er herauskommt. *So erwirke er Sühnung für sich und für sein Haus und für die ganze Versammlung Israels.*“[456]

Offensichtlich handelt es sich an dieser Stelle neben der Reinigung bzw. „Weihe“ des Ortes der Begegnung mit Gott nicht nur um einen Teil der Sünden Israels („nationale Sünden“)[457]; vielmehr wird betont, dass die „Sühnung für das Heiligtum“ auf Grund von „allen ihren Sünden“ notwendig ist. Der „Asasel-Ritus“ (vgl. dazu Lev 16,10.21f.) bringt demgegenüber nicht zum Ausdruck, dass *andere Sünden* zusätzlich vergeben werden mussten[458], sondern soll vielmehr symbolisch die Trennung des Volkes von der Sünde zum Ausdruck bringen, wie das auch die Verbrennung des Opferkadawers „v “ zum Ausdruck bringt.[459] So hat es auch der Hebräerautor offenbar verstanden (vgl. dazu u. a. Hebr 9,1-15; 10,18-24; 13,11-13).[460]

---

456 Vgl. auch den Schluss des Kapitels: „Denn an diesem Tag wird man für euch Sühnung erwirken, um euch zu reinigen: *von all euren Sünden* werdet ihr rein sein vor Jahwe. Ein Sabbat völliger Ruhe soll er euch sein, und ihr sollt euch selbst demütigen – eine ewige Ordnung. Und der Priester soll Sühnung erwirken, den man salben wird und dem man die Hand füllt, damit er den Priesterdienst an seines Vaters Stelle ausübt. Er soll die Kleider aus Leinen anziehen, die heiligen Kleider, und er soll Sühnung erwirken für das heilige Heiligtum und für das Zelt der Begegnung. Und für den Altar soll er Sühnung erwirken, und für die Priester und für das ganze Volk der Gemeinde soll er Sühnung erwirken. Das soll euch zu einer ewigen Ordnung sein, für die Söhne Israel einmal im Jahr Sühnung zu tun *wegen all ihrer Sünden.* Und er tat [es], ganz wie Jahwe dem Mose geboten hatte“ (Lev 16,30-34).

457 Vgl. dazu u. a. Kraus, Tod Jesu, S. 45ff.; Eberhart, Studien, S. 237f.

458 Vgl. Lev 16,21: … וְהִתְוַדָּה עָלָיו אֶת־כָּל־עֲוֹנֹת בְּנֵי יִשְׂרָאֵל וְאֶת־כָּל־פִּשְׁעֵיהֶם לְכָל־חַטֹּאתָם … („… und bekenne über ihm *alle Schuld* der Söhne Israels und *alle ihre Übertretungen nach allen ihren Sünden* …“).

459 Vgl. auch Seifrid, Romans, S. 620; Crüsemann, Tora, S. 364f. Für Crüsemann ist deutlich, dass in Lev 16,16ff. „der übliche Ritus des Sündopfers nach Lev 4 gesteigert und so erst wirklich zum Abschluß gebracht wird … Im Text von Lev 16 wird mehrfach nachdrücklich betont, daß mit diesen Riten *alle* Sünden des Volkes gesühnt und beseitigt werden … Zweifellos ist damit die Einschränkung von Lev 4,2 bzw. 4,13 überwunden. Hier geht es nicht mehr allein um die unabsichtlich begangenen Sünden, sondern eben um alle“ (ebd.).

460 Einen Bezug zwischen dem Römerbrief und dem Hebräerbrief können wir u. a. auch darin sehen, dass beide betonen, dass Jesus „ein für allemal“ (ἐφάπαξ) für die Sünden der Menschen gestorben ist bzw. sich als Opfer dargebracht hat (vgl. Röm 6,10; Hebr 7,27; 10,10). Nach Hebr 9,12 ist er „mit seinem eigenen Blut ein für allemal in das Heiligtum hineingegangen und hat eine ewige Erlösung erfunden“. Von diesem Blut ist auch in Röm 3,25 die Rede (vgl. auch Röm 5,9 – ansonsten wird das Blut Jesu im Römerbrief nicht erwähnt).

Nach dem Hebräerbrief[461] ist Jesus mit seinem eigenen Blut zum himmlischen „Gnadenthron" eingegangen und hat so eine ewige Erlösung bewirkt (vgl. Hebr 4,14-16; 9,5.11-15; 10,19-22). Es geht also um die Entsühnung der Menschen von ihren Sünden insgesamt (vgl. auch z. B. Hebr 2,17: … εἰς τὸ ἱλάσκεσθαι τὰς ἁμαρτίας τοῦ λαοῦ)[462], wobei allerdings die Befreiung vom „Zorn(gericht)" Gottes und damit die „Versöhnung" mit Gott[463] mit eingeschlossen ist (vgl. z. B. Röm 5,9f.)[464]. In Hebr 9,5 wird das ἱλαστήριον der Stiftshütteneinrichtung angesprochen, wobei nach Hebr 9,7 der Hohepriester – der auch bereits in Hebr 2,17 angesprochen wurde – einmal im Jahr „nicht ohne Blut für sich selbst und für die Unwissenheiten des Volkes (ὑπὲρ ἑαυτοῦ καὶ τῶν τοῦ λαοῦ ἀγνοημάτων) darbringt".[465] Andererseits „gehen die Priester in das vordere Zelt allezeit hinein und verrichten den Dienst" (Hebr 9,6), womit der Heilige Geist zeigt, „dass der Weg zum Heiligtum noch nicht offenbart ist, solange das vordere Zelt noch Bestand hat" (Hebr 9,8). Nun aber ist Christus als „Hohepriester der zukünftigen Güter" gekommen (Hebr 9,11) und ist mit seinem eigenen Blut „ein für allemal in das Heiligtum hineingegangen und hat eine ewige Erlösung erworben (‚erfunden')" (Hebr 9,12).

---

461 Vgl. dazu auch Kraus, Tod Jesu, S. 235ff.; Löhr, Wahrnehmung, S. 455–476.

462 Vgl. dazu u. a. Ziesler, Romans, S. 112f. In Hebr 2,17 wird Jesus zum ersten Mal im Hebräerbrief als „Hohepriester" angesprochen (vgl. aber bereits Hebr 1,3: … καθαρισμὸν τῶν ἁμαρτιῶν ποιησάμενος …). Die Formulierung von ἱλάσκεσθαι mit dem Akkusativobjekt (τὰς ἁμαρτίας) an dieser Stelle erinnert an Lev 16,16, wonach es gemäß dem LXX-Text von Aaron heißt: καὶ ἐξιλάσεται τὸ ἅγιον ἀπὸ τῶν ἀκαθαρσιῶν τῶν υἱῶν Ισραηλ …, denn sonst erscheint das Verb ἐξιλάσκομαι in der LXX in der Regel in Verbindung mit περί. Zur Wendung ἐξιλάσκομαι (τὰς) ἁμαρτίας vgl. in der LXX Sir 3,3.30; 28,5; 34,19 (nur an diesen Stellen). Das Verb ἱλάσκομαι erscheint im Neuen Testament lediglich in Hebr 2,17; zum Ausdruck περὶ ἁμαρτίας/ἁμαρτιῶν vgl. Hebr 5,3; 10,6.8.18.26; 13,11).

463 Richtig betont Hofius, dass bei den paulinischen Formulierungen von der Versöhnung Gott jeweils Subjekt und der Mensch Objekt ist. „Paulus sagt mit keinem Wort, dass *Gott* mit dem Sünder versöhnt worden sei, dass Christus *ihn* mit uns versöhnt oder dass Gott sich mit uns versöhnt habe. Sondern dies und nur dies sagt der Apostel: *Wir*, die Sünder, sind mit Gott versöhnt (Rom 5,10) … *Gott selbst* hat im Kreuzesgeschehen von sich aus die ‚Feindschaft' des sündigen Menschen beseitigt, seine Rebellion überwunden und ihn zu sich selbst in das rechte und heilvolle Verhältnis gesetzt …" (Hofius, Sühne und Versöhnung, S. 37). Röm 5,1 zeigt zudem, dass „Friede mit Gott" (= Versöhntsein mit Gott) die Rechtfertigung und damit die Sündenvergebung voraussetzt. Sühne und Versöhnung mit Gott sind somit zwei Aspekte, die untrennbar zusammengehören. Zu verschiedenen Ansichten zur „Versöhnung" vgl. u. a. Beilby/Eddy, Nature, S. 23ff. (vier unterschiedliche Standpunkte werden vorgestellt).

464 Vgl. auch Morris, Apostolic Preaching, S. 144ff.

465 Vgl. dazu auch Zimmermann, Deuten, S. 365: „Ganz analog zum Blutapplikationsritus am ‚Großen Sühnetag' lesen wir auch hier vom Gang des Hohepriesters ins Allerheiligste und von Sühne durch Opferblut (Hebr 9,22) an der Sühnplatte, dem ἱλαστήριον (Hebr 9,5). Die Pointe liegt hier allerdings darin, daß Leben und Sterben Jesu metaphorisch auf das kultische Opferritual vom Sühnetag bezogen werden. Jesus wird als Hohepreister vorgestellt, der mit seinem eigenen Blut das himmlische Heiligtum und alles Volk reinigt."

Was Röm 3,25 betrifft, so bemerkt Kraus zusammenfassend, dass „unser Überlieferungsstück"[466] inhaltlich Folgendes besage: „Jesus wurde aufgrund seiner Lebenshingabe als ἱλαστήριον, als Ort, an dem Gott anzutreffen ist, inauguriert."[467] Der Kontext von Röm 3,25 zeigt m. E. jedoch, dass Paulus ähnlich wie der Hebräerautor in Hebr 9 das ἱλαστήριον (vgl. dazu Hebr 9,5) im Kontext der Stiftshüttenriten, welche die Sühnung des Volkes „bewirken" sollten, als symbolischen Hinweis auf den Sühnetod Jesu verstand. Jesu Tod ist nach Hebr 9,15 „geschehen zur Erlösung von den Übertretungen unter dem ersten Bund" (vgl. Röm 3,25b).[468] Die Erwähnung des ἱλαστήριον in Röm 3,25 im Sinn eines Hinweises auf Christus als „Sühneort" und damit als Ort „der Sühne, Präsenz und Offenbarung Gottes" zu verstehen[469], ist sicher grundsätzlich richtig. Doch m. E. geht es dabei nicht um eine „Weihe" des Ortes[470]; im Kontext steht vielmehr die Rechtfertigung des Menschen im Zentrum, welche auch in Röm 3,25 das Thema ist. Wenn man dabei den Gebrauch des Kompositums προ-

466 Vgl. dazu auch Kraus, Tod Jesu, S. 15ff. und 92ff.

467 Kraus, Erweis, S. 215; vgl. auch ders., Tod Jesu, S. 150ff. Vgl. dazu auch u. a. Jewett, Romans, S. 287: „Both in 11QT and *Jubiliees*, a new, purified temple is anticipated, reflecting sectarian dissatisfaction with the Jerusalem temple in the hands of the Sadducees. A similar critique is found in early Hellenistic Christianity represented by Stephen, whose denunciation of the temple led to his stoning (Acts 7:47-53). This leads to the most likely provenance of the hymnic fragment [in Röm 2,25-26a; vgl. ebd., S. 268f.] being the Hellenistic Christian circle that viewed Stephen as a decisive leader in his critique of the Jerusalem temple" (vgl. Stuhlmacher, Zur neueren Exese, S. 332: „Diese Paradosis dürfte in Form und Inhalt auf den Stephanuskreis zurückgehen"; vgl. auch Theobald, Römerbrief 1–11, S. 101). Doch sollte die „Kritik des Stephanus an dem Tempel" nicht überstrapaziert werden (vgl. dazu Thiessen, Stephanusrede I, S. 184ff.), und zudem haben wir keinen Grund, im Kontext von Röm 3,25 (und dessen vermuteten traditionellen Vorlage) eine „Tempeltheologie" oder sogar eine Tempelkritik (vgl. z. B. Theobald, Römerbrief 1–11, S. 101) als Hintergrund der Ausführungen zu sehen.

468 Vgl. auch Hebr 10,19-22: „Da wir nun, Geschwister, durch das Blut Jesu Freimütigkeit haben *zum Eintritt in das Heiligtum, den er uns bereitet hat als einen neuen und lebendigen Weg durch den Vorhang* – das ist durch sein Fleisch –,und einen großen Priester über das Haus Gottes, *so lasst uns hinzutreten mit wahrhaftigem Herzen in voller Gewissheit des Glaubens, die Herzen besprengt vom bösen Gewissen und den Leib gewaschen mit reinem Wasser*." Kraus geht u. a. auf Hebr 9,23f. und 10,19-22 ein (Kraus, Tod Jesu, S. 238ff.) und kommt zu dem Schluss, dass der Hebräerbrief „die für Lev 16 und seine jüdische Wirkungsgeschichte festgestellte Unterscheidung der Sünden und der Sühne" bestätige und „den Tod Jesus ebenfalls als Heiligungsweihe" verstehe (ebd., S. 259). Demnach müsste der Hebräerautor allerdings davon ausgegangen sein, dass Jesus den Himmel durch sein Blut von Sünden reinigen musste (vgl. Hebr 9,23), was völlig unwahrscheinlich ist. Die „himmlischen Dinge", welche tatsächlich gereinigt werden mussten, sind dem Kontext nach die Menschen, welche die Vergebung ihrer Sünden auf Grund des Todes Jesu nötig haben, um in die Gegenwart Gottes zu kommen. Man beachte, dass die „Reinigung" der Stiftshütte nur auf Grund der Sünden des Volkes nötig war, während der Himmel selbst sicher nicht durch die Menschen befleckt werden kann.

469 Vgl. Kraus, Erweis, S. 214.

470 Vgl. ebd., S. 214f.; vgl. auch ders., Tod Jesu, S. 163.

τίθημι nicht im Sinn von „(öffentlich) einsetzen“[471], sondern im Sinn von „vorher festlegen/bestimmen“ versteht, hat man keinen Grund, die Erwähnung des ἱλαστήριον lediglich als Hinweis auf den „Weihe“ des Ortes der Begegnung mit Gott zu verstehen.

Das Kompositum προτίθημι erscheint im Neuen Testament lediglich dreimal (Röm 1,13; 3,25; Eph 1,9) und wird im Sinn von „sich vorher vornehmen/planen“ verwendet.[472] In Eph 1,9 bezieht sich der Satz ἣν προέθετο ἐν αὐτῷ auf die „vorherige Festlegung“ des „Wohlgefallens“ (εὐδοκία) Gottes in Bezug auf seinen Heilsplan in Jesus Christus. Diese „vorherige Festlegung“ wird in Eph 1,11 (vgl. auch Eph 3,11) mit *Nomen actionis* πρόθεσις beschrieben. Das *Nomen actionis* πρόθεσις erscheint auch in Röm 8,28 und 9,11 in Bezug auf den „vorher festgelegten“ Heilsplan Gottes in Jesus Christus. Wenn Paulus nun in Röm 3,25 mit Bezug auf Jesus Christus den Ausdruck ὃν προέθετο gebraucht, so betont er damit offenbar die vorher gegebene (indirekte) Verheißung, welche die Stiftshütteneinrichtung (d.h. speziell der Deckel der Bundeslade als „Sühneort“) für Paulus (wie für den Hebräerautor) beinhaltete.[473] Das Kompositum ist also nicht im Sinn von „öffentlich vor- bzw. aufstellen“ gemeint.[474] Für dieses Verständnis spricht auch der Kontext von Hebr 9,5, der einzigen neutestamentlichen Stelle außer Röm 3,25, an der das Nomen ἱλαστήριον erscheint, da es dort in diesem Sinn gedeutet wird.

Die Erlösung geschieht „durch den Glauben auf Grund seines Blutes“ (Röm 3,25aβ). Die Wendungen διὰ τῆς πίστεως („durch den Glauben“; vgl. dazu auch Röm 3,30.31; Gal 3,14.26; Eph 3,12.17; Kol 2,12; Hebr 11,39) und διὰ πίστεως („„durch Glauben“; vgl. dazu auch Röm 3,22: 2. Kor 5,7; Gal 2,16; Eph 3,8; Phil 3,9; 2. Tim 3,15; Hebr 6,12; 11,33; 1. Petr 1,5) scheinen in den Paulusbriefen auswechsel-

471 So offenbar Kaus, Erweis, S. 207 und 214. Anderswo versteht Kraus das Verb als „eschatologische Kundmachung“ (Kraus, Tod Jesu, S. 157–159). „*Jesus ist als das eschatologische* ἱλαστήριον, *als der Ort der Sühne, der Epiphanie und Präsenz Gottes eingesetzt worden*“ (ebd., S. 159). Nach Jewett wird damit in Röm 3,25 „a kind of public manifestation“ zum Ausdruck gebracht (Jewett, Romans, S. 283). Stuhlmacher versteht das Kompositum im Sinn von „öffentlich aufstellen“ (vgl. Stuhlmacher, Theologie I, S. 192). Und er bemerkt: „Der am Kreuz auf Golgatha öffentlich hingerichtete Jesus wird mit dem ἱλαστήριον, d.h. mit der vor den Augen der Menschen im Allerheiligsten des Tempels verborgenen כַּפֹּרֶת, identifiziert“ (ebd., S. 194).

472 Vgl. auch z. B. Josephus, Vita 313: βουλήν τε προτιθέασιν σκοπεῖσθαι (das Kompositum erscheint bei Josephus insgesamt 70-mal). Bei Philo, der das Verb in seinen Schriften insgesamt 68-mal gebraucht, erscheint als Objekt zu Kompositum u. a. das Nomen τέλος (so in Deus. 6; Somn. 1,230; 2,250; Ios. 43) bzw. die Wendung τέλη τοῦ βίου (so in Gig. 53; Migr. 153; Somn. 2,11). Dabei wird das Kompositum im Sinn von „vorschlagen, planen“ gebraucht.

473 Nach Kraus wäre prinzipiell „auch ein Verständnis im Sinn von ‚vorherbestimmen‘ für Paulus denkbar“, habe „jedoch keinen unmittelbaren Beweiswert für Röm 3,25, sofern wir davon ausgehen, daß es sich um Formelgut handelt“ (Kraus, Tod Jesu, S. 157).

474 Vgl. dazu z. B. Seifrid, Romans, S. 620; Schreiner, Romans, S. 194; Cranfield, Romans I, S. 208f. In diesem Sinn erscheint das Verb z. B. in Lev 40,23 (LXX: καὶ προέθηκεν ἐπ᾽ αὐτῆς ἄρτους τῆς προθέσεως …; vgl. auch z. B. 2. Macc 1,8.15).

bar und im gleichen Sinn verwendet zu werden. An unserer Stelle lesen u. a. die Majuskeln ℵ C* D* F – wie in Röm 3,22 – διὰ πίστεως, während z. B. B und 𝔐 – wie in Röm 3,30.31 – διὰ τῆς πίστεως lesen.[475] Es ist möglich, dass die Lesart διὰ πίστεως dadurch entstanden ist, dass ein Abschreiber diese Wendung ohne Artikel noch aus Röm 3,22 „im Ohr hatte" und sie dementsprechend angepasst hat. Möglicherweise wollte Paulus durch die Ergänzung des Artikels[476] in unserem Vers auf den vorher (in Röm 3,22) angesprochenen Glauben zurückweisen (vgl. auch Röm 3,30.31). Der Glaube wird so oder so – wie in Röm 3,22 – als eine Art „Vermittlung" der Rechtfertigung dargestellt, wie der Gebrauch der Präposition διά („durch") mit dem anschließenden Genitiv zeigt.

Gemäß Wright korrespondiert der „‚Gehorsam' des Messias" („‚obedience' of the Messiah") in Röm 5,19 eng mit der „Treue des Messias" in Röm 3,22.[477] Wright macht einen Sprung von Röm 3,1-3 zu Röm 3,21-26, indem er bemerkt: „God is going to bless the world through Israel, he needs *a faithful Israelite*[478]. In 3.21-26 Paul argues that this is exactly what has now been privided."[479] Und er ergänzt: „I do not think Paul is here speaking of Jesus being ‚justified by faith'; it is neither his faith nor his belief htat is here spoken of, but his *faithfulness* to the divine plan for Israel."[480]

Allerdings gehe ich davon aus, dass in Röm 3,22 nicht von der „Treue Jesu Christi" (*Genitivus obiecticus*), sondern vom „Glauben an Jesus Christus" (*Genitivus subiectivus*) die Rede ist (vgl. auch z. B. Gal 2,16).[481] Natürlich ist die „Treue Jesu Christi" bzw. die Treue Gottes seinem Bund gegenüber vorausgesetzt, und natürlich hat der Glaube an Jesus Christus die Treue der Gläubigen Gottes Berufung und Erwählung gegenüber zur Folge (vgl. Röm 1,5: εἰς ὑπακοὴν πίστεως = „zum Gehorsam des Glaubens"). Röm 3,21ff. schließt jedoch offensichtlich an Röm 1,16f. an. In Röm 1,16 hatte Paulus betont, dass das „Evangelium" eine „Kraft Gottes zur Errettung für jeden, der glaubt", ist, und zwar „dem Juden zuerst und auch dem Griechen". Im Anschluss

475 Vgl. dazu auch Adam, Paulus, S. 284f.

476 Vgl. auch ebd., S. 285: „Im Ergebnis scheint es vertretbar, den Artikel als ursprünglich anzusehen …"

477 Wright, Romans, S. 529; vgl. dazu auch ders., Paul and the Faithfulness of God, S. 836ff. Als *Genitivus subiectivus* verstehen u. a. auch Longenecker (πίστις, S. 478-480) und Robinson (Faith of Jesus Christ, S. 71-81) den Genitiv des Ausdrucks πίστις Ἰησοῦ Χριστοῦ z. B. in Röm 3,22 (ähnlich auch Schlatter, Gottes Gerechtigkeit, S. 131, wobei er jedoch den Begriff πίστις nicht im Sinn von „Treue", sondern im Sinn von „Glaube" versteht: „Der Glaube ist die Gabe des Christus; er ist πίστις Ἰησοῦ Χριστοῦ, 3, 22, sein eigen und von ihm gewirkt."

478 Von ‚Israel' ist im Römerbrief allerdings erst ab Kapitel 9 die Rede, während in Röm 2–3 jeweils von ‚den Juden' gesprochen wird!

479 Wright, Paul and the Faithfulness of God, S. 839; vgl. auch ebd., S. 841ff.

480 Ebd.; vgl. auch z. B. ebd., S. 841: „… the Messiah, the faithful Israelite, has been faithful to death, and through him the faithful justice of the covenant God is now displayed for all, Jew and Gentile alike."

481 Vgl. auch u. a. Dunn, Once More, S. 730–744; Wilckens, Römer 1, S. 188; Schreiber, Romans, S. 181–186.

daran betont er in Röm 3,22ff., dass der Glaube an Jesus Christus „Mittel“ ist, wodurch der Einzelne auf Grund der Verwirklichung der „Gerechtigkeit Gottes“ im Evangelium von Jesus Christus die Errettung erlangt. Der Ausdruck πίστις Ἰησοῦ Χριστοῦ erscheint bei Paulus noch dreimal (Röm 3,26; Gal 2,16; 3,22), wobei er im Sinn von „Glaube an Jesus Christus“ (*Genitivus obiecticus*) gebraucht wird, wie u. a. der Parallelsatz καὶ ἡμεῖς εἰς Χριστὸν Ἰησοῦν ἐπιστεύσαμεν („so sind auch wir an Christus Jesus gläubig geworden“) in Gal 2,16 zeigt. Paulus betont an dieser Stelle: Weil „der Mensch“ nicht „aus Werken des Gesetzes“, sondern nur „durch den Glauben an Jesus Christus“ gerechtfertigt wird, „so sind auch wir an Christus Jesus gläubig geworden …“ Nach Wright wäre der Ausdruck διὰ πίστεως Ἰησοῦ Χριστοῦ in Röm 3,22 eine Tautologie, wenn er nicht im Sinn von „Treue Jesu Christi“ verstanden wird (vgl. ebd.). Doch noch vielmehr könnte man in Bezug auf Gal 2,16 von einer Tautologie sprechen, da Paulus an dieser Stelle in der zweiten Vershälfte fast jede Aussage aus der ersten Vershälfte mit ähnlichen Worten wiederholt. Vergleicht man Röm 3,22 mit Gal 2,16, so ist anzunehmen, dass der Ausdruck διὰ πίστεως Ἰησοῦ Χριστοῦ auch in Röm 3,22 indirekt mit einschließt, dass „der Mensch“ nur durch den Glauben an Jesus Christus gerechtfertigt werden kann (vgl. auch Röm 3,38, wo der Begriff ἄνθρωπος = „Mensch“ in diesem Zusammenhang ebenfalls erscheint).

Nach Röm 3,25 hat Gott Jesus Christus als „Sühnemittel“ vorherbestimmt[482] „durch den Glauben durch sein Blut“. Im Blut ist nach alttestamentlichen Aussagen das Leben bzw. die „Seele“ (vgl. Gen 9,4; Lev 17,11ff.). Als Grundsatz des Sühnens von Sünden galt: „Denn das Leben des Leibes (נֶפֶשׁ הַבָּשָׂר ‚die Seele des Fleisches‘) ist im Blut, und ich habe es euch für den Altar gegeben, um euch (נַפְשֹׁתֵיכֶם ‚eure Seelen‘) zu entsühnen. Denn das Blut ist die Entsühnung, weil das Leben (‚die Seele‘) in ihm ist“ (Lev 17,11). Gott bestimmte, dass das Blut von unschuldigen Tieren das Blut des Menschen, in dem das Leben ist, „ersetzen“ sollte, dass also Tiere anstelle von Menschen sterben sollten. Da aber der Tod der Tiere nicht wirklich den Tod des Menschen ersetzen kann, war das offenbar nicht die endgültige Lösung. Durch die jährlichen Opfer geschah nach Hebr 10,3-4 vielmehr „alle Jahre nur eine Erinnerung an die Sünden. Denn es ist unmöglich, durch das Blut von Stieren und Böcken Sünden wegzunehmen“. Somit waren die Opfer eine Verheißung auf das Opferlamm hin, das durch seinen Sühnetod die Sünde der ganzen Menschheit wegnehmen sollte (vgl. z. B. Joh 1,29b; 1. Kor 5,7).

Der Ausdruck ἐν τῷ αὐτοῦ αἵματι („in seinem Blut“) ist an in Röm 3,25 wohl als *Dativus intrumentalis/causae* im Sinn von „durch sein Blut“ und/oder „wegen seines Blutes“ zu verstehen (vgl. auch Röm 5,9: ἐν τῷ αἵματι αὐτοῦ; Eph 2,13: ἐν τῷ αἵματι τοῦ Χριστοῦ; Hebr 10,19: ἐν τῷ αἵματι Ἰησοῦ; Offb 1,5: ἐν τῷ αἵματι αὐτοῦ). Gemeint ist also nicht der „Glaube an sein Blut“[483].[484] Das bedeutet aber noch

---

482 Vgl. dazu weiter unten.

483 Eine solche Interpretation wäre sprachlich allerdings nicht ganz abwegig. In Gal 3,26 erscheint der Ausdruck διὰ τῆς πίστεως ἐν Χριστῷ Ἰησοῦ, wobei ἐν Χριστῷ Ἰησοῦ offenbar den Ge-

nicht, dass der Begriff πίστις („Glaube, Treue“) an dieser Stelle nicht den „menschlichen“ Glauben bezeichnen kann. Der Ausdruck διὰ τῆς πίστεως[485], der auch z. B. in Röm 3,30-31 zweimal erscheint (vgl. auch u. a. Gal 3,14.36; Eph 3,12.17), weist an dieser Stelle offenbar darauf hin, dass Gott seinen Heilsplan durch Jesus Christus und daher durch seinen Tod („Blut“) für den Einzelnen nicht ohne den Glauben dieser Person verwirklicht. Darauf hatte der Apostel bereits in Röm 3,22 hingewiesen, indem er schrieb: „... [die] Gerechtigkeit Gottes aber durch den Glauben an Jesus Christus für alle, die glauben (εἰς πάντας τοὺς πιστεύοντας) ...“ (vgl. auch Röm 1,16: παντὶ τῷ πιστεύοντι, Ἰουδαίῳ τε πρῶτον καὶ Ἕλληνι).[486]

Die Erlösung durch das Blut Jesu geschieht „zum Erweis seiner Gerechtigkeit“ (Röm 3,25bα). Das *Nomen actionis* ἔνδειξις („Erweis, Beweis“; abgeleitet von ἐνδείκνυμι; vgl. u. a. Röm 2,15; 9,17.22; 2. Kor 8,24; Eph 2,7) erscheint im Neuen Testament neben Röm 3,25-26 noch in 2. Kor 8,14; Phil 1,28 und wird u. a. im Sinn von „öffentlich zur Schau stellen“ gebraucht (vgl. auch den Gebrauch von ἀποδείξις in 1. Kor 2,4). Durch den Sühnetod Jesu wird Gottes Gerechtigkeit sichtbar, indem er sein klares Nein zur Sünde und sein klares Ja zum Sünder zum Ausdruck bringt. Gott kann in seiner Gerechtigkeit nicht einfach der Sünde gegenüber das Auge zudrücken.

Doch warum „beweist“ Gott seine Gerechtigkeit? Röm 9,19-21 zeigt doch, dass Gott sich nicht vor den Menschen rechtfertigt? Nach Röm 5,8 „erweist“ (συνίστησιν) Gott seine Liebe „zu uns“ dadurch, „dass Christus für uns gestorben ist, als wir noch Sünder waren“. „Erweisen“ heißt hier soviel wie „sichtbar werden lassen“. Auch an unserer Stelle geht es nicht darum, dass Gott seine Gerechtigkeit den Menschen gegenüber „beweisen“ muss. Doch „demonstriert“ Gott seine Gerechtigkeit[487], indem er sie „öffentlich zur Schau stellt“. Gott, der seinem „Namen“ und damit der Offenbarung seines Wesens gemäß unter den Menschen handelt, zeigt damit, dass er nicht willkürlich handelt.[488] Seine Gerechtigkeit wird durch die Sündenvergebung keineswegs lediglich zu einer „rettenden Gerechtigkeit“, welche das Auge vor der menschlichen Bosheit zudrückt.[489] Was der Apostel in Röm 1,18ff. zum Ausdruck gebracht hatte, nämlich dass Gottes „Zorn“ offenbart wird, gilt trotz des Anbruchs des „neuen Zeitalters“ der vergebenden Gnade Gottes auf Grund des Erlösungswerkes Jesu Christi. Wie z. B. Röm 2,4-5 zeigt, schließt die „rettende Gerechtigkeit“ Gottes die Umkehr des Menschen mit ein, während der Mensch mit einem „unbußfertigen Herzen“ sich

---

genstand des Glaubens bezeichnet (im Sinn von „durch den Glauben an Christus Jesus“, und das heißt auch soviel wie „durch den Glauben an das Blut Christi Jesu“).

484 Vgl. dazu Campbell, Rethoric of Righteousness, S. 63f.

485 Der Artikel wird u. a. von den Textzeugen א C* D* F G weggelassen, was wohl eine Angleichung an Röm 3,22 darstellt (vgl. auch u. a. Gal 2,16; Eph 2,8; Phil 3,9).

486 Vgl. dazu auch Schreiner, Romans, S. 183ff.

487 Vgl. auch Schreiner, Romans, S. 196.

488 Vgl. auch Piper, Justification, S. 149f.

489 Vgl. auch Seifrid, Justification, S. 220f.

selbst „Zorn für den Tag des Zorns und der Offenbarung des gerechten Gerichtes Gottes“ (als „Schatz“) sammelt.

Der „Erweis“ der Gerechtigkeit Gottes geschieht „wegen des Vorübergehenlassens[490] der vorher geschehenen Sünden“ (Röm 3,25bβ). Das Wort πάρεσις[491] („Vorübergehenlassen“ – im Sinn von „Erlass, Unbestraftlassen“)[492], das von παρίημι („vorübergehen, gegenwärtig sein“) abgeleitet ist[493], kommt im Neuen Testament nur an dieser Stelle vor (zum Verb vgl. Lk 11,42 und Hebr 12,12[494]) und wird ähnlich wie das Wort ἄφεσις („Vergebung“) gebraucht, doch setzt letzteres das Opfer Jesu voraus, während an unserer Stelle davon die Rede ist, dass Gott die Sünden, die vor dem Erlösungswerk Jesu Christi begangen wurden, im Hinblick auf den kommenden Erlöser nicht bestrafte, sondern „beiseite ließ“.

---

490 Kümmel übersetzt den Ausdruck διὰ τὴν πάρεσιν mit „durch den Erlass“ (Kümmel, Πάρεσις und ἔνδειξις, S. 268). Die Präposition διά hat dann an dieser Stelle – wie auch sonst zum Teil im Neuen Testament und außerbiblisch – trotz des Akkusativs instrumentale Bedeutung (vgl. ebd.). Doch wie an anderen Stellen (vgl. z. B. Röm 8,11.20) muss man auch an dieser Stelle die kausale und die instrumentale Bedeutung nicht gegeneinander ausspielen. Die kausale Bedeutung der Wendung muss auf jeden Fall nicht zwingend geleugnet werden (vgl. auch z. B. Meyer, Pre-Pauline Formula, S. 203f.). Nach Kühner und Gerth ist der Unterschied zwischen dem kausalen διά mit Genitiv (c. g.) und διά mit Akkusativ (c. a.) „gewissermaßen wie zwischen *per* und *propter*, διά c. g. bezeichnet die Wirksamkeit einer Sache oder Person unmittelbarer und stärker, διά c. a. mittelbarer und entfernter“ (Kühner/Gerth, Ausführliche Grammatik, § 434.b, Anm.).

491 Das Nomen actionis πάρεσις erscheint in den Schriften des Philo insgesamt dreimal (Det. 168; Praem. 143.145), und zwar im Sinn von „Lähmung, Erschlaffung“ (in Det. 168 parallel zum Nomen actionis ἔκλυσις). Im gleichen Sinn verwendet auch Josephus das Nomen (Ant. 9,240; 11,236).

492 Vgl. dazu auch Penna, Meaning of πάρεσις, S. 251–274; Rath, Conceptu, passim; vgl. dazu auch Kraus, Tod Jesu, S. 95f. Anm. 17. Nach Jerwett gibt es vier Stellen, an denen das Verb παρείμι im Zusammenhang mit Sünde gebraucht wird (Xenophon, Eq.mag 7,10; Dionsius Halic., Ant.Rom. 2,35,4; Josephus, Ant. 15,48; Sir 23,2-3). Dabei gehe es darum, dass Übertretungen „are left unpunished and passed over but not pardoned“ (Jerwett, Romans, S. 289–290; vgl. dazu auch Kraus, Tod Jesu, S. 100f.).

493 Vgl. dazu Passow, Handwörterbuch II/1, S. 744. Das Verb erscheint bei Josephus in Ant. 15,48 im Zusammenhang mit der „Sünde“: παρῆκεν δὲ τὴν ἁμαρτίαν („er aber ließ die Sünde vorübergehen“). Insgesamt erscheint das Kompositum bei Josephus 44-mal. Philo verwendet das Verb in seinen Schriften insgesamt 30-mal und die LXX 20-mal, jedoch nur in Sir 23,2 in Verbindung mit dem Begriff „Sünde“, wobei für „Sünde“ interessanterweise das gleiche Nomen rei actae ἁμάρτημα verwendet wird, das auch in Röm 3,25 erscheint, sonst aber im Neuen Testament nur noch dreimal verwendet wird (Mk 3,28.29; 1. Kor 6,18). In Sir 23,2 heißt es u. a.: ἵνα ἐπὶ τοῖς ἀγνοήμασίν μου μὴ φείσωνται καὶ οὐ μὴ παρῇ τὰ ἁμαρτήματα αὐτῶν („… dass er ihre Unwissenheiten nicht verschonte und ihre Sünden keineswegs vorübergehen ließ“).

494 In Hebr 12,12 ist von den „erschlafften Händen“ (τὰς παρειμένας χεῖρας) die Rede. Das erinnert an Sir 4,29, wo folgender Satz erscheint: καὶ νωθρὸς καὶ παρειμένος ἐν τοῖς ἔργοις σου („und [du bist] träge und erschlafft in deinen Worten“; vgl. auch Sir 2,12a: οὐαὶ καρδίαις δειλαῖς καὶ χερσὶν παρειμέναις). Der Begriff νωθρός („träge, nachlässig“) erscheint zweimal im Hebräerbrief (Hebr 5,11; 6,12).

Frage ist allerdings, ob damit ein vorläufiges Nichtbeachten oder doch ein vollständiger Erlass gemeint ist. Kümmel versteht πάρεσις im Sinn eines vollständigen Erlasses.[495] Andererseits darf nach Kraus „die Frage, was mit πάρεσις gemeint ist, als geklärt gelten: *Es geht um einen vorläufige, zeitliche limitierten Umgang mit Sünden.* Den Ausschlag geben die zuletzt genannten Belege."[496] Kraus weist richtig darauf hin, dass die Perfekt-Form im Ausdruck τῶν προγεγονότων ἁμαρτημάτων („der vorher geschehenen Sünden") „*auf ein in der Vergangenheit abgeschlossenes Geschehen*" zurückblickt.[497] Nach Kraus sind in Röm 3,25f.

> „alle vor dem Tod Jesu geschehenen Sünden gemeint. Das Perfekt zeigt an, daß ihnen eine gegenwärtige Wirksamkeit noch zukommt, denn mit diesen Sünden geschah bislang nur πάρεσις, d.h. sie würden vorläufig hingehengelassen, ohne völlig beseitigt zu sein. Die Untersuchung von ἀνοχή wird dies bestätigen".[498]

Ich denke, dass Kraus grundsätzlich Recht hat. Das bedeutet allerdings, dass πάρεσις an dieser Stelle auf das ἱλαστήριον („Sühneort/-deckel") des „ersten Bundes" (vgl. Hebr 9,15)[499], und nicht auf Jesus Christus bezogen werden muss. Denn in Jesus Christus sind die Sünden eben nicht nur „vorläufig" vergeben worden. Damit wird m. E. nochmals deutlich bestätigt, dass Paulus bei dem Satz ὃν προέθετο ὁ θεὸς ἱλαστήριον („den Gott vorherbestimmt hat als Sühneort") in Röm 3,25a zum Ausdruck bringen will, dass der „Sühnedeckel" in der Stiftshütteneinrichtung eine Art „Vorherbestimmung" und damit ein „Vorschatten" des Todes Jesu war, wodurch jedoch die Sünden nicht wirklich vergeben werden konnten. Ebenso ist auch für den Hebräerautor das „Gesetz" mit seinen Opfergeboten ein „Schatten der zukünftigen Güter", wobei durch die alljährlichen Opfer „ein Erinnern an die Sünden" geschah (Hebr 10,1.3), während „wir" durch Jesu vollkommenes und ein für allemal geschehenes Opfer geheiligt (Hebr 10,10) und „für immer vollkommen gemacht" sind (Hebr 10,14), weil er „einen neuen und lebendigen Weg durch den Vorhang" bereitet hat (Hebr 10,20).

Nach Kümmel müsste der Satz in Röm 3,25f. bei der Deutung von πάρεσις „mit der Mehrzahl der Forscher als ‚Hingehenlassen' … besagen: Gott wollte seine Ge-

---

495 Kümmel, Πάρεσις und ἔνδειξις, S. 262f. Kümmel bemerkt: „Nun kann nicht zweifelhaft sein, daß die Bedeutung ‚Laufenlassen, Freilassen' einmal gelegentlich begegnet (Plutarch, Comp.Dion. Brut.2 …). Aber an sämtlichen übrigen Stellen ist die Bedeutung ‚Erlaß' völlig sicher" (ebd., S. 262).

496 Kraus, Tod Jesu, S. 102. Zu den „zuletzt genannten Belegen" gehören Josephus, Ant. 15,48 und Sir 23,2-3a (vgl. dazu ebd., S. 100f.). Auffallend ist auf jeden Fall, dass in dem Sirach-Text nicht nur das mit πάρεσις verwandte Verb παρίημι erscheint(das bei Josephus insgesamt 44-mal gebraucht wird), sondern auch sowohl das Nomen rei actae ἀγνόημα, das als neutestamentliches hapaxlegomenon in Hebr 9,7 begegnet, als auch das im Neuen Testament selten erscheinende Nomen rei actae ἁμάρτημα, das in Röm 3,25 erscheint.

497 Ebd., S. 104.

498 Ebd., S. 112.

499 In Hebr 9,4 ist von der „Lade des Bundes" die Rede, während der „Sühndeckel/-ort" in Röm 9,5 angesprochen wird.

rechtigkeit beweisen wegen des Hingehenlassens der früher zur Zeit der ἀνοχή Gottes begangenen Sünden".[500] Diese Deutung habe zwei Konsequenzen:

> „1. Gott hat als Sühnender gehandelt, weil seine Gerechtigkeit angezweifelt war, so daß er sie beweisen wollte oder mußte; 2. Gott mußte auf diese Anzweiflung eingehen, weil er bisher die Sünden hatte hingehen lassen. Beide Konsequenzen sind aber im Rahmen der paulinischen Theologie äußerst problematisch."[501]

Der Text „muss" das allerdings trotzdem nicht besagen. Denn der Satz διὰ τὴν πάρεσιν τῶν προγεγονότων ἁμαρτημάτων „(durch das Vorübergehenlassen der vorhergeschehenen Sünden") ist wohl auf den Anfang von Röm 3,25 zu beziehen und besagt somit, dass Jesus als „Sühneort" hingestellt/vorherbestimmt ist, weil Gott durch den „Sühneort" der Stiftshütteneinrichtung die Sünden nur auf das Heilsgeschehen in Jesus Christus hin „vorübergehen ließ". Andererseits haben sowohl εἰς ἔνδειξιν τῆς δικαιοσύνης αὐτοῦ („zum Erweis seiner Gerechtigkeit"; Röm 3,25) als auch πρὸς τὴν ἔνδειξιν τῆς δικαιοσύνης αὐτοῦ („zum Erweis seiner Gerechtigkeit"; Röm 3,26) finale/konsekutive Bedeutung, und während der finale/konsekutive Satz in Röm 3,25 auf ἐν τῷ αὐτοῦ αἵματι („in seinem/durch sein Blut") und damit auf den sühnenden Tod Jesu bezogen wird, wird der Satz in Röm 3,26 auf ἐν τῷ νῦν καιρῷ („in der jetzigen Zeit") und somit auf die „jetzige" Heilszeit nach dem Leiden und Sterben des Messias Jesus bezogen. Man beachte, dass der Abschnitt in Röm 3,21f. mit einem Bezug auf das „Jetzt" des Offenbarwerdens der „Gerechtigkeit Gottes" durch den Glauben an Jesus Christus für alle („Juden und Griechen"; vgl. Röm 3,9 mit 3,23) ohne Unterschied beginnt, und zwar „ohne Gesetz", aber „bezeugt durch das Gesetz und die Propheten". Damit bringt Röm 3,25f. zum Ausdruck, dass Gott Israel zur Zeit des Sinai-Bundes die Sünden „vergeben" hat, indem der „Sühnedeckel" (bzw. „Sühneort") mit Blut bespritzt wurde, welches seinerseits auf den Sühnetod Jesu Christi hindeutete. Erst durch den Sühnetod Jesu Christi kann die Sünde tatsächlich im vollen Sinn vergeben werden. Gott hat seine Gerechtigkeit „erwiesen" (nicht: „bewiesen"; vgl. dazu auch Röm 9,17.22[502]), indem er in Jesus Christus und seinem Sühnetod Wirklichkeit werden ließ, was mit der Stiftshütteneinrichtung angedeutet wurde. Erst dadurch können Sünden im vollen Sinn vergeben werden, wodurch der Mensch gerechtfertigt wird, ohne dass Gottes Wahrhaftigkeit und Gerechtigkeit der Sünde gegenüber (vgl. auch Röm 3,3ff.) infrage gestellt werden können.

Bei der Formulierung des Begriffes πάρεσις („Vorübergehenlassen, Erlass") in Röm 3,25 hat möglicherweise der alttestamentliche Gebrauch des Verbs עָבַר im Sinn von „(Sünden) vorübergehen lassen" (vgl. z. B. 2. Sam 12,13; 24,10; Sach 3,4; Hi 7,21; 1. Chr 21,8) eine Rolle gespielt.[503] So heißt es z. B. in Mi 7,18: „Wer ist ein Gott

500 Kümmel, Πάρεσις und ἔνδειξις, S. 266.

501 Ebd., S. 267.

502 Gott „erweist" seine Macht (Röm 9,17) bzw. seinen Zorn (Röm 9,22). Gott muss aber weder seine Macht noch seinen Zorn „beweisen".

503 Das Verb erscheint im Alten Testament insgesamt 553-mal, wird in der LXX aber, wie erwähnt, nur in Prov 9,15 mit dem Verb παρείμι wiedergegeben.

wie du, der Schuld vergibt und Verbrechen vorübergehen lässt (עָבַר; LXX: ὑπερβαίνων) dem Überrest seines Erbteils! Nicht für immer behält er seinen Zorn, denn er hat Gefallen an Gnade."

Gott hat nach Apg 17,30 „die Zeiten der Unwissenheit übersehen", doch jetzt gebietet er „den Menschen, dass sie alle überall umkehren". Die Sünden wurden also nur im Blick auf den Opfertod Jesu Christi „übersehen". Sie konnten durch die alttestamentlichen Opfer nicht wirklich ausgelöscht werden. Wohl deshalb gebraucht der Apostel an unserer Stelle in Bezug auf diese Sünden den Perfekt-Ausdruck τῶν προγεγονότων ἁμαρτημάτων („der vorhergeschehenen Sünden"), dazu das Nomen rei actae ἁμάρτημα („[vollbrachte] Sünde"), das im Neuen Testament nur noch in Mk 3,28.29 und 1. Kor 6,17 vorkommt und die vollbrachte sündige Tat bezeichnet[504]. Auf das „Ausharren" Gottes, das die Menschen zur Umkehr führen soll, hatte Paulus bereits in Röm 2,4 hingewiesen.

Dass Paulus in diesem Zusammenhang die Sünden der vergangenen Zeit anspricht, liegt wohl daran, dass er am Anfang des Verses darauf hingewiesen hatte, dass Gott Jesus Christus als „Sühneort vorherbestimmt" hatte. Dieser Zusammenhang bestätigt zudem nochmals, dass der Apostel bei dem Gebrauch des Nomens ἱλαστήριον („Sündeort") tatsächlich an die Einrichtung des Alten Bundes im „Allerheiligsten" gedacht hat.

4.6. Christus versus Adam (Röm 5,12.19)

4.6.1. Einführung

Vor allem aus Röm 5,12 wurde seit Augustinus (354–430 n. Chr.) die Lehre von der „Erbsünde" abgeleitet. Dabei wurde das „Sündersein" offensichtlich in erster Linie im Sinn von „schuldig sein" verstanden. Im Folgenden geht es nicht darum, die Lehre von der „Erbsünde" ausführlich zu behandeln. Es geht im Folgenden vielmehr um eine Auslegung von Röm 5,12 im Kontext des Römerbriefes und anderer biblischen Aussagen.

Dabei ist zu beachten, dass es in Röm 5,12ff. nicht so sehr um das Problem der Sünde oder deren Ursprung geht[505], welches Paulus im Römerbrief bereits längst behandelt hat (vgl. Röm 1,18–3,20). Paulus geht vor allem auf den (geistlichen) Tod als Folge der Sünde ein und betont, was Jesu Erlösungswerk diesbezüglich bedeutet. Dementsprechend wird „der Ursprung des Todes nur als die negative Seite des positi-

504 Philo verwendet dagegen in seinen Schriften das *nomen rei actae* ἁμάρτημα insgesamt 114-mal, während er das *nomen actionis* ἁμαρτία lediglich 29-mal verwendet; Josephus verwendet das *nomen rei actae* 43-mal, das *nomen actionis* 35-mal.

505 Vgl. auch Bultmann, Theologie, S. 252.

ven Themas: der Ursprung des Lebens" gehandelt, wie Bultmann richtig betont.[506] Außerdem hat der Apostel im Römerbrief bereits ausführlich gezeigt, dass jeder einzelne Mensch von Natur aus ein (aktiver) Sünder und deshalb „des Todes würdig ist" (Röm 1,32). In Röm 3,23 lesen wir „wörtlich": „Alle haben [aktiv] gesündigt und ermangeln der Herrlichkeit Gottes …"

Somit betont Bultmann richtig, dass es in Röm 5,12ff. darum geht aufzuzeigen, dass „die Gewissheit der 5, 1-11 aufgezeigten christlichen Hoffnung" darin gründet, „dass Christus für die durch ihn eingeleitete Menschheit das Leben beschafft hat, und zwar mit derselben Sicherheit, mit der Adam den Tod über die adamitische Menschheit gebracht hat".[507] Allerdings ist – im Gegensatz zu Bultmanns Ausführung[508] – darauf zu achten, dass es in diesem Abschnitt nicht wie z. B. in 1. Kor 15,21f. in erster Linie um den physischen Tod geht, sondern um den Tod als bestimmte Größe, der vor allem den „geistlichen Tod" (vgl. u. a. Eph 3,1) beinhaltet.[509]

In Röm 5,12 begegnen bei der Auslegung einige Schwierigkeiten. Die erste Frage ist: Worauf bezieht sich διὰ τοῦτο („deswegen"; die Wendung erscheint auch in Röm 1,26; 4,16; 13,6; 15,9) und wie ist der Ausdruck an dieser Stelle zu verstehen?[510] Er wird auf den ganzen Abschnitt ab Röm 1,17, auf Röm 5,1-11, nur auf Röm 5,11 oder nur auf „wir haben empfangen" in Röm 5,11 bezogen. Nach Lietzmann ist – um ein Beispiel zu erwähnen[511] – „deswegen" an dieser Stelle wie διό („darum") in Röm 2,1 (das Wort erscheint auch in Röm 1,24; 4,22; 13,5; 15,7.22) eine „Übergangspartikel", die „in ungeschriebenen Zwischengedanken des Pls ihre Begründung haben mag, aber aus dem Wortlaut keine Erklärung findet".[512] Doch findet das διό in Röm 2,1 sehr wohl auch im Text eine Erklärung.[513] Wenn Paulus allerdings das διὰ τοῦτο in unserem Vers im Sinn einer Begründung gebraucht, so hat er dabei sicher den weiteren Kontext im Sinn. Der Abschnitt, der mit dieser Wendung eingeleitet wird (Röm 5,12-21), begründet dann nochmals und vertieft den Gedanken, dass alle Menschen ohne Christus „geistlich tot" sind und allein durch die Gnadentat Christi das göttliche Leben erlangen.[514] Der Ausdruck ist an dieser Stelle allerdings offensichtlich in erster Linie im folgernden Sinn verwendet (etwa: „infolgedessen").[515]

---

506 Ebd.

507 Ebd,

508 Ebd.

509 Vgl. auch u. a. Schreiner, Romans, S. 272; Boer, Defeat of Death, S. 143f.

510 Vgl. dazu u. a. Adam, Paulus, S. 315–318.

511 Vgl. dazu u. a. Bultmann, Adam und Christus, S. 145–165.

512 Lietzmann, Römer, S. 61; vgl. dagegen z. B. Wilckens, Römer 1, S. 314; Schreiner, Romans, S. 271.

513 Paulus spricht dort Menschen an, die mit seiner Ausführung in Röm 1,32 einverstanden sind. Da sie „dasselbe" tun wie diejenigen, die dort angesprochen werden und „des Todes würdig sind", müssten sie zugeben, dass auch die in Röm 2,1ff. Angesprochenen „des Todes würdig sein" (vgl. Röm 2,1-3).

514 Nach Wilckens durchdenkt Paulus in diesem Abschnitt „die Struktur der Gnade als καταλλαγή" und schließt damit „unmittelbar an 5,11 an und setzt die in V 6 begonnene Interpretation der

Die zweite Frage: In welcher Beziehung stehen die zwei Vergleichspartikel ὥσπερ („geradeso wie“) und καὶ οὕτως („und so“) zueinander? Allein in dem Abschnitt Röm 5,12-21 begegnen manche Komparativsätze, so in 15a, 16a, 17, 18, 19 und 21, u. a. auch ὥσπερ … οὕτως καί („geradeso wie … so auch“; gegensätzliche Wirkung von Adams Ungehorsam und des Gehorsams Jesu Christi). Doch die Verbindung zwischen ὥσπερ („geradeso wie“) und καὶ οὕτως („und so“) treffen wir im ganzen Neuen Testament nur in unserem Vers an. Deshalb denken viele Exegeten, dass wir es in Röm 5,12a mit einem Anakoluth zu tun haben, also mit einer abgebrochenen Satzkonstruktion, die keine bzw. erst in Vers 18 eine Fortsetzung findet.[516] Nach Wilckens bricht Paulus den Vergleich unvollständig ab und führt ihn „erst in dem Neuansatz V 18 (ἄρα οὖν) in drei parallelen Sätzen VV 18.19.21“ durch.[517] Haacker schlägt dagegen vor, schon das erste καί („und“)

> „als Beginn der Apodosis zu verstehen. Dass ein schlichtes καί die Funktion eines καὶ οὕτως haben kann, lehrt Joh. 6,57. Unser Vers meint also: Ganz so, wie die Sünde durch einen Menschen in die Welt gekommen ist, so ist auch der Tod durch die Sünde in die Welt gekommen – nämlich durch einen Menschen. Neuer Gedanke: Er blieb nicht beim Eintritt von Sünde und Tod in die Welt, sondern alle Menschen wurden vom Tod infiziert, weil sich auch alle an der Sünde Adams beteiligt, sie nachvollzogen haben.“[518]

Allerdings erklärt dieses Verständnis von Haacker die Satzkonstruktion m. E. nicht wirklich. Der Schwerpunkt liegt auf dem Satz, der mit „und so“ (καὶ οὕτως) eingeleitet wird. Mit anderen Worten: Es geht vor allem um die Frage, wie „der Tod“ die gesamte Menschheit erreicht hat. Das καί ist an dieser Stelle – wie auch an vielen der 17 Stellen, an denen die Wendung καὶ οὕτως im Neuen Testament vorkommt (z. B. Apg 7,8; 27,44; 28,14; Röm 11,26) – als folgerndes καί zu verstehen.[519] D.h. in Wirklich-

---

Gnade (V 2) als Liebe (V 5) fort. Das geschieht freilich so, dass der ganze bisher zurückgelegte Weg von 1,18 an in seiner Dialektik von Sünde und Rechtfertigung in die Struktur des Versöhnungsgeschehens hineingedacht wird, so dass der Abschnitt die Funktion der Zusammenfassung alles Voranstehenden bekommt“ (Wilckens, Römer 1, S. 307).

515 Vgl. dazu u. a. Moo, Romans, S. 327–330.363f.; Jüngel, Gesetz, S. 316. Nach Adam kommt die „Übersetzung der Wendung mit ‚Es verhält sich also so:‘ … dem damit intendierten Sinn wohl am nächsten; sie benennt den *Realgrund* als auch das *Faktum* des Versöhungshandelns Gottes gegen seinem κόσμος – und also *faktisch* die Schluss-Folgerung für das Geschick der gesamten Schöpfung aufgrund des göttlichen Handelns in Person und Werk Jesu Christi“ (Adam, Paulus, S. 318).

516 Vgl. dazu z. a. Haacker, Römer, S. 119; Käsemann, Römer, S. 137; Schreiner, Romans, S. 271f. („Thus I agree with most commentators that the apodosis begun in verse 12 is broken off and not completed until verse 18“; ebd., S. 272).

517 Wilckens, Römer 1, S. 307f.

518 Haacker, Römer, S. 119.

519 Richtig betont Starnitzke: „Der Vers bereitet einen inneren Zusammenhang zwischen εἷς und πάντες vor, der im Folgenden die Grundstruktur des Abschnittes bildet“ (Starnitzke, Struktur, S. 199). Dabei geht es eben um einen Zusammenhang, und nicht um einen Gegensatz. Dieser Zusammenhang wird durch den Konsekutivsatz dargelegt.

keit haben wir es an dieser Stelle nicht mit richtigen Komparativsätzen zu tun. „Und so“ leitet vielmehr die logische (und zeitliche) Folge der Aussage, die mit „geradeso wie“ anfing, ein.[520]

4.6.2. Durch Adam kamen Sünde und Tod (Röm 5,12)

„Deswegen, geradeso wie durch einen Menschen die Sünde in die Welt gekommen ist …“, betont Paulus in Röm 5,12. Mit dem „einen Menschen“ ist der „erste Mensch“, d.h. Adam gemeint (vgl. 1. Kor 15,45). Dabei ist zu beachten, dass das hebräische Wort אָדָם („Mensch, Menschheit; Adam“) vor allem auch die „Menschheit“ als Ganzes bezeichnet. Obwohl nach dem biblischen Texten Eva verführt wurde (vgl. Gen 3,1ff.; 2. Kor 11,3; 1. Tim 2,14), trägt nach der Überzeugung des Paulus offensichtlich Adam, der von Gott das Verbot, nicht vom „Baum der Erkenntnis des Guten und Bösen zu essen, erhielt (Gen 2,16f.), die Hauptverantwortung. Er wird wie eine Tür gesehen, durch welche die Sünde in die Welt gekommen ist.[521] Somit hat mit Adams Sünde „das Sündigen aller … begonnen“, wie Wilckens feststellt.[522] Betont wird an unserer Stelle – im Gegensatz zu 1. Kor 15,21 (δι᾽ ἀνθρώπου) –, dass durch einen *einzigen* Menschen (δι᾽ ἑνὸς ἀνθρώπου), nämlich durch Adam die Sünde in die Welt gekommen ist.

Im Judentum[523] wird dagegen zum Teil Eva für den Fall verantwortlich gemacht. So heißt es in Sir 25,24: „… von einer Frau kam der Ursprung der Sünde, und wegen ihr sterben wir alle“ (ἀπὸ γυναικὸς ἀρχὴ ἁμαρτίας καὶ δι᾽ αὐτὴν ἀποθνῄσκομεν πάντες).[524] So sagte Adman nach ApMos. 14,2 zu Eva: „Was hast du unter uns bewirkt und hast auf uns einen großen Zorn gebracht, welcher der Tod ist, der über unser ganzes Geschlecht die Herrschaft ergreift“ (τί κατηργάσω ἐν ἡμῖν καὶ ἐπήνεγκας ἐφ᾽ ἡμᾶς ὀργὴν μεγάλην, ἥτις ἐστὶν θάνατος κατακυριεύων παντὸς τοῦ γένους

520 Ähnlich auch Kirby, Syntax, S. 283–286. Allerdings geht Kirby von einem Vergleich aus, was von Schreiner mit Recht in Frage gestellt wird (Schreiner, Romans, S. 272; vgl. auch Cranfield, Romans I, S. 272).

521 Vgl. auch Wilckens, Römer 1, S. 315: „… Insofern hat Adams Tat eine gegenüber allem späteren Sündigen besondere Bedeutung: indem er in *seiner* Sünde der Sünde Einlaß in die Welt, Zutritt zu allen Menschen verschafft hat.“

522 Wilckens, Römer 1, S. 315.

523 Vgl. dazu u. a. Knittel, Leben Adams und Evas, S. 148ff; Oberhänsli-Widmer, Biblische Figuren, S. 128ff.

524 Vgl. auch z. B. ApMos. 14,2: λέγει δὲ ὁ Ἀδὰμ τῇ Εὔα· τί κατηργάσω ἐν ἡμῖν καὶ ἐπήνεγκας ἐφ᾽ ἡμᾶς ὀργὴν μεγάλην, ἥτις ἐστὶν θάνατος κατακυριεύων παντὸς τοῦ γένους ἡμῶν; („Und Adam sage zu Eva: ‚Was hast du unter uns bewirkt und hast auf uns einen großen Zorn gebracht, welcher der Tod ist, der über unser ganzes Geschlecht die Herrschaft ergreift“; vgl. auch ApMos. 21,6; 32,1f.).

ἡμῶν;).[525] Gleichzeit wird aber auch Adam „beschuldigt", wie ApMos. 21,6 zeigt, wo es heißt:

„Wisse darum, o Baruch, dass wie Adam (ὥσπερ ὁ Ἀδὰμ) durch den Baum (das Holz) die Verurteilung empfing und der Herrlichkeit Gottes entkleidet wurde [καὶ τῆς δόξης θεοῦ ἐγυμνώθη; vgl. Röm 3,23!], so bewirken auch die jetzigen Menschen (οὕτως καὶ οἱ νῦν ἄνθρωποι), die den aus ihm gezeugten Wein jetzt unersättlich trinken (tun), eine schlimmere Übertretung als die des Adam, und sie sind weit von der Herrlichkeit Gottes entfernt, und sie machen sich selbst zum öffentlichen Gast im ewigen Feuer."

Nach Sap 2,24 ist der Tod jedoch „durch des Teufels Neid" in die Welt gekommen (φθόνῳ δὲ διαβόλου θάνατος εἰσῆλθεν εἰς τὸν κόσμον ...). In Sap 1,13-16 wird betont, dass Gott den Tod nicht geschaffen habe und die Gerechtigkeit den Tod nicht kenne, „aber die Gottlosen zwingen ihn herbei mit Worten und mit Werken". 4. Esra 3,26 sieht Adams Sünde als den Ursprung alles durch die Sünde verursachten Todesleidens (vgl. 4. Esra 3,7.21f.).[526] Doch durch das Gesetz Gottes könne der Menschen das Leben gewinnen und dem Verderben entrinnen. Zwar sei der „böse Trieb" von Adam her den Menschen ins Herz gesät (4. Esra 4,28.30), aber auch das Gesetz sei dem Menschen gegeben (4. Esra 3,22; 9,31), sodass er keineswegs sündigen müsse, sondern sich behaupten könne. Deshalb könnten nur Gerechte das eschatologische Heil erlangen (4. Esra 7,70). Gemäß 2. Bar 17,3 kam die Sünde bzw. das menschliche Verderben durch Adam in die Welt, aber nach 2. Bar 48,42f. wurde sie durch Adam und Eva verursacht. Nach 2. Bar 54,15 (vgl. auch Apk. Bar. 54,15) hat Adam „zuerst gesündigt und über alle den vorzeitigen Tod gebracht", und „so hat auch jeder von denen, die von ihm abstammen, jeder Einzelne sich die Pein zugezogen. Adam ist also einzig und allein für sich selbst die Veranlassung, wir alle aber sind ein jeder für sich selbst zum Adam geworden."[527] Nach Sir 15,14-15 hat Gott am Anfang „den Menschen geschaffen und ihm die Entscheidung überlassen. Wenn du willst, so kannst du die Gebote halten und in rechter Treue tun, was ihm gefällt."[528]

Paulus betont seinerseits, dass „die Sünde" durch einen einzigen Menschen in die Welt gekommen ist. Das griechische Wort ἁμαρτία („Sünde, [Ziel-]Verfehlung") kommt allein im Römerbrief 48-mal vor, wobei es nur in 4,7, 7,5 und 11,27 im Plural gebraucht wird, sonst immer im Singular. Der Ausdruck ἡ ἁμαρτία („die Sünde")

---

525 Vgl. auch ApMos. 32,1-2: „Dann stand Eva auf und ging hinaus, und indem sie auf die Erde fiel, sagte sie (wiederholt/beständig): ‚Ich habe gesündigt, Gott, ich habe gesündigt, Vater aller Dinge, ich habe gegen dich gesündigt, ich habe gegen die auserwählten Engel gesündigt, ich habe gegen die Cherubim gesündigt, ich habe gegen deinen unerschütterlichen Thron gesündigt, ich habe gesündigt, Herr, ich habe viel gesündigt, ich habe dir gegenüber gesündigt, und jede Sünde in der [ganzen] Schöpfung ist durch mich geschehen/gekommen (γέγονεν)."

526 Gemäß Sir 14,17 besteht „der Bund seit Ewigkeit: du wirst ganz sicher sterben (Θανάτῳ ἀποθανῇ)". Doch wird in Sap 1,13 betont, dass Gott den Tod nicht gemacht habe und auch keinen Gefallen am Untergang der Lebenden habe. Die Gerechtigkeit ist demnach „unsterblich, aber die Gottlosen rufen ihn [den Tod] mit den Händen und den Worten herbei" (Sap 1,15-16a).

527 Vgl. dazu auch Käsemann, Römer, S. 139.

528 Vgl. dazu auch Laato, Paulus, S. 83–97.

bezeichnet dabei nicht die einzelne Tatsünde.[529] Es ist die Macht bzw. Herrschaft, der der „natürliche“ Mensch (vgl. Eph 2,1) ausgeliefert ist (vgl. Röm 5,21; 6,6.12.14.16. 17; vgl. auch z. B. Joh 8,3). Der Mensch „in Adam“ braucht die Befreiung durch Jesus Christus. Somit bemerkt Stuhlmacher richtig: „Sünde ist nach paulinischer Glaubenseinsicht ein Schicksals- und Tatzusammenhang, aus dem nur Christus befreien kann, weil nur er die Herrschaft der Sünde überwunden hat (Röm 5,15-21; 8,3-4).“[530]

Es ist auffallend, dass der Ausdruck ἡ ἁμαρτία („die Sünde“) im Singular im ganzen Römerbrief 29-mal vorkommt, und zwar nur in dem Abschnitt Röm 5,12–8,3. Vor der „Herrschaft“ der Gnade herrschte die Sünde im Tod (Röm 5,21). Damals, als die Menschen Sklaven der Sünde waren (Röm 6,17), stellten sie die Glieder des Leibes der Sünde zur Verfügung (Röm 6,13). Doch nun, da sie mit Christus gestorben sind, sind sie frei von der Herrschaft der Sünde (Röm 6,7.18). Deshalb soll nun die Sünde nicht mehr in ihrem Leben herrschen (Röm 6,11), da sie nun Sklaven der Gerechtigkeit geworden sind (Röm 6,18).

Andererseits erscheint der Ausdruck ὁ θάνατος („der Tod“) im Römerbrief zwölfmal, und zwar nur in dem Abschnitt Röm 5,10–8,2. Damit wird der enge Zusammenhang zwischen der Herrschaft der Sünde und des Todes sichtbar. Dieser Zusammenhang zeigt auch, dass es in Röm 5,12ff. schwerpunktmäßig um den geistlichen Tod geht.[531]

Und durch den Tod kam dann die Sünde in die Welt, wie Paulus weiter in Röm 5,12 hervorhebt. Der Begriff θάνατος („Tod“) bezeichnet im Neuen Testament den leiblichen Tod (Joh 11,13; Phil 1,20; vgl. Gen 3,19), den „geistlichen Tod“ (Joh 5,24; 1. Joh 3,13; vgl. Eph 2,1.12; Kol 2,13) und den „ewigen Tod“, das ist der „zweite Tod“ (Offb 2,11; 20,6.14; 21,8) bzw. der „Feuersee“ (Offb 19,20; 20,14f.). Welchen

529 Anders z. B. Kaye, Thought Structure, S. 34–57. Richtig bemerkt Schreiner: „Sin is a power from the old age that was introduced into the world through Adam. Nonetheless, it would be a mistake to separate sin as a power from specifiv acts of sin“ (Schreiner, Romans, S. 304; vgl. auch Fitzmyer, Romans, S. 432).

530 Stuhlmacher, Biblische Theologie I, S. 279. Vgl. auch Wright, Paul and the Faithfulness of God, S. 769: „Paul, so far as we can tell, was now out on his own, developing an apparently unprecedented theological account of human sinfulness traced back to Adam himself, providing the plattform from which he could explain how it was that *Israel, too, was in Adam*, with Torah merely intensifying that plight. It was not enough to say, wtht many Jewish thinkers before and after Paul’s day, that all humans had an ‚evel inclination’, a *yetzer hara‘*, which must be kept in check by the ‚good inclination’, the *yetzer hatob*. That was just the surface noise, but underneath there lay a much deeper problem, the desease of sin itself“ (vgl. dazu – mit Bezug auf Röm 7,7-25 – auch Thiessen, Antropologie, S. 17–34). Insofern kann ich Wright grundsätzlich zustimmen. Problematisch wird es bei ihm dann, wenn der Begriff „Israel“ in seinem Gebrauch im Römerbrief mit dem Begriff „Juden“ identifiziert und im Sinn der „Neudefinition“ verstanden wird. Paulus definiert weder den Begriff „Israel“ (z. B. in Röm 9,6-8) noch den Begriff „Jude“ (z. B. in Röm 2,25-29) neu (vgl. dazu neben den Ausführungen oben auch Thiessen, Gott hat Israel nicht verstoßen, S. 24ff.).

531 Vgl. auch u. a. Schreiner, Romans, S. 272f.

„Tod“ meint Paulus in unserem Vers? Er gebraucht an dieser Stelle den Ausdruck ὁ θάνατος („der Tod“).[532] Damit wird nicht ein bestimmter Aspekt des „Todes“ beschrieben, sondern der „Tod“ als bestimmte Größe mit allen Folgen wie dem „geistlichen“, dem physischen und dem „ewigen Tod“.[533] Mit dem Tod ist also keineswegs nur der physische Tod gemeint, wie z. B. Godet annimmt[534], denn das Gegenteil davon ist das ewige Leben (vgl. Röm 5,13.14.21; 6,23).[535]

Paulus sagt, dass der Tod „als König herrschte“ (Röm 5,14; vgl. Röm 5,17.21; 6,9). Durch die Sünde Adams ist also nicht nur die Herrschaft der Sünde, sondern auch die Herrschaft des Todes in die Welt gekommen. Dabei stehen der Tod und der „Zorn“ Gottes über die Sünde in enger Beziehung zueinander. Denn beide werden durch das Gesetz Gottes bewirkt (Röm 4,15; 7,10), weil das Gesetz „die Kraft der Sünde“ ist (1. Kor 15,56; vgl. Röm 4,15; 5,13; 7,7ff.). Wie der Zusammenhang zeigt, denkt Paulus an die Übertretung des Gebots, das Gott nach Gen 2,17 dem Adam gegeben hatte (vgl. Röm 5,14f.; 7,9f.). Die Folge der Übertretung dieses Gebots ist zuerst der „geistliche Tod“.[536] „Sünde“ und „Tod“ gehören demnach eng zusammen. Zudem weist Käsemann mit Recht darauf hin, dass Adam für Paulus „durchaus eine historische Person“ ist, „nicht bloß eine mythologische Personifizierung jedes Menschen“.[537]

Und auf diese Weise ist der Tod „zu allen Menschen hindurch gekommen, weil sie alle gesündigt haben“ (Röm 5,12b). Paulus zeigt an dieser Stelle, wie „der Tod“ zu allen Menschen gekommen ist: Adam sündigte und war damit die Tür, so dass die Sünde durch ihn in die Welt kam. Der Tod ist die „logische“ Folge der Sünde, der Sünde „Lohn“ (Röm 6,23). Die Frage, die sich hier stellt, ist folgende: Ist der Tod zu allen Menschen hindurch gedrungen, weil Adam gesündigt hat oder weil „alle“ gesündigt haben? Mit dieser Frage verbunden ist die Frage nach der so genannten „Erbsünde“.

Ausschlaggebend für die Lehre der Kirche von der „Erbsünde“ war das Verständnis von Augustinus (354–430 n. Chr.). Weil er nach dem Neuplatonismus von einer „Weltseele“ ausging, die in Adam vollständig vorhanden gewesen sei, in seinen Nachkommen aber nur in „Scherben“ vorhanden sei, ging er davon aus, dass mit der „Weltseele“ „alle in jenem ersten Menschen gesündigt haben, weil alle damals in ihm

---

532 Zum „Tod“ im Römerbrief vgl. u. a. Quesnel, La figure de la mort, S. 55–73.

533 Betrachtet man 1. Kor 15,21f. im Kontext des Kapitels und als gewisse Parallelstelle zu Röm 5,12, so wird deutlich, dass Paulus auch den physischen Tod als Folge der Sünde bzw. der Übertretung oder des Ungehorsams Adams (vgl. dazu Röm 5,14.16.18.19) sieht. Wright dagegen will offensichtlich den physischen Tod ausklammern und den „Tod“ in Röm 5,12ff. lediglich auf gewisse zerstörerische Folgen der Trennung des ersten „Homo sapiens“ von der offenen und gehorsamen Beziehung zum liebenden Schöpfer und der Quelle des Lebens beziehen (Wright, Romans, S. 525f.). „This death is a darker force, opposed to creation itself, unmaking that which was good, always theatening to drag the world back toward chaos“ (ebd., S. 526).

534 Godet, Römer I, S. 230; vgl. auch z. B. Murray, Romans I, S. 181f.

535 Vgl. dazu auch Schreiner, Romans, S. 272; Boer, Defeat of Death, S. 143f.; Beker, Paul, S. 224.

536 Vgl. auch Schreiner, Romans, S. 272.

537 Käsemann, Römer, S. 132; vgl. auch Luz, Geschichtsverständnis, S. 201.

waren, als er sündigte, und dass von daher durch die Geburt die Sünde vererbt wird".[538] Hier hat die Lehre von dem „Erbtod" und von der „Erbsünde" ihren Ursprung. In Röm 5,12 übersetzt Augustinus ἐφ᾿ ᾧ (etwa „auf Grund von welchem") mit *in quo* („in welchem") statt mit *propter quod* („weil"): *in quo omnes peccaverunt* („in welchem alle gesündigt haben"). Die Gesamtheit der Menschen habe „in verschmolzener Einheit" gesündigt. „Alle sind jener eine [= erste] Mensch gewesen."

Die Wendung ἐφ᾿ ᾧ („weil"), die eine Verkürzung von ἐπὶ τούτῳ, ὅτι darstellt[539], kommt im Neuen Testament nur noch in 2. Kor 5,4, Phil 3,12 und 4,10 vor. Das Relativpronomen ᾧ ist dabei nicht auf ein bestimmtes Wort (z. B. „Gesetz", „Tod" oder – wie bei Augustinus – „einen Menschen") zu beziehen.[540] Der Dativ ist als *Dativus causae* zu verstehen, sodass die Wendung in einem gewissen Sinn kausale Bedeutung hat.[541] Andere verstehen die Wendung allerdings im konsekutiven Sinn[542], sodass der Satz den Sinn hätte: „… und so kam der Tod zu allen Menschen mit dem Ergebnis, dass alle gesündigt haben." Inhaltlich ist das sicher richtig, doch die Wendung in diesem Sinn zu verstehen, ist wohl eher problematisch.[543] Nach Cranfield spricht Paulus vom Sündigen des Menschen als Folge der verdorbenen Natur durch Adams Sünde.[544] Das „Sündigen" wird an dieser Stelle vor allem als „verdorbene Natur" verstanden, was allerdings in Frage gestellt werden muss. Subjekt des Verbs ἥμαρτον („alle haben gesündigt") sind an dieser Stelle jedoch (wie in Röm 3,23; vgl. auch Röm 3,9) „alle" (πάντες). Und da das Verb „sündigen" im aktiven Sinn zu verstehen ist, sodass damit gesagt wird, dass alle „aktiv" gesündigt haben, ist Cranfields Deutung zumindest zu relativieren.[545] Man trifft wohl den Sinn der paulinischen Aussage im Kontext des Abschnittes am besten mit folgender Wiedergabe des Textes: „… weil sie alle auf Grund der Sünde Adams mit in die Herrschaft der Sünde gerissen wurden und deshalb aktiv gesündigt haben".[546]

---

538 Augustinus, Contra duas Epistolas Pelagianorum IV 4,7.

539 Vgl. Siebenthal, Griechische Grammatik, § 277a und 289e; vgl. dazu auch u. a. Wilckens, Römer 1, S. 316.

540 Vgl. auch Schreiner, Romans, S. 273.

541 Vgl. Siebenthal, Griechische Grammatik, § 184j, 277a und 289e; vgl. dazu u. a. auch Wilckens, Römer 1, S. 316. Im Klassischen Griechisch wird die Konstruktion ἐφ᾿ ᾧ mit folgendem Infinitiv (AcI) auch im Sinn von „unter der Bedingung, dass" bzw. „damit, um … zu" gebraucht (vgl. dazu Siebenthal, Griechische Grammatik, § 280b). So sagtendie Barbaren nach Xeophon, dass sie die Toten ausliefern würden „unter der Bedingung, dass [man] die Häuser nicht verbrennt" (ἐφ᾿ ᾧ μὴ καίειν τὰς οἰκίας; Anabasis 4,2,19).

542 So z. B. Fitzmyer, Consecutive Meaning, S. 321–339; ders., Romans, S. 413–417.

543 Vgl. auch Schreiner, Romans, S. 274.

544 Cranfield, Romans I, S. 278ff. (zu anderen Vertretern derselben Sicht vgl. ebd., S. 277). Nach Cranfield kann Adam allein die Verantwortung für die Sünden der Menschen tragen, wie auch Christus allein die Verantwortung für die Errettung der Menschen trägt (vgl. ebd., S. 278).

545 Vgl. auch z. B. Brandenburger, Adam, S. 175; Wilckens, Römer 1, S. 316f.; Schreiner, Romans, S. 275; Käsemann, Römer, S. 138f.; Starnitzke, Struktur, S. 200.

546 Vgl. auch z. B. Kol 2,13: „Und euch, die ihr tot wart in den/auf Grund der Verfehlungen und

Es ist zu beachten, dass Paulus an dieser Stelle darlegen will, wie „der Tod“ zu allen Menschen gekommen ist, bevor er ausführt, wie Jesus Christus die Befreiung vom Tod gebracht hat. Durch Adam ist die Sünde als Macht in die Welt gekommen, und als Folge davon „herrscht“ der Tod über alle Menschen, sodass diese in einem geistlichen Zustand des Todes leben (vgl. auch Eph 2,1-3; Kol 2,13). Richtig bemerkt Schreiner: „Paul does indeed claim that people die because of sin, but he also insist that they sin because they are dead (i.e., separated from God).“[547] Doch dadurch wird der Mensch nie von der eigenen Verantwortung für sein Sündigen befreit, sondern voll zur Rechenschaft gezogen (vgl. auch z. B. Röm 1,18ff.).

Paulus sieht also nicht eine einseitige Verschuldung Adams am (geistlichen) Tod aller Menschen, sondern zeigt, wie eng der Ungehorsam Adams und die daraus folgende Herrschaft der Sünde bzw. Satans durch die Sünde über alle Menschen mit dem aktiven Sündigen aller Menschen verbunden ist. Dieses Verständnis legen auch die folgenden biblischen Aussagen nahe:

- „Denn wir haben sowohl Juden als auch Griechen beschuldigt, alle unter der Sünde zu sein“ (Röm 3,9b; vgl. auch Gal 3,22a).
- „Sie wissen, dass, die solches tun, nach Gottes Rechtforderung des Todes würdig sind“ (Röm 1,32).
- „Danach, wenn die Begierde empfangen hat, gebiert sie die Sünde; die Sünde aber, wenn sie vollendet ist, gebiert den Tod“ (Jak 1,15).

Die Sünde ist nicht nur eine Erbschuld, sondern wohnt als Macht im Herzen:

- „Denn aus dem Herzen kommen böse Gedanken, Mord, Ehebruch, Unzucht, Diebstahl, falsches Zeugnis, Lästerung“ (Mt 15,19).

Bibelverse, die von einer „angeborenen“ Sündhaftigkeit des Menschen sprechen, betonen immer gleichzeitig die eigene Verantwortung:

- „Kann wohl ein Reiner von Unreinen kommen? Auch nicht einer!“ (Hiob 14,4).
- „An dir allein habe ich gesündigt und übel vor dir getan, auf dass du recht behältst in deinen Worten und rein dastehst, wenn du richtest. Siehe, ich bin als Sünder geboren, und meine Mutter hat mich in Sünden empfangen“ (Ps 51,6-7).

Nach Röm 5,19 sind alle Menschen durch Adam als (aktive) Sünder „eingesetzt“ worden.[548] Es ist demnach unmöglich, die angeborene Sündhaftigkeit (nicht nur Schuld!) von den eigenen Tatsünden zu trennen.[549]

---

in/auf Grund der Unbeschnittenheit eures Fleisches, hat er mitlebendiggemacht mit ihm, indem er uns alle Verfehlungen vergeben hat...“ Demnach stehen „eure Unbeschnittenheit des Fleisches“ (ἡ ἀκροβυστία τῆς σαρκὸς ὑμῶν) und die „Verfehlungen“ (παραπτώματα) im engen Zusammenhang.

547 Schreiner, Romans, S. 276.

548 Vgl. auch Starnitzke, Struktur, S. 200: „Die Verbindung mit Adam ergibt sich erst dadurch, dass jeder einzelne Mensch – wie er – der Sünde unterworfen ist und deshalb – wie er – sterben muss, und dass Adam insofern der erste Mensch ist und für eine Existenz steht, die von Sünde und Tod beherrscht wird. Dieser tiefe Zusammenhang zwischen der Sünde Adams und aller anderen Menschen wird jedoch nicht hier, sondern erst ausführlich im Kontext der Ich-Problematik in

Gegen die Deutung, dass in Röm 5,12b die „effektiven Sünden aller Menschen" gemeint seien, wird zum Teil der Aorist-Aspekt (punktuell) ins Feld geführt. So bemerkt Deibler z. B., dass Paulus das Verb im Präsens oder im Imperfekt verwendet hätte, wenn er „Gewohnheitssünden" („habitually sin") gemeint hätte.[550] Das ist m. E. eine Überstrapazierung des Aorist-Aspektes. Bereits in Röm 3,23 war der gleiche Aorist-Satz πάντες ἥμαρτον („alle haben gesündigt") erschienen, indem Paulus zusammenfassend auf die „effektiven Sünden" von Juden und Nichtjuden hingewiesen hatte (vgl. auch Röm 3,9). Der Aorist bezieht sich auf die Zeit „in Adam", die in gewisser Hinsicht durch das Kommen Jesu Christi zum Abschluss gekommen ist. Der Aorist ἥμαρτον („sie haben gesündigt") muss in Röm 5,12b also keineswegs zum Ausdruck bringen, dass „alle Menschen durch ihren Repräsentanten Adam sündigten"[551].

Zusammenfassend können wir sagen, dass Adam für Paulus wie eine Tür ist, durch den die Macht der Sünde in die Welt gekommen ist. Der Mensch, der schwach bzw. in geistlicher Hinsicht kraftlos ist (vgl. Röm 5,6), weil er von Natur aus „geistlich tot" ist (vgl. auch Eph 2,1-3) – wir könnten von einem „geistlichen Erbtod" sprechen –, hat von sich aus nicht die Kraft, die Sünde zu besiegen. Somit bemerkt Käsemann richtig: „Niemand beginnt seine eigene Geschichte, und niemand kann entlastet werden ... Die Alternative zwischen freiem Willen und Naturverhältnis ist dem Apostel fremd."[552]

Wie oben in der Einführung zu Röm 5,12ff. bereits aufgezeigt wurde, ist Röm 5,12 im Kontext der Römerbriefs jedoch nicht die Hauptaussage des Abschnitts Röm 5,12-21. Schwerpunktmäßig geht es in diesem Abschnitt vielmehr um die Tatsache, dass Jesus Christus die „Wirkung" Adams überwunden hat und dass die Gläubigen nun in der Gnade Gottes „stehen", welche bereits in Röm 5,2 angesprochen und in Röm 5,14ff. ausführlich beschrieben wird. Röm 5,19 fast die Ausführungen des Abschnitts über die entgegengesetzte „Wirkung" von Adam und Christus zusammen, wo allerdings wiederum dem Kontext nach die Betonung auf der letzten Hälfte liegt. Deshalb soll im Folgenden dieser Vers exegetisch entfaltet werden.

Röm 7,7ff. entfaltet."

549 Gemäß syrBar 54,15 sündigte „einst als erster Adam und hat damit für alle den vorzeitigen Tod gebracht, doch hat von denen, die aus ihm geboren sind, ein jeder auch sich selbst zukünftige Strafe bereitet. Und also wählte ein jeglicher auch für sich selbst die künftige Herrlichkeit". Adam ist „einzig und allein für sich der Grund; wir alle aber wurden Stück für Stück zu Adam für uns selbst" (syrBar 54,19; Übersetzung nach Klijn, Baruch-Apokalypse, S. 160). Auch wenn die erste Betrachtung den Eindruck erweckt, als liege diese Deutung der paulinischen sehr nahe, so gibt es doch offensichtlich einen großen Unterschied. Denn für Paulus besteht der Zusammenhang nicht lediglich darin, dass Adam eine Art schlechtes Vorbild ist, obwohl die Verantwortung des Einzelnen für Paulus bestehen bleibt (vgl. z.B: Dunn, Romans 1–8, S. 274, der allerdings keinen inhaltlichen Unterschied zwischen dem Baruch-Text und Paulus notiert).

550 Deibler, Semantic and Structural Analysis, S. 128.

551 Vgl. ebd.

552 Käsemann, Römer, S. 139–140.

4.6.3. Als Sünder und als Gerechte eingesetzt (Röm 5,19)

Nach Röm 5,19a wurden „durch den Ungehorsam/das Vorbeihören des einen Menschen die vielen als Sünder eingesetzt". Der „Ungehorsam" bzw. das „Vorbeihören" (παρακοή) Adams wird an dieser Stelle (nochmals) dem Gehorsam (ὑπακοή) Jesu Christi gegenübergestellt. Der Begriff παρακοή („Vorbeihören, Ungehorsam"[553]; im Neuen Testament nur noch in 2. Kor 10,6 und Hebr 2,2)[554] kann dabei wie das Verb παρακούω („vorbeihören"[555]; vgl. dazu Mt 18,17; Mk 5,36) im Sinn von „nicht hören" (unbewusst) oder im Sinn von „nicht hören wollen" (bewusst) verstanden werden. Gemeint ist an unserer Stelle offensichtlich Letzteres, da Adam bewusst das Verbot Gottes übertrat (vgl. Röm 5,14).

Doch was heißt, „als Sünder/Gerechte eingesetzt" zu werden? Paulus verwendet in das Verb καθίστημι („hinstellen, hinbringen; aufstellen; einsetzen, in eine Lage/einen Zustand versetzen, wozu machen; hinkommen").[556] „Eingesetzt" werden z. B. Richter (vgl. Lk 12,14), „Diakone" (vgl. Apg 6,3), Führer (vgl. Apg 7,10.27), Älteste (vgl. Tit 1,5) oder auch der Hohepriester (vgl. Hebr 5,1; 7,28; 8,3). Wenn man „eingesetzt" wird, wird man „zu etwas gemacht" bzw. man „wird etwas".[557] Es handelt sich dabei also nicht nur um einen gewissen Status, den man empfängt, sondern damit verbunden auch um eine entsprechende „Aufgabe".[558] Mit anderen Worten bedeutet das, dass Menschen gemäß der Aussage von Röm 5,19 „zu Sündern/Gerechten gemacht wurden/werden". Was aber bedeutet für Paulus, „Sünder" zu sein?

Der Begriff ἁμαρτωλοί („Sünder; sündig"; vgl. dazu auch u. a. Röm 3,7; 5,8; Gal 2,15.17; 1. Tim 1,9.15) bezeichnet bei Paulus augenscheinlich sowohl „passiv" den gottfernen Zustand der Menschen „in Adam" als auch „aktiv" das Wesen und Handeln der Menschen, die in der Gottesferne unter der Herrschaft der Sünde und damit auch im Widerspruch zum Willen Gottes leben. In Röm 5,8 hatte der Apostel davon gesprochen, dass Gott seine Liebe gegen die Menschen darin erweist, „dass, als wir noch Sünder waren, Christus für uns/zu unseren Gunsten gestorben ist". Der Begriff ἁμαρτωλός („Sünder; sündig") war dort im Kontext synonym zu den Begriffen ἀσθενής („Schwacher, Kraftloser"; vgl. Röm 5,6a), ἀσεβής („Gottloser, ohne Ehrfurcht vor Gott"; vgl. Röm 5,6b) und ἐχθρός („Feind"; vgl. Röm 5,10) gebraucht

553 Nach Pape bezeichnet παρακοή „das Verhörte, was man falsch gehört, nicht recht gehört oder verstanden hat, mißverstandene Lehre, … auch das Nichthörenwollen, Ungehorsam, … das Nebenbeihören" (Pape, Handwörterbuch II, S. 484).

554 Das Nomen erscheint weder in der LXX noch bei Josephus oder Philo.

555 Philo verwendet das Kompositum einige Male neben dem Kompositum παροράω („übersehen"; so in Cher. 65.70; Plant. 84; Ebr. 158; Her. 109; Spec. 4,53).

556 Vgl. Pape, Handwörterbuch I, S. 1287f.

557 Vgl. auch z. B. Wilckens, Römer 1, S. 327f.

558 Nach Wright ist es der „Status", der Paulus in Röm 5,19 „interessiert" (Wright, Romans, S. 529). Es ist sicher der jeweilige „Status", der im Kontext des Kapitels betont wird, aber wie Röm 6,12ff. deutlich macht, trennt Paulus den „Status" nicht vom jeweiligen Sein und Handeln.

worden. Als „schwach“ wird dabei offenbar die Menschheit beschrieben, die auf Grund von Adams „Fall“ (vgl. dazu Röm 5,15.17) „gestorben“ ist und deshalb die geistliche Kraft verloren hat (vgl. auch Joh 3,6), während mit „gottlos“ und „Feind“ ein Zustand beschrieben wird, der den Menschen nicht nur passiv als jemanden beschreibt, der nicht mit Gott versöhnt ist und in der Gottesferne lebt (vgl. dazu auch Eph 2,11ff.), sondern auch als jemanden, der nicht im Einklang mit dem Willen Gottes lebt. Zudem ist zu beachten, dass der Begriff ἁμαρτωλός nicht nur im substantivierten Sinn soviel wie „Sünder“ bedeutet, sondern auch im adjektivischen Sinn „sündig“ meint (vgl. dazu z. B. Röm 7,13), wobei die zwei Aspekte sicher eng zusammengehören und nicht zu trennen sind. Der Mensch ist „Sünder“, weil er „sündig“ ist, und er ist „sündig“, weil er „Sünder“ ist.

Nach Joh 3,6 ist der Mensch „Fleisch“, weil er vom „Fleisch“ geboren ist, womit die Notwendigkeit, „aus dem Geist gezeugt zu werden“ (vgl. dazu auch Joh 3,3.5), begründet wird (vgl. Joh 3,7). Deshalb sind alle Menschen seit Adams Übertretung/Fall nicht nur wegen Adams Ungehorsam vor Gott schuldig und damit dem Zorn Gottes verfallen, sondern selbst aktiv Sünder geworden; d.h. sie leben von Natur aus unter der Herrschaft und unter dem Zwang der Sünde und damit unter dem Zorn Gottes (vgl. z. B. Röm 1,18-32; 3,9ff.; 3,22f.; Eph 2,1-3).

Andererseits sind „durch den Gehorsam des einen die vielen als Gerechte eingesetzt worden“ (Röm 5,19b). Das ist bereits das dritte Mal, dass der Ausdruck οὕτως καί („so auch“) in dem Abschnitt erscheint (nach Röm 5,15.18), allerdings ist es an dieser Stelle das erste Mal, dass dieser Ausdruck dem ὥσπερ („wie“) gegenübersteht – wie anschließend auch in Röm 5,21 – (vgl. aber Röm 5,12: ὥσπερ … καὶ οὕτως[559]; Röm 5,15.18: ὡς … οὕτως καί). Damit wird an unserer Stelle – wie auch in Vers 21 – der Gegensatz offensichtlich vom „Vorher in Adam“ und „Jetzt in Jesus Christus“ besonders stark betont (vgl. dazu auch 1. Kor 15,22).[560]

Der Ausdruck διὰ τῆς ὑπακοῆς τοῦ ἑνός („durch den Gehorsam des einen“) bezieht sich an dieser Stelle offensichtlich auf die „eine Rechtstat“, durch welche nach Röm 5,18b „für alle Menschen“, welche durch Adam „zu Fall gekommen waren“, die „Rechtfertigung [des] Lebens/zum Leben“ (εἰς δικαίωσιν ζωῆς) ermöglicht wurde. Damit wird dementsprechend der Gehorsam Jesu Christi dem Willen des himmlischen Vaters gegenüber im Leben und im Sterben (vgl. dazu u. a. Mt 26,42; Joh 5,30; 6,38-40) zum Ausdruck gebracht.

Nach Phil 2,6 wurde Jesus Christus bei seiner Menschwerdung erniedrigt, „indem er gehorsam wurde bis zum Tod, ja zum Kreuzestod“ (γενόμενος ὑπήκοος μέχρι θανάτου, θανάτου δὲ σταυροῦ), und Hebr 5,8-9 betont, dass der Sohn Gottes durch das, was er gelitten hat, „den Gehorsam lernte“ (ἔμαθεν … τὴν ὑπακοήν), sodass er, nachdem er „vollendet wurde, allen, die ihm gehorchen, Ursache einer ewigen Erret-

559 In Röm 5,12 handelt es sich nicht wirklich um einen Vergleich bzw. um einen Gegensatz.

560 Vgl. zum Gebrauch von ὥσπερ … οὕτως καί („wie … so auch“) auch Joh 5,21.26; Röm 6,4; 1. Kor 11,12; 16,1; Gal 4,29; Jak 2,26.

tung wurde“. Der Sohn Gottes hat nicht in dem Sinn Gehorsam gelernt, dass er irgendwann „ungehorsam“ war (vgl. auch Hebr 4,15), sondern in dem Sinn, dass er sich im Gehorsam dem himmlischen Vater gegenüber unterordnet hat, auch wenn es sehr schwer war. Dadurch konnte er nach Hebr 10,9-10 sein Leben als vollkommene Opfergabe hingeben. Und mit diesem „einen Opfer“ (μιᾷ … προσφορᾷ) hat er nach Hebr 10,14 diejenigen, „die geheiligt werden, für immer vollkommen gemacht (τετελείωκεν εἰς τὸ διηνεκὲς τοὺς ἁγιαζομένους)“. Damit ist der „Gehorsam“ Jesu Christi auch die Grundlage für die Heiligung bzw. für den Gehorsam der an Jesus Glaubenden (vgl. auch z. B. Röm 6,16; 15,18). Paulus identifiziert später sogar den Glauben an Jesus Christus mit dem Gehorsam dem „Evangelium“ gegenüber, das bereits von den alttestamentlichen Propheten verheißen wurde (vgl. Röm 10,15f.).[561]

Dass Menschen durch Jesus Christus „als Gerechte eingesetzt werden“ (δίκαιοι κατασταθήσονται), bringt an unserer Stelle augenscheinlich zum Ausdruck, dass die „Wirkung“ Adams, wodurch alle Menschen als leibliche Nachkommen Adams „als Sünder eingesetzt“ wurden, durch Jesus Christus aufgehoben wird.[562] Sie werden zu „Gerechten“ gemacht, und zwar in dem Sinn, wie sie vorher „Sünder“ waren. „Gerechte“ sind sie also einerseits vom „Status“ her, indem sie die Sündenvergebung empfangen und vom Gericht Gottes über die Sünde befreit werden (vgl. z. B. Röm 5,1.9f.). Aber mit diesem „Status“ ist auch ein neuer „Zustand“ und eine neue „Aufgabenstellung“ verbunden, nämlich jetzt in der Beziehung zu Jesus Christus als „Gerechte“ zu leben (vgl. dazu u. a. Röm 6,12ff.). In 1. Petr 4,18 wird der „Gerechte“ dem „Gottlosen und Sünder“ (ὁ ἀσεβὴς καὶ ἁμαρτωλός) gegenübergestellt (vgl. dazu auch z. B. Röm 5,6-8; Neh 9,33; Ps 1,5; 11,5; 34,22; 37,12.16f.). Die „Gerechten“ sind diejenigen, die „von Herzen aufrichtig“ sind (vgl. z. B. Deut 9,5; Ps 11,7; 32,11; 33,1; 64,11;

---

561 Gemäß Wright korrespondiert der „‚Gehorsam' des Messias“ („‚obedience' of the Messiah“) in Röm 5,19 „closely to the ‚faithfulness' of the Messiah in 3:22 … Obedience to the law would be beside the point; the law has a different, and much darker, function in the argument than is often supposed. That, indeed, is the subject of the next verse“ (Wright, Romans, S. 529). Ich habe jedoch vorher schon begründet, dass in Rörm 3,22 nicht von der „Treue Jesu Christi“ (*Genitivus obiectivus*), sondern vom „Glauben an Jesus Christus“ (*Genitivus subiectivus*) die Rede ist (vgl. auch z. B. Gal 2,16). Es geht Paulus sicher primär um den Gehorsam Jesu seinem „Auftrag“ gegenüber, aber wie z. B. Gal 4,4f. zeigt, gehört für Paulus dazu auch, dass Jesus sich dem „Gesetz“ gegenüber unterordnete, Frage ist nur, in welchem Sinn das „Gesetz“ dabei verstanden wird. Andererseits bringt Röm 5,20 nicht eine negative Sicht vom „Gesetz“ zum Ausdruck, sondern dass das „Gesetz“ die Sünde nicht überwinden und deshalb das Heil nicht verwirklichen konnte (vgl. auch Röm 7,7-25).

562 Dunn möchte den Ausdruck δίκαιοι κατασταθήσονται an dieser Stelle mit δικαιωθήσονται in Röm 2,13 gleichsetzen (Dunn, Romans 1–8, S. 285). Das scheint mir jedoch nicht ganz treffend zu sein, vor allem, wenn man wie Dunn Röm 5,19b in erster Linie auf das eschatologische Gericht bezieht (vgl. ebd.). Interessant ist allerdings, dass in Röm 2,13 der Ausdruck „gerechtfertigt werden“ parallel zum Ausdruck „Gerechte [sein]“ erscheint. Demnach sind „nicht die Hörer Gerechte vor Gott, sondern die Täter [des] Gesetzes werden gerechtfertigt werden“. Nach Röm 5,19 dagegen werden Menschen auf Grund des „Gehorsams“ Jesu Christi „als Gerechte eingesetzt“.

97,11; 140,14). Der Begriff δίκαιος („gerecht, Gerechter“) ist dabei grundsätzlich im Sinn des alttestamentlichen Gebrauchs zu verstehen, womit offenbar jemand gemeint ist, der im Bund mit Gott lebt und damit auch Gottes Willen, der mit der Bundesschließung zum Ausdruck gebracht wurde, beachtet.[563]

In Röm 6,12-22 bringt Paulus zum Ausdruck, dass der neue „Status“ in Jesus Christus als „Gerechte“ eine neue Lebensweise im Gehorsam der Gerechtigkeit Gottes gegenüber mit sich bringt bzw. bringen muss. Auch wenn an unserer Stelle mit dem Ausdruck „durch den Gehorsam des einen“ die „Einsetzung“ ermöglicht wurde, so ist doch sicher auch indirekt eingeschlossen, dass diese neue Lebensweise ständig allein „durch den einen“, nämlich durch Jesus Christus möglich ist, und das schließt seinerseits die ständige Vergebung mit ein.

Mit dem Ausdruck οἱ πολλοί („die vielen“) sind in Röm 5,19a wie in Röm 5,15a.b grundsätzlich alle Menschen als Nachkommen Adams gemeint. Da der Ausdruck in Röm 5,19b parallel dazu wiederholt wird, stellt sich an dieser Stelle die Frage, ob für Paulus automatisch alle Menschen durch Jesus Christus „als Gerechte eingesetzt“ werden. Umso mehr stellt sich diese Frage, wenn man bedenkt, dass der Ausdruck an dieser Stelle parallel zum Ausdruck εἰς πάντας ἀνθρώπους („zu allen Menschen“) in Röm 5,18b gebraucht wird. Doch allein schon die Tatsache, dass auch weiterhin zwischen „Gerechten“ und „Sündern“ unterschieden wird, zeigt, dass der Apostel die Aussage kaum in dem Sinn verstanden hat. Zudem zeigt der Gebrauch des Ausdrucks οἱ πολλοί („die vielen“) an anderen Stellen (vgl. dazu Röm 12,5; 1. Kor 10,17.33; 2. Kor 2,17), dass Paulus sich damit nicht einfach ausnahmslos auf alle Menschen bezieht. So sind damit in Röm 12,5 und 1. Kor 10,17 alle an Jesus Christus Gläubigen gemeint. Nur „theoretisch“ sind ausnahmslos alle Menschen „als Gerechte eingesetzt“ worden, da „Gott in Christus war und die Welt mit sich selbst versöhnte, indem er ihnen die Fehltritte nicht anrechnet“ (2. Kor 5,19). Aber *de facto* sind es diejenigen, welche durch den Glauben an Christus gerechtfertigt wurden, die mit Gott versöhnt sind und Frieden mit Gott haben (vgl. Röm 5,1.9f.). Mit der Rechtfertigung sind sie *de facto* „als Gerechte eingesetzt worden“, d.h. sie sind „zu Gerechten gemacht worden“.

Es ist wahrscheinlich, dass Paulus sich bei dem Ausdruck οἱ πολλοί („die vielen“) an unserer Stelle an Jes 53,11b anlehnt, wonach „der Gerechte, mein Knecht, die vielen gerecht machen“ wird (יַצְדִּיק צַדִּיק עַבְדִּי לָרַבִּים; LXX: δικαιῶσαι δίκαιον εὖ δουλεύοντα πολλοῖς), indem er „ihre Sünden sich selbst aufladen“ wird. Dabei ging es dem Apostel nicht darum hervorzuheben, wer nun mit „den vielen“ gemeint ist, da dieser Punkt von ihm im Römerbrief bereits grundsätzlich behandelt worden war (vgl. z. B. Röm 3,9.23; 5,12). Vielmehr wird an unserer Stelle der Status und die Stellung der Gläubigen „in Jesus Christus“ beschrieben. Das bedeutet aber auch, dass mit der Bezeichnung als „Gerechte“ nicht die neue „Aufgabenstellung“, sondern eben der neue „Status“ betont wird. Die neue „Aufgabenstellung“ wird erst Röm 6,1ff. themati-

563 Vgl. z. B. Gen 6,9; 7,1; 18,23ff.; Ps 1,5; 5,13; 7,10; 11,5.7; 33,1; vgl. auch z. B. Mt 1,19; 13,17; 25,37.46; 27,19; Apg 10,22; Röm 5,7; Jak 5,6.16.

siert. In Röm 6,11 betont der Apostel – mit einem ersten direkten „Befehl" im Römerbrief –, dass das Leben getrennt von der Sünde eine „loigsche Folge" der Rechtfertigung sein soll. Dabei zeigt der Kontext, dass die Rechtfertigung durch den Glauben an Jesus Christus für Paulus mit einschließt, dass der Sünder mit Christus „gestorben ist", und zwar in Bezug auf die Sünde, und dass er dadurch von der Macht der Sünde befreit worden ist (vgl. Röm 6,3ff.).

Wright erwähnt grundsätzlich richtig, dass „gerecht sein" an dieser Stelle mehr als einen Status beschreibt.[564] Er betont auch in diesem Zusammenhang, dass die Rechtfertigung, die im Kreuz (Christi) begründet sei und welche das „Urteil des letzen Tages" vorwegnehme, Menschen einen neuen Status gebe, „ahead of the performance of appropriate deeds". [565] Er sieht in Röm 5,19 einen Nachhall von Röm 2,8 und auch eine Anlehnung an Gen 1,26.[566] Paulus gehe es in Röm 5,12-21 dementsprechend um Gottes „letztendliche Lösung für Israels Misere", welche (auch) „Adams Misere" lösen würde, und dadurch würde Gott sein Königreich auf der ganzen Erde wieder aufrichten.[567] Der „Akt des Gehorsams des Messias" wird von Wright an unserer Stelle als „Akt des Exodus" bezeichnet, womit „Gottes Absicht für Israel und durch Israel" nun durch den Messias erfüllt werden sei.[568]

In Röm 5,12ff. nimmt Paulus jedoch nicht auf „Israel nach dem Fleisch" Bezug[569], und es geht auch nicht um Israels Exil, sondern um die Gleichheit aller Menschen „in Adam" sowie „in Christus" (vgl. auch Röm 3,23). Mit dem Ausdruck „alle haben gesündigt" (πάντες ἥμαρτον) in Röm 5,12 knüpft Paulus zwar offensichtlich an Röm 3,23 an, wonach alle „ohne Unterschied" (vgl. Röm 3,22) – und zwar „Juden und Griechen" (vgl. Röm 3,9; 10,12) – „gesündigt haben und der Herrlichkeit Gottes ermangeln". Trotzdem ist es nicht angebracht, unsere Stelle primär auf die Befreiung Israels – im Sinn der „Neudefinition Israels" – aus dem Exil und die Rechtfertigung somit auf den „neuen" Status der Nichtjuden Israel gegenüber zu beziehen. Thema ist nicht die Wiederherstellung Israels – diese wird erst in Röm 11 thematisiert –, auch wenn vom altestamentlichen Hintergrund offensichtlich ist, dass die „Gerechten" zum „Bundesvolk" Gottes gehören An unserer Stelle geht es Paulus jedoch nicht um einen „neuen Status" der Nichtjuden Israel gegenüber, sondern um die neue Beziehung der Menschen „in Christus" zu Gott (vgl. auch Röm 5,1).

Besonders im alttestamentlichen Psalter werden diejenigen, die zum Bundesvolk Gottes gehören und auch in dem Bund Gottes leben, wiederholt als חֲסִידִים (etwa „Begnadigte") bezeichnet (vgl. z. B. Ps 30,5; 31,24; 37,38; 85,9; 148,14; 149,1.9)[570]. Die-

564 Vgl. Wright, Romans, S. 529.

565 Ebd.

566 Vgl. Wright, Paul and the Faithfulness of God, S. 686, Anm. 212.

567 Vgl. ebd., S. 686.

568 Vgl. ebd., S. 845.

569 Vgl. dazu auch ebd., S. 1229.

570 Der Begriff חָסִיד erscheint im Alten Testament insgesamt 34-mal (20-mal im Plural). Die LXX gibt ihn im Plural mit ὅσιοι (etwa „Heilige") wieder.

ser Begriff ist mit dem Begriff חֶסֶד („Gemeinschaftspflicht, Loyalität; Güte, Huld, Treue; Gnadenerweise“) verwandt, den wir sinngemäß mit „Bundesgnade“ oder „Bundesloyalität“ wiedergeben könnten.[571] Die „Begnadigten“ (חֲסִידִים) sind somit Menschen, die zum „Gnadenbund“ Gottes gehören. Sie werden einerseits von den „Gottlosen“ (רְשָׁעִים) unterschieden (vgl. 1. Sam 2,9; Ps 37,28; 97,10) und andererseits mit den „Treuen“ bzw. „Gläubigen“ (אֱמוּנִים) identifiziert (vgl. Ps 12,2; 31,24). Sie sind Menschen, die auf Jahwe vertrauen (vgl. Ps 86,2), und sie gehören zum Volk Gottes, dem Gott Frieden gibt (vgl. Ps 85,9). Sie sind die „Söhne Israels, das Volk, das ihm nahe ist“ (Ps 148,14). In Ps 149,1 ist von der „Gemeindeversammlung der Begnadigten“ die Rede, die das Lob Gottes singen soll, und in Ps 50,5 wird aufgefordert, „meine Begnadigten, die meinen Bund beim Opfer geschlossen haben“, zu versammeln.

In den Qumranschriften, in denen der Begriff (חסידים) einige Male erscheint[572], werden die „Begnadigten“ mit den „Gerechten“ identifiziert[573]. Gott, der in allen seinen Wegen gerecht ist[574]., wird als „Täter der Gerechtigkeit“ bezeichnet, der seine „Begnadigten“ mit Gnade und Erbarmen krönt[575]. Er wird die „Begnadigten“ auf dem Thron seiner ewigen Köngisherrschaft verherrlichen.[576] Voraussetzung, um in den „Gnadenbund“ (בברית חסד)[577] einzutreten, ist die Erkenntnis und das Tun der „Rechtsordnungen der Gerechtigkeit“ (משפטי צדק) ist[578], während nach Röm 8,3f. die Erfüllung „der Rechtsforderung des Gesetzes in euch“ die Folge davon ist, dass Gott durch Jesus Christus „die Sünde im Fleisch verurteilt hat“.

Paulus schreibt in Röm 8,30, dass Gott diejenigen, die er gerechtfertigt hat, auch verherrlicht hat. Damit ist die „Herrlichkeit des Vaters“, durch die Christus von den Toten auferweckt worden ist (vgl. Röm 6,4), auch in ihrem Leben bereits jetzt schon wirksam geworden, obwohl sie andererseits offenbar erst mit der leiblichen Auferstehung endgültigt verherrlicht werden (vgl. Röm 8,17; vgl. auch Eph 1,18-23). Das geschah nach Röm 6,3f. durch die Taufe „in seinen Tod hinein“. Solche Menschen sind nach 1. Kor 6,11 „abgewaschen, geheiligt, gerechtfertigt“, und nach 1. Kor 12,13 sind die „durch einen Geist in einen Leib hineingetaucht worden“. Soteriologische und ekklesiologische Aspekte in Bezug auf die Rechtfertigung gehören somit für Paulus untrennbar zusammen. Die Gerechtfertigten bilden die Gemeinschaft der Heiligen (vgl. z. B. 2. Kor 13,12 mit Röm 16,16 und 1. Kor 16,20), und in ihrem Leben herrscht „die Gnade durch Gerechtigkeit zum ewigen Leben“ (Röm 5,21).

---

571 Vgl. dazu oben S. 145f.

572 So in 4Q174 f6-7,3; 4Q175 1,14; 4Q377 f2i,8; 4Q380 f2,5; 4Q408 f3; 4Q409 f50,2; 4Q521 f2; 11Q5 18,10; 11Q5 19,7; 22,3.6; 11Q6 f4-5.9).

573 So in 4Q521 f2 und 11Q5 18,10.

574 Vgl. 4Q408 f3.

575 Vgl. 11Q5 19,7; 11Q6 f4_5.9.

576 Vgl. 4Q521 f2.

577 Vgl. 1QS 1,8.

578 Vgl. Vgl. 1QS 3,1.

5. Sünde, Erlösung und Wiederherstellung nach N. T. Wright, dem antiken Judentum und im Römerbrief – abschließende Gedanken

Nach Ines Pollmann ist das „entlutheranisiete Paulusbild der ‚New Perspective' … forschungsgeschichtlich gesehen ein Wiederaufleben des Paulusbilds der liberalen Theologie Anfang des 20. Jahrhunderts (W. WREDE und A. SCHWEITZER)".[1] Wie die Übersicht gezeigt hat, handelt es sich jedoch nicht nur um ein „Wiederaufleben", sondern mehr oder weniger um eine kontinuierliche Entwicklung. Bereits im Jahr 1897 hatte Paul Wernle der Rechtfertigungslehre des Paulus relativiert, indem er behauptete, dass diese „lediglich der Heidenmission" diene.[2] Diese These ist später von verschiedenen christlichen Theologen in ähnlicher Form wiederholt worden. Die Rechtfertigungslehre des Paulus wird nicht als Kritik der „Selbstgerechtigkeit" der Juden verstanden, sondern als Bestätigung, dass auch die Nichtjuden zum Volk Gottes gehören, auch wenn sie die „Werke des Gesetzes" im Sinn von „Grenzmarkierungen" wie z. B. die Beschneidung und das Einhalten von jüdischen Essensvorschriften nicht erfüllen. Dementsprechend werden die Ausfürhungen über die Rechtfertigung nicht als soteriologische, sondern als ekkesiologische Aussagen verstanden. Rechtfertigung ist für Wright somit „die Deklaration, dass die Betreffenden Christ *geworden sind*"[3] bzw. „God's declaration that certain persons are members of the covenant people, that their sins have been dealth with"[4]. Er geht soweit, dass er behauptet: „Wenn das Bekenntnis ‚Jesus ist Herr' abgelegt wird, erklärt Gott, dass diese Person, die (vielleicht zu ihrer eigenen Überraschung) das Evangelium glaubt, dadurch als jemand gekennzeichnet ist, der sich innerhalb der wahren Bundesfamilie befindet".[5]

Auch wenn einseitige Verengungen der Rechtfertigungslehre – was bei Luther m. E. nicht der Fall war[6] – zu Recht hinterfragt werden müssen, so sollte trotz aller Ansichten und Vermutungen über den „jüdischen Hintergrund" wieder vermehrt der biblische Text selbst in seinem biblischen (und historischen) Kontext sorgfältiger un-

---

1 Pollmann, Gesetzeskritische Motive, S. 13.

2 Wernle, Christ, S. 83f.; vgl. dazu auch Wolter, Paulus, S. 341f.

3 Wright, Paulus, S. 157; vgl. dazu auch Wright, Romans, S. 468.

4 Wright, Romans, S. 481.

5 Wright, Paulus, S. 157.

6 Auch der Vorwurf, dass Paulus sein früheres Leben als „untadelig" betrachte (vgl. Phil 3,6), während Luther vom „schlechten Gewissen" geplagt sei, ist so nicht treffend. Luther selbst bemerkt: „Ich aber, der ich, so untadelig ich auch als Mönch lebte, vor Gott mich als Sünder von unruhigem Gewissen fühlte und mich nicht darauf verlassen konnte, dass ich durch meine Genugtuung versöhnt sei" (WA 54, 185,22–24; vgl. dazu auch Schwarz, Missverständnis 2, S. 39ff.). Paulus beurteilt sein früheres Leben im Kontext von Phil 3,6 nicht anders. Und Röm 7,14ff. zeigt, dass Paulus das Leben im Judentum sehr wohl nicht einfach als „untadelig" bezeichnet (vgl. auch z. B. Röm 3,10-18; Gal 2,16-18).

tersucht werden. Wright übersieht z. B. offensichtlich, dass Rechtfertigung bei Paulus sehr viel und entscheidend damit zu tun hat, „wie man Christ wird" und dass der Ausdruck „Gerechtigkeit Gottes" diesen Aspekt auch beinhaltet, auch wenn er darin bei weitem nicht aufgeht. Paulus betont z. B. in Röm 5,1, dass „wir" durch die Rechtfertigung Frieden mit Gott erhalten haben und somit auf Grund der Sündenvergebung durch das Blut Jesu mit Gott versöhnt und vom (Gerichts-)Zorn Gottes befreit sind (vgl. auch z. B. Röm 4,25; 5,9-11; Gal 2,16). Auch die jüdische „Soteriologie" wird von Vertretern der „neuen Perspektive" zu einseitig betrachtet.[7] Überhaupt scheint Wright einiges, was er anscheinend korrigieren will, durcheinanderzubringen. So bemerkt er z. B.: „Man ist nicht dadurch aus Glauben gerechtfertigt, dass man an die Rechtfertigung aus Glauben glaubt. Man ist aus Glauben gerechtfertigt, indem man an Jesus glaubt".[8] Mit dieser Bemerkung sind selbstverständlich auch diejenigen einverstanden, die mit der Glaubensdefinition von Wright nicht einverstanden sind.

Für Wright spielt die jüdische endzeitliche Erwartung der Wiederherstellung Israels[9] in der Verkündigung Jesu und im frühen Christentum eine entscheidende Rolle[10]. „Wie mehrere andere Personen, die mit ihm ungefähr zeitgenössisch waren, glaubte auch Jesus, dass er berufen war, die Bewegung der Erneuerung und Errettung Israels auszuführen."[11] Die „tiefsten Schlüssel und Hinweise zur Christologie der Evangelien" sind nach Wright „die [erwartete] Rückkehr JHWHs zum Zion und die Tempeltheologie, die diese Rückkehr ins Blickfeld rückt".[12] In seiner „Nacherzählung" der Story Israels habe Jesus im Vergleich zu den Erwartungen seiner Zeit, die Wright in die Zeit des Zweiten Tempels einordnet, auf Kontinuität und Diskontinuität gesetzt[13], wobei die „Kontinuität" in der – aus meiner Sicht oft einseitigen – Deutung Wrights m. E.

7 Es geht dabei sehr wohl auch um die Frage, wie er Einzelne durch „Werke" Anteil an der „zukünftigen Welt" erlangen und das Hineinkommen in die Gehenna verhindern kann (vgl. dazu z. B. Thiessen, Stephanusrede I, S. 38–44 und 69).

8 Wright, Paulus, S. 20.

9 Vgl. dazu u. a. Wright, Das Neue Testament, S. 357ff.; vgl. dazu auch Thiessen, Gott hat Israel nicht verstoßen, S. 14–16 und 142–144.

10 Vgl. dazu u. a. Wright, Jesus, S. 241ff. und 694ff.

11 Ebd., S. 243.

12 Ebd., S. 740.

13 Vgl. dazu u. a. ebd., S. 241ff. und 428ff.; vgl. auch ebd., S. 243: „Kurzum: Jesu Verkündigung des Reiches Gottes war die Artikulation einer neuen Variante der grundlegenden israelischen Weltanschauungen … seine Variante der Weltanschauungen Israels, seine Unterwanderung der rivalisierenden Interpretationen." Später betont Wright: „Wir dürfen uns jedoch nicht in die Zwickmühle drängen lassen, nach der Jesus entweder als jemand dargestellt wird, der im Einklang mit einer bestehenden Sichtweise war, oder als jemand, der ‚dem Judentum widerstand' und etwas völlig anderes vorschlug. Ich denke, dass wir in den Evangelien ein Porträt von Jesus finden, das einerseits die tief verwurzelte jüdische Tradition bestätigt, die wir studiert haben. Andererseits definierte er diese Tradition aber auch um seine eigene Vision und Berufung der Aufrichtung des Reiches Gottes herum neu. Dieses Porträt scheint mir zu diesen Bedingungen höchstwahrscheinlich historisch korrekt zu sein" (ebd., S. 672).

eine wesentlich größere Rolle spielt[14]. Jesus habe die Leute aufgerufen, ihm zu folgen und Gottes wahres Volk zu sein.[15] Diejenigen, die Jesus nicht folgen würden, würden im Gericht umkommen, während Jesus diejenigen, die ihm folgen würden, rehabilitieren würde.[16] Gemäß Wright würde der Sieg über den „wahren Feind" in einer „großen Schlacht", die Jesus hinter „seinem Konflikt mit rivalisierenden Programmen erkannte", „das Kommen des Reiches Gottes konstituieren".[17]

> „Die Rückkehr aus dem Exil, der Sieg über das Böse und die Rückkehr JHWHs zum Zion waren alle im Begriff, sich zu ereignen, doch nicht auf die Weise, von der Israel ausgegangen war. Die Zeit der Wiederherstellung stand unmittelbar bevor, und alle möglichen Menschen wurden aufgefordert, daran Anteil zu haben und sich daran zu freuen. Doch Israel wurde gleichzeitig gewarnt, dass seine gegenwärtige Art und Weise, das Reich Gottes voranzubringen, durch und durch kontraproduktiv war und in einem großen nationalen Desaster enden würde. Jesus forderte daher seine Zuhörer auf, Israel zu sein – aber in einer neuen Weise: Sie sollen die ihnen angemessen Rollen im sich entfaltenden Drama spielen, und er versicherte ihnen: Wenn sie ihm auf seinem Weg folgen würden, würden sie rehabilitiert werden, wenn der große Tag kommen würde."[18]

Später betont Wright, dass Jesus „in Wort und Tat behauptete, dass die traditionelle Erwartung nun erfüllt wurde. Der neue Exodus war unterwegs: Israel kehrte nun endlich aus seinem langen Exil zurück".[19] Alle seien aufgerufen gewesen, „die große Wiederherstellung zu feiern", doch gleichzeitig habe Jesus diejenigen gewarnt, „die sich auf ihr altes Erbe beriefen und die annahmen, das kommende Reich Gottes würde sie automatisch rehabilitieren".[20] Diese Leute habe Jesus aufgefordert, umzukehren und ihm zu folgen.[21]

Den Begriff „Sünder" (bzw. „Sünde") in der Verkündigung Jesu deutet Wright vom jüdischen Kontext her.[22] Die Pharisäer hätten höchstwahrscheinlich vor 70 n. Chr. „gewöhnliche nicht-pharisäische Juden als in gewisser Weise zweitrangige Bürger" angesehen, wobei die „technische Kategorie" auch diejenigen eingeschlossen haben werde, „die Tora klar und absichtlich missachteten" und die deshalb „Böse" bzw. „Sünder" gewesen seien wie z. B. Prostituierte.[23] Jesus habe mit beiden Kategorien von Menschen Kontakt gehabt, und es sei äußerst unwahrscheinlich, „dass er oder

14 Zu Paulus bemerkt Wright diesbezüglich: „Paul remained a deeply Jewish theologian who had rethought and reworked every aspect of his native Jewish theology in the light of the Messiah and the spirit, resulting in his own vocational self-understanding as the apostle to the pagans" (Wright, Paul and the Faithfullnes of God, S. 46).

15 Vgl. dazu Wright, Jesus, S. 291ff.; zum Aufruf, Jesus nachzufolgen, vgl. auch ebd., S. 351ff.

16 Vgl. dazu ebd., S. 374ff.

17 Ebd., S. 243; vgl. auch ebd., S. 244f.

18 Ebd., S. 244.

19 Ebd., S. 289.

20 Ebd., S. 290.

21 Vgl. ebd., S. 294ff.

22 Vgl. ebd., S. 313ff.

23 Ebd., S. 315.

sie [d.h. Jesus oder die Pharisäer] zwischen beiden Kategorien sehr deutlich unterschieden" hätten.[24] „Vergebung" ist nach Wright deshalb „*eine andere Art und Weise, ‚Rückkehr aus dem Exil' zu sagen*".[25] Dieses Verständnis wird etwas später so zusammengefasst:

> „Vergebung ist nicht einfach eine zufällige Segnung, eine zufällige Begleiterscheinung der Bundeserneuerung. Da die Bundeserneuerung die Umkehrung des Exils bedeutet und da das Exil die Strafe für Sünde war, bedeutet Bundeserneuerung/Rückkehr aus dem Exil, dass Israel Sünden vergeben worden sind – und umgekehrt."[26]

Wenn die Sünden vergeben worden ist, „muss das Exil zu Ende gehen".[27] Die Johannestaufe muss nach Wright im Kontext der jüdischen Erwartung der Erlösung aus der Herrschaft der Heiden, der Erwartung des perfekten Einhaltens der Tora und der vollständigen Wiederherstellung des Tempels gesehen werden. „Sie war ‚Vergebung der Sünden', mit anderen Worten: Sie sollte zur Erlösung führen, nach der sich Israel sehnte."[28] Es sei nicht darum gegangen, dass Jesus dort Vergebung angeboten hätte, „wo die Rabbiner einen Selbsthilfemoralismus" angeboten hätten. Vielmehr habe er die Rückkehr aus dem Exil angeboten.[29] „Jesus hieß Menschen in seinem Gefolge willkommen und sagte damit implizit, *dass sie Teil des wiederhergestellten Volkes JHWHs waren.*"[30] Jesus habe bei der Verkündigung der „Vergebung der Sünden" die gleiche Wirkung erzielt „wie im Falle seiner Mahlgemeinschaften mit ‚Sündern': Er feierte das Kommen des Reiches Gottes, und jene, die an dieser Feier mit ihm teilnahmen, profitieren von dieser großen ‚Vergebung der Sünden'".[31] Und diese, die auf Jesus reagierten, sollten „sich selbst als das wahre, wiederhergestellte Israel" ansehen[32], und im kommenden Gericht würde „das wahre Volk JHWHs – also Jesu Jünger – rehabilitiert werden"[33]. Dabei sei es Jesus nicht nur auf eine bloße Sozialreform innerhalb Israels gegangen; vielmehr habe er sich durch Israel auf die ganze Welt gezogen.[34] Die „Wiederherstellung Israels" als das „wahre Volk JHWHs" schließt also für Wright alle Nationen mit ein.

Die „neudefinierte Vorstellung" Jesu von Messianität habe seiner Reichs-Gottes-Verkündigung vollkommen entsprochen, und dabei sei es wesentlich um die Rück-

---

24 Ebd., S. 316.
25 Ebd., S. 318.
26 Ebd., S. 319. Vgl. auch ebd., S. 322: „Aus der Sicht eines Juden im ersten Jahrhundert konnte ‚Vergebung der Sünden' niemals schlicht eine private Segnung sein, obwohl sie auch das gewesen sein wird, wie Qumran mehrfach bezeugt. Der Zustand der Nation als ganzer war der Situation der Einzelperson übergeordnet …" (ebd., S. 322).
27 Ebd., S. 320.
28 Ebd., S. 322.
29 Ebd., S. 323.
30 Ebd.
31 Ebd.
32 Ebd., S. 371.
33 Ebd., S. 372; vgl. dazu auch ebd., S. 374ff.
34 Ebd., S. 373.

kehr aus dem Exil, den Sieg über das Böse und die Rückkehr Jahwes zum Zion gegangen.[35] In diesem Sinn interpretiert Wright auch die Bedeutung des Todes Jesu.[36] Das letzte Mahl Jesu mit seinen Jüngern ist für Wright ein Zeichen dafür, dass Jesus

> „drauf und dran war, die große messianische Aktion zu vollbringen, und wenn sein letztes Mahl mit seinen Nachfolgern in Bezug auf diese Aktion dieselbe Rolle spielt wie das Passahmahl in Bezug zum Exodus aus Ägypten, dann wird das Mahl natürlich das Gebet umfasst haben, dass diese messianische Aktion erfolgreich abgeschlossen werden möge".[37]

Jesus „wollte sagen, dass sein Tod als der zentrale und kulminierende Moment verstanden werden sollte, auf den die Story zugelaufen war … und dass diejenigen, die das Mahl mit ihm aßen, damals mit ihm und auch in der Folgezeit, das Volk des erneuerten Bundes waren …, also das Ende des Exils" und „das wahre eschatologische Israel".[38] In diesem Sinn der „Neudefinition" des „wahren Israels", die Paulus in Röm 2,28f. und auch in Röm 3,27-31 vornehme[39], versteht Wright auch die Aussage des Paulus in Röm 11,26, dass „ganz Israel gerettet werden wird".[40]

Wright versucht, die Verkündigung Jesu vom „Reich Gottes", seine Messianität und die Bedeutung seiner Sendung im Kontext des Judentums des ersten nachchristlichen Jahrhunderts zu sehen. Dabei betont er die historische Glaubwürdigkeit der Evangelienüberlieferung von Jesu Verkündigung[41] – auch wenn er immer noch von einer möglichen Existenz von „Q" ausgeht[42], obwohl er sich kritisch mit den Hypothe-

---

35 Vgl. ebd., S. 547–615.

36 Vgl. dazu ebd., S. 616ff.

37 Ebd., S. 639.

38 Ebd., S. 640.

39 Vgl. Wright, Fresh Perspective, S. 118f.

40 Vgl. z. B. Wright, Climax, S. 250f.; ders., Romans, S. 691–693; ders., Paul and the Faithfulness of God, S. 1231–1252. Wright spricht von einer „polemischen Neudefinition" (vgl. z. B. ebd., S. 1242ff.). Zur Frage nach der „Neudefinition Israels" in Röm 9–11 vgl. Thiessen, Gott hat Israel nicht verstoßen, S. 17ff. Wright vermitscht kontinuierlich die Begriffe „Jude" und „Israel" (vgl. z. B. Wright, Paul and the Faithfulness of God, S. 1231ff.), obwohl Paulus im Römerbrief die zwei Begriffe nicht einfach als Synonyme verwendet (vgl. dazu oben die Punkte 4.1.2.1.). Die Aussage in Röm 11,26f., dass der Erlöser aus Zion kommt (usw.), wird von Wright so verstanden, dass das Evangelium jetzt von Jerusalem aus unter den Heiden verkündigt wird (vgl. Wright, Paul and the Faithfulness of God, S. 1248ff.). Dementsprechend versteht er die Wendung καὶ οὕτως („und so") in Röm 11,26 im Sinn von „and in this way" (vgl. ebd., S. 1239) bzw. „that is how" (vgl. ebd., S. 1240; vgl. auch ebd., S. 1241: „But if we read it as an indication of manner, it look back: ‚and *that*, the entire sequence of 11.11-14, summed up in 11.25, is *how* ‚all Israel' will be saved'"). Ich habe anderswo dargelegt, dass Paulus die Wendung im Sinn von „infolge davon" verwendet (vgl. z. B. Thiessen, Gott hat Israel nicht verstoßen, S. 94f.).

41 Vgl. z. B. Wright, Climax, S. 242f.

42 Vgl. Wright, Das Neue Testament, S. 561: „Das Dokument, wenn es denn existierte, könnte eher eine Sammlung von Materialien für Prediger gewesen sein als der Versuch einer gesamten Erzählung." Die mögliche Existenz von „Q" zieht Wright zur Begründung seiner Sicht der Verkündigung Jesu heran (vgl. ebd., S. 553ff.). Es werde sich bei „Q" um „eine Story im jüdischen

sen der Befürworter auseinandersetzt[43]. Auch die Betonung, dass die Erlösung durch Jesus nicht nur individuell zu versehen ist, ist vollkommen begründet, ebenso die Betonung, dass die Verkündigung Jesu vom Reich Gottes nicht im Widerspruch zur späteren Verkündigung von der neutestamentlichen Gemeinde steht.

Ein zentrales Problem von Wrights Deutung des Verkündigung Jesu besteht m. E. in seinem Verständnis von Sünde, Vergebung und Erlösung sowie sein Verständnis von der Wiederherstellung Israels[44]. Den Grund dafür sehe ich einerseits in einer einseitigen Darlegung des antiken Judentums und andererseits in der Annahme, dass Jesus sich in seinem Verständnis z. B. von Sünde und Erlösung nicht wesentlich u. a. vom Pharisäertum unterschied.[45] Damit verbunden kommt m. E. die konkrete Bedeutung des Kreuzestodes Jesu nur verschwommen zum Ausdruck, und das Kreuz wird lediglich als „Höhepunkt des Exils“ verstanden[46].

Nach Wright unterscheidet sich das, was Jesus tat und sagte, „erheblich von dem, was das frühe Christentum über ihn und seine Hinrichtung sagte, doch die frühchristliche Sühnetheologie ist nur als nachösterliches neues Durchdenken des wesentlich vorösterlichen Verständnisses Jesu vollständig erklärbar“.[47] Etwas später schlägt Wright vor,

> „dass Jesaja 40–55 insgesamt für Jesu Reich-Gottes-Verkündigung thematisch leitend war. Sein Wirken kann nicht im Sinne eines abstrakten und zeitlosen theologischen Systems versatnden werden, nicht einmal im Sinne einer Sühnetheologie. Sein Wirken muss als das konkrete Ausleben der Verheißung JHWHs verstanden werden, das Böse zu besiegen und sein Volk aus dem Exil zu befreien, das heißt: ihnen endlich ihre Sünden zu vergeben“.[48]

Stil gehandelt haben, die fähig war, es mit der hellenistischen Welt aufzunehmen. Das Dokument wird Jesus sowohl als Brennpunkt der jüdischen weisheitlichen, prophetischen und apokalyptischen Traditionen angemessen haben als auch derjenigen, der das weltweite Königreich des Gottes Israels eingeläutet hatte, des Schöpfers der Welt“ (ebd., S. 561). Wenn „Q“ irgendwo hingehöre, „dann in die missionarische Gemeinschaft der Nachfolger Jesu“ (ebd., S. 560).

43 Vgl. z. B. ebd., S. 553–562: ders., Jesus, S. 49f., 67–71 und 93.

44 Zur jüdischen Erwartung der Wiederherstellung Israels vgl. dazu auch Thiessen, Gott hat Israel nicht verstoßen, S. 14–16 und 142–144.; zur vermeintlichen „Neudefinition“ des Begriffs „Israel“ im Römerbrief vgl. ebd., S. 36ff.; zur Frage nach der Wiederherstellung Israels in der Verkündigung Jesu und zur Frage nach der Verwirklichung der „Königsherrschaft Gottes“ durch Jesus Christus vgl. ebd., S. 144ff.

45 Vgl. dazu auch Wright, Paulus, S. 52: „Je jüdischer wir uns das paulinische ‚Evangelium‘ denken, umso stärker konfrontiert es die Anmaßungen des imperialen Kultes, ja aller anderen heidnischen Kulte, seien sie ‚religiös‘ oder säkular‘.“ Dabei scheint ihm die Einzelexegese kaum zu interessieren, und Quellen gibt es auch nicht an.

46 Vgl. dazu auch Wright, Climax, S. 151: „The crucifixion of the Messiah is, one might say, the quintessence of the curse of exile, and its climatic act.“

47 Wright, Jesus, S. 672.

48 Ebd., S. 685.

Jesus scheint sich nach Wright erst dann für den Kreuzestod entschieden zu haben, nachdem er „entdeckt hatte, dass die Nation als Ganze gegenüber seinem Appel taub und blind war".[49] „Er würde zugunsten und anstelle des Israels handeln, das darin versagt hatte, das zu sein, was es zu sein berufen war. Er würde selbst das Licht der Welt sein."[50] Jesus habe geglaubt, „dass die messianischen Wehen in Kürze über Israel hereinbrechen würden und dass er sie auf sich nehmen würde, alleine".[51] Damit scheint Jesus aber nur die Aufgabe zu erfüllen, die eigentlich Israel hätte erfüllen sollen, und mit seinem Tod an Israels Stelle den Höhepunkt des Exils zu erleben[52]. Das ist für das Sendungsbewusstsein Jesu sicher viel zu schwach, und so hat ihn die nach-österliche Gemeinde auch nicht verstanden.

Auch wenn Jesus zum Teil andere Begrifflichkeiten verwendete als später Paulus, so hat er wohl doch nicht ein grundsätzlich anderes Verständnis von Sünde, Vergebung und Erlösung. Bereits bei der Ankündigung der Geburt Jesu betonte der Engel nach Mt 1,21, dass Jesus „sein Volk von ihren Sünden" erretten würde. Nach Mt 5,20 sagte Jesus zu seinen Jüngern, dass sie nicht in das „Reich Gottes" hineinkommen würden, wenn ihre Gerechtigkeit nicht „überfließender" als die der Schriftgelehrten und Pharisäern. Wie Jesus im Folgenden darlegt, geht es dabei um die innere Erneuerung des Menschen, der „durch die enge Pforte" hineingehen (vgl. Mt 7,13f.) bzw. eine Pflanze werden muss, die „mein himmlischer Vater gepflanzt hat" (vgl. Mt 15,13). Denn die Sünde kommt nach Jesus aus einem bösen Herzen (vgl. z. B. Mt 15,19f.; Mk 7,21f.), womit Jesus Gleiches zum Ausdruck bringt wie Paulus (vgl. z. B. Röm 1,29-31; 2,5). Und zu Nikodemus hatte er nach Joh 3,3.5 gesagt, dass der Mensch grundsätzlich von Gott her (innerlich) neu gezeugt werden müsse, ob das „Reich Gottes" zu sehen. Errettung geschieht demnach zuerst in der inneren Befreiung des Einzelnen von den Sünden.

Natürlich hatte Jesus dabei die Wiederherstellung des Volkes Gottes nach den alttestamentlichen Verheißungen als Ziel. Aber weder von Jesus noch von Paulus wird die neutestamentliche Gemeinde – die zur Zeit Jesu natürlich noch nicht existierte – als das „wahre Israel" und als die „Rückkehr aus dem Exil" verstanden. Nach Maschmeier nimmt Wright „insofern eine Neudefinition des Bundes vor, als er die Verheißungen Israels auf die Abrahamsverheißung, ein Segen für die Völker zu sein (Gen

49 Ebd., S. 690.

50 Ebd.

51 Ebd., S. 691.

52 Vgl. auch ebd., S: 692: „Im Zentrum stand ein tiefes Gespür für eine Berufung und für das Vertrauen in Israels Gott, von dem er natürlich glaubte, er sei der wahre Gott schlechthin. Im Zentrum stand der unverschütterliche Glaube …: Wenn er diesen Weg gehen würde, wenn er diese Schlacht schlagen würde, dann würde die lange Nacht des Exils Israels endlich vorbei sein und der neue Tag würde wirklich ein für alle Mal für Israel und die Welt anbrechen. Er selbst würde rehabilitiert (das glauben natürlich alle Märtyrer); und dadurch würde Israels Bestimmung, die Welt zu retten, erfüllt werden … Die Berufung des Gottesknechts, das Licht der Welt zu sein, würde in ihm wahr werden, und daher in seinen Nachfolgern, die sich nach seiner Rehabilitierung neu konstituieren würden."

12,3; vgl. Gal 3,8), reduziert und damit die Erwählung Israels funktionalisiert".[53] Zudem scheint Wright die Erwählung Israels auf die Funktion „Licht der Völker zu sein" zu reduzieren und vorauszusetzen, dass diese Erwählung „mit dem Erreichen des Ziels, die Völker zu Gott zu bekehren", keine Rolle mehr spielt.[54] Doch die „Universalität des eschatologischen Gottesvolkes stellt die Partikularität Israel nicht in Frage", wie Maschmeier richtig betont.[55] Wright übersieht auch offensichtlich, dass es sich bei den Ausführungen über den Begriff „Jude" in Röm 2 und 3 einerseits und der Betonung der (bleibenden) Erwählung Israels in Röm 9–11 andererseits um sehr unterschiedliche Aspekte handelt und dass Paulus z. B. in Röm 9,6-8 den Begriff „Israel" keineswegs „neu definiert", sondern vielmehr betont, wer im Einklang mit der Heiligen Schrift (des Alten Testaments) zum „Israel aus Israel" gehört.[56]

Wie oben dargelegt wurde[57], lässt sich trotz der „vielen Gesichter" des antiken Judentums[58] nicht nur in den rabbinischen Quellen[59], sondern auch in frühen jüdischen Texten wie z. B. den „apokalyptischen" Texten, den jüdisch-hellenistischen Texten[60] und den Qumran-Texten[61] eine klare Tendenz zur „Toragerechtigkeit" feststellen[62], welche man auch als „Werkgerechtigkeit" bezeichnen kann. Im Judentum wurde die Einheit zwischen Bund und Tora betont.[63] Das bedeutet aber nicht, dass der „Gnadenbund"[64] als Voraussetzung für das Halten des „Gesetzes" jegliches „Werkgerechtigkeitsdenken" automatisch ausschließt[65]. So gibt es z. B. nach dem Midrasch Mekilta des Rabbi Simeon ben Jochai keinen Bund (בְּרִית) außer der Tora (mEx 12,6). ShemR 47,2 betrachtet die Bundesstiftung Gottes mit Israel als Folge davon, dass Israel die Tora Gottes angenommen habe. Und nach mAv. 3,11 (bzw. 3,12) hat R. Eleasar (im 2. Jahrhundert n. Chr.) gesagt, dass derjenige, der „den Bund unseres Vaters Abraham zerstört" – gemeint ist wohl, dass er sich eine künstliche Vorhaut anbringen lässt[66] (vgl. dazu 1. Macc 1,15; 1. Kor 7,18) – „keinen Anteil am kommenden Zeitalter hat", auch wenn „in seiner Hand die Tora und gute Taten sind".[67] Wenn vom „Bund" die Rede ist, bedeutet das also, dass man durch die Beschneidung dem Abrahambund ge-

53 Maschmeier, Rechtfertigung, S. 43.
54 Ebd.
55 Ebd.
56 Vgl. dazu Thiessen, Gott, S. 36ff.
57 Vgl. die Ausführungen oben zu Punkt 3.1.
58 Vgl. Tiwald, Hebräer, S. 35ff.; Thiessen, Anthropologie, S. 20ff.
59 Vgl. dazu u. a. Thiessen, Anthropologie, S. 20f.
60 Vgl. dazu u. a. ebd., S. 22f.
61 Vgl. dazu auch z. B. Betz, Rechtfertigung in Qumran, S. 39–58; Thiessen, Anthropologie, S. 21f.
62 Vgl. z. B. 1QS 5,8.21; 6,18; mAv. 3,16-18; 6,1ff.; vgl. auch u. a. Avemarie, Tora und Leben, S. 291–375; ders., Bund, S. 163–216; Schönemann, Bund und Tora, S. 197ff..
63 Vgl. dazu u. a. Avemarie, Bund, S. 187ff.
64 Vgl. z. B. 1QS 1,8; CD 19,1; 4Q393 3,2; 4Q463 1,3; 1QM 14,4.
65 Vgl. z. B. 1QS 1,8; 3,1ff.; CD 5,12.
66 Vgl. zur Praxis u. a. Blaschke, Beschneidung, S. 138ff.
67 Vgl. auch z. B. Jub 15,25ff.

horsam ist[68], was aber augenscheinlich mit einschließt, dass man wie Abraham der schriftlichen und mündlichen Tora[69] folgt.

Paulus betont in Bezug auf die Stellung des Menschen vor Gott die Gleichheit aller Menschen, d.h. der Juden und Nichtjuden (vgl. z. B. Röm 2,6ff.; 3,9.23; 5,12ff.; Gal 2,16; 3,28). Alle sind von Natur aus „in Adam" und damit Sünder vor Gott. Weder Juden und „Heiden" können durch „Werke des Gesetzes", d.h. durch das Einhalten der Gebote der Tora – in ihrer jeweiligen Interpretation – vor Gott gerecht werden, sondern nur durch die Gnade, die Gott ihnen in Jesus Christus entgegenbringt (vgl. u. a. Röm 3,20ff.). Der paulinische Gebrauch der Wendung ἐξ ἔργων (νόμου) („aus Werken [des Gesetzes]"; vgl. Röm 3,20; 4,2; 9,12.32; 11,6; Gal 2,16; 3,2.5.10; Eph 2,9; Tit 3,5) bringt in diesem Kontext zum Ausdruck, dass der Mensch nicht durch die Erfüllung der Gesetzesforderungen die Gerechtigkeit Gottes, die sich primär in der Sündenvergebung äußert, erlangen kann, wobei die Rechtfertigung aus Gnaden nach Paulus keinen Platz mehr hätte (vgl. Gal 2,21).

Der Ausdruck „aus Werken [des] Gesetzes" bezieht sich also offenbar auf das gesamte „Gesetz"[70], ohne zwischen den verschiedenen Geboten zu unterscheiden. Der Grund dafür, dass in der paulinischen Diskussion die Beschneidung ein zentrales Thema bildet (wie z. B. Röm 4 und der Galaterbrief zeigen), ist sicher, dass im Judentum besonders die Beschneidung hervorgehoben wurde, und zwar nicht nur als „trennendes" Merkmal von den „Heiden", sondern auch als „Leistung", welche sie schlussendlich vor der Höllenstrafe bewahren sollte[71], und dass die frühchristliche Mission unter Nichtjuden stark mit dem Thema, ob die Beschneidung für die Nichtjuden „heilsnotwendig" sei, konfrontiert wurde (vgl. auch z. B. Apg 15,7-11). Dabei ist zu beachten, dass nichtjüdische Männer durch den Akt der Beschneidung jüdische Proselyten wurden, wobei sie „zugleich in die Übernahme der ganze Tora" einwilligten.[72]

Nach Paulus führt allein der Glaube an Jesus Christus zum Empfang der vergebenden und rettenden Gnade. Der Mensch, der diese vergebende Gnade nicht empfangen hat, lebt demnach noch unter dem „Fluch des Gesetzes", d.h. unter dem Gericht Gottes, das durch das „Gesetz" auf Grund der Übertretung über den Menschen verhängt wird (vgl. z. B. Gal 3,10.13). Dabei spielt es keine Rolle, ob er Jude oder Nichtjude ist, da kein Mensch die Kraft hat, alle Gebote Gottes zu erfüllen, und somit unter dem Urteil Gottes steht (vgl. z. B. Gal 2,16; 3,10). Der Versuch, die „Gerechtigkeit Gottes" ohne den Glauben an Jesus Christus zu erlangen, bedeutet für den Apostel, „seine eigene Gerechtigkeit" anzustreben (Röm 10,3), und zwar die Gerechtigkeit bzw. Rechtfertigung „im Gesetz" (Phil 3,6) bzw. „aus dem Gesetz" (Phil 3,9), was offenbar identisch ist mit dem, was er als Heilsweg ablehnt, nämlich die Gerechtigkeit bzw. Rechtfertigung „aus Werken [des] Gesetzes" (vgl. z. B. Gal 2,16; 3,10), „durch [das] Ge-

68 Vgl. dazu auch Seifried, Righteousness Language, S. 438.
69 Vgl. dazu auch Alexander, Torah and Salvation, S. 299.
70 Vgl. auch z. B. Dunn, Jesus, S. 208ff. und 237ff.
71 Vgl. dazu auch Silva, Law and Christianity, S. 348ff.
72 So Frey, Judentum des Paulus, S. 27.

setz“ (Gal 2,21), „im Gesetz“ (Gal 3,11) oder „aus [dem] Gesetz“ (Gal 3,18.21). Demgegenüber strebt der Apostel Paulus die Gerechtigkeit durch den Glauben an Christus bzw. „die Gerechtigkeit aus Gott auf Grund des Glaubens“ (τὴν ἐκ θεοῦ δικαιοσύνην ἐπὶ τῇ πίστει) an (Phil 3,9). Und wie er „nach der Gerechtigkeit im Gesetz tadellos war“ (Phil 3,6), so sollen die Gläubigen ohne Anstoß sein, indem sie „erfüllt sind mit der Frucht der Gerechtigkeit, die durch Jesus Christus [gewirkt wird], zur Herrlichkeit und zum Lobpreis Gottes“ (Phil 1,11).

Der Unterschied zu seinem früheren Leben besteht für Paulus also darin, dass die Rechtfertigung für Juden und Nichtjuden allein durch den Glauben an Jesus Christus möglich ist. Durch den Glauben an Jesus Christus ist der Mensch eine „neue Schöpfung“ (vgl. 2. Kor 5,17) und lebt nun in einer versöhnten Beziehung zu Gott (vgl. z. B. Röm 5,1; 8,1), wodurch er imstande ist, in der Gerechtigkeit Gottes zu leben (vgl. z. B. Röm 6,12ff.; 8,4ff.).

Es wäre aber zu einseitig, wenn man die „Gerechtigkeit Gottes“, wie sie nach der Überzeugung des Paulus von den alttestamentlichen Propheten verheißen wurde (vgl. Röm 1,2) und durch Jesus Christus verwirklicht wird (vgl. Röm 1,16f.; 3,21ff.), auf die Errettung Einzelner beschränken würde. Paulus ist von der weltweiten Ausbreitung dieser „Gerechtigkeit Gottes“ überzeugt (vgl. z. B. Röm 12,12-15). Sie beginnt mit „dem Juden“ (vgl. Röm 1,16) und endet mit Israel (vgl. Röm 11,26) und schließt auf dem Weg dorthin die Nichtjuden mit ein (vgl. Röm 9,24ff.; 11,12ff.).

Obwohl Paulus in Röm 1,14f. die verschiedenen Menschenklassen erwähnt hatte, denen er sich in seiner missionarischen Tätigkeit verpflichtet wusste, hatte er dort nicht von den „Juden“ gesprochen. Und doch ist das Verhältnis von „Juden“ und „Griechen“ im Heilsplan Gottes für den Römerbrief grundlegend, wie die wiederholte parallele Erwähnung der zwei Bezeichnungen zeigt (vgl. Röm 1,16f.; 2,9.10; 3,9; 10,12). Der Begriff Ἕλλην („Grieche“[73]) bezeichnet an diesen Stellen außer in Röm 1,14 offensichtlich einfach den Nichtjuden und wird daher im Sinn von „Heiden“ gebraucht (vgl. auch z. B. Röm 9,24).[74] Zu beachten ist dabei, dass Paulus den „Griechen“ nicht Israel, sondern den „Juden“ gegenüberstellt. Israel gilt als Verheißungsbezeichnung, wobei nicht automatisch alle leiblichen Nachkommen Abrahams mit eingeschlossen sind (vgl. Röm 9,6-8), derweil die an Jesus gläubigen „Heiden“ mit „eingepfropft“ werden (vgl. Röm 11,17ff.). Bei der Verwendung des Begriffs „Jude“[75] in den Paulus-

---

73 Der Begriff Ἕλλην („Grieche“) erscheint im Neuen Testament insgesamt 25-mal, davon sechsmal im Römerbrief, viermal im 1. Korintherbrief, zweimal im Galaterbrief und einmal im Kolosserbrief. Dabei werden die „Griechen“ oft den „Juden“ gegenübergestellt (vgl. Apg 14,1; 18,4; 19,10.17; 20,21; Röm 2,9.10; 3,9; 1. Kor 1,22.24; 10,32; 12,13; Gal 3,28; Kol 3,11), wobei diese Unterscheidung „in Christus“ nicht mehr gilt (vgl. 1. Kor 12,13; Gal 3,28; Kol 3,11).

74 Vgl. dazu Schreiner, Romans, S. 62.

75 Der Begriff Ἰουδαῖος („Jude“ erscheint im Neuen Testament insgesamt 195-mal, davon elfmal im Römerbrief (Röm 1,16; 2,9.10.17.28.29; 3,1.9.39; 9,24; 10,12). Andererseits werden die Begriffe „Israel“ (vgl. Röm 9,6.31; 10,19; 11,2.7.10.25.26) und „Israelit“ (vgl. Röm 9,4; 11,1) im Römerbrief lediglich in dem Abschnitt Röm 9–11 verwendet.

briefen spielt vor allem die Beschneidung als Unterscheidungsmerkmal zu den „Griechen“ eine zentrale Rolle (vgl. z. B. Kol 3,11; Röm 2,28f.; 3,1; vgl. auch Apg 16,1-3 mit Gal 2,3). Nach Röm 3,1-2 ist der „Überfluss der Juden“ und der „Nutzen der Beschneidung“, dass ihnen die „Aussprüche Gottes“ (τὰ λόγια τοῦ θεοῦ)[76] anvertraut wurden, während Paulus vorher betont hatte, dass die Beschneidung nur dann „nützt“, wenn man das Gesetz (als Ganzes) tut (Röm 2,25), und dass „die Unbeschnittenheit“ andererseits „zur Beschneidung gerechnet werden wird“, wenn man (als Nichtjude) die „Rechtsbestimmungen des Gesetzes bewahrt“ (Röm 2,26). Es handelt sich bei der Unterscheidung von „Juden“ und „Griechen“ um äußere Unterscheidungsmerkmale (vgl. Röm 2,28f.; Kol 3,11), die inhaltlich insofern eine Rolle spielen, dass die Juden durch die Schriften des „alten Bundes“ (vgl. dazu 2. Kor 3,13ff.) die messianischen Verheißungen kennen (vgl. z. B. Röm 3,1f.; Eph 2,11-13).

Anders ist das beim Gebrauch des Begriffs „Israel“ im Römerbrief.[77] Die Begriffe „Israel“ (vgl. dazu Röm 9,6.27.31; 10,19.21; 11,2.7.25.26) und „Israelit“ (vgl. dazu Röm 9,4; 11,1) werden von Paulus im Römerbrief nur in den Kapiteln 9–11 gebraucht, und zwar insgesamt elf- bzw. zweimal, während vorher jeweils von den Juden die Rede war. Der Begriff „Israel“ wird dabei offensichtlich in Bezug auf Israel als das auserwählte Bundesvolk Gottes gebraucht (vgl. auch z. B. Jes 44,5b; Joh 1,47; 1. Kor 11,22).[78] Richtig betont Mußner, dass mit „Israel“ das „mit diesem alten Ehrentitel versehene jüdische Volk gemeint“ ist, „die Judenschaft als Gottesvolk“.[79] Paulus schreibt in Gal 3,28 nicht: „es gibt nicht mehr Israelit …“, sondern: „es gibt nicht mehr Jude …“ (vgl. auch Röm 10,12). Die bleibende Erwählung als auserwähltes Bundesvolk Gottes wird von Paulus im Römerbrief selbstverständlich vorausgesetzt und bestätigt (vgl. z. B. Röm 9,4f.; 11,1f.).[80] Gott wird trotz Untreue des Volkes seine Ver-

76 Zum Gebrauch des Ausdrucks bei Philo und in Apg 7,38 vgl. Thiessen, Stephanusrede II, S. 49–53. Der Ausdruck τὰ λόγια („die Aussprüche“) betont in diesem Zusammenhang den Offenbarungscharakter der Gesetzgebung an Israel.

77 Dieser Unterschied wird z. B. von Wright nicht beachtet (vgl. z. B. Wright, Romans, S. 445; Wright, Fresh Perspective, S. 118f.; ders., Paul and the Faithfulness of God, S. 1156ff.). Dadurch wird der Begriff „Israel“ z. B. in Röm 11,25-27 so verstanden, dass damit das „neue Gottesvolk“ gemeint sei, zudem Juden- und Heidenchristen gehören (vgl. dazu ebd., S. 1231ff.).

78 Vgl. dazu auch u. a. Richardson, Israel, S. 70ff.

79 Mußner, Traktat, S. 52. Vgl. auch Saß, Leben, S. 414: „Jedoch weist Israel als Ehrenname offensichtlich für Paulus über diese soziologische Wirklichkeit (die er ja weiter mit Ἰουδαῖοι hätte beschreiben können) hinaus auf eine besondere Beziehung von Gott her. Gleich beim ersten Vorkommen des Begriffs im Brief macht er das mit den folgenden Näherbestimmungen auch dem Leser deutlich. Paulus erinnert daran, dass Gott mit Israel (zu dem Paulus auch bzw. sogar gerade seine ungläubigen Brüder hier ausdrücklich zählt) eine Geschichte hat und ihm die genannten Gnadengaben gelten – immer noch. Das macht das Präsens unmissverständlich deutlich. Man darf diese Aussage auch nicht der Differenzierung im Israelbegriff in 9,6-13 unterordnen …“

80 Vgl. auch Lohse, Römer, S. 267: „Nicht eigenen Leistungen oder Verdiensten haben sie es zu danken, Israel zu sein, sondern allein der Treue des erwählenden Gottes. Sie gilt unverbrüchlich, so dass es nicht heißt, sie seien Israeliten gewesen, sondern: Sie sind und bleiben es weiterhin. Darum gelten unverkürzt Gottes Gaben, die er seinem Volk als Auszeichnungen zugewandt hat.“

heißungen dem Volk gegenüber erfüllen, jedoch nicht ohne die zukünftige Umkehr des Volkes zu ihrem Erlöser Gott (vgl. auch z. B. Jes 10,20f.).

Wenn Paulus in Röm 9,4 sagt, dass seine „Brüder dem Fleisch nach“ (vgl. Röm 9,3) „Israeliten sind“ und sich selbst ausdrücklich dazu rechnet (vgl. Röm 11,1; 2. Kor 11,22), so wird deutlich, dass er die damit verbundenen Verheißungen immer noch für gültig erachtet.[81] Wenn auch nicht alle aus Israel tatsächlich dazu gehören, weil sie auf Grund ihres Unglaubens „ausgebrochen“ wurden (vgl. Röm 11,17ff.), so wird doch damit keineswegs Gottes Treue Israel gegenüber aufgehoben (vgl. Röm 11,11ff.). In Röm 9,4-5 zählt der Apostel „diejenigen Privilegien auf, die das Volk der Juden zum erwählten Bundesvolk machen“, wie Gräßer richtig betont.[82] Dass die an Jesus gläubigen „Heiden“ nun Anteil an den Segensverheißungen erhalten haben, hebt diese Verheißungen für Israel nicht auf. Vielmehr ist der Name „Israel“ eng mit der Berufung und Erwählung Gottes verbunden[83] und weist darum auch auf die Treue Gottes seinen Verheißungen gegenüber hin, welche u. a. die endzeitliche Errettung beinhalten.[84]

81 Vgl. auch u. a. Rese, Vorzüge, S. 215.
82 Gräßer, Der Alte Bund, S. 17.
83 Vgl. z. B. Jer 10,16b: „… und Israel ist der Stamm seines Erbteils, Jahwe der Heerscharen ist sein Name.“
84 Vgl. auch Piper, Justification, S. 21.

6. Bibliografie

Abegg, M. G., 4QMMT , Paul and „Works of the Law“, in: P. Flint (Hg.), The Bible at Qumran: Text, Shape, and Interpretation, Cambridge: Eerdmans, 2001, S. 203–216

Abegg, M. G., Sektierer-Manifest, in: Wise/Abegg/Cook, Schriftrollen von Qumran, S. 373–379

Abernathy, D., An Exegetical Summary of Romans 1–8, Dallas: SIL International, 2. Aufl. 2008

Adam, J., Paulus und die Versöhnung aller. Eine Studie zum paulinischen Heilsuniversalismus, Neukirchen-Vluyn: Neukirchener, 2009

Aletti, J.-N., L'argumentation paulinienne en Rm 9, in: Biblica 68 (1987), S. 41–56

Aletti, J.-N., Romais 11. Le développement de l'argumentation et ses enjeux exégético-théologiques, in: Schnelle, Letter, S. 197–223

Aletti, J.-N., Rm 7.7-25 encore une fois: enjeux et propositions, in: NTS 48/3 (2002), S. 358–376

Alexander, Ph. S., Torah and Salvation in Tannaitic Literatur, in: Carson u. a., Justification I, S. 261–301

Althaus, P., Paulus und Luther über den Menschen: Ein Vergleich (Studien der Luther-Akademie 14), Gütersloh: Bertelsmann, 2. Aufl. 1951

Amir, Y., The Term Ἰουδαϊσμός (*IOUDAISMOS*). A Study in Jewish-Hellenistic Self-Identification, in: Immanuel 14 (1982), S. 34–41

Aune, D. E., Romans as a *Logos Protreptikos*, in: Donfried, The Romans Debate, S. 278–296

Avemarie, F., Bund als Gabe und Recht. Semantische Überlegungen zu b[e]rît in der rabbinischen Literatur, in: Avemarie/Lichtenberger, Bund, S. 163–216

Avemarie, F., Tora und Leben. Untersuchungen zur Heilsbedeutung der Tora in der frühen rabbinischen Literatur (TSAJ 55), Tübingen: Mohr Siebeck, 1996

Avemarie, F., Die Werke des Gesetzes im Spiegel des Jakobusbriefes. A Very Old Perspective on Paul, in: ZThK 98.3 (2001), S. 282–309

Avemarie, F./Lichtenberger, H. (Hg.), Bund und Tora. Zur theologischen Begriffserklärung in alttestamentlicher, frühjüdischer und urchristlicher Tradition, Tübingen: Mohr Siebeck, 1996

Averbeck, R. E., Law, in: Sandy/Giese, Cracking Old Testament Codes, S. 113–138

Backhaus, K., Evangelium als Lebensraum. Christologie und Ethik bei Paulus, in: Schnelle/Söding, Paulinische Christologie, S. 9–31

Bachmann, M., J.D.G. Dunn und die Neue Paulusperspektive, in: ThZ 63 (2007), S. 24–43

Bachmann, M., Keil oder Mikroskop? Zur jüngeren Diskussion um den Ausdruck „'Werke' des Gesetzes", in: Ders., Lutherische und Neue Paulusperspektive, S. 69–134

Bachmann, M., Was für Praktiken? Zur jüngsten Diskussion um die ἔργα νόμου, in: NTS 55 (2009), S. 35–54

Bachmann, M., 4QMMT und Galaterbrief, in: NTS 43 (1997), S. 147–153

Bachmann, M., Rechtfertigung und Gesetzeswerke bei Paulus, in: ThZ 49 (1993), S. 1–33

Bachmann, M., Bemerkungen zur Auslegung zweier Genetivverbindungen des Galatererbriefes: „Werke des Gesetzes" (Gal 2,16 u.ö.) und „Israel Gottes" (Gal 6,16), in: Bachmann/Kollmann, Umstrittener Galaterbrief, S. 95–118

Bachmann, M., Sünder oder Übertreter. Studien zur Argumentation in Gal 2,15ff. (WUNT 59), Tübingen: Mohr Siebeck, 1992

Bachmann, M. (Hg.), Lutherische und Neue Paulusperpektive (WUNT 182), Tübingen: Mohr Siebeck, 2005

Bachmann, M./Kollmann, B. (Hg.), Umstrittener Galaterbrief. Studien zur Situierung der Theologie des Paulus-Schreibens, Neukirchen-Vluyn: Neukirchener, 2010

Bachmann, Ph., Der erste Brief des Paulus an die Korinther (Zahn KNT), Leipzig/Erlangen: Deichertsche Verlagsbuchhandlung, 3. Aufl. 1921

Badenas, R., Christ, the End of the Law: Romans 10.4 in Pauline Perspective (JSNT Suppl. Series 10), Sieffield: JSOT Press, 1985

Ballhorn, G., Die Miletrede – ein Literaturbericht, in: Horn, Ende des Paulus, S. 37–47

Baltes, G., Hebräisches Evangelium und synoptische Frage. Untersuchungen zum hebräischen Hintergrund der Evangelien (WUNT II/312), Tübingen: Mohr Siebeck, 2011

Baltes, G., Jesus, der Jude, und die Missverständnisse der Christen, Marburg: Francke-Buchhandlung, 2013

Balz, H., Römerbrief, in: TRE 29 (1998), S. 291–311

Barr, J., „Abba, Father" and the Familiarity of Jesus' Speech, in: Theology 91 (1988), S. 173–179

Barr, J., „Abba isn't „Daddy", in: Journal of Theological Studies 39 (1988), S. 28–47

Barrett, C. K., A Commentary on the Epistle to the Romans (Black's New Testament Commentary), London: Black, 1991

Barrett, C. K., Paul: An Introduction to His Thought, Lousville: Westminster John Knox, 1994

Barth, M., Jews and Gentiles: The Social Character of Justification in Paul, in: JES 5 (1968), S. 241–267

Barth, M., Das Volk Gottes. Juden und Christen in der Botschaft des Paulus, in: M. Barth/J. Bloch/J. Blank, Paulus – Apostat oder Apostel?, Jüdische und christliche Antworten, Regensburg: Pustet, 1977, S. 131–144

Bartsch, H. W., Die Historische Situation des Römerbriefes, in: Ders., Studia Evangelica IV (TU 102), Berlin: Akademie-Verlag, 1968, S. 281–291

Bauckham, R., Covenant, Law and Salvation in the Jewish Apocalypses, in: Ders., The Jewish World Around the New Testament, Grand Rapids: Baker Academic, 2008, S. 267–323

Bauer, W., Wörterbuch zum Neuen Testament, Hg. von K. Aland/B. Aland, Berlin/New York: Walter der Gruyter, 6. Aufl. 1988

Baumert N. (Hg.), NOMOS und andere Vorarbeiten zur Reihe „Paulus neu gelesen“, Würzburg: Echter, 2010

Baumert, N., Sorgen des Seelsorgers. Übersetzung und Auslegung des ersten Korintherbriefes (Paulus neu gelesen 1), Würzburg: Echter, 2007

Baumert, N., Der Weg des Trauens. Übersetzung und Auslegung des Briefes an die Galater und des Briefes an die Philipper (Paulus neu gelesen 3), Würzburg: Echter, 2009

Baumert, N./Meißner, J., Nomos bei Paulus, in: N. Baumert (Hg.), NOMOS und andere Vorarbeiten zur Reihe „Paulus neu gelesen“, Würzburg: Echter, 2010, S. 9–245

Baur, F. Ch., Ueber Zweck und Veranlassung des Römerbriefes und die damit zusammenhängenden Verhältnisse der römischen Gemeinde. Eine historisch-kritische Untersuchung, in: TZTh IX (1836), S. 59–178 (= ders., Gesammelte Werke I, hg. v. K. Scholder, Stuttgart Bad Cannstatt: Friedrich Frommann, 1963, S. 147–266)

Bauer, K.-A., „... durch Werke gerecht, nicht durch Glauben allein“? Anmerkungen zur homiletischen Vergegenwärtigung von Jak 2,14-16, in: Wengst/Saß, Ja und Nein, S. 165–169

Bechtler, S. R., Christ, the Τέλος of the Law: The Goal of Romans 10:4, in: Catholic Biblical Quarterly 56 (1994), S. 288–308

Becker, E.-M./Pilhofer, P. (Hg.), Biographie und Persönlichkeit des Paulus (WUNT 187), Tübingen: Mohr Siebeck, 2005

Becker, J., Paulus. Der Apostel der Völker, Tübingen: Mohr Siebeck, 1989

Beilby, J./Eddy, P. R. (Hg.), The Nature of the Atonement: Four Views, Downers Grove: IVP Academic, 2006

Beker, J. C., The Faithfulness of God and the Priority of Israel in Paul's Letter to the Romans, in: Donfried, The Romans Debate, S. 327–332

Beker, J. C., Paul the Apostle: The Triumpf of God in Life and Thought, Philadelphia: Fortress, 1980

Bendik, I., Paulus in neuer Sicht? Eine kritische Einführung in die „New Perspective on Paul“, Stuttgart: Kohlhammer, 2010

Benseler, G. E./Kägi, A., Griechisch-deutsches Schulwörterbuch, Teubner: Stuttgart/Leipzig, 15. Aufl. 1994

Berger, K., Abraham in den paulinischen Hauptbriefen, in: Münchener theologische Zeitschrift 17 (1986), S. 47–89

Berger, K., Art. χάρισμα, in: EWNT III, Sp. 1102–1105

Bergmeier, R., Gerechtigkeit, Gesetz und Glaube bei Paulus. Der judenchristliche Heidenapostel im Streit um das Gesetz und seine Werke, Neukirchen-Vluyn: Neukirchener, 2010

Bergmeier, R., Das Gesetz im Römerbrief und andere Studien zum Neuen Testament (WUNT 121), Tübingen: Mohr & Siebeck, 2000

Betz, H. D., Galatians. A Commentary on Paul's Letter to the Churches in Galatiea (Hermeneia), Philadelphia: Fortress, 1979

Betz, O., Der fleischliche Mensch und das geistliche Gesetz. Zum biblischen Hintergrund der paulinischen Gesetzeslehre, in: Ders., Jesus – Der Herr der Kirche. Ansätze zur biblischen Theologie II (WUNT 52), Tübingen: Mohr Siebeck, 1990, S. 129–197

Betz, O., Jesu Evangelium vom Gottesreich, in: Stuhlmacher, Evangelium, S. 55–77

Betz, O., Der Name als Offenbarung des Heils, in: Ders., Jesus – Der Herr der Kirche. Aufsätze zur biblischen Theologie II (WUNT 52), Tübingen: Mohr Siebeck, 1990, S. 396–406

Betz, O., Rechtfertigung in Qumran, in: Ders., Jesus – Der Messias Israels. Aufsätze zur biblischen Theologie (WUNT 42), Tübingen: Mohr, 1987, S. 39–58

Betz, O./Riesner, R., Verschwörung um Qumran? Jesus, die Schriftrollen und der Vatikan, München: Knaur, 2007

Bibliotheca Rabbinica, Eine Sammlung alter Midraschim, ins Deutsche übertragen von August Wünsche, Hildesheim/Zürich/New York: Olms, 1993, 4 Bde.

Bieringer, R./Garcia Martinez, F./Pollefeyt, D./Tomson, P. J. (Hg.), The New Testament and Rabbinic Literature (JSJ Supplements), Leiden: Brill, 2010

Bietenhard, H., Art. κύριος, in: ThBLNT I, 1997, S. 926–933

Blaschke, A., Beschneidung. Zeugnisse der Bibel und verwandter Texte (TANZ 28), Tübingen/Basel: Francke, 1998

Bläser, P., Das Gesetz bei Paulus (NTA XIX 1/2), I. Teil: Die Wortbedeutung von Nomos, Münster: Aschendorff, 1941

Blass, F./Debrunner, A./Rehkopf, Fr., Grammatik des neutestamentlichen Griechisch, Göttingen: Vandenhoeck & Ruprecht, 18. Aufl. 2001

Blischke, F., Die Entsprechung von Gottesverhältnis und ethischer Neubesinnung als Begründung der Ethik im Römerbrief, in: Schnelle, Letter, S. 403–423

Bockmuehl, M., 1QS und Salvation at Qumran, in: Carson u. a., Justification I, S. 381–414

Borcherdt, S./Merz, G., Martin Luther. Ausgewählte Werke, München: Reiser, Bd. 2, 3. Aufl. 1965

Bornemann, E./Risch, E., Griechische Grammatik, Frankfurt a. M.: Diesterweg, 2. Aufl. 1978

Bornkamm, G., The Letter to the Romans as Paul's Last Will and Testament, in: Donfried, The Romans Debate, S. 16–28

Bornkamm, G., Der Römerbrief als Testament des Paulus, in: Ders., Geschichte und Glaube II. (Gesammelte Aufsätze IV), München: Kaiser, 1971, S. 120–139

Boer, M. C. de, The Defeat of Death: Apocalyptic Eschatology in 1 Corinthians 15 and Romans 5 (JSNTSup 22), Sheffield: JSOT Press, 1988

Boer, M. C. de, Paul's Use and Interpretation of a Justification Tradition in Galatians 2.15-21, in: JSNT 28 (205), S. 189–216

Brandenburger, E., Adam und Christus. Exegetisch-religionsgeschichtliche Untersuchung zu Röm 5,12-21 (1. Kor. 15) (WMANT 7), Neukirchen-Vluyn: Neukirchener, 1962

Breitenbach, C., „Charis" and „eleos" in Paul's Letter to the Romans, in: Schnelle, Letter, S. 247–277

Brocke, M., Von jüdischer Weise, die Schrift auszulegen, in: LebZeug 32 (1977), S. 109–124

Bruegemann, W., Theology of the Old Testament, Minniapolis: Fortress, 1997

Bruce, F. F., Der Römerbrief. Ein Kommentar, Aßlar: ICI, 1986

Bultmann, R., Adam und Christus nach Rm 5, in: ZNW 50 (1959), S. 145–165

Bultmann, R., Römer 7 und die Anthropologie des Paulus, in: Ders., Exegetica. Aufsätze zur Forschung des Neuen Testaments, hg. v. E. Dinkler, Tübingen: Mohr Siebeck, 1967, S. 198–209

Bultmann, R., Art. Paulus, in: RGG^2 IV (1930), S. 1019–1045

Bultmann, R., Das Problem der Ethik bei Paulus, in: ZNW 23 (1924), S. 123–140

Bultmann, R., Theologie des Neuen Testaments, Tübingen: Mohr Siebeck, 4. Aufl. 1961

Burchard, C., Glaubensgerechtigkeit als Weisung der Tora bei Paulus, in: C. Landmesser/H.-J. Eckstein, H. Lichtenberger (Hg.), Jesus als die Mitte der Schrift: Studien zur Hermeneutik des Evangeliums (BZNW 86; FS O. Hofius), Berlin: Walter der Gruyter, 1997, 341–362

Burchard, C., Nächstenliebegebot, Dekalog und Gesetz in Jak 2,8-11, in: Die Hebräische Bibel und ihre zweifache Nachgeschichte (FS R. Rendtorff), Neukirchen-Vluyn: Neukirchener, 1990, S. 517–533

Burger, Chr., Jesus als Davidssohn. Eine traditionsgeschichtliche Untersuchung (FRLANT 98), Göttingen: Vandenhoeck & Ruprecht, 1970

Burkhardt, H., Die Inspiration heiliger Schriften bei Philo von Alexandrien, Gießen/Basel: Brunnen, 2. Aufl. 1992

Busch, A., The Figure of Eve in Romans 7:5-25, in: Biblical Interpretation 12 (2004), S. 1–36

Buxtorf, J., Lexicon chaldaicum, talmudicum et rebbinicum, Hildesheim/New York: Olms, 1977

Byrne, B., Interpreting Romans Theologically in a Post-„New-Perspective“ Perspective, in: HTR 94 (2001), S. 227–241

Byrne, B., Romans (SP), Collegeville: Glazier/Lutherical Press, 1996

Byrne, B., „Sons of God“ – „Seed of Abraham“: A Study of the Idea of the Sonship of God of All Christians in Paul against the Jewish Background (Analecta Biblica 83), Rome: Ponfitical Biblical Institute Press, 1979, S. 3–70

Calvert-Koyzis, N., Paul, Monotheism and the People of God: The Significance of Abraham Traditions for Early Judaism and Christianity (JSNT Suppl. Series 273), London: Clark, 2004

Campbell, D. A., The Deliverance of God. An Apocalyptic Rereading of Justification in Paul, Grand Rapids/Cambridge: Eerdmans, 2009

Campbell, D. A., The Rhetoric of Righteousness in Romans 3.21-26 (JSNT Suppl. 65), Sheffield: JSOT Press, 1992

Carras, G. R., Romans 2,1-29: A Dialogue on Jewish Ideals, in: Biblica 73 (1992), S. 183–207

Carson, D. A., Introduction, in: Carson u. a., Justification I, S. 1–5

Carson, D. A./O'Brien, P. T./Seifrid, M. A. (Hg.), Justification and Variegated Nomism, Bd. 1: The Complexities of Second Temple Judaism, Tübingen: Mohr und Grand Rapids: Baker, 2001

Carson, D. A./O'Brien, P. T./Seifrid, M. A. (Hg.), Justification and Variegated Nomism, Bd. 2: The Paradoxes of Paul, Tübingen: Mohr und Grand Rapids: Baker, 2004

Carmichael, C. M., The Origins of Biblical Law: The Decalogues and the Book of the Covenant, Ithaca/London: Cornell University Press, 1992

Clauss, M., Kaiser und Gott. Herrscherkult im römischen Reich, Darmstadt: WBG, 2001

Collins, J. J./Harlow, D. C., The Eerdmans Dictionary of Early Judaism, Grand Rapids/Cambridge: Eerdmans, 2010

Correns, D., Die Mischna. Ins Deutsche übertragen, mit einer Einleitung und Anmerkungen von Dietrich Correns, Wiesbaden: Marix, 2005

Cranfield, C. E. B., A Critical and Exegetical Commentary on the Epistle to the Romans: Introduction and Commentary on Romans I–VIII and Essays (ICC), Edinburgh: Clark, 1977

Cranfield, C. E. B., A Critical and Exegetical Commentary on the Epistle to the Romans: Introduction and Commentary on Romans IX–XVI and Essays (ICC), Edingburgh: Clark, 1979

Cranfield, C. E. B., Some Notes on Romans 9:30-33, in: Ellis/Gräßer, Jesus und Paulus, S. 35–43

Cranfield, C. E. B., „The Works of the Law“ in the Epistle to the Romans, in: JSNT 43 (1991), S. 89–101

Cremer, H., Biblisch-Theologisches Wörterbuch des Neutestamentlichen Griechisch, Stuttgart/Gotha: Perthes, 11. Aufl. 1923

Crüsemann, F., Die Tora. Theologie und Sozialgeschichte des alttestamentlichen Gesetzes, Gütersloh: Gütersloher Verlagshaus, 3. Aufl. 2005

Cullmann, O., Die Christologie des Neuen Testaments, Tübingen: Mohr Siebeck, 1957

Dahl, N. A., Studies in Paul: Theology for the Early Christian Mission, Minneapolis: Augsburg, 1977

Dahmen, U./Stegemann, H./Stemberger, G. (Hg.), Qumran – Bibelwissenschaften – Antike Judaistik (Einblicke 9), Paderborn: Bonifatius 2006

Das, A. A., Paulus of Tarshish: Isaiah 66.19 and the Spanish Mission of Romans 15.24,28, in: NTS 54 (2008), S. 60–73

Das, A. A., Solving the Romans Debate, Minneapolis: Fortress, 2007

Davies, G. N., Faith and Obedience in Romans: A Study in Romans 1–4 (JSNT Suppl. Series 39), Sheffield: JSOT Press, 1990

Davies, W. D., Jewish and Pauline Studies, Philadelphia: Fortress, 1984

Davies, W. D., Paul and Rabbinic Judaism. Some Rabbinic Elements in Pauline Theology, London: SPCK, 3. Aufl. 1965

Davies, W. D., Paul and the People of Israel, in: NTS 24 (1977), S. 4–39

Deibler, E. W., A Semantic and Structur Analysis of Romans, Dallas: Summer Institute of Linguistics, 1998

Deidun, T. J., New Covenant Morality in Paulus (Analecta Biblica 89), Rome: Pontifical Biblical Institute Press, 1981

Deines, R., Die Gerechtigkeit der Tora im Reich des Messias. Mt 5,13-20 als Schlüsseltext der matthäischen Theologie (WUNT 177), Tübingen: Mohr Siebeck, 2004

Deines, R., Die Pharisäer. Ihr Verständnis im Spiegel der christlichen und jüdischen Forschung seit Wellhausen und Graetz (WUNT 101), Tübingen: Mohr Siebeck, 1997

Deines, R., The Pharisees Between „Judaisms“ and „Common Judaism“, in: Carson u. a., Justification I, S. 443–504

Deissmann, A., Licht vom Osten. Das Neue Testament und die neuentdeckten Texte der hellenistisch-römischen Welt, Tübingen: Mohr Siebeck, 4. Aufl. 1923

Deissmann, A., Paulus, Tübingen: Mohr Siebeck, 2. Aufl. 1925

Despotis, A., Das paulinische Christentum als Bekehrungsreligion und das ekklesiologische Verständnis der paulinischen Rechtfertigungslehre, in: Frey/Schließer, Theologie des Paulus, S. 213–236

Dickson, J. P., Gopsel as News: εὐαγγελ- from Aristophanes to the Apostle Paul, in: NTS 51 (2005), S. 212–230

Dihle, A., Die Vorstellung vom Willen in der Antike, Göttingen: Vandenhoeck & Ruprecht, 1985

Dinkler, E., Die Anthropologie Augustins (FKGG 4), Stuttgart: Kohlhammer, 1934

Dittenberger, W., Sylloge inscriptionum graecarum, Leipzig: Herzel, 1915–1924, 3 Bde.

Dochhorn, J., Röm 7,7 und das zehnte Gebot. Ein Beitrag zur Schriftauslegung und zur jüdischen Vorgeschichte des Paulus, in: ZNW 100 (2009), S. 59–77

Dodd, C. H., The Epistle of Paul to the Romans, London: Fontana, 1959

Doering, L./Waubke, H-G./Wilk, F. (Hg.), Judaistik und neutestamentliche Wissenschaft. Standorte – Grenzen – Beziehungen, Göttingen: Vandenhoeck & Ruprecht, 2008

Donfried, K. P. (Hg.), The Romans Debate, Edinburgh: Hendrickson, 1991

Dunn, J. G. D., Jesus, Paul and the Law. Studies in Mark and Galatians, London: SCM, 1990

Dunn, J. G. D., The New Perspective on Paul, in: BJRL 65 (1983), S. 95–122 (zitiert nach der Ausgabe 2008 in: Ders, New Perspective, S. 99–120)

Dunn, J. G. D., The New Perspective on Paul, Grand Rapids/Cambridge: Eerdmans, Revised Edition 2008

Dunn, J. G. D., Jesus, Paul, and the Law: Studies in Mark and Galatians, Louisville: Westminster/John Knox, 1990

Dunn, J. G. D., Once More, πίστις Ἰησοῦ, in: Society of Biblical Literature 1991 Seminar Papers, hg. v. E. H. Lovering, Atlanta: Scholars Press, 1991, S. 730–744

Dunn, J. G. D., 4QMMT and Galatians, in: NTS 43 (1997), S. 147–153

Dunn, J. G. D., Romans 1–8 (WBC 38a), Dallas: Word Books, 1988

Dunn, J. G. D., Romans 9–16 (WBC 38b), Dallas: Word Books, 1988

Dunn, J. G. D., The Theology of Paul the Apostle, Grand Rapids: Eerdmans, 1998

Dunn, J. G. D., The Theology of Paul's Letter to the Galatians, Cambridge: Cambridge University, 1993

Dunn, J. G. D. (Hg.), Paul and the Mosaic Law. The Third Durham-Tübingen Research Symposium of Earliest Christianity and Judaism (Durham, September, 1994), Grand Rapids/Cambridge: Eerdmans, 1996

Eberhard, C., Studien zur Bedeutung der Opfer im Alten Testament. Die Signifikanz von Blut- und Verbrennungsriten im kultischen Rahmen (WMANT 94), Neukirchen: Neukirchener, 2002

Eckstein, H.-J., Der aus Glauben Gerechte wird leben. Beiträge zur Theologie des Neuen Testamens (BVB 5), Münster: LIT, 2003

Eckstein, H.-J., Auferstehung und gegenwärtiges Leben nach Röm 6,1-11. Präsentische Eschatologie bei Paulus?, in: Ders., Der aus Glauben Gerechte, S. 36–54

Eckstein, H.-J., „Gerechtigkeit Gottes" bei Paulus, in: Ders., Der aus Glauben Gerechte, S. 221–223

Eckstein, H.-J., Verheißung und Gesetz. Eine exegetische Untersuchung zu Galater 2,15–4,7 (WUNT 86), Tübingen: Mohr Siebeck, 1996

Edwards, J. R., Romans (New International Biblical Commentary), Peadoby: Hendrickson, 2005

Ego, B., Abraham als Urbild der Toratreue Israels. Traditionsgeschichtliche Überlegungen zu einem Aspekt des biblischen Abrahambildes, in: Avemarie/Lichtenberger, Bund und Tora, S. 25–40

Eibach, U., „Gestorben für unsere Sünden nach der Schrift." Zur Diskussion um die Heilsbedeutung des Todes Jesu Christi, in: Hampel/Weth, Für uns gestorben, S. 155–189

Eißfeldt, O., Erstlinge und Zehnten im Alten Testament. Ein Beitrag zur Geschichte des israelitisch-jüdischen Kultus, Leipzig: Hinrich, 1917

Ellis, E./Gräßer, E. (Hg.), Jesus und Paulus (FS W. G. Kümmel), Göttingen: Vandenhoeck & Ruprecht, 1975

Encyclopedia of the Dea Sea Scrolls, Vol. 1, hg. v. L. H. Schiffman/J. C. VanderKam, Oxford: University Press, 2000

Engberg-Pedersen, T., Gift-Giving and God's Charis. Bourdieu, Seneca and Paul in Romans 1–8, in: Schnelle, Letter, S. 95–111

Erlemann, K./Noethlichs, K. L./Scherberich, K./Zangenberg, J. (Hg.), Neues Testament und Antike Kultur, Neukirchen-Vluyn: Neukirchener, 2004–2008, 5 Bde.

Eschner, Ch., Gestorben und hingegeben „für" die Sünder. Die griechische Konzeption des Unheils abwendenden Sterbens und deren paulinische Aufnahme für die Deutung des Todes Jesu Christi, Neukirchen-Vluyn: Neukirchener, 2010

Fee, G. D., God's Empowering Presence: The Holy Spirit in the Letters of Paul, Peabody: Hendrickson, 1994

Feldmeier, R./Spieckermann, H. (Hg.), Der Gott der Lebendigen. Eine biblische Gotteslehre (TBT 1), Tübingen: Mohr Siebeck, 2011

Fitzmeyer, J. A., According to Paul: Studies in the Theology of the Apostle, New York: Paulist, 1993

Fitzmeyer, J. A., Paul's Jewish Background and the Deeds of the Law, in: Ders., According to Paul: Studies in the Theology of the Apostle, New York: Paulist, 1993, S. 18–35

Fitzmeyer, J. A., Romans (AYBC 33), New York: Doubleday, 1993

Flüchter, S., Die Anrechnung des Glaubens zur Gerechtigkeit. Auf dem Weg zu einer sozialhistorisch orientierten Rezeptionsgeschichte von Gen 15,6 in der neutestamentlichen Literatur (TANZ 51), Tübingen: Francke, 2010

Flusser, D., Die jüdische Messiaserwartung, in: Ders., Das Christentum – eine jüdische Religion, München: Kösel, 1990, S. 37–62

Flusser, D., The Sage from Galilee. Rediscovering Jesus' Genius, Hg. von R. S. Notley, Grand Rapids/Cambridge: Eerdmans, 2007

Flusser, D., Judaism and the origins of Christianity, Jerusalem: The Magnes Press, 1988

Forschner, M., Die stoische Ethik, Darmstadt: WBG, 2. Aufl. 1995

Foerster, W., Art. Götter und Herrscher als κύριοι, in: ThWbNT III, S. 1045–1056

Frankemölle, H., Frühjudentum und Urchristentum. Vorgeschichte – Verlauf – Auswirkungen (Kohlhammer Studienbücher Theologie 5), Stuttgart: Kohlhammer, 2006

Frey, J., Das Judentum des Paulus, in: O. Wischmeyer (Hg.), Paulus. Leben – Umwelt – Werk – Briefe (UTB 2767), Tübingen/Basel: Francke, 2005, S. 5–44

Frey, J., Probleme der Deutung des Todes Jesu in der neutestamentlichen Wissenschaft. Streiflichter zur exegetischen Diskussion, in: Frey/Schröter, Deutungen, S. 3–50

Frey, J./Schröter, J. (Hg.), Deutungen des Todes Jesu im Neuen Testament (WUNT 181), Tübingen: Mohr Siebeck, 2005

Frey, J./Schließer, B. (Hg.), Die Theologie des Paulus in der Diskussion, Neukirchen-Vluyn: Neukirchener, 2013

Friedrich, G., Das Gesetz des Glaubens Röm 3,27, in: ThZ 10 (1954), S. 401–417

Fryer, N. S. L., The Meaning and Translation of *Hilastērion* in Romans 3:25, in: Evangelical Quarterly 59 (1987), S. 99–116

Garland, D. E., 1 Corinthians (BECNT), Grand Rapids: Baker, 2003

Garrett, S. R., Jesus als Befreier vom Satan und den Mächten, in: ZNT 28 (2011), S. 14–23

Gaston, L., Paul and the Torah, Vancouver: University of British Columbia Press, 1987

Gathercole, S., Deutsche Erwiderungen auf die „New Perspective". Eine anglophone Sicht, in: Frey/Schließer, Theologie des Paulus, S. 115–153

Gathercole, S. J., Justified by Faith, Justified by Blood: The Evidence of Romans 3:21–4:25, in: Caron/O'Brien/Seifrid, Justification and Variegated Nomis 2, S. 147–184

Gathercole, S. J., Where is Boasting? Early Jewish Soteriology and Paul's Response in Romans 1–5, Grand Rapids/Cambridge: Eerdmans, 2002

Gaventa, B. R., „To Preach the Gospel": Romans 1,15 and the Purposes of Romans, in: Schnelle, Letter, S. 179–195

Gemünden, R von/Kondardt, M./Theißen, G., Der Jakobusbrief. Beiträge zur Rehabilitierung der „strohernen Epistel" (Beiträge zum Verstehen der Bibel 3), Münster: LIT, 2003

George, T., Modernizing Luther, Domesticating Paul: Another Perspective, in: Carson u. a., Justification II, S. 437–463

Gerber, Ch., Leben allein aus Gnade. Eph 2,1-10 und die paulinische Rechtfertigungsbotschaft, in: NTS 57 (2010), S. 366–391

Gese, H., Die Sühne, in: Ders., Zur biblischen Theologie. Alttestamentliche Vorträge (BEvTh 78), München: Kaiser, 1977, S. 85–106

Gielen, M., Der Römerbrief – Ein Lehrschreiben mit Situationsbezug, in: Bibel und Kirche 3/2010, S. 126–131

Giese, E., Römer 7 neu gesehen im Zusammenhang des gesamten Briefes, Marburg: Universitäts-Dissertation, 1960

Gignac, A., La mise en scène de Rm 7,7–8,4: Une aproche narrative et synchronique, in: Schnelle, Letter, S. 113–133

Gnilka, J., Wie das Christentum entstand, Bd. 3: Theologie des Neuen Testaments, Darmstadt: WBG, 1999/2004

Godet, F., Kommentar zu dem Brief an die Römer, Erster Teil: Kapitel 1–5, Hannover: Meyer, 2. Aufl. 1982

Godet, F., Kommentar zu dem Brief an die Römer, Zweiter Teil: Kapitel 6–16, Hannover: Meyer, 1988

Gräßer, E., Albert Schweitzer als Theologe, Tübingen: Mohr Siebeck, 1979

Gräßer, E., Der Alte Bund im Neuen (WUNT 35), Tübingen: Mohr Siebeck, 1985

Gräßer, E., Zwei Heilswege? Zum theologischen Verhältnis von Israel und Kirche, in: P. G. Müller und W. Strenger (Hg.), Kontinuität und Einheit (FS F. Mußner), Freiburg/Basel/Wien: Herder, 1981, S. 411–429

Grosse, S., Geist und Buchstaben. Varianten eines biblischen Themas in der Theologiegeschichte, in: JBTh 24 (2009), S. 157–178

Gundry, R. H., *Sōma* in Biblical Theology with Emphasis an Pauline Anthropology (SNTSMS 29), Cambridge: Cambridge University Press, 1976 (Grand Rapids: Zondervan, 1987)

Guthrie, D., New Testament Introduction, Leicester: Apollos und Downers Grove: InterVarsity, 4. Aufl. 1990

Haacker, K., Der Brief des Paulus an die Römer (ThHK 6), Leipzig: Evangelische Verlagsanstalt, 2. Aufl. 2002

Haacker, K., „Ende des Gesetzes“ und kein Ende? (Röm 10,4). Zur Diskussion über in Röm 10,4, in: Wengst/Saß, Ja und Nein, S. 127–138

Haacker, K., Gekreuzigt unter Pontius Pilatus – wozu? Zum Verständnis des Todes Jesu als Heilsgeschehen, in: Hampel/Weth, Für uns gestorben, S. 43–54

Haacker, K., Rettender Glaube und Abrahams Rechtfertigung. Zum Verhältnis zwischen Paulus und Jakobus (und Petrus?), in: Ch. Barnbrock/W. Klän (Hg.), Gottes Wort in der Zeit: verstehen – verkündigen – verbreiten (FS V. Stolle), Münster: LIT, 2005, S. 209–225

Haacker, K., Der Römerbrief als Friedensmemorandum, in: NTS 36 (1990), S. 25–41

Haacker, K., Rezeptionsgeschichte und Literarkritik. Anfragen an die *communis o-pinio* zum Corpus Paulinum, in: ThZ 3/65 (2009), S. 209–228

Haacker, K., Verdienste und Grenzen der „neuen Perspektive" der Paulus-Auslegung, in: Bachmann, Lutherische und Neue Paulusperspektive, S. 1–15

Haacker, K./Hempelmann, Hp., Hebraica Veritas, Die hebräische Grundlage der biblischen Theologie als exegetische und systematische Aufgabe, Wuppertal: Brockhaus Verlag, 1989

Hagner, D. A., Paul & Judaism. Testing the New Perspective, in: Stuhlmacher, Revisiting Paul's Doctrine of Justification, S. 75–105

Hahn, F., Christologische Hoheitstitel. Ihre Geschichte im frühen Christentum, Göttingen: Vandenhoeck & Ruprecht, 5. Aufl. 1995

Hahn, F., Genesis 15,6 im Neuen Testament, in: Ders., Studien zum Neuen Testament II, S. 169–186

Hahn, F., Gerechtigkeit Gottes und Rechtfertigung des Menschen nach dem Zeugnis des Neuen Testaments, in: Ders., Studien zum Neuen Testament II, S. 299–312

Hahn, F., Das Gesetzesverständnis im Römer- und Galaterbrief, in: Ders., Studien zum Neuen Testament II, S. 187–221

Hahn, F., Gibt es eine Entwicklung in den Aussagen über die Rechtfertigung bei Paulus?, in: Ders., Studien zum Neuen Testament II, S. 271–297

Hahn, F., Die *Interpretatio Christiana* des Alten Testaments bei Paulus, in: Ders., Studien zum Neuen Testament II, S. 157–167

Hahn, F., Studien zum Neuen Testament, Bd. II: Bekenntnisbildung und Theologie in urchristlicher Zeit (WUNT 192), Tübingen: Mohr Siebeck, 2006

Hahn, F., Theologie des Neuen Testaments, Tübigen: Mohr Siebeck, Bd. 1, 2. Aufl. 2005

Hahn, F., Theologie des Neuen Testaments, Tübigen: Mohr Siebeck, Bd. 1/2, 2. Aufl. 2005

Hahn, F., Zum Verständnis von Röm 11,26a: „... und so wird ganz Israel gerettet werden", Ders., Studien zum Neuen Testament II, S. 379–390

Hampel, V./Weth. R. (Hg.), Für uns gestorben: Sühne – Opfer – Stellvertretung, Neukirchen-Vluyn: Neukirchener, 2010

Hart, C., The Ethics of Paul (Grove Ethical Studies 115), Ridley Hall: Grove Books, 1999

Hansen, G. W., Abraham in Galatians: Epistolary and Rhetorical Context (JSNT Suppl.), Sheffield: Sheffield Academic Press, 1989

Hansen, G., Herrscherkult und Friedensidee, in: J. Leipoldt/W. Grundmann (Hg.), Umwelt des Urchristentums, Bd.1: Darstellung der neutestamentlichen Zeit, Berlin: Evangelische Verlagsanstalt, 5. Aufl. 1966, S. 127–142

Hartenstein, F., Zur symbolischen Bedeutung des Blutes im Alten Testament, in: Frey/Schröter, Deutungen des Todes Jesu , S. 119–137

Haubeck, W., Loskauf durch Christus. Herkunft, Gestalt und Bedeutung des paulinischen. Loskaufmotivs, Gießen: Brunnen, 1985

Hays, R. B., „Have we found Abraham to be our Forefather according to the Flesh?" A Reconsideration of Rom 4:1, in: NovT 27 (1985), S. 76–98

Hays, R. B., The Conversion of the Imagination: Paul as Interpreter of Israel's Scripture, Grand Rapids: Eerdmans, 2005, S. 61–84

Hays, R. B., The Gospel is the Power of God for Salvation to Gentiles Only? A Critique of Stanley Stower's A Rereading of Romans, in: Critical Review of Books in Religion 9 (1996), S. 27–44

Hay, D. M./Johnson, E. E. (Hg.), Pauline Theology, Volume III: Romans, Minneapolis: Fortress, 1995

Heidland, H., λογίζομαι, in: ThWbNT VI, S. 287–295

Hellegers, F. R., Die Gerechtigkeit Gottes im Römerbrief, Tübingen: Guide, 1939 (Dissertation der Eberhard-Karls-Universität von Tübigen)

Hengel, M., Die Begegnung von Judentum und Hellenismus im Palästina der vorchristlichen Zeit, in: Hengel, Kleine Schriften I, S. 151–170

Hengel, M., Der Jakobusbrief als antipaulinische Polemik, in: Ders., Paulus und Jakobus (WUNT 141), Tübingen: Mohr Siebeck, 2002, S. 510–548

Hengel, M., Jesus und die Tora, ThBeitr 9 (1978), S. 152–172

Hengel, M., Judaica et Hellenistica. Kleine Schriften I (WUNT 90), Tübingen: Mohr Siebeck, 1996

Hengel, M., Juden, Griechen und Barbaren. Aspekte der Hellenisierung des Judentums in vorchristlicher Zeit (SBS 76), Stuttgart: Katholisches Bibelwerk, 1976

Hengel, M., Der Sohn Gottes. Die Entstehung der Christologie und die jüdisch-hellenistische Religionsgeschichte, Tübingen: Mohr Siebeck, 3. Aufl. 1977

Hengel, M., Die Zeloten. Untersuchungen zur jüdischen Freiheitsbewegung in der Zeit von Herodes I bis 70 n. Chr. (AGJU 1), Leiden: Brill, 2. Aufl. 1976

Hengel, M./Deines, R., E. P. Sanders' „Common Judaism", Jesus und die Pharisäer, in: Hengel, Kleine Schriften I, S. 392–479

Hengel, M./Lichtenberger, H., Die Hellenisierung des antiken Judentums als Praeparatio Evangelica, in: Hengel, Kleine Schriften I, S. 295–313

Hengel, M./Markschies, Chr., Das Problem der „Hellenisierung" Judäas im 1. Jahrhundert nach Christus, in: Hengel, Kleine Schriften I, S. 1–90

Hengel, M./Schwemer, A. M., Jesus und das Judentum, Tübingen: Mohr Siebeck, 2007

Hengel, M./Schwemer, A. M. (Hg.), Königsherrschaft Gottes und himmlischer Kult im Judentum, Urchristentum und in der hellenistischen Welt (WUNT 55), Tübingen: Mohr Siebeck, 1991

Hengel, M./Schwemer, A. M., Paulus zwischen Damaskus und Antiochien (WUNT 108), Tübingen: Mohr Siebeck, 1998

Henten, J. W. van, Datierung und Herkunft des Vierten Makkabäerbuches, in: Ders. u. a. (Hg.), Tradition and Re-interpretation in Jewish and Early Literature (FS J. C. H. Lebram – StPB 36), Leiden: Brill, 1986

Henten, J. W. van, Jüdisches Martyrium und der Tod Jesu, in: Doering/Waubke/ Wilk, Judaistik und neutestamentliche Wissenschaft, S. 146–172

Hirschfeld, Y., Qumran – die ganze Wahrheit. Die Funde der Archäologie – neu bewertet, Gütersloh: Gütersloher Verlagshaus, 2006

Hoehner, H. W., Ephesians: An Exegetical Commentary, Grand Rapids: Baker Academic, 2002

Hoffmann, H., Das Gesetz in der frühjüdischen Apokalyptik (SUNT 23), Göttingen: Vandenhoeck & Ruprecht, 1999

Hoffmann, P., Die Basileia-Verkündung Jesu und die Option für die Armen, in: Ders., Studien zur Frühgeschichte der Jesus-Bewegung (Stuttgarter Biblische Aufsatzbände, Neues Testament 17), Stuttgart: Katholisches Bibelwerk, 1994, S. 41–72

Hofius, O., Exegetische Studien (WUNT 223), Tübingen: Mohr Siebeck, 2008

Hofius, O., Paulusstudien I (WUNT 51), Tübingen: Mohr Siebeck, 2. Aufl 1994

Hofius, O., Paulusstudien II (WUNT 143), Tübingen: Mohr Siebeck, 2002

Hofius, O., Erwägungen zur Gestalt und Herkunft des paulinischen Versöhnungsgedankens, in: Ders., Paulusstudien I, S. 1–14

Hofius, O., Das Evangelium und Israel. Erwägungen zu Römer 9–11, in: Ders., Paulusstudien I, S. 175–202

Hofius, O., Gesetz und Evangelium nach 2. Korinther 3, in: Ders., Paulusstudien I, S. 75–120

Hofius, O., Das Gesetz des Mose und das Gesetz Christi, in: Ders., Paulusstudien I, S. 50–74

Hofius, O., „Gott hat unter uns aufgerichtet das Wort von der Versöhnung“ (2Kor 5,19), in: Ders., Paulusstudien I, S. 15–32

Hofius, O., Der Mensch im Schatten Adams, in: Ders., Paulusstudien II, S. 104–154

Hofius, O., Sühne und Versöhnung. Zum paulinischen Verständnis des Kreuzestodes Jesu, in: Ders., Paulusstudien I, 33–49

Hofius, O., Werke des Gesetzes. Untersuchungen zu der paulinischen Rede von den ἔργα νόμου, in: Ders., Exegetische Studien, S. 49–88

Hofius, O., „Werke des Gesetzes“ – Zwei Nachträge, in: Ders., Exegetische Studien, S. 89–94

Hofius, O., Wort Gottes und Glaube bei Paulus, in: Ders., Paulusstudien I, S. 148–174

Hommel, H., Das 7. Kapitel des Römerbriefes im Lichte antiker Überlieferung, in: Ders., Sebasmata II (WUNT 32), Tübingen: Mohr Siebeck, 1984, S. 141–173

Horn, F. W., Juden und Heiden – Aspekte der Verhältnisbestimmung in den paulinischen Briefen. Ein Gespräch mit Krister Stendahl, in: Bachmann/ Woyke, Lutherische und Neue Paulusperspektive, S. 17–39

Horn, F. W. (Hg.), Das Ende des Paulus. Historische, theologische und literaturgeschichtliche Aspekte (BZNW 106), Berlin/New York: Walter de Gruyter, 2001

Horn, F. W., Die letzte Jerusalemreise des Paulus, in: Ders., Das Ende des Paulus, S. 15–35

Hübner, H., Das Gesetz bei Paulus. Ein Beitrag zum Werden der paulinischen Theologie, Göttingen: Vandenhoeck & Ruprecht, 3. Aufl. 1983

Hübner, H., Gottes Ich und Israel. Zum Schriftgebrauch des Paulus in Römer 9 – 11, Göttingen: Vandenhoeck & Ruprecht, 1984

Hübner, H., Hermeneutics of Romans 7, in: Dunn, Paul and the Mosaic Law, S. 207–214

Hultgren, A. J., Paul's Letter to the Romans. A Commentary, Grand Rapids/Cambridge: Eerdmans, 2011

Ibita, M. M. S., „Abraham believed God, and it was reckoned to him as Righteousness". Paul's Usage of Gen 15,6 in Romans 4, in: Schnelle, Letter, S. 678–690

Iersel, B. M. F. Van, „Der Sohn" in den synoptischen Jesusworten. Christusbezeichnung der Gemeinde oder Selbstbezeichnung Jesu? (NowTSup 3), Leiden: Brill, 1961

Janowski, B., Auslösung des verwirkten Lebens. Zur Geschichte und Struktur der biblischen Lösegeldvorstellung, in: ZThK 79 (1982), S. 25–59

Janowski, B., Das Leben für andere hingeben. Alltestamentliche Voraussetzungen für die Deutung des Todes Jesu, in: Frey/Schröter, Deutungen, S. 97–118

Janowski, B., Stellvertretung. Alttestamentliche Studien zu einem theologischen Grundbegriff (SBB 165), Stuttgart: Katholisches Bibelwerk, 1997

Janowski, B., Sühne als Heilsgeschehen. Studien zur Sühnetheologie der Priesterschrift und zur Wurzel KPR im Alten Orient und im Alten Testament (WMANT 55), Neukirchen-Vluyn: Neukirchener, 1982

Jaffee, M. S., Torah in the Mouth: Writing and Oral Tradition in Palestinian Judaism 200 BCE–400 CE, Oxford: Oxford University Press, 2001

Jeremias, J., ABBA (Studien zur neutestamentlichen Theologie und Zeitgeschichte), Göttingen: Vandenhoeck & Ruprecht, 1966

Jeremias, J., Art. 'Αβραάμ, in: ThWbNT I, S. 7–9

Jervell, J., Die Apostelgeschichte (KEK), Göttingen: Vandenhoeck & Ruprecht, 1998

Jervell, J., Der Brief nach Jerusalem, in: StTh 25 (1971), S. 61–73

Jervell, J., The Letter to Jerusalem, in: Donfried, The Romans Debate, S. 53–64

Jewett, R., Romans. A Commentary (Hermeneia), Minniapolis: Fortress, 2007
Johnson, E. E., The Faithfulness and Impartiality of God, in: Hay/Johnson, Pauline Theology 3, S. 211–239
Johnson, E. E., The Function of Apocalyptic and Wisdom Traditions in Romans 9–11 (SBL Dissertation Series 109), Atlanta: Scholars Press, 1989
Josephus, Flavius, De Bello Judaico. Griechisch und Deutsch, hg. v. O. Michel/O. Bauernfeind, München: Kösel, 1962–1969, 3 Bde.
Josephus, Flavius, Flavii Iosephi Opera, hg. v. B. Niese, Berlin: Weidemannsche Verlagsbuchhandlung, 2. Aufl. 1955, Bd. I (griechisch)
Josephus, Jewish Antiquities, Books I–III, with an English Translation by H. St. J. Thackeray, Cambridge: Harvard University Press, 1998
Josephus, Flavius, Jüdische Altertümer, Wiesbaden: Fourier, 8. Aufl. 1989
Jüngel, E., Das Gesetz zwischen Adam und Christus. Eine theologische Studie zu Röm 5,12-21, in: ZThK 60 (1963); S. 42–74
Kahl, W., Psalm 2 und das Neue Testament. Intertextuelle Aspekte anhand ausgewählter Beispiele, in: Sänger, Gottessohn, S. 232–250
Kaiser, B., Luther und die Auslegung des Römerbriefes. Eine theologisch-geschichtliche Beurteilung (Biblia et Symbiotica 9), Bonn: VKW, 1995
Käsemann, E., An die Römer (HNT 8a), Tübingen: Mohr Siebeck, 1973
Kautzsch, E., Die Apokryphen und Pseudepigraphen des Alten Testaments, Tübingen: Mohr Siebeck, Neudruck 1921 (1900), 2 Bde.
Kaye, B. N., The Thought Structure of Romans with Special Reference to Chapter 6, Austin: Scholars, 1979
Kettunen, M., Der Abfassungszweck des Römerbriefes (AASF 18), Helsinki: Suomalainen Tiedaakatemia, 1979
Kim, S., Paul and the New Perspective: second Thoughts on the Origin of Paul's Gospel. Grand Rapids: Eerdmans, 2002
Kim, T. H., The Anarthrous υἱός θεοῦ in Mark 15,39 and the Roman Imperial Cult, in: Biblica 79 (1998), S. 221–241
Kirby, J. T., The Syntax of Romans 5.12: A rhetorical Approarch, in: NTS 33 (1987), S. 283–286
Klaiber, W., Der Galaterbrief (Die Botschaft des Neuen Testaments), Nuekirchen-Vluyn: Neukirchener, 2013
Klauck, H.-J., Die Johannesoffenbarung und die kleinasiatische Archäologie, in: M. Küchler/K. M. Schmidt (Hg.), Texte – Fakten – Artefakte. Beiträge zur Bedeutung der Archäologie für die neutestamentliche Forschung (NTOA 59), Fribourg: Academic Press und Göttingen: Vandenhoeck & Ruprecht, 2006, S. 197–229

Klauck, H.-J., Die religiöse Umwelt des Urchristentums II: Herrscher- und Kaiserkult, Philosophie, Gnosis (Kohlhammer Studienbücher Theologie 9,2), Stuttgart/Berlin/Köln: Kohlhammer, 1996

Klein, M., „Ein vollkommenes Werk“. Vollkommenheit, Gesetz und Gericht als theologische Existenz nach dem Jakobusbrief (BWANT 139), Stuttgart: Kohlhammer, 1995

Klein, G., Paul's Purpose in Writing the Epistle to the Romans, in: Donfried, The Romans Debate, S. 29–43

Klein, G., Der Abfassungszweck des Römerbriefes, in: Ders., Rekonstruktion und Interpretation. Gesammelte Aufsätze zum Neuen Testament, München: Kaiser, 1969, S. 129–144

Kleinknecht, H. (Hg.), Luthers Galaterbrief-Auslegung, Göttingen: Vandenhoeck & Ruprecht, 1987

Klijn, A. F. J., Die syrische Baruch-Apokalypse, in: Jüdische Schriften aus hellenistisch-römischer Zeit, hg. v. W. G. Kümmel, Bd. V/2, Gütersloh: Gütersloher Verlagshaus, 1976, S. 103–191

Knittel, T., Das griechische „Leben Adams und Evas“. Studien zu einer narrativen Anthropologie im frühen Judentum (TSAJ 88), Tübingen: Mohr Siebeck, 2002

Koch, D.-A., Die Schrift als Zeuge des Evangeliums. Untersuchungen zur Verwendung und zum Verständnis der Schrift bei Paulus (BHT 69), Tübingen: Mohr Siebeck, 1986

Koch, K. Art. צדק, in: THAT II, Sp. 507–530

Koch, S., „Wenn ich nach Spanien reise“ (Röm 15,24): Hinweise zu Hintergrund und Bedeutung der Reisepläne des Paulus, in: Schnelle, Letter, S. 699–712

Koehler, L./Baumgartner, W., Hebräisches und Aramäisches Lexikon zum Alten Testament, Leiden: Brill, 3. Aufl. 1995

Konradt, M., Christliche Existenz nach dem Jakobusbrief. Eine Studie zu seiner soteriologischen und ethischen Konzeption (StUNT 22), Göttingen: Vandenhoeck & Ruprecht, 1998

Knöppler, Th., Sühne im Neuen Testament. Studien zum urchristlichen Verständnis der Heilsbedeutung des Todes Jesu, Neukirchen-Vluyn: Neukirchener, 2001

Kraus, H. J., Freude an Gottes Gesetz, in: EvTh 10 (1951/52), S. 337–351

Kraus, W., Der Erweis der Gerechtigkeit Gottes im Tod Jesu nach Röm 3,21-26, in: Doering/Waubke/Wilk, Judaistik, S. 192–216

Kraus, W., Der Tod Jesu als Heiligtumsweihe: Eine Untersuchung zum Umfeld der Sühnevorstellung in Römer 3,25-26a (WMANT), Neukirchen-Vluyn: Neukirchener, 1991

Kraus, W., Das Volk Gottes. Zur Grundlegung der Ekklesiologie bei Paulus (WUNT 85), Tübingen: Mohr Siebeck, 1996

Krauter, S., Eva in Röm 7, in: ZNW 99 (2008), S. 1–17

Krauter, S., Röm 7: Adam oder Eva?, in: ZNW 101 (2010), S. 145–147

Kugel, J. L., Early Judaism Biblical Interpretation, in: Collins/Harlow, Eerdmans Dictionary, S. 121–141

Kühl, E., Der Brief des Paulus an die Römer, Leipzig: Quelle & Meyer, 1913

Kühner, R./Gerth, B., Ausführliche Grammatik der griechischen Sprache, Zweiter Teil: Satzlehre, Hannover: Hahnsche Buchhandlung, 4. Aufl. 1955

Kuhr, F., Römer 2,14f. und die Verheißung Jer 31,3ff., in: ZNW 55 (1964), S. 243–261

Kümmel, W. G., Die Probleme von Römer 9–11 in der gegenwärtigen Forschungslage, in: Ders., Heilsgeschehen und Geschichte II. Gesammelte Aufsätze 1965–1977, Marburg: Elwert, 1978, S. 245–260 (= L. de Lorenzi [Hg.], Die Israelfrage nach Römer 9–11 [Monographic Reihe 'Benedictina', Bib.-Ecum. Sect. 3; Rom: Abtei von St. Paulus vor den Mauern, 1977), S. 13–33

Kümmel, W. G., Römer 7 und das Bild des Menschen im Neuen Testament. Zwei Studien (Theologische Bücherei 53), München: Kaiser, 1974

Kürzinger, J., Der Schlüssel zum Verständnis von Röm 7, in: BZ.NF 7 (1963), S. 270–274

Kuss, O., Der Römerbrief I–III, Regensburg: Pustet, 1957/1963/1978

Kutsch, E., Neues Testament – Neuer Bund? Eine Fehlübersetzung wird korrigiert, Neukirchen-Vluyn: Neukirchener, 1978

Kuula, K., The Law, the Covenant and God's Plan, Vol. 2: Paul's Treatment of the Law and Israel in Romans, Göttingen: Vandenhoeck & Ruprecht, 2003

Laato, T., Paulus und das Judentum. Anthropologische Überlegungen, Åbo: Akademis Vörlag, 1991

Labahn, A./Labahn, M., Jesus als Sohn Gottes bei Paulus, in: Schnelle/Söding, Paulinische Christologie, S. 97–120

Lambrecht, J., The Line of Thought in Romans 7,15-20, in: Biblica 85 (2004), S. 393–398

Lambrecht, J., Paul' Reasoning in Galatians 2:11–21, in: Dunn, Paul and the Mosaic Law, S. 53–74

Lampe, P., Juden und Christen in Rom. Sozialhistorische Aspekte, in: Bibel und Kirche 3/2010, S. 132–136

Lampe, P., Die stadtrömischen Christen in den ersten beiden Jahrhunderten (WUNT 2/18), Tübingen: Mohr Siebeck, 2. Aufl. 1989

Leader, W., Jesus' Attitude towards the Law. A Study of the Gospels, Grand Rapids/Cambridge: Eerdmans, 1997

Lee, Ch.-Ch., The Blessing of Abraham, the Spirit, & Justification in Galatians. Their Relationship and Significance for Understandig Paul's Theology, Eugene: Pickwick, 2013

Lerle, E., Jakobus contra Paulus? in: Fundamentum 3/1995, S. 37–54

Lerle, E., Die Predigt im Neuen Testament, Berlin: Evangelische Verlagsanstalt, 2. Aufl. 1957

Lichtenberger, H., Das Ich Adams und das Ich der Menschheit. Studien zum Menschenbild in Römer 7 (WUNT 164), Tübingen: Mohr Siebeck, 2004

Liddell, H. G./Scott, R., A Greek-English Lexikon, revised and augmented throughout by Sir H. S. Jones with the Assisance of R. McKenzie and with the Cooperation of many Scholars, Oxford: Clarendon Press, 1996

Liebers, R., Das Gesetz im Evangelium. Untersuchungen zur Gesetzeskritik des Paulus, Zürich: TVZ, 1989

Lietzmann, H., An die Römer (HNT 8), Tübingen: Mohr Siebeck, 3. Aufl. 1928

Litwak, K., One or Two Views of Judaism: Paul in Acts 28 and Romans 11 on Jewish Unbelief, in: TynB 57/2 (2006), S. 229–249

Lloyd-Jones, D. M., Romans: An Exposition of Chapter 8:5-17: The Son of God, Grand Rapids: Zondervan, 1975

Lohmeyer, E., „Gesetzeswerke“, in: Ders., Probleme paulinischer Theologie, Darmstadt: WBG, 1954, S. 31–74

Lohmeyer, E., Probleme paulinischer Theologie, Darmstadt: WBG, 1954

Löhr, H., Wahrnehmung und Bedeutung des Todes Jesu nach dem Hebräerbrief. Ein Versuch, in: Frey/Schröter, Deutungen, S. 455–476

Lohse, B., Conscience and Authority in Luther, in: H. A. Oberman (Hg.), Luther and the Dawn of the Modern Era, Leiden: Brill, 1974, S. 158–183

Lohse, E., Der Brief an die Römer (KEKNT 4), Göttingen: Vandenhoeck & Ruprecht, 2004

Lohse, E., Märtyrer und Gottesknecht: Untersuchungen zur urchristlichen Verkündigung vom Sühnetod Jesu Christi (FRLANT 46), Göttingen: Vandenhoeck & Ruprecht, 2. Aufl. 1963

Lohse, E., Rechenschaft vom Evangelium. Exegetische Studien zum Römerbrief, Berlin: de Gruyter, 2007

Lohse, E., Summa Evangelii. Zu Veranlassung und Thematik des Römerbriefes, in: NAWG 3 (1993), S. 91–119

Longenecker, B. W., Eschatology and the Covenant: A Comparison of 4 Ezra and Romans 1–11 (JSNT Suppl. Series 57), Sheffield: JSOT Press, 1991, S. 211–213

Longenecker, B. W., πίστις in Romans 3.25: Neglected Evidence for the „Faithfulness of Christ“?, in: NTS 39 (1993), S. 478–480

Longenecker, R. N., Introducing Romans. Critical Issues in Paul's Most Famous Letter, Grand Rapids/Cambridge: Eerdmans, 2011

Louw, J. P./Nidy, E. A. (Hg.), Greek-English Lexicon of the New Testament based on Semantic Domains, vol. 1: Indroduction & Domains, New York: United Bible Societies, 1988

Lübking, H.-M., Paulus und Israel im Römerbrief. Eine Untersuchung zu Römer 9–11, Frankfurt am Main/Bern/New York: Peter Lang, 1986

Luck, U., Das Gute und das Böse in Römer 7, in: Merklein, Neues Testament und Ethik, S. 220–237

Lüdemann, G., Die Auferweckung Jesu von den Toten. Ursprung und Geschichte einer Selbsttäuschung, Lüneburg: zu Klampen, 2002

Luz, U., Das Geschichtsverständnis des Paulus, München: Kaiser, 1968

Luz, U., Zum Aufbau von Röm. 1–8, in: ThZ 25 (1969), S. 161–181

Martitz, W. v., Art. υἱός im Griechischen, in: ThWbNT VIII, S. 335–34

Marshall, I. H.. The Development of the Concept of Redemption in the New Testament, in: R. Banks (Hg.), Reconciliation and Hope: New Testament Essays on Atonement and Eschatology (FS L. L. Morris), Grand Rapids: Eerdmans, 1974, S. 153–169

Martin, B. L., Paul on Christ and the Law, in: JETS 26 (1983), S. 271–282

Martin, R. P., A Hymn of Christ. Philippians 2:5-11 in Recent Interpretation and in the Setting of Early Christian Worship, Downers Grove: InterVarsity, 1997

Maschmeier, J.-Ch., Rechtfertigung bei Paulus. Eine Kritik alter und neuer Paulusperspektiven (BWANT 189), Stuttgart: Kohlhammer, 2010

Mauerhofer, E., Einleitung in die Schriften des Neuen Testaments 2: Römer – Offenbarung, Nürnberg: VTR und Hamburg: RVB, 3. Aufl. 2004, 2 Bde.

Mauerhofer, E., Der Kampf zwischen Geist und Fleisch bei Paulus, Frutigen: Trachsen Verlag, 4. Aufl. 2000

Mauerhofer, E., Umgestaltung ins Bild Jesu, in: Fundamentum, 4/1994, S. 56–71

Maier, J., Die Qumran-Essener. Die Texte vom Toten Meer, Bd. 2: Die Texte der Höhle 4 (UTB 1863), München/Basel: Reinhardt, 1995

Maier, J., Die Qumrangemeinde im Rahmen des frühen Judentums, in: S. Talmon (Hg.), Die Schriftrollen von Qumran, Regensburg: Pustet, 1998, S. 51–69

Maier, J./Schreiner, J. (Hg.), Literatur und Religion des Frühjudentums, Würzburg: Echter und Gütersloh: Güterloher Verlagshaus, 1973

Mason, St., „For I Am not Ashamed of the Gospel.“ (Rom. 1.16): The Gospel and the First Readers of Romans, in: L. A. Jervis/P. Richardson, Gospel in Paul: Studies on Corinthians and Romans for Richard N. Longenecker (JSNT.S 108), Sheffield: Sheffield Academic Press, 1994

Mason, St., Jews, Judaeans, Judaizing, Judaism: Problems of Cateforization in Ancient History, in: JSJ 38 (2007), S. 457–512

Mayordomo, M., Ambivalente Gerechtigkeit. Der Römerbrief als offener Text, in: Bibel und Kirche 3/2010, S. 148–153

McGrath, A. E., *Iustitia Dei*: A History of the Christian Doctrine of Justification from 1500 to the present day, Cambridge: Cambridge University Press, 1986, Vol. 1

McNamara, M., Some Targum Themes, in: Carson, Justification I, S. 303–356

Meißner, St., Die Heimholung des Ketzers. Studien zur jüdischen Auseinandersetzung mit Paulus (WUNT 2/87), Tübingen: Mohr Siebeck, 1996

Merklein, H., Der Tod Jesu als stellvertrendender Sühnetod. Entwicklung und Gehalt einer zentralen neutestamentlichen Aussage, in: Ders., Studien, S. 181–191

Merklein, H., Studien zu Jesus und Paulus (WUNT 43), Tübingen: Mohr Siebeck, 1987

Merklein, H. (Hg.), Neues Testament und Ethik (FS Rudolf Schnackenburg), Freiburg: Herder, 1989

Meyer, B. F., The Pre-Pauline Formula in Rom. 3.25-26a, in: NTS 29 (1983), S. 198–208

Michel, O., Der Brief an die Römer (KEK), Göttingen: Vandenhoeck & Ruprecht, 5. Aufl. 1966

Michel, O., Art. υἱὸς τοῦ θεοῦ, in: ThBLNT, 2000, S. 1080–1088

Midrasch Tanḥuma B. R. Tanḥuma über die Tora, genannt Midrasch Jelammedenus, Bd. 1 (Judaica et Chrstiana 5), hg. v. H. Bietenhard, Bern/Frankfurt a. M.: Peter Lang, 1980

Mischnajot, Die sechs Ordnungen der Mischna. Hebräischer Text mit Punktation, deutscher Übersetzung und Erklärung, Basel: Goldschmidt, 3. Aufl. 1968

Montefiore, C. G., Judaism and St. Paul. Two Essays. London: Goschen, 1914

Moo, D. L., „Law“, „Works of the Law,“ and Legalism in Paul, in: Westminster Theological Journal 45 (1983), S. 73–100

Moo, D. L., The Epistle to the Romans (NICNT), Grand Rapids: Eerdmans, 1996

Moo, D. L., Romans 1–8 (Wycliffe Exegetical Commentary), Chicago: Moody, 1991

Moo, D. L., The Theology of Romans 9–11: A Responce to E. Elizabeth Johnson, in: Hay/Johnsohn, Pauliny Theology 3, S. 240–258

Moore, G. F., Christian Writers on Judaism, in: HThR 14 (1921), S. 197–254

Moore, G. F., Judaism in the First Centuries of the Christian Era. The Age of the Tannaim, Vol. I, Cambridge: Harvard University Press, 1927

Moore, G. F., Judaism in the First Centuries of the Christian Era. The Age of the Tannaim, Vol. III, Cambridge: Harvard University Press, 1930

Morris, L., The Apostolic Preaching of the Cross, Grand Rapids: Eerdmans, 1965

Moritz, T., A Profound Mystery. The Use of the Old Testament in Ephesians (NovTSup 85), Leiden: Brill, 1996

Moxnes, H., Honor, Shame, and the Outside World in Paul's Letter to the Romans, in: J. Neusner u. a. (Hg.), The Social World of Formative Christianity and Judaism:

Essays in Tribute to Howard Clark Kee, Philadelphia: Fortress, 1988, S. 207–218
Müller, C., Gottes Gerechtigkeit und Gottes Volk. Eine Untersuchung zu Römer 9–11 (FRLANT 86), Göttingen: Vandenhoeck & Ruprecht, 1964
Müller, K., Zur Datierung rabbinischer Aussagen, in: Merklein, Neues Testament und Ethik, S. 551–587
Müller, K., Geschichte, Heilsgeschichte und Gesetz, in: Maier/Schreiner, Literatur und Religion, S. 73–105
Müller, K., Neutestamentliche Wissenschaft und Judaistik, in: Doering/Waubke/Wilk, Judaistik und neutestamentliche Wissenschaft, S. 32–60
Müller, M., Vom Schluss zum Ganzen. Zur Bedeutung des paulinischen Briefkorpusabschlusses (FRALANT 172), Göttingen: Vandenhoeck & Ruprecht, 1997
Munck, P., Christus und Israel. Eine Auslegung von Römer 9–11 (Acta Jutlandica 28,3), Aarhus: Universitetsforlaget, 1956
Munck, P., Paulus und die Heilsgeschichte, Aarhus/Kopenhagen: Universitetsforlaget, 1954
Mußner, F., „Christus (ist) des Gesetzes Ende zur Gerechtigkeit für jeden, der glaubt“ (Röm 10,4), in: M. Barth/J. Blank/J. Bloch/F. Mußner/R. J. W. Werblowsky, Paulus – Apostat oder Apostel? Jüdische und christliche Antworten, S. 31–44
Mußner, F., Heil für alle. Der Grundgedanke des Römerbriefs, in: Kairos 23 (1981), S. 207–214
Mußner, F., Traktat über die Juden, München: Kösel, 1979
Murray, J., The Epistle to the Romans: The English Text with Introduction, Exposition, and Notes, vol. 1: Chapters 1–8 (NICNT), Grand Rapids: Eerdmans, 1959
Najman, H., Seconding Sinai. The Development of Mosaic Discourse in Second Temple Judaism, Leiden: Brill, 2003
Nanos, M. D., The Mystery of Romans. The Jewish Context of Paul’s Letter, Minneapolis: Fortress, 1996
Neef, H.-D., Aspekte alttestamentlicher Bundestheologie, in: Avemarie/Lichtenberger, Bund und Tora, S. 1–23
Negoiță, A./Ringgren, H., Art. זָכָה, in: ThWbAT II (1977), Sp. 569–571
Neubrand, M., Abraham – Vater von Juden und Nichtjuden. Eine exegetische Studie zu Röm 4, Würzburg: Echter, 1997
Neusner, Jacob, Introduction to Rabbinic Literature (The Anchor Bible Reference Library), New York: Doubleday, 1999 (1994)
Nicklas, T./Merkt, A./Verheyden, J. (Hg.), Ancient Perspectives on Paul (StUNT 102), Göttingen: Vandenhoeck & Ruprecht, 2013
Niebuhr, K.-W., „A New Perspective on James“? Neuere Forschungen zum Jakobusbrief, in: ThLZ 129 (2004), S. 1019–1044

Niebuhr, K.-W., Die paulinische Rechtfertigungslehre in der gegenwärtigen exegetischen Diskussion, in: Söding, Rechtfertigungslehre, S. 116–130

Niebuhr, K.-W., Die Paulusbriefsammlung, in: Ders. (Hg.), Grundinformation Neues Testament (UTB 2108), Göttingen: Vandenhoeck & Ruprecht, 2. Aufl. 2003, S. 196–293

Novenson, M. V., Can the Messiahship of Jesus Be Read off Paul's Grammar? Nils Dahl's Criteria 50 Years Later, in: NTS 56 (2010), S. 396–412

Nygren, A., Der Römerbrief, Göttingen: Vandenhoeck & Ruprecht, 3. Aufl. 1959

Oberhänsli-Widmer, G., Biblische Figuren in der rabbinischen Literatur. Gleichnisse und Bilder zu Adam, Noah und Abraham im Midrasch Bereschit Rabba (JC 17), Bern u. a.: Peter Lang, 1998

Oegema, G. S., Versöhnung ohne Vollendung? Römer 10,4 und die Tora der messianischen Zeit, in: Avemarie/Lichtenberger, Bund und Tora, S. 229–261

Oehler, G. Fr., Theologie des Alten Testaments, Stuttgart: Druck und Verlag von J. F. Steinkopf, 3. Aufl. 1891

Oepke, A., Art. εἰς, in: ThWbNT II, S. 418–432

Oorschot, J. van, Hoffnung für Israel. Eine Studie zu Römer II,25-32, Gießen: Brunnen, 1988

Osten-Sacken, P. von der, Römer 8 als ein Beispiel paulinischer Soteriologie (FRLANT 112), Göttingen: Vandenhoeck & Ruprecht, 1975

Owen, P. L., The „Works of the Law“ in Romans and Galatians: A New Defence of the Subjective Genitive, in: ZThK 105 (2007), S. 553–577

Packer, J., Gott erkennen. Das Zeugnis vom einzig wahren Gott, Bad Liebenzell: VLM, 4. Aufl. 1994

Pape, W., Griechisch-Deutsches Handwörterbuch, Braunschweig: Vieweg & Sohn, 3. Aufl. 1914, 2 Bde.

Passow, F., Handwörterbuch der griechischen Sprache, neu bearbeitet von Chr. Fr. Rost, Fr. Palm, O. Kreussler, K. Keil und F. Peter, Darmstadt: WBG, Sonderausgabe 2004 (Nachdruck der 5. Aufl. 1852), 2 Bde. in 4 Teilbänden

Philo, In Ten Volumes, The Loeb Classical Library 261, hg. v. G. P. Goold, Cambridge: Harvard University Press und London: Heinemann, Neudruck 1985, Bd. IV (griechisch u. englisch; übersetzt von F. H. Colson u. G. H. Whitaker)

Philo, In Ten Volumes, The Loeb Classical Library 289, hg. v. G. P. Goold, Cambridge: Harvard University Press und London: Heinemann, Neudruck 1984, Bd. VI (griechisch u. englisch; übersetzt von F. H. Colson)

Philo, The Works of Philo, Complete and Unabridged in One Volume, ins Englische übersetzt von C. D. Yonge, Peabody, MA: Hendrickson, 1993 (Neudruck 1995)

Piper, J., The Justification of God: An exegetical and theological Study of Romans 9,1-23, Grand Rapids: Baker, 2. Aufl. 1993 (11. Druck 2007)

Plaut, W. G. (Hg.), Die Tora in jüdischer Auslegung. Autorisierte Übersetzung und Bearbeitung von Annette Böckler, Bd. III, Gütersloh: Gütersloher Verlagshaus, 3. Aufl. 2008

Plutarch, Moralphilosophische Schriften, ausgewählt, übersetzt und herausgegeben von H.-J. Klauck, Stuttgart: Reclam, 1997

Preisigke, F., Wörterbuch der griechischen Papyrusurkunden mit Einschluss der griechischen Inschriften, Ausschriften, Ostraka, Mumienschlider usw. aus Ägypten, bearbeitet und hg. v. E. Kießling, Marburg: Selbstverlag, 1971

Röhser, G., Metaphorik und Personifikation der Sünde (WUNT II/25), Tübingen: Mohr Siebeck, 1987

Pokorny, P./Heckel, U., Einleitung in das Neue Testament. Seine Literatur und Theologie im Überblick (UTB 2798), Tübingen: Mohr Siebeck, 2007

Popkes, W., Adressaten, Situation und Form des Jakobusbriefes (SBS 125/126), Stuttgart: Katholisches Bibelwerk, 1986

Porter, St. E./Stanley, Ch. D., As it is Written. Studying Paul's Use of Scripture (SBL.SS 50), Leiden: Brill, 2008

Portmann, Ines, Gesetzeskritische Motive im Judentum und die Gesetzeskritik des Paulus (StUNT 98), Göttingen: Vandenhoeck & Ruprecht, 2012

Quesnel, M., La figure de la mort dans l'épître aux Romains: Fonction rhétorique et argumentative, in: Schnelle, Letter, S. 55–73

Qimron, E./Strugnell, J., Qumran Cave 4, vol. V: Miqzat ma'aśe Ha-Tora (DJD X), Oxford: Clarendon, 1994

Rad, G. von, Die Anrechnung des Glaubens zur Gerechtigkeit, in: Ders., Gesammelte Studien zum Alten Testament (ThB 8), München: Kaiser, 4. Aufl. 1971, S. 130–135

Rad, G. von, Theologie des Alten Testaments, Bd. II: Die Theologie der prophetischen Überlieferungen Israels, München: Kaiser, 4. Aufl. 1965

Räisänen, H., Paul and the Law (WUNT 29), Tübingen: Mohr Siebeck, 1983

Räisänen, H., Paul, God, and Israel: Romans 9–11 in Recent Research, in: J. Neusner/E. S. Frerichs/P. Borgen/R. Horsley (Hg.), The Social World of Formative Christianity and Judaism, Philadelphia: Fortress, 1988, S. 178–206

Rapa, R. K., The Meaning of „Works of the Law" in Galatians and Romans, Frankfurt a.M./New York: Peter Lang, 2001

Rath, M., De Conceptu ‚Paresis' in Epistola ad Rom (3,25), Diss. masch. Jerusalem, 1965

Reichert, A., Literarische Analyse von Römer 7,7-25a, in: Schnelle, Letter, S. 297–325

Reichert, A., Der Römerbrief als Gratwanderung. Eine Untersuchung zur Abfassungsproblematik (FRLANT 194), Göttingen: Vandenhoeck & Ruprecht, 2001

Reinhold, W., Das Ziel des Gesetzes nach Röm 10,4-13, in: Doering/Waubke/Wilk, Judaistik und neutestamentliche Wissenschaft, S. 297–312

Rese, M., Die Vorzüge Israels in Rom. 9,4f. und Eph. 2,12. Exegetische Anmerkungen zum Thema Kirche und Israel, in ThZ 81 (1975), S. 211–222

Rieger, H.-M., Eine Religion der Gnade. Zur „Bundesnomismus"-Theorie von E.P. Sanders, in: Avemarie/Lichtenberger, Bund und Tora, S. 129–161

Riesner, R., Die Frühzeit des Apostels Paulus. Studien zur Chronologie, Missionsstrategie und Theologie, Tübingen: Mohr Siebeck, 1994

Riesner, R., Romans 15 and Paul's Project of Journey to Spain (Hispania), in: J. M. Gavaldà Ribot/A. M. Melgar/A. P. i Tàrrech (Hrsg), Pau, Fructuós i el Cristianisme Primitiu a Tarragona (Segles I–VIII). Actes del Congrés de Tarragona (19–21 de Juny de 2008), Taragona: Fundació Privada Liber, 2010, S. 101–111

Robertson, O. P., Genesis 15.6: New Covenant Expositions of an Old Covenant Text, in: Westminster Theological Journal 42 (1980), S. 259–289

Robinson, W. B., Faith of Jesus Christ – A New Testament Debate, in: Reformed Theological Review 29 (1970), S. 71–81

Röhser, G., Metaphorik und Personifikation der Sünde (WUNT II/25), Tübingen: Mohr Siebeck, 1987

Roloff, J., Die lutherische Rechtfertigungslehre und ihre biblische Grundlage, in: W. Kraus (Hg.), Frühjudentum und Neues Testament im Horizont Biblischer Theologie (WUNT 162), Tübingen: Mohr Siebeck, 2003, S. 275–300

Romanello, St., Rom 7,7-25 and the Impotence of the Law. A Fresh Look at a Much-Debated Topic Using Literary-Rhetorical Analysis, in: Biblica 84 (2003), S. 510–530

Roo, C. R. de, „Works of the Law" at Qumran and in Paul, Sheffield: Sheffield Phoenix Press, 2007

Rhyne, C. T., Faith establishes the Law (SBL Dissertation Series 55), Chico: Scholars Press, 1981

Richardson, P., Israel in the Apostolic Church, Cambridge: Cambridge University Press, 1969 (Neuausgabe 2005)

Sanday, W./Headlam, A. C., A Critical and Exegetical Commentary on the Epistle to the Romans (ICC), Edinburgh: Clark, 5. Aufl. 1902

Sanders, E. P., Jesus and Judaism, London: SCM Press, 1991 (Neudruck von 1985)

Sanders, E. P., Judaism. Practice and Belief 63 BCE–66 CE, London/Philadelphia: SCM Press, 1992

Sanders, E. P., Pattern of Religion in Paul and Rabbinic Judaism, in: HTR 66 (1973), S. 199–215

Sanders, E. P., Paul and Palestinian Judaism. A Comparison of Patterns of Religion. London: SCM, 1977

Sanders, E. P., Paul, the Law and the Jewish People, Minneapolis: Fortress, 1985 (1983)

Sanders, E. P., Paul's Attitude Toward the Jewish People, in: USQR 33 (1978), S. 175–187

Sanders, E. P., Paulus, Stuttgart: Reclam, 1995/2009

Sanders, E. P., Paulus und das palästinische Judentum. Ein Vergleich zweier Religionsstrukturen, Göttingen: Vandenhoeck & Ruprecht, 1985

Sanchez Bosch, J., Gloriarse según San Pablo. Sentido y teología de (AnBid 40), Rom: Pontificio Instituto Biblico, 1970

Sandy, D. B./Giese, R. L. (Hg.), Cracking Old Testament Codes: A Guide to Interpreting the Literary Genres of the Old Testament, Nashville: Broadman and Holman Publishers, 1995

Sänger, D., Die Adresse des Galaterbriefs. Neue [?] Überlegungen zu einem alten Problem, in: Bachmann/Kollmann, Umstrittener Galaterbrief, S. 1–56

Sänger, D. (Hg.), Gottessohn und Menschensohn. Exegetische Studien zu zwei Paradigmen biblischer Intertextualität (Biblisch-Theologische Studien 67), Neukirchen-Vluyn: Neukirchener, 2004

Saß, G., Leben aus den Verheißungen (FRLANT 164), Göttingen: Vandenhoeck & Ruprecht, 1995

Schäfer, P., Die Geburt des Judentums aus dem Geist des Christentums (Jenaer Vorlesungen zu Judentum, Antike und Christentum), Tübingen: Mohr Siebeck, 2010

Schäfer, P., Geschichte der Juden in der Antike, Tübingen: Mohr Siebeck, 2. Aufl. 2010

Schäfer, P., Studien zur Geschichte und Theologie des rabbinischen Judentums, Leiden: Brill, 1978

Schaller, B., Paul Billerbecks „Kommentar zum Neuen Testament aus Talmud und Midrasch". Wege und Abwege, Leistung und Fehlleistung christlicher Judaistik, in: Doering/Waubke/Wilk, Judaistik, S. 61–84

Schelkle, K. H., Paulus, Lehrer der Väter. Die altkirchliche Auslegung von Röm 1–12, Düsseldorf: Patmos, 1956

Schlatter, A., Gottes Gerechtigkeit. Ein Kommentar zum Römerbrief, Stuttgart: Calwer, 4. Aufl. 1965

Schließer, B., Abraham's Faith in Romans 4. Paul's Concept of Faith in Light of the History of Reception of Genesis 15:6 (WUNT 156), Tübingen: Mohr Siebeck, 2007

Schiffman, L. H., Early Judaism and Rabbinic Judaism, in: Collins/Harlow, Eerdmans Dictionary, S. 279–290

Schilling, J. (Hg.), Martin Luther. Lateinisch-Deutsche Studienausgabe, Leipzig: Evangelische Verlagsanstalt, Bd. 2, 2006

Schirrmacher, Th., Der Römerbrief. Für Selbststudium und Gruppenarbeit, Neuhausen-Stuttgart: Hänssler, 1994, 2 Bde.

Schlier, H., Der Römerbrief (HThKNT VI), Freiburg/Basel/Wien: Herder, 1977

Schmidt, W. H., Alttestamentlicher Glaube in seiner Geschichte, Berlin: Evangelische Verlagsanstalt, 4. Aufl. 1987

Schmithals, W., Methodische Erwägungen zur Literarkritik der Paulusbriefe, in: C. Breytenbach (Hg.), Paulus, die Evangelien und das Urchristentum. Beiträge von und zu Walter Schmithals zu seinem 80. Geburtstag, Leiden:Brill, 2004, S. 107–144

Schnabel, E., Der erste Brief des Paulus an die Korinther (HTA), Wuppertal: Brockhaus und Gießen: Brunnen, 2006

Schnabel, E., Law and Wisdom from Ben Sira to Paul: A Tradition Historical Enquiry into the Relation of Law, Wisdom, and Ethics (WUNT 2/16), Tübingen: Mohr Siebeck, 1985

Schnackenburg, R., Röm 7 im Zusammenhang des Römerbriefes, in: Ellis/Gräßer, Jesus und Paulus, S. 283–300

Schneider, W. Ch., Herrscherverehrung und Kaiserkult, in: Erlemann, Neues Testament und Antike Kultur 3, S. 210–217

Schnelle, U., Einleitung in das Neue Testament, Göttingen: Vandenhoeck & Ruprecht, 6. Aufl. 2007

Schnelle, U., Gerechtigkeit und Christusgegenwart. Vorpaulinische und paulinische Tauftheologie, Göttingen: Vandenhoeck & Ruprecht, 2. Aufl. 1986

Schnelle, U. (Hg.), The Letter to the Romans (BETL CCXXVI), Leuven: Peeters, 2009

Schnelle, U., Paulus. Leben und Denken, Berlin/New York: Walter der Gruyter, 2003

Schnelle, U., Der Römerbrief und die Aporien des paulinischen Denkens, in: Ders., Letter, S. 3–23

Schnelle, U., Theologie des Neuen Testaments (UTB 2917), Göttingen: Vandenhoeck & Ruprecht, 2007

Schnelle, U./Söding, Th. (Hg.), Paulinische Christologie. Exegetische Beiträge, Göttingen: Vandenhoeck & Ruprecht, 2000

Schoeps, H. J., Paulus. Die Theologie des Apostels im Lichte der jüdischen Religionsgeschichte, Tübingen: Mohr Siebeck, 1959 (Darmstadt: WBG, 1972)

Schönemann, E., Bund und Tora: Kategorien einer im christlich-jüdischen Dialog verantworteten Christologie, Göttingen: Vandenhoeck & Ruprecht, 2006

Schrage, W., Der erste Brief an die Korinther, 1. Teilband: 1Kor 1,1–6,11 (EKK VII/1), Düsseldorf/Zürich: Benziger und Neukirchen-Vluyn: Neukirchener, 1991

Schrage, W., Ethik des Neuen Testaments (GNT 4), Göttingen: Vandenhoeck & Ruprecht, 1982

Schreiber, S., Der Römerbrief, in: M. Ebner/S. Schreiber (Hg.), Einleitung in das Neue Testament (Studienbücher Theologie 6), Stuttgart: Kohlhammer, 2008, S. 277–302

Schreiber, S., Das Weihegeschenk Gottes. Eine Deutung des Todes Jesu in Röm 3,25, in: ZNW 97 (2006), S. 88–110

Schreiner, J., Das 4. Buch Esra (Jüdische Schriften aus hellenistisch-römischer Zeit V/4), Gütersloh: Gütersloher Verlagshaus, 1981

Schreiner, T. R., Does Romans 9 teach Individuals Election into Salvation? Some exegetical and theological Reflections, in: T. R. Schreiner/B. A. Ware (Hg.), The Grace of God, the Bondage of the Will, vol. 1: Biblical and Practical Perspective on Calvinism, Grand Rapids: Baker, S. 89–106

Schreiner, T. R., The Law and Its Fulfillment: A Pauline Theology of Law, Grand Rapids: Baker, 1993

Schreiner, T. R., Paul's View of the Law in Romans 10:4-5, in: WTJ 55 (1993), S. 113–135

Schreiner, T. R., Romans (BECNT), Grand Rapids: Baker, 1998 (Neudruck 2006)

Schreiner, T. R., New Testament Theology. Magnifying God in Christ, Nottingham: Apollos, 2008

Schreiner, T. R., „Works of Law" in Paul, in: Nov. Test. 33 (1991), S. 217–244

Schrenk, G., Art. δικαιοσύνη, in: ThWbNT II, S. 176–229

Schrenk, G., Der Römerbrief als Missionsdokument, in: Ders., Studien zu Paulus (AThANT 26), Zürich: Zwingli, 1954, S. 81–106

Schrenk, G., Art. „Vater im Neuen Testament", in: ThWbNT V, S. 981–1016

Schrenk, G., Art. „Der Vaterbegriff im Spätjudentum", in: ThWbNT V, S. 974–981

Schrenk, G., Die Weissagung über Israel im Neuen Testament, Gießen: Brunnen, 2. Aufl. 1984

Schröter, J., Metaphorische Christologie. Überlegungen zum Beitrag eines metaphorischen Zuganges zur Christologie anhand einzelner christologischer Metaphern bei Paulus, in: J. Frey/J. Rohls/R. Zimmermann (Hg.), Metaphorik und Christologie (TBT 120), Berlin: Walter der Gruyter, 2003, S. 53–73

Schröter, J., Sühne, Stellvertretung und Opfer. Zur Verwendung analytischer Kategorien zur Deutung des Todes Jesu, in: Frey/Schröter, Deutungen, S. 51–71

Schumacher, Th., Der Begriff πίστις im paulinischen Sprachgebrauch: Beobachtungen zum Verhältnis von christlicher und profangriechischer Semantik, in: Schnelle, Letter, S. 487–501

Schwarz, B., Das Missverständnis der sogenannten „Neuen Paulusperspektive". Wie eine verzerrte Sicht von Luther zu einer Umdeutung des Evangeliums führte, in: BuG 4/2010, Teil 1, S. 61–70 und Teil 2, S. 39–48

Schweitzer, A., Die Geschichte der Paulinischen Forschung von der Reformation bis auf die Gegenwart, Tübingen: Mohr Siebeck, 1911

Schweitzer, A., Die Mystik des Apostel Paulus, Tübingen: Mohr Siebeck, 1930 (Nachdruck 1981)

Scott, J. B., Art. אָמַן, in: ThWbOT, S. 51–53

Seifrid, M. A., Blind Alleys in the Controversy over the Paul of History, in: Tyndale Bulletin 45 (1994), S. 73–95

Seifrid, M. A., Justification by Faith: The Origin and Development of a Central Pauline Theme (Suppl. NT 68), Leiden: Brill, 1992

Seifried, M. A., Paul's Use of Righteousness Language Against Its Hellenistic Background, in: Carson u. a., Justification II, S. 39–74

Seifried, M. A., Righteousness Language in the Hebrew Scriptures and Early Judaism, in: Carson u. a., Justification I, S. 415–442

Seifried, M. A., Romans, in: C. K. Beale/D. A. Carson (Hg.), Commentary on the New Testament of the Old Testament, Grand Rapids: Baker Academic und Nottingham: Apollos, 2007, S. 607–694

Siebenthal, H. von, Griechische Grammatik zum Neuen Testament. Neubearbeitung und Erweiterung der Grammatik Hoffmann/von Siebenthal, Gießen/Basel: Brunnen und Riehen/Basel: Immanuel, 2011

Siegert, F., Argumentation bei Paulus gezeigt an Röm 9–11 (WUNT 34), Tübingen: Mohr Siebeck, 1985

Silva, M., The Law and Christianity: Dunn's New Synthesis, in: Westminster Theological Journal 53 (1991), S. 339–353

Söding, Th. Glaube, der durch Liebe wirkt. Rechtfertigung und Ethik im Galaterbrief, in: Bachmann/Kollmann, Umstrittener Galaterbrief, S. 165–206

Söding, Th., Sühne durch Stellvertretung. Zur zentralen Deutung des Todes Jesu im Römerbrief, in: Frey/Schröter, Deutungen, S. 375–396

Söding, Th. (Hg.), Worum geht es in der Rechtfertigungslehre? (Quaestiones disputatae 180), Freiburg: Herder, 1999

Sonntag, H., ΝΟΜΟΣ ΣΩΤΗΡ. Zur politischen Theologie des Gesetzes bei Paulus und im antiken Kontext, Tübingen: Francke, 2000

Stanley, C. D., Paul and the Language of Scripture: Citation Technique in the Pauline Epistles and Contemporary Literature (Society for New Testament Studies Monograph Series 69), Cambridge: Cambridge University Press, 1992

Starnitzke, D., Die Struktur paulinischen Denkens im Römerbrief. Eine linguistisch-logische Untersuchung, Stuttgart: Kohlhammer, 2004

Stauffer, E., Art. ἐγώ, in: ThWNT II, S. 341–360

Stegemann, E. W., Der Jude Paulus und seine antijüdische Auslegung, in: R. Rendtorff/E. Stegemann (Hg.), Auschwitz – Krise der christlichen Theologie, München: Chr. Kaiser, 1980, S. 117–139

Stegemann, E. W., Jüdische Lebenswelten im frühkaiserlichen Rom, in: Kirche und Israel 24/1 (2009), S. 39–55

Stegemann, E. W., Die umgekehrte Tora. Zum Gesetzesverständnis des Paulus, in: Judaica 43 (1987), S. 4–20

Stegemann, E. W., Wird εὐαγγέλιον bei Paulus auch als nomen actionis gebraucht?, in: ThZ 63 (2007), S. 1–24

Stegemann, H., The Qumran Essener – Local Members of the Main Jewish Union in Late Second Temple Times, in: J. Trebolle Barrera/L. Vegas Montaner (Hg.), The Madrid Qumran Congress. Proceedings of the International Congress on the Dead Sea Scrolls, Madrid, 18-21 March, 1991 (StTDJ 11), Leiden: Brill, 1992, S. 83–166

Stegemann, H., Die Essener, Qumran, Johannes der Täufer und Jesus. Ein Sachbuch, Freiburg: Herder, 9. Aufl. 1999

Steinsaltz, A., Persönlichkeiten aus der Bibel, Basel/Zürich: Morascha, 1996

Stemberger, G., Aufgaben und Ziele der Judaistik (1988), in: Ders., Studien, S. 13–18

Stemberger, G., Dating Rabbinic Traditions, in: Bieringer u. a., The New Testament and Rabbinic Literature, S. 76–96 (ders., in: Judaica Minora II, S. 231–245)

Stemberger, G., Die Frage nach einem „mainstream Judaism" in der Spätzeit des Zweiten Tempels, in: Dahmen/Stegemann/Stemberger, Qumran, S. 101–118 (Ders., Was there a „mainstream Judaism" in the late Second Temple Period?, in: Ders., Judaica Minora I, S. 395–410)

Stemberger, G., Gen 15 in Rabbinic and Patristic Interpretation, in: Ders., Judaica Minora I, S. 452–468

Stemberger, G., Hermann L. Stracks Beitrag zur Erforschung der rabbinischen Literatur, in: Ders., Judaica Minora II, S. 706–720

Stemberger, G., Judaica Minora, Teil I: Biblische Traditionen im rabbinischen Judentum (Texte und Studien zum antiken Judentum 133), Tübingen: Mohr Siebeck, 2010

Stemberger, G., Judaica Minora, Teil II: Geschichte und Literatur des rabbinischen Judentums (Texte und Studien zum antiken Judentum 138), Tübingen: Mohr Siebeck, 2010

Stemberger, G., Judaistik und neutestamentliche Wissenschaft, in: Doering/Waubke/Wilk, Judaistik und neutestamentliche Wissenschaft, S. 15–31 (= Stemberger, Judaica Minora I, S. 495–510)

Stemberger, G., Mischna Avot – Frühe Weisheitsschrift, pharisäisches Erbe oder spätrabbinische Bildung?, in: Ders., Judaica Minora II, S. 317–330

Stemberger, G., „Moses received Torah … (mAv 1,1) – Rabbinic Conceptions of Revelation, in: Ders., Judaica Minora II, S. 347–359

Stemberger, G., Mündliche Tora in schriftlicher Form – Zur Redaktion und Weitergabe früher rabbinischer Texte, in: Ders., Judaica Minora II, S. 246–260

Stemberger, G., Qumran, die Pharisäer und das Rabbinat, in: Ders., Judaica Minora I, S. 366–379

Stemberger, G., Rabbinic Sources for Historical Study, in: Ders., Judaica Minora II, S. 216–230

Stemberger, G., Studien zum rabbinischen Judentum (SBA AT 10), Stuttgart: Katholisches Bibelwerk, 1990

Stemberger, G., Die Tora im rabbinischen Judentum, in: Ders., Judaica Minora I, S. 1–14

Stemberger, G., Verdienst und Lohn – Kernbegriffe rabbinischer Frömmigkeit? Überlegungen zu Mischna-Avot, in: Ders., Judaica Minora II, S. 434–452

Stendahl, K., The Apostle Paul and the Introspective Conscience of the West, in: Harvard Theological Review 56 (1963), S. 199–215 (deutsch: Paulus und das „introspektive" Gewissen des Westens, in: Kirche und Israel 11 [1996], S. 19–33)

Stendahl, K., Der Jude Paulus und wir Heiden. Anfragen an das abendländische Christentum, München: Kaiser, 1978

Stendahl, K., Paul Among Jews and Gentiles and other Essays, Philadelphia: Fortress, 1976

Stendahl, K., Das Vermächtnis des Paulus. Eine neue Sicht auf den Römerbrief, Zürich: TVZ, 2001 (englisch: Final Account. Paul's Letter to the Romans, Minneapolis: Fortress, 1995)

Stern, D. H., Kommentar zum jüdischen Neuen Testament, Neuhausen-Stuttgart: Hänssler, 1992, 3 Bde.

Stettler, Chr., Das letzte Gericht (WUNT II/299). Studien zur Endgerichtserwartungen von den Schriftpropheten bis Jesus, Tübingen: Mohr Siebeck, 2011

Stettler, H., Die Christologie der Pastoralbriefe (WUNT II/105), Tübingen: Mohr Siebeck, 1998

Stigers, H. G., Art. צדק, in: ThWbOT, S. 752–755

Strecker, C., Paulus aus einer „neuen Perspektive". Paradigmenwechsel in der jüngeren Paulusforschung, in: Kul 11 (1996), S. 3–18

Strecker, G./Schnelle, U., Neuer Wettstein. Texte zum Neuen Testament aus Griechentum und Hellenismus, Band II/1: Texte zur Briefliteratur und zur Johannesapokalypse, Berlin/New York: Walter de Gruyter, 1996

Stöckl Ben Ezra, D., The Impact of Yom Kippur on Early Christianity. The Day of Atonement from Second Temple Judaism to the Fifth Century (WUNT 163), Tübingen: Mohr Siebeck, 2003

Stolle, V., Luther und Paulus. Die exegetischen und hermeneutischen Grundlagen der lutherischen Rechtfertigungslehre im Paulinismus Luthers (Arbeiten zur Bibel und ihrer Geschichte 10), Leipzig: Evangelische Verlagsanstalt, 2002

Stolle, V., Nomos zwischen Tora und Lex. Der paulinische Gesetzesbegriff und seine Interpretation durch Luther in der zweiten Disputation gegen die Antinomer vom 12. Januar 1538, in: Bachmann, Lutherische und Neue Paulusperspektive, S. 41–67

Stower, St. K., The Diatribe and Paul's Letter to the Romans (Societies of Biblical Literature Dissrtation Series 57), Chico: Scholars, 1981

Stower, St. K., A Rereading of Romans: Justice, Jews, and Gentiles, New Haven: Yale University Press, 1994

Scott, J. M., Adoption as Sons of God: An Exegetical Investigation into the Background of υἱοθεσία in the Pauline Corpus (WUNT 2/48), Tübingen: Mohr Siebeck, 1992

Stöhr, M. (Hg.), Lernen in Jerusalem, Berlin: Institut Kirche und Judentum, 1993

Stott, J., Romans: Good Good News for the World, Downers Grove: InterVarsity, 1994

Stowers, St. K., Eκ πίστεως and διὰ τῆς πίστεως in Romans 3:30, in: JBL, 108/4 (1989), S. 665–675

Strack, H. L./Billerbeck, P., Kommentar zum Neuen Testament aus Talmud und Midrasch, München: Beck'sche Verlagsbuchhandlung, 1926 (10., unveränderte Aufl. 1994), 5 Bde.

Strawn, B. A., ברית, in: ThWbQ I (2011), Sp. 508–521

Ströter, E. F., Der Fürst des Lebens muß einst alles erben. Aufsätze und Auslegungen, hg. v. H. Schuhmacher, Stuttgart: Paulus, 1966

Stuhlmacher, P., Biblische Theologie des Neuen Testaments, Göttingen: Vandenhoeck & Ruprecht, Bd. 1, 3. Aufl. 2005

Stuhlmacher, P., Das Evangelium und die Evangelien (WUNT 28), Tübingen: Mohr Siebeck, 1983

Stuhlmacher, P., Das paulinische Evangelium, Bd. I: Vorgeschichte, Göttingen: Vandenhoeck & Ruprecht, 1968, S. 56–63

Stuhlmacher, P., Gerechtigkeit Gottes bei Paulus, Göttingen: Vandenhoeck & Ruprecht, 1965

Stuhlmacher, P., Die Gerechtigkeitsanschauung des Apostels Paulus, in: Ders., Versöhnung, Gesetz und Gerechtigkeit. Aufsätze zur biblischen Theologie, Göttingen: Vandenhoeck & Ruprecht, 1981, S. 87–116

Stuhlmacher, P., The Purpose of Romans, in: Donfried, The Romans Debate, S. 231–242

Stuhlmacher, P., Revisiting Paul's Doctrine of Justification: A Challenge to the New Perspective. With an essay by Donald A. Hagner, Downers Grove: InterVarsity, 2001

Stuhlmacher, P., Versöhnung, Gesetz und Gerechtigkeit. Aufsätze zur biblischen Theologie, Göttingen: Vandenhoeck & Ruprecht, 1981

Stuhlmacher, P., Zum Thema: Das Evangelium und die Evangelien, in: Ders., Das Evangelium, S. 1–26

Stuhlmacher, P., Zur neueren Exegese von Röm 3,24-26, in: Ellis/Gräßer, Jesus und Paulus, S. 315–333

Stute, H., Der Römerbrief entschlüsselt unter Berücksichtigung seiner semantischen Strukturen, Bonn: VKW, 2003

Süld, E., Adam bei Paulus in Römer 7: Bemerkungen zur paulinischen Paradiesgeschichte, in: Schnelle, Letter, S. 771–777

Swetman, J., The Curious Crux at Romans 4:12, in: Biblica 61 (1980), S. 110–115

Talmon, S., Tora – Nomos – Gesetz. Die Bedeutung des Judentums für die christliche Theologie, in: Stöhr, Lernen in Jerusalem, S. 130–147

Ta-Shma, I. M., Art. „Abraham – In the Aggadah", in: Encyclopaedia Judaica, Encyclopaedia Judaica, hg. v. C. Roth, Jerusalem: Keter, 1971/2, Bd. 1, Sp.115–117

Theißen, G., Psychologische Aspekte paulinischer Theologie (FRLANT 131), Göttingen: Vandenhoeck & Ruprecht, 1983

Theobald, M., Glaube und Vernunft. Zur Argumentation des Paulus im Römerbrief, in: Ders., Studien zum Römerbrief, S. 417–431

Theobald, M., Das Gottesbild des Paulus nach Röm 3,21-31, in: Ders., Studien zum Römerbrief, S. 30–67

Theobald, M.„ „Dem Juden zuerst und auch dem Heiden". Die paulinische Auslegung der Glaubensformel Röm 1.3f. (1981), in: Ders., Studien zum Römerbrief, S. 102–118

Theobald, M., Kirche und Israel nach Röm 9–11, in: Ders., Studien zum Römerbrief, S. 324–349

Theobald, M., „Sohn Gottes" als christologische Grundmetapher bei Paulus (1994), in: Ders., Studien zum Römerbrief, S. 119–141

Theobald, M., Der Römerbrief (EdF 294), Darmstadt: WBG, 2000

Theobald, M., Römerbrief Kapitel 1–11 (SKK.NT 6/1), Stuttgart: Katholisches Bibelwerk, 1992

Theobald, M., Ist Paulus wirklich gescheitert? Der Apostel im Selbstgespräch mit dem Juden Paulus – aus der Sicht Michael Wolters, in: Frey/Schließer, Theologie des Paulus, S. 155–183

Theobald, M., Studien zum Römerbrief (WUNT 136), Tübingen: Mohr Siebeck, 2003

Theobald, M., Warum schrieb Paulus den Römerbrief?, in: Ders., Studien zum Römerbrief, S. 2–14

Theobald, M., Welcher Schlüssel passt zum Römerbrief? Große Theologen des 20. Jh.s zur Brieferöffnung Röm 1,1-17, in: Bibel und Kirche 3/2010, S. 138–146

Theological Wordbook of the Old Testament (ThWbOT), hg. v. R. L. Harris/G. L. Archer/B. K. Waltke, Chicago: Moody Press, 1980

Theologische Realenzyklopädie (TRE), hg. v. G. Krause und G. Müller, Berlin/New York: W. de Gruyer, Bd. 7, 1981

Theologisches Begriffslexikon zum Neuen Testament (ThBLNT), hg. v. Coenen, L./Haacker, K., Wuppertal: Brockhaus, 1. Sonderauflage 1993

Theologisches Begriffslexikon zum Neuen Testament (ThBLNT), hg. v. Coenen, L./Haacker, K., Wuppertal: Brockhaus, Bd. I, 1997 und Bd. II, 2000

Theologisches Handwörterbuch zum Alten Testament (THAT), hg. v. E. Jenni unter Mitarbeit von C. Westermann, München: Kaiser und Zürich: TVZ, 1971/1976, 2 Bde.

Theologisches Wörterbuch zum Alten Testament (ThWbAT) hg. v. G. J. Botterweck, H. Ringgren und H.-J. Fabry, Stuttgart/Berlin/Köln/ Mainz: Kohlhammer, 1973–2000, 10 Bde.

Theologisches Wörterbuch zum Neuen Testament (ThWbNT), Hg. von G. Kittel, Stuttgart/Berlin/Köln: Kohlhammer, Studienausgabe 1990, 10 Bde.

Theologisches Wörterbuch zu den Qumrantexten (ThWbQ), Bd. I, Hg. von H.-F. Farby/U. Dahmen, Stuttgart: Kohlhammer, 2011

Thiede, C. P., Ein Fisch für den Römischen Kaiser. Juden, Griechen, Römer: Die Welt des Jesus Christus, München: Luchterhand Literaturverlag, 1998

Thielman, F., Paul & the Law. A Contextual Approach, Downers Grove: InterVarsity Press, 1994

Thielman, F., Unexpected Mercy: Echoes of a Biblical Motif in Romans 9–11, in: Scottish Journal of Theology 47 (1994), S. 169–181

Thiessen, J., Die Auferstehung Jesu in der Kontroverse. Hermeneutisch-exegetische und theologische Überlegungen (STB 1), Münster/Zürich: LIT, 2009

Thiessen, J., Biblische Glaubenslehre. Eine Systematische Theologie für die Gemeinde, Nürnberg: VTR, 2004

Thiessen, J., Gott hat Israel nicht verstoßen. Biblisch-exegetische und theologische Perspektiven in der Verhältnisbestimmung von Israel, Judentum und Gemeinde Jesu, Frankfurt a. M.: Peter Lang, 2010

Thiessen, J., Die Stephanusrede Apg 7,2-53 untersucht und ausgelegt aufgrund des alttestamentlichen und jüdischen Hintergrundes, Nürnberg: VTR, 1999 (Kurztitel: Stephanusrede I)

Thiessen, J., Die Stephanusrede im Kontext des hellenistischen Judentums, in: J. Thiessen (Hg.), Die Apostelgeschichte des Lukas in ihrem historischen Kontext. Drei Fallstudien (Studien zu Theologie und Bibel 10, Münster/Zürich: LIT, 2013, S. 29–130 (Kurztitel: Stephanusrede II)

Thiessen, J. (Hg.), Kontroversen in der synoptischen Frage. Standpunkte, Untersuchungen und Lösungsansätze zur Entstehung der ersten drei Evangelien, Riehen: Immanuel und Hammerbrücke: jota, 2. Aufl. 2011

Thiessen, J., Paulinische versus jüdische und hellenistische Anthropologie? Zur Frage nach dem grundsätzlichen Verständnis von Röm 7,7-25, in: European Journal of Theology 21 (2012), S. 17–34

Thiessen, J., Zu Verfasserschaft und Datierung der synoptischen Evangelien, in: Thiessen, Kontroversen, S. 217–268

Thiessen, J., Zorndemonstration Gottes mit Heilsabsicht? Zur Problematik der Syntax und der Bedeutung von Römer 9,22-23, in: Filología Neotestamentaria VXIII (2010), S. 37–72

Thiessen, M., Contesting Conversion: Genealogy, Circumcision & Identity in Ancient Judaism and Christianity, Oxford: Oxford University Press, 2011

Thompson, R., The Alleged Rabbinic Background of Rom 3:31", in: Ephemerides Theologiae Lovanienses 63 (1987), S. 136–148

Thurén, L., Derhetorizing Paul. A Dynamic Perspective on Pauline Theology and the Law (WUNT 124), Tübingen: Mohr Siebeck, 2000

Tiwald, M., Hebräer von Hebräern. Paulus auf dem Hintergrund frühjüdischer Argumentation und biblischer Interpretation (HBS 52), Freiburg: Herder, 2008

Tobin, T. H., Paul's Rhetoric in its Contexts: The Argument of Romans, Peabody: Hendrickson, 2004

Tobin, T. H., „What Shall We Say That Abraham Found? The Controversy behind Romans 4, in: Harvard Theological Review 88 (1995), S. 437–457

Tyson, J. B., „Works of Law" in Galatians, in: JBL 92 (1973), S. 423–431

Urbach, E. E., The Sages. The World and Wisdom of the Rabbis of the Talmud, Cambridge/London: Harvard University Press, 2. Aufl. 1979

VanderKam, J. C., Covenant, in: Encyclopedia of the Dead Sea Scrolls I (2000), S. 151–155

Vielhauer, Ph., Geschichte der urchristlichen Literatur. Einleitung in das Neue Testament, die Apokryphen und die Apostolischen Väter, Berlin: Walter der Gruyter, 1985 (vierter Druck)

Vielhauer, Ph., Paulus und das Alte Testament, in: H. Klein (Hg.), OIKODOME. Aufsätze zum Neuen Testament II (TB 65), München: Kaiser, 1979, S. 196–228

Visscher, G. H., Romans 4 and the New Perspective on Paul. Faith Embraces the Promise (Studies in Biblical Literature 122), New York/Frankfurt a. M.: Peter Lang, 2009

Waffield, B. B., The Person and Work of Christ, hg. v. S. G. Craig, Grand Rapids: Baker, 1950

Wagner, J. R., Heralds of the Good News: Isaiah and Paul in Concert in the Letter in the Romans, Leiden: Brill, 2002

Walter, N., Zur Interpretation von Römer 9-11, in: ZThK 81 (1984), S. 172–195

Wander, B., Warum wollte Paulus nach Spanien?, in: Horn, Ende des Paulus, S. 175–195

Wasserman, E., The Death of the Soul in Romans 7. Sin, Death, and the Law in Light of Hellenistic Moral Psychology (WUNT II.256), Tübingen: Mohr Siebeck, 2008

Waubke, H.-G., Die talmudische *Ḥaberim*-Halacha und die Pharisäer, in: Doering/Waubke/Wilk, Judaistik und neutestamentliche Wissenschaft, S. 108–132

Watson, F., Paul, Judaism, and the Gentiles: Beyond the New Perspective, Grand Rapids: Eerdmans, 2007

Weber, R., Das Gesetz im hellenistischen Judentum. Studien zum Verständnis und zur Funktion der Thora von Demetrios bis Pseudo-Phokylides (ARGU 11), Frankfurt a. M.: Peter Lang, 2000 (Kurztitel: Gesetz I)

Weber, R., Das „Gesetz" bei Philon von Alexandrien und Flavius Josephus. Studien zum Verständnis und zur Funktion der Thora bei den beiden Hauptzeugen des hellenistischen Judentums, Frankfurt a. M.: Peter Lang, 2001 (Kurztitel: Gesetz II)

Weber, R., Die Geschichte des Gesetzes und des Ich in Römer 7,7–8,4. Einige Überlegungen zum Zusammenhang von Heilsgeschichte und Anthropologie im Blick auf die theologische Grundstellung des paulinischen Denkens, in: NZSTh 29 (1987), S. 147–179

Wechsler, A., Geschichtsbild und Apostelstreit, Berlin/New York: Walter de Gruyter, 1991

Wedderburn, A. J. M., Eine neuere Paulusperspektive, in: Becker/Pilhofer, Biographie, S. 46–64

Wedderburn, A. J. M., The Reasons for Romans, Edingburgh: Clark, 1988

Weiß, K., Art. διαφέρω, in: ThWbNT IX, S. 64–66

Wengst, K., „Freut euch, ihr Völker, mit Gottes Volk!" Israel und die Völker als Thema des Paulus – ein Gang durch den Römerbrief, Stuttgart: Kohlhammer, 2008

Wengst, K./Saß, G. (Hg.), Ja und Nein. Christliche Theologie im Angesicht Israels (FS für Wolfgang Schrage), Neukirchen-Vluyn: Neukirchener, 1998

Werblowsky, R. J. Z., Tora als Gnade, in: Kairos 15 (1973), S. 156–163

Wernle, P., Der Christ und die Sünde bei Paulus, Freiburg/Leipzig: Hinrichs, 1897

Westerholm, St., Perspectives Old and New on Paul. The „Lutheran" Paul and His Critics, Grand Rapids/Cambridge: Eerdmans, 2004

White, J., Die Erstlingsgabe im Neuen Testament (TANZ 45), Tübingen: Francke, 2007

Wibbing, S., Die Tugend- und Lasterkataloge im Neuen Testament und ihre Traditionsgeschichte unter besonderer Berücksichtigung der Qumran-Texte, Berlin: Töpelmann, 1959

Wilckens, U., Rechtfertigung als Freiheit, Neukirchen: Neukirchener, 1974

Wilckens, U., Über Abfassungszweck und Aufbau des Römerbriefes, in: Ders., Rechtfertigung als Freiheit, S. 110–170

Wilckens, U., Was heißt bei Paulus: „Aus Werken des Gesetzes wird kein Mensch gerecht"?, in: Ders., Rechtfertigung als Freiheit, S. 77–109

Wilckens, U., Der Brief an die Römer (EKK), Düsseldorf/Zürich: Benziger und Neukirchen-Vluyn: Neukirchener, Studienausgabe 2010, 3 Teilbände

Wilckens, U., Die Rechtfertigung Abrahams nach Römer 4, in: Ders., Rechtfertigung als Freiheit, S. 33–76

Wilckens, U., Theologie des Neuen Testaments, Bd. I: Geschichte der urchristlichen Theologie, Teilband 3: Die Briefe des Urchristentums: Paulus und seine Schüler, Theologen aus dem Bereich judenchristlicher Heidenmission, Neukirchen-Vluyn: Neukirchener, 2005

Wilk, F., Die Bedeutung des Jesajabuches für Paulus, Göttingen: Vandenhoeck & Ruprecht, 1998

Wilk, F., Ruhm *coram Deo* bei Paulus?, in: ZNW 101 (2010), S. 54–77

Wilk, F., Die synoptischen Evangelien des Neuen Testaments als Quellen für die Geschichte der Pharisäer, in: Doering/Waubke/Wilk, Judaistik und neutestamentliche Wissenschaft, S. 85–107

Williams, S. K., The Rightousness of God in Romans, in: Journal of Biblical Literatur 99 (1980), S. 241–290

Wischmeyer, O,. Paulus als Ich-Erzähler. Ein Beitrag zu seiner Person, seiner Biographie und seiner Terminologie, in: Becker/Pilhofer, Biographie, S. 88–105

Wise, M. O., Grundgesetz einer Sekten-Gemeinschaft (1QS, 4Q255–264a, 5Q11), in: Wise/Abegg/Cook, Schriftrollen von Qumran, S. 139–160

Wise, M./Abegg, M./Cook, E., Die Schriftrollen von Qumran. Übersetzung und Kommentar. Mit bisher unveröffentlichten Texten, hg. v. A. Läpple, Augsburg: Pattloch, 1997

Witulski, Th., Kaiserkult in Kleinasien. Die Entwicklung der kultisch-religiösen Kaiserverehrung in der römischen Provinz Asia von Augustus bis Antonius Rius (NTOQ 63), Göttingen: Vandenhoeck & Ruprecht , 2007

Wolter, M., Identität und Ethos bei Paulus, in: Ders., Theologie und Ethos im frühen Christentum (WUNT 236), Tübingen: Mohr Siebeck, 2009, S. 121–169

Wolter, M., Eine neue paulinische Perspektive, in: ZNT 14 (2004), S. 2–9

Wolter, M., Paulus. Ein Grundriss seiner Theologie, Neukirchen-Vluyn: Neukirchener, 2011

Wright, N. T., The Climax of the Covenant. Christ and the Law in Pauline Theology, Minneapolis: Fortress, 1993

Wright, N. T., Jesus and the Victory of God (Christian Origins and the Question of God 2), Minneapolis: Fortress, 1996

Wright, N. T., Jesus und der Sieg Gottes (Jesus and the Victory of God, übersetzt von R. Behrens), Marburg an der Lahn: Francke, 2013

Wright, N. T., Jesus and the Victory of God, London: SPCK, 1996

Wright, N. T., Justification. God's Plan and Paul's Vision, London: SPCK, 2009

Wright, N. T., Justification: Yesterday, Today and For Ever, in: Journal of the Evangelical Theological Society 54/1 (2011), S. 49–63 (Kurztitel: Justification II = Wright, Pauline Perspectives, S. 422–438)

Wright, N. T., The New Testament and the People of God (Christian Origins and the Question of God 1), Minneapolis: Fortress, 1992

Wright, N. T., Das Neue Testament und das Volk Gottes (The New Testament and the People of God, übersetzt von R. Behrens), Marburg an der Lahn: Francke, 2011

Wright, N. T., Paul. In a fresh Perspective, Minneapolis: Fortress, 2005

Wright, N. T., Paul and Caesar: A New Reading of Romans, in: C. Batholomew (Hg.), A Royal Priesthood: The Use of the Bible Ethically and Politically, Carlisle: Paternoster, 2002, S. 173–193 (= Wright, Pauline Perspectives, S. 237–254)

Wright, N. T., The Paul of History and the Apostel of Faith, in: Tyndale Bulletin 29 (1978), S. 61–88 (= Wright, Pauline Perspectives, S. 3–20)

Wright, N. T., Paul and the Faithfulness of God (Christian Origins and the Question of God 4), Minneapolis: Fortress, 2013, 2 Bde.

Wright, N. T., Paul and the Patriarch: The Role(s) of Abraham in Galatians and Romans, in: Journal for the Study of the New Testament 35/3 (2013), S. 207–241 (vgl. auch ders., Pauline Perspectives, S. 554–592).

Wright, N. T., Pauline Perspectives, London: SPCK and Minneapolis: Fortress, 2013

Wright, N. T., Paul's Gospels and Caesar's Empire, in: R. A. Horsley (Hg.), Paul and Politics: Ekklesia, Israel, Imperium, Interpretation. Essays in Honor of Krister Stendahl, Harrisburg: Trinity Press International, 2000, S. 160–183 (= Wright, Pauline Perspectives, S. 168–190)

Wright, N. T., 4QMMT and Paul: Justification, 'Works' and Eschatology, in: S.-W. Son (Hg.), History and Exegesis: New Testament Essays in Honor of Dr. E. Earle Ellis for his 80th Birthday, London: T&T Clark International, 2006, S. 104–132 (= Wright, Pauline Perspectives, S. 332–355)

Wright, N. T., Reading Paul, Thinking Scripture: 'Atonement' as a Special Study, in: H. Bockmuehl/A. J. Torrance (Hg.), Scripture's Doctrine and Theology's Bible: How the New Testament Shapes Christian Dogmatics, Grand Rapids: Baker Academic, 2008, S. 59–71 (= Wright, Pauline Perspectives, S. 357–378)

Wright, N. T., Redemption from the New Perspective? Towards a Multi-layered Pauline Theology of the Cross, in: S. T. Davis/D. Kenndall/G. O'Collins (Hg.), The Redemption, Oxford: Oxford University Press, 2004, S. 69–100 (= Wright, Pauline Perspectives, S. 292–316)

Wright, N. T., Romans, in: L. E. Keck (Hg.), The New Interpreter's Bible, Bd. 10, Nashville: Abingdon, 2002, S. 393–770

Wright, N. T., Romans 9–11 and the 'New Perspective', in: F. Wilk/J. R. Wagner (Hg.), Between Gospel and Election: Explorations in the Interpretation of Romans 9–11, Tübingen: Mohr Siebeck, 2009, S. 37–54 (= Wright, Pauline Perspectives, S. 392–406)

Wright, N. T., Romans and the Theology of Paul, in: Hay/Johnson, Pauline Theology III, S. 30–67 (= Wright, Pauline Perspectives, S. 93–125)

Wright, N. T., Romans 2.17–3.9: A Hiden Clue to the Meaning of Romans?, in: Journal for the Studies of Paul and his Letters 1/2 (2012), S. 1–25 (= Wright, Pauline Perspectives, S. 489–509)

Wright, N. T., What Saint Paul Really Said. Was Paul of Tarsus the Real Founder of Christianity?, Oxford: Lion, 1997

Wright, N. T., Worum es Paulus wirklich ging (What Saint Paul Really Said, übersetzt von R. Behrens), Gießen: Brunnen, 2010

Woude, A. S. Van der, Fakten kontra Phantasien. Die Bedeutung der Rollen vom Toten Meer für die Bibelwissenschaft und die Kunde des Frühjudentums, in: F. García Martínez/E. Noort (Hg.), Perspectives in the Study of the Old Testament and Early Judaism, Leiden: Brill, 1998, S. 249–271

Yardeni, A., Nahal Se'elim Documents, Jerusalem: ha-Hevrah la-hakirat Erets Yisrae'el we-,atikotehah, 1995

Zahn, Th., Der Brief des Paulus an die Römer (KNT 6), Leipzig: Deichert, 2. Aufl. 1910

Zeller, D., Juden und Heiden in der Mission des Paulus. Studien zum Römerbrief (Forschung zur Bibel 1), Stuttgart: Katholisches Bibelwerk, 1973

Zeller, D., Der Brief an die Römer (RNT), Regensburg: Pustet, 1985

Ziesler, J. A., Paul's Letter to the Romans (TPI New Testament Commentaries), Philadelphia: Trinity Press International, 1989

Edition Israelogie

Herausgegeben von Helge Stadelmann und Berthold Schwarz

Band 1 Berthold Schwarz/Helge Stadelmann (Hrsg.): Christen, Juden und die Zukunft Israels. Beiträge zur Israellehre aus Geschichte und Theologie. 2009.

Band 2 Michael J. Vlach: The Church as a Replacement of Israel: An Analysis of Supersessionism. 2009.

Band 3 Jacob Thiessen: Gott hat Israel nicht verstoßen. Biblisch-exegetische und theologische Perspektiven in der Verhältnisbestimmung von Israel, Judentum und Gemeinde Jesu. 2010.

Band 4 Paul Schmidgall: American Holiness Churches in the Holy Land 1890-2010. Mission to the Jews, Arabs and Armenians. 2011.

Band 5 Michael G. Vanlaningham: *Christ, the Savior of Israel.* An Evaluation of the Dual Covenant and *Sonderweg* Interpretations of Paul's Letters. 2012.

Band 6 Berthold Schwarz (Hrsg.): Wem gehört das 'Heilige Land'? Christlich-theologische Überlegungen zur biblischen Landverheißung an Israel. 2014.

Band 7 Richard Harvey: Die ‚Kartierung' messianisch-jüdischer Theologie. Eine konstruktive Annäherung. Ins Deutsche übersetzt von Heidi Henschel. *Erscheint in Kürze.*

Band 8 Jacob Thiessen: Gottes Gerechtigkeit und Evangelium im Römerbrief. Die Rechtfertigungslehre des Paulus im Vergleich zu antiken jüdischen Auffassungen und zur Neuen Paulusperspektive. 2014.

www.peterlang.com

www.ingramcontent.com/pod-product-compliance
Ingram Content Group UK Ltd.
Pitfield, Milton Keynes, MK11 3LW, UK
UKHW041825031026
15587UKWH00002B/571

9 783631 650837